Paul M. Diffenderfer | Samir El-Assal

Profikurs Microsoft Dynamics NAV

Aus dem Programm — **IT-Management und -Anwendungen**

Profikurs ABAP®
von Patrick Theobald

Warum ausgerechnet .NET?
von Heinrich Rottmann

Profikurs PHP-Nuke
von Jens Ferner

Der IT Security Manager
von Heinrich Kersten und Gerhard Klett

Praxis des IT-Rechts
von Horst Speichert

Management von IT-Architekturen
von Gernot Dern

Von der Unternehmensarchitektur zur IT-Governance
von Klaus D. Niemann

Handbuch Unternehmenssicherheit
von Klaus-Rainer Müller

Grundkurs Microsoft Dynamics AX
von Andreas Luszczak

IT-Management mit ITIL® V3
von Ralf Buchsein, Frank Victor, Holger Günther und Volker Machmeier

Chefsache IT-Kosten
von Theo Saleck

www.viewegteubner.de

Paul M. Diffenderfer | Samir El-Assal

Profikurs Microsoft Dynamics NAV

Einführung – Souveräne Anwendung – Optimierter Einsatz im Unternehmen

3., überarbeitete Auflage

Mit 190 Abbildungen

Übersetzt und bearbeitet
von Sabine Thiele

PRAXIS

Bibliografische Information der Deutschen Nationalbibliothek
Die Deutsche Nationalbibliothek verzeichnet diese Publikation in der
Deutschen Nationalbibliografie; detaillierte bibliografische Daten sind im Internet über
<http://dnb.d-nb.de> abrufbar.

Das in diesem Werk enthaltene Programm-Material ist mit keiner Verpflichtung oder Garantie irgendeiner Art verbunden. Der Autor übernimmt infolgedessen keine Verantwortung und wird keine daraus folgende oder sonstige Haftung übernehmen, die auf irgendeine Art aus der Benutzung dieses Programm-Materials oder Teilen davon entsteht.

Höchste inhaltliche und technische Qualität unserer Produkte ist unser Ziel. Bei der Produktion und Auslieferung unserer Bücher wollen wir die Umwelt schonen: Dieses Buch ist auf säurefreiem und chlorfrei gebleichtem Papier gedruckt. Die Einschweißfolie besteht aus Polyäthylen und damit aus organischen Grundstoffen, die weder bei der Herstellung noch bei der Verbrennung Schadstoffe freisetzen.

1. Auflage 2004
   Diese Auflage erschien unter dem Titel „Microsoft Navision optimiert einsetzen".
2. Auflage 2005
   Diese Auflage erschien unter dem Titel „Profikurs Microsoft Navision 4.0".
3., überarbeitete Auflage 2008
   Alle Auflagen wurden aus dem Amerikanischen übersetzt und bearbeitet von Sabine Thiele.

Alle Rechte vorbehalten
© Vieweg+Teubner | GWV Fachverlage GmbH, Wiesbaden 2008

Lektorat: Sybille Thelen | Andrea Broßler

Vieweg+Teubner ist Teil der Fachverlagsgruppe Springer Science+Business Media.
www.viewegteubner.de

Das Werk einschließlich aller seiner Teile ist urheberrechtlich geschützt. Jede Verwertung außerhalb der engen Grenzen des Urheberrechtsgesetzes ist ohne Zustimmung des Verlags unzulässig und strafbar. Das gilt insbesondere für Vervielfältigungen, Übersetzungen, Mikroverfilmungen und die Einspeicherung und Verarbeitung in elektronischen Systemen.

Die Wiedergabe von Gebrauchsnamen, Handelsnamen, Warenbezeichnungen usw. in diesem Werk berechtigt auch ohne besondere Kennzeichnung nicht zu der Annahme, dass solche Namen im Sinne der Warenzeichen- und Markenschutz-Gesetzgebung als frei zu betrachten wären und daher von jedermann benutzt werden dürften.

Umschlaggestaltung: KünkelLopka Medienentwicklung, Heidelberg
Druck und buchbinderische Verarbeitung: MercedesDruck, Berlin
Gedruckt auf säurefreiem und chlorfrei gebleichtem Papier.
Printed in Germany

ISBN 978-3-8348-0529-4

Vorwort zu der dritten Ausgabe

Was einst einfach Navision war, wurde zu Navision Financials und dann zu Navision Attain, schließlich zu Microsoft Navision und trägt heute den Namen Microsoft Dynamics NAV. Das Wesentliche für den treuen Besitzer oder Anwender ist, dass die ERP-Welt hinter dem sich ändernden Namen ihre herausragende Qualität erhalten hat, die er so zu schätzen gelernt hat. Die neueste Version Microsoft Dynamics NAV ist eine Fortsetzung dieser Tradition der Qualität. Dieses Buch soll Unternehmen wie Einzelpersonen dienen, die die große Bandbreite der Versionen innerhalb der Navision-Tradition nutzen. Die Autoren konzentrieren sich daher auf die grundlegenden tiefergehenden Funktionen und Konzepte, die trotz der ständigen Änderung des Produktnamens im Wesentlichen unverändert geblieben sind.

Frei nach dem Sprichwort „Gib einem Mann einen Fisch, und er ist für einen Tag satt. Lehre ihn zu fischen, und er hungert nimmermehr" haben die Autoren Beispiele entworfen, die die Intuition des Lesers fördern und ihn oder sie dazu ermutigen, die Tiefen des Systems zu ergründen, um die Sicherheit und Tools zu erlangen, selbst aufzubrechen und die endlosen Möglichkeiten zur Optimierung, die Microsoft Dynamics NAV eröffnet, auf eigene Faust zu erforschen. Ob Sie die in diesem Buch behandelten Kodierverfahren beherrschen oder nicht – Sie werden in der Lage sein, die Qualität der Arbeit anderer besser zu einschätzen zu können. Wie Sie vielleicht bereits wissen, ist das ERP-System das Herz Ihres Unternehmens. Aus diesem Grund sollten Sie nicht einfach jeden am offenen Herzen operieren lassen. Dieses Buch unterstützt Sie darin, eine Vorstellung von einer erfolgreichen ERP-Umsetzung zu entwickeln, selbst wenn Sie die Programmierung und eigentliche Umsetzung nicht selbst in die Hand nehmen.

Die Leser sind dazu eingeladen, mit den Autoren direkt über E-Mail in Kontakt zu treten: pdiffenderfer@yahoo.com, sollten sie spezifischere Unterstützung zu Microsoft Dynamics NAV benötigen, die nicht in diesem Buch abgedeckt wird. Ebenso sollte erwähnt werden, dass die beste Quelle im Internet für alle Fragen zu Microsoft Dynamics NAV unter www.mibuso.com zu finden ist. Dank an MIBUSO, die uns alle – Experten wie Laien – aus dem einen oder anderen technischen Dilemma befreit!

Ein besonderer Dank gilt Sabine Thiele (www.wortlese.de) für ihre zügige und präzise Übersetzung dieses Buches und ihrer Geduld, sich durch eine Software unter sprachlichen Gesichtspunkten zu bewegen, die sich von Ebene zu Ebene verändern.

Paul Diffenderfer und Samir El-Assal

Frankfurt, Februar 2008

Dieses Buch ist

Ο Μ Η Ρ Ο Σ

gewidmet,

„dem Dichter einer demokratischen Religion".

Inhaltsverzeichnis

1 Einführung in ERP 1
    1.1   Ziele einer ERP-Lösung 1
    1.2   Gefahren bei der Implementierung einer ERP-Lösung 4
    1.3   Strategien zum gewinnbringenden Einsatz von Microsoft Navision 9

2 Login und Kopieren der Microsoft Navision-Datenbank 13
    2.1   Login 13
    2.2   Einrichten einer Testdatenbank 16
        2.2.1   Der Nutzen einer Testdatenbank 16
        2.2.2   Notwendige Informationen zu Ihrer Datenbank 18
        2.2.3   Erstellen der „Datensicherung" 19
        2.2.4   Datenbankerstellung 20
        2.2.5   Installation Ihrer Microsoft Navision-Lizenzdaten 21
        2.2.6   „Datensicherung" importieren 23

3 Die Desktop Umgebung von Microsoft Navision 25
    3.1   Der Umgang mit Menüs und Grafikwerkzeugen 25
    3.2   Filtertechniken 29
        3.2.1   Verschiedene Arten der Informationen 29
        3.2.2   Die unterschiedlichen Filter „Tabellenfilter" und „Flowfilter" 31
        3.2.3   Filterbeispiele im „Kontenplan" 32
        3.2.4   Liste der Filteroptionen 38
    3.3   Sortieren 40
    3.4   Der Einsatz von Menü-, Filter- und Sortierwerkzeugen 44
        3.4.1   Suche nach dem gewünschten Kunden 44
        3.4.2   Ansicht aller Felder mit „Zoom" 49
        3.4.3   Eingabe des Verkaufsauftrags 50
        3.4.4   Nähere Betrachtung des „FlowField" „Lagerbestand" 55

Inhaltsverzeichnis

4 Einführung in Entwicklungskonzepte 61
    4.1   Aneignung der Entwicklerperspektive 61
    4.2   Der Einsatz von Tabellenrelationen zur Organisation von Daten 64
           4.2.1   Fehler des Anwenders in der Datenerfassung 64
           4.2.2   Tabellenrelationen sichern die Datenübereinstimmung 67
           4.2.3   Kundenauftrag als Beispiel von Tabellenbezügen 68
    4.3   Die wichtige Bedeutung der Darstellung 77
           4.3.1   Identische Informationen für verschiedene Anwender und
                   unterschiedliche Fragestellungen 77
           4.3.2   Der gleiche „Kontenplan" in zwei verschiedenen
                   Darstellungen 78
    4.4   „Object Designer", die Entwicklerumgebung 87
           4.4.1   Eintritt in die inneren Strukturen von Microsoft Navision 87
           4.4.2   Das Arbeiten mit Tabellenobjekten 89
           4.4.3   Datentyp 91
           4.4.4   Erstellen eines Formularobjekts 95
           4.4.5   Hinzufügen von Standardwertfiltereinstellungen in einem
                   Bericht 111

5 Erstellen neuer „FlowFields" 117
    5.1   Verknüpfung einer Variablen mit ihrer Historie 117
    5.2   Die Verknüpfung aus Verkäufer und Verkäuferumsatz 117
           5.2.1   Festlegung der Umsatzdefinition 118
           5.2.2   Lokalisieren der Tabellen und Felder für das „Umsatz"
                   „FlowField" 119
           5.2.3   Veranschaulichung der Tabellenrelationen unseres „Umsatz"
                   „FlowField" 126
           5.2.4   Einfügen des „Umsatz" „FlowField" in die
                   „Salesperson/Purchaser"-Tabelle 128
           5.2.5   Indizierung der Umsatztransaktion für das „Umsatz"
                   „FlowField" 135
           5.2.6   Darstellung des neuen „FlowField" 137

6 Erstellen eines einfachen Berichts 141
    6.1 Bericht, um Umsatzinformationen als Druckausgabe zu erhalten 141
    6.2 Suche nach den Quelltabellen und -feldern für den Bericht 142
        6.2.1 Lokalisieren der Verkäufertabellen und -felder 142
        6.2.2 Lokalisieren von Tabellen und Feldern mit
             Umsatzinformationen 142
    6.3 Diagramm der Tabellenbezüge unseres Berichts 148
    6.4 Diagramm über den Informationsfluss des Berichts 150
    6.5 Einführung in den Report Designer 152
        6.5.1 „DataItem" Struktur 153
        6.5.2 Allgemeine Berichteigenschaften 161
        6.5.3 Druckausgabegestaltung 163
        6.5.4 Vergleich des „Section Designer" mit unserem Flussdiagramm 168
        6.5.5 Gestaltung der Druckausgabeabschnitte 170
        6.5.6 Ausgabeberechnungen, die nicht aus den Tabellen stammen .. 192
        6.5.7 Ansicht des fertigen Berichts 219

7 Einführung in die C/AL „Code"-Funktionen 221
    7.1 Der unkomplizierte Einstieg in die Programmierung........................... 221
    7.2 Syntax und Stil 224
        7.2.1 Umgang mit der Strenge einer Programmiersprache 224
    7.3 Der Satz als die grundlegende Einheit der Syntax 227
    7.4 Verweisen auf Variablen 228
    7.5 Einfügen eines Wertes in eine Variable 229
    7.6 Implikationen 230
    7.7 Schleifen 233
    7.8 „Global"-Variablen und „C/AL Code"-Funktionen 234
        7.8.1 Einbeziehung des „Artikelname" in den
             „Verkaufsprovision nach Artikel"-Bericht 234
        7.8.2 „FIND": Datensätze in der Artikeltabelle suchen 243
        7.8.3 Darstellung der Artikelbezeichnung 248
    7.9 „C/AL Code"-Berechnungsfunktionen 251
        7.9.1 Elementare Operatoren 251

	7.9.2	„Data Type" Inkompatibilitätsprobleme	252
	7.9.3	„POWER": Exponentialberechnungen	253
	7.9.4	„ABS": Brechung des Absolutwertes	254
	7.9.5	„ROUND": Runden	254
	7.9.6	„CALCDATE": Berechnung des Datums	255
	7.9.7	„CALCFIELDS": „FlowFields" mit „C/AL Code" steuern	257
7.10		Datentyp „Option"	264
7.11		„MESSAGE" und „ERROR": Informationen für den Anwender	264
7.12		Datenaufbereitungsfunktionen	265

8 Einführung in Dataports 277
    8.1   Einfacher Export aus Microsoft Navision 277
             8.1.2   Öffnen von Dateien in Microsoft Excel 289
    8.2   Komplexer Export 292
    8.3   Erstellen eines Import-"Dataport" 300

Schlagwortverzeichnis 313

Einführung in ERP

Eine der grundlegendsten Entscheidungen eines Unternehmens liegt in der Definition von Leistung und Erfolg sowie in deren kontinuierlicher Messung. Ohne Fleißarbeit gepaart mit Sachverstand und natürlich ein gewisses Maß an Investition ist dieses Ziel unerreichbar, unabhängig von der Größe des Unternehmens. Glücklicherweise haben Sie sich, um dieses Ziel zu erreichen, für Microsoft Navision entschieden. Weiterhin haben Sie Zugang zu den erforderlichen Lizenzen zur Anpassung und Optimierung ihrer Software: dem „Application Builder", „Tabellen Designer", „Formular Designer" und dem „Bericht & Schnittstellen Designer". Das bedeutet, Sie haben die erforderlichen Werkzeuge, um Ihre Unternehmensabläufe zu standardisieren, zu vereinfachen und Ihren wirtschaftlichen Erfolg zu messen. Allein Ihr Zeiteinsatz und Know-how entscheiden ab jetzt über den Erfolg Ihres Optimierungsprojektes. Zur nachhaltigen Optimierung Ihrer Ablauforganisation, für den Aufbau eines perfekten Controllinginstrumentariums und zu der daraus resultierenden schlanken und erfolgreichen Organisation benötigen Sie nur noch den Willen und das entsprechende Know-how für den angehenden kontinuierlichen Verbesserungsprozess.

Das vorliegende Buch geht zuerst auf die Hintergründe einer Enterprise Resource Planning (ERP) Lösung im allgemeinen ein, bevor es in die spezielle Lösung von Microsoft Navision einsteigt. Dabei wollen wir die vielversprechenden Möglichkeiten, aber auch die Gefahren bei der Implementierung einer ERP-Lösung aufzeigen. Wir gehen dann auf die Strategien ein, die erforderlich sind, um die Gefahren beim Einsatz einer ERP-Lösung zu minimieren. Und erst im Anschluss daran zeigen wir im Detail auf, welche Aspekte und Bausteine von Microsoft Navision für die erfolgreiche Implementierung unentbehrlich sind.

1.1 Ziele einer ERP-Lösung

Eine ERP-Lösung ist in allererster Linie eine Informationsquelle. Dementsprechend erlaubt es den direkten Zugriff auf alle gewünschten Informationen in Bezug auf die Vergangenheit, die Gegenwart und die Zukunftspläne Ihres Unternehmens. Informa-

1 Einführung in ERP

tionen müssen schnell, vollständig und vor allem wahrheitsgetreu wiedergegeben werden. Durch die Fähigkeit von ERP-Lösungen, Informationen unterschiedlicher Unternehmensbereiche zusammenzuführen, ist ein bereichsübergreifender organisationsweiter Einblick in alle Unternehmensgeschehnisse ohne jegliche Verzögerung möglich.

Bereichsübergreifende Datenverknüpfung

Mit der bereichsübergreifenden Verknüpfung aller Unternehmensdaten, welche durch die ERP-Lösung gewährleistet wird, kann gleichzeitig ein einheitlicher Standard über den gesamten Unternehmensrahmen geschaffen werden. Ein solcher Standard ermöglicht die nachhaltige Rationalisierung Ihres Unternehmens bei gleichzeitiger Verwirklichung der gewünschten Unternehmenskultur und Ihrer Vorstellungen von den Abläufen aller Abteilungen. Wenn zum Beispiel eines Ihrer unternehmerischen Ziele die Auslieferung der Ware am gleichen Tag des Auftragseingangs ist, kann Ihre ERP-Lösung so darauf abgestimmt werden, dass alle betroffenen Abteilungen die genau richtigen Informationen zum Kundenauftrag erhalten, die benötigt werden, und zwar bereits zu einem Zeitpunkt, bevor die Abteilung selbst schon aktiv werden muss. Somit kann frühzeitig auf mögliche Probleme eingegangen und gegebenenfalls abteilungsübergreifend Abhilfe geschaffen werden. Auf diese Weise wird häufig auch das Abteilungsdenken minimiert, da alle Abteilungen Zugriff auf die gleichen Informationen zur gleichen Zeit haben. Informationen können so dargestellt werden, dass Abteilungen nicht nur den Einblick in ihre zu verrichtende Arbeit, sondern gleichzeitig einen Überblick über den gesamten abteilungsübergreifend stattfindenden Prozess erhalten. Insbesondere Informationen aus der zuliefernden und der empfangenden Abteilung können von großer Bedeutung sein.

Standardisierte Organisationsabläufe

Die ERP-Lösung ermöglicht die Standardisierung Ihrer Organisationsabläufe. Zum Beispiel kann die Fakturierung und der Rechnungsdruck automatisch durch den Druck der Lieferscheine angestoßen werden, damit nie eine Frage darüber entsteht, ob es Abweichungen zwischen Versandartikel und Rechnungspositionen gibt. Ein weiteres Beispiel kann aus der Produktion genannt werden, in der das ERP-System gewährleistet, dass zur Sicherstellung einheitlicher Produktqualität nur Komponenten bzw. Ingredienzien eingesetzt werden, die ihr Verfallsdatum noch nicht überschritten haben. Solche Standards in den Abläufen gewährleisten eine verbesserte Messbarkeit unternehmerischer Leistung und vermeiden widersprüchliche Informationen, die sonst durch

1.1 Ziele einer ERP-Lösung

unterschiedliche Abteilungen mit unterschiedlichen Arbeitsmethoden entstehen würden.

Arbeitsplatzabgestimmtes System

Mit Hilfe solcher Standards hinsichtlich Informationen und Abläufen kann ein neuer Mitarbeiter schneller und effizienter eingearbeitet werden. Im Idealfall sollte sogar eine ausgereifte und optimierte ERP-Lösung in der Lage sein, einen neuen Mitarbeiter weitgehend bei der Einarbeitung zu unterstützen, indem es aufzeigt, welcher Schritt im Arbeitsablauf als nächstes erforderlich ist und vor gewissen Fehlerpotenzialen warnt. Diesen Vorteil erzielt man, wenn das System auf die jeweiligen Funktionen der Mitarbeiter und deren standardisierte Arbeitsabläufe zugeschnitten wird. Abläufe werden so optimiert und die Erwartungen an Mitarbeiter deutlich klargestellt.

Planungswerkzeuge

Eine ERP-Lösung erhöht die unternehmerische Effizienz. Eine der hilfreichsten Werkzeuge zur Effizienzsteigerung sind die Planungswerkzeuge. Dass die Einkaufsabteilung zum Beispiel in einer einzigen Tabellenansicht einen Überblick über alle Handelswarenartikel und Rohstoffe erhält, welche sich aus den offenen Aufträgen ergeben, aber nicht im Lager verfügbar sind, erspart ihr viele Schritte und Nachfragen an andere Abteilungen sowie eine Vielzahl von Sitzungen und Besprechungen. Die Zusammenarbeit zwischen den verschiedenen Abteilungen, die mit ERP vereinfacht wird, optimiert das Projektmanagement und die Koordinierung von Verantwortlichkeiten. Die Effizienz steigt, und Kosten werden eingespart, da Dokumente nicht mehr unnötig von Abteilung zu Abteilung weitergereicht werden und, z.B. bei Detailfragen zu Kundenaufträgen aus der Vergangenheit, nicht mehr die verstaubten Archive aufgesucht werden müssen.

Summen- und Detaildatenverknüpfung

Ein weiterer Vorteil bei dem Einsatz einer ERP-Lösung, der aus der Integration unternehmensweiter Informationen erzielt wird, ist, dass wichtige Summenvariablen (z.B. Gesamterlös oder Frachtkosten) direkt mit den Detaildaten verknüpft sind, die zu der entsprechenden Summe führen. Zum Beispiel kann bei der Liquiditätsanalyse in der Kontenschemamatrix direkt auf unbezahlte Eingangsrechnungen zugegriffen, oder nennen wir es navigiert werden und durch einen einzigen Sortiervorgang sofort Einblick in die größten solcher Rechnungen und deren Fälligkeiten gewonnen werden, welche die Lieferantenverbindlichkeiten ausmachen. Auf diese Weise lassen sich die Details aus einer Vielzahl von Abläufen immer wieder in ein großes Gesamtbild zusammenführen. Das erlaubt dem Management die notwendige Vogelperspektive, ohne mit dem Tagesgeschäft Berührung zu verlieren.

1 Einführung in ERP

Durch die Verknüpfung von Daten aus verschiedenen Abteilungen entfällt der zeitraubende Abgleich von Informationen aus unterschiedlichen Datenquellen. So müssen zum Beispiel die Verbindlichkeiten aus Lieferungen und Leistungen aus der Bilanzübersicht exakt mit der Summe der offenen Eingangsrechnungen aus der Kreditorenbuchhaltung bzw. dem Einkauf übereinstimmen. Ist dies nicht der Fall, handelt es sich um eine manuelle Eingabe durch die Finanzbuchhaltung an der Einkaufsabteilung vorbei. Eine solche Eingabe kann und sollte durch Restriktionen ausgeschlossen werden, wie dies mit einer guten ERP-Lösung wie Microsoft Navision leicht möglich ist.

Fazit Insgesamt bietet eine ERP-Lösung eine Reihe von vielversprechenden Möglichkeiten, die sich über den Weg der besseren Steuerbarkeit letztendlich auf die Leistung des gesamten Unternehmens auswirken. Mit einer optimierten Microsoft Navision ERP-Lösung sollten Sie bald in der Lage sein, mit einem wesentlich kleineren Team die gleichen Leistungen zu vollbringen, für die vor wenigen Jahren noch ein ganzer Stab an qualifizierten Sachbearbeitern notwendig war.

1.2 Gefahren bei der Implementierung einer ERP-Lösung

Leider kann es ohne eine funktionierende Verknüpfung zwischen Ihrem Unternehmen und der von Ihnen gewählten ERP-Lösung zu unerwünschten, ja vielleicht auch gegenteiligen Auswirkungen kommen, als den oben beschriebenen. Ein grundlegendes und tiefgreifendes Verständnis vom Unternehmen lässt sich keineswegs über Nacht erlangen. Dabei kommt es nicht nur auf die Kenntnis der betrieblichen Abläufe des Unternehmens an, sondern noch viel mehr auf den Einblick in die wesentlichen Erfolgsfaktoren und die Visionen des Managements. Nur mit diesem ganzheitlichen Verständnis vom Unternehmen kann eine Softwareumgebung auf das Unternehmen optimiert werden. Das schlimmste Ergebnis bei der Einführung einer neuen ERP-Lösung, leider auch ein Ergebnis, wie es in der Praxis oftmals beobachtet werden kann, ist eine hohe Frustration bei den Mitarbeitern, gesunkene Effizienz, unzulängliche Informationsquellen und das alles bei einem sehr hohen Investitionsvolumen. In Wirklichkeit ist eine gute ERP-Lösung sehr komplex. In der Verknüpfung aus ERP und Unternehmen ist ein kontinuierlicher Anpassungsprozess erforderlich, damit die ERP-Lösung immer mehr zum Spiegelbild der gewünschten betrieblichen Abläufe wird. Je besser die Kenntnisse in der Anpassung der Software, desto weniger Kompromisse müssen eingegangen werden und desto seltener müssen umgekehrt die Abläufe auf die Software angepasst werden, wie es leider all zu oft in der Praxis geschieht.

Datenerfassung und -pflege

Das erste und gleichzeitig größte Risiko ist, dass die ERP-Lösung in der Praxis einen Mehraufwand durch zusätzliche Datenpflege und Datenerfassung mit sich bringt, jedoch immer noch unzureichende oder einfach falsche Informationen liefert. Dieses Phänomen lässt sich leider zu oft in Firmen beobachten, die zuerst voller Euphorie in das Projekt einsteigen und dann leider schnell feststellen, dass die ERP-Lösung ihre vielen Versprechen nicht hält. Dieses Versagen der ERP-Lösung ist oftmals auf mangelhafte Daten, insbesondere Stammdaten, zurückzuführen. Falsche Stammdaten ziehen falsche Bewegungsdaten und somit falsche Informationen nach sich. Statt an der Quelle anzusetzen, wird häufig an den Symptomen herumkorrigiert, was zu einem erhöhten Aufwand führt, der sich auch mit der Zeit nicht reduzieren lässt.

Negativbeispiel

Aus der Praxis ist hier ein Produktionsunternehmen zu nennen, in dem der Betriebsleiter, nennen wir ihn hier Herr Lorch, zu Beginn der ERP-Einführung versäumt hat, Stücklisten zur Produktion der Fertigungsprodukte im Produktionsmodul von Microsoft Navision zu erfassen, bzw. dies nur halbherzig und widerwillig tat. Produktionsaufträge wurden fehlerhaft ausgedruckt, was an dieser Stelle noch nicht zu gravierenden Problemen führte, da der Produktionsleiter nur die zu produzierende Menge aus den Produktionsaufträgen entnahm und für die tatsächliche Stückliste auf seine alten handschriftlichen Unterlagen zurückgreifen konnte. Allerdings war der Nebeneffekt alles andere als erstrebenswert: Das ERP-System buchte nach den Rückmeldungen falsche Komponenten vom Lager ab, nämlich die aus den fehlerhaften Stücklisten, und auch die Produktionskosten wurden entsprechend falsch ermittelt. Das gesamte ERP-System lieferte somit falsche Informationen, was natürlich nachhaltig die Glaubwürdigkeit und die Akzeptanz des Systems beeinträchtigte. Wie in einer Kettenreaktion entstanden fehlerhafte Informationen, die alle ihren Ursprung in den falschen Stücklisten mit den fehlenden Komponenten hatten, verursacht durch eine einzige Person. Zuerst wurden falsche Lagerbestände gemeldet, Fertigprodukte wurden mit falschen Einstandspreisen versehen. Zu guter Letzt konnten sich weder die Einkaufsabteilung, die Auftragsbearbeitung, noch die Versandabteilung auf die vorliegenden Daten verlassen. Eine Planung in die Zukunft war gänzlich unmöglich. Dazu kam der enorme Aufwand, der damit zugebracht wurde, die Lagerbestände immer wieder manuell zu korrigieren, um wenigstens einigermaßen Auskünfte in Bezug auf Lieferfähigkeit an Kunden abgeben zu können. Herr Lorch hatte die Hände voll zu tun und beschwerte sich darüber, dass das neue System für ihn erhebliche Mehrarbeit bedeutete, war sich jedoch nicht im klaren, dass er die Ursache für diese Kettenreaktion war.

Wie dieses Beispiel zeigt, kann der Vorteil eines Informationssystems, das Daten aus allen Abteilungen intelligent miteinander verknüpft, ganz schnell zu einem Alptraum werden, wenn nur eine einzige Person ihre Daten nicht in Ordnung hält.

Externe – interne Programmierung

Eine weitere Gefahr, auf die wir unbedingt bei der Einführung einer ERP-Lösung aufmerksam machen möchten, liegt in der Abhängigkeit von externen Programmierern. Aus dieser Abhängigkeitssituation kann sich ein Teufelskreis entwickeln, da es nicht immer im Interesse des externen Programmierers liegt, Programmanpassungen langfristig flexibel zu gestalten. Wir empfehlen in jedem Fall, dass das Unternehmen zumindest ein Minimum an eigenem Know-how für Systemanpassungen vorhält. Ein wenig Know-how zu den Hintergründen der ERP-Lösung auf der Entwicklungsebene erlaubt Ihnen besser einzuschätzen, welcher Programmieraufwand für die verschiedenen Anpassungen erforderlich ist, und gibt Ihnen die Fähigkeit, die Qualität des externen Programmierers und seiner Arbeit besser zu beurteilen. So mag es manchmal erforderlich sein, eine zusätzliche Bankverbindung auf Ihr Rechnungsformular zu drucken. Für eine solche leichte Aufgabe sowie für sämtliche Kleinstanpassungen an Formularen, Berichten oder Bildschirmmasken, die im Tagesgeschäft immer wieder vorkommen, sollte kein externes Unternehmen beauftragt werden müssen. Mit wenig Know-how und Zeiteinsatz sparen Sie viel Geld und bekommen meist eine bessere Lösung geboten als durch einen externen Programmierer, der sich immer erneut in Ihre Problemstellung hineindenken muss.

Praxisbeispiel

Auch hierzu ein konkretes Beispiel aus der Praxis: Ein externer Programmierer sollte den Default-Wert für den Preisgruppencode (Zuordnung Kunde zu Preisliste, wenn mehrere Preislisten vorliegen), der bei der Anlage eines neuen Kunden automatisch vorgeschlagen wird, auf „STANDARDKUNDE" setzen. Um dies zu erreichen, wurde in der Kundentabelle an der entsprechenden Stelle „STANDARDKUNDE" als statischer Text eingegeben, statt diese Default-Variable mit der gesonderten Tabelle der Preisgruppencodes zu verknüpfen, was dem Anwender später bei der Wahl des Default-Wertes die freie Auswahl gelassen hätte. Wenige Minuten Programmierarbeit, die an dieser Stelle eingespart wurden, führten schon wenige Wochen später dazu, dass

1.2 Gefahren bei der Implementierung einer ERP-Lösung

der Programmierer erneut gerufen werden musste, da sich der Default-Wert geändert hat. Schlimmer noch kam es, als versehentlich der Code „STANDARDKUNDE" aus der Preisgruppencodetabelle gelöscht wurde: Da der Code statisch und somit nicht relational in den Code der Kundentabelle aufgenommen wurde, dieser Wert aber von diesem Zeitpunkt an nicht mehr in der Preisgruppencodetabelle existierte, konnten keine neuen Kunden mehr angelegt werden, bis der externe Programmierer zu Hilfe kam. Bis dies der Fall war, gab es bei dem Versuch der Neukundenanlage jedes Mal die Fehlermeldung: „Preisgruppencode „STANDARDKUNDE" existiert nicht". An späterer Stelle werden wir näher darauf eingehen, wie Sie solche leichten Anpassungen selbst durchführen können und somit Notfälle dieser Art, verursacht durch externe Fachkräfte, vermeiden.

Flexible Preisgestaltung

Ein Standard-ERP-System wie Microsoft Navision ist so flexibel, dass die Vielzahl an unterschiedlichsten Möglichkeiten sich schnell in ein Chaos verwandeln, wenn nicht ausreichend Vorsorge getroffen wird. Führen Sie sich allein einmal die Unmenge der unterschiedlichen Preisgestaltungsmethoden Ihrer Verkaufsprodukte vor Augen. Im System ist ein Standardpreis für jeden Verkaufsartikel Ihres Artikelsortimentes hinterlegt. Dieser Preis gilt jedoch nur für einen „Normalkunden", der das Produkt in einer Standardabpackung erhält. Wegen der ständig wachsenden Komplexität in der Marketingausrichtung der Unternehmen, bietet ein ERP-System wie Microsoft Navision eine schier unbegrenzte Anzahl an Preisbildungsmethoden. Das System kann den Verkaufspreis des Artikels bestimmen a) anhand einer Tabelle, die jedem Artikel für jeden Kunden individuell einen Preis zuordnet (Artikel/Kunden-Relation) oder b) anhand einer weiteren Tabelle, die dem Artikel für eine Kundengruppe einen Preis zuordnet (Artikel/Kundengruppe-Relation) oder c) anhand einer dritten Tabelle, die über die Möglichkeit b) hinaus noch zusätzliche Rabatte für gewisse Kunden innerhalb einer bestimmten Kundengruppe zulässt. Weiterhin kann jeder Artikel noch mit gewissen Mengenrabattstaffeln versehen werden, die wiederum für gewisse Kundengruppen eingeschaltet und ausgeschaltet werden können. Die Vielfältigkeit der Preisbildungsmöglichkeiten hört hier noch längst nicht auf. Darum ist es umso wichtiger, dass vor Erfassung der Artikelstammdaten und deren Preise eine eindeutige Regelung getroffen und den Mitarbeitern klar dargelegt wird, die der unbegrenzten Komplexität Einhalt gebietet. Geschieht dies nicht, schleichen sich schnell Fehler in die Preis-

1   Einführung in ERP

Reduzierung der Komplexität

kalkulation ein, die im Nachhinein schwer zu identifizieren sein werden.

Ein ausgereiftes ERP-Systems ist komplex, da es einer Vielzahl an Anwendern unterschiedlichster Unternehmen und Organisationen gerecht werden soll. Jedoch ist bei der Implementierung des Systems bei einem einzelnen Anwender unbedingt die Komplexität zu reduzieren, indem, wie später in diesem Buch erläutert, unnötige Funktionen einfach ausgeschaltet werden. Geschieht dies nicht, wird das System unüberschaubar, es geschehen viele Fehler bei der Dateneingabe, und als Konsequenz wird das System nicht optimiert eingesetzt.

Anpassung des Systems an das Unternehmen statt umgekehrt

Eine weitere Gefahr bei der Implementierung einer ERP-Lösung besteht darin, dass sich Ihr Unternehmen an die Bedürfnisse der Software anpassen muss, statt wie wünschenswert die Software an Ihr Unternehmen angepasst wird. Zu oft geschieht es in der Praxis, dass wegen einer einzigen Softwarefunktion bzw. dem Fehlen einer solchen Funktion Abläufe in der Organisation geändert werden müssen, auch wenn diese das Unternehmen ineffizienter machen, da das übergreifende größere Interesse der Softwareeinführung Vorrang vor einzelnen Abläufen hat. Zum Beispiel entschied ein Unternehmen, das noch vor Einführung der neuen ERP-Lösung gleichzeitig Aufträge erfasste und kommissionierte, nach der Einführung diese Abläufe im Wechsel durchzuführen. Hintergrund war die Gefahr unvollständiger Lieferungen an die Kunden, die dadurch entstanden, dass die Versandabteilung Online Zugriff erhielt auf die erfassten Aufträge, jedoch nicht wissen konnte, ob diese Aufträge bereits fertig erfasst waren oder nicht. So geschah es mehrere Male, dass die Versandabteilung Ware an die Kunden losschickte und am folgenden Tag an den gleichen Kunden die übriggebliebenen Auftragspositionen versenden musste. Statt dieses Problem mit der Anpassung der Software in den Griff zu bekommen, ließ man also Auftragserfassung und Versand im Wechsel arbeiten. Dadurch wurde die schnelle Lieferzeit, auf die man im Unternehmen so stolz war, um 0,6 Tage im Durchschnitt erhöht. Ein Stück Effizienz musste eingebüßt werden, da das Unternehmen nicht das notwendige Know-how und die Entwicklungswerkzeuge besaß, um in wenigen Minuten einen Schlüssel in die Auftragserfassungsmaske einzubauen, der fertig erfasste Aufträge als solche identifiziert. Ziel dieses Buches ist es, Ihnen genau diese Fähigkeiten im Umgang mit den Entwicklungswerkzeugen von Microsoft Navision zu vermitteln, um Sie vor solchen Gefahren zu bewahren.

1.3 Strategien zum gewinnbringenden Einsatz von Microsoft Navision

Setzen Sie nie voraus, dass es nicht noch eine bessere Lösung gibt als die im Moment vorhandene. Der Schlüssel zum Erfolg bei der Optimierung der ERP-Lösung liegt in der Entschlossenheit der Geschäftsführung und des Personals zu einem kontinuierlichen Verbesserungsprozess mit ständigen Anpassungen der Software. Eine ERP-Lösung kann in wenigen Wochen installiert, implementiert, geschult und in groben Zügen angepasst werden. Die Optimierung auf Ihre Bedürfnisse jedoch ist ein langanhaltender Prozess. Mit Microsoft Navision und seinen Entwicklungswerkzeugen haben Sie die perfekte ERP-Plattform für den optimierten Einsatz in Ihrem Unternehmen, damit Sie die vollen Möglichkeiten ausschöpfen, ohne sich in die oben beschriebenen Gefahren zu begeben.

Voraussetzungen

Die zwei wichtigsten Faktoren für den Erfolg der ERP-Lösung sind erstens ein klares Verständnis der Geschäftsabläufe und zweitens das erforderliche Know-how für die Softwareanpassungen. Eine gute Unterstützung bei der Beschreibung der Prozesse im Unternehmen bietet der Einsatz einer Software zur graphischen Darstellung von Geschäftsabläufen, zum Beispiel Microsoft Visio. Mit dieser Software können Sie schnell und bequem Diagramme erstellen, die ihnen während der gesamten Projektarbeit mit der Anpassung ihrer Software Hilfestellung leisten. Den zweiten Faktor können Sie mit Hilfe dieses Buches erreichen, das Ihnen anhand von Beispielen und Techniken dabei helfen wird, Ihre gewünschten Ablaufdiagramme in die Software hinein zu implementieren.

Feed-back der Anwender

Neben den Aufzeichnungen Ihrer Betriebsabläufe und dem notwendigen Know-how in der Softwareanpassung benötigen Sie die laufende Unterstützung und das Feed-back Ihrer Anwender. Einstein soll einmal gesagt haben: „Die Probleme von heute sind die Lösungen von gestern". Zu leicht kann es passieren, dass bei der Optimierung des einen Arbeitsplatzes Probleme beim anderen geschaffen werden. Wegen der Verknüpfungen eines komplexen ERP-Systems ist es manchmal schwierig zu erkennen, wie Veränderungen an einer Stelle der Software sich möglicherweise negativ auf eine augenscheinlich entfernte Stelle des Systems auswirken. Aus diesem Grund empfiehlt sich die Arbeit mit einer Komplett-Testversion, in der die Anpassungen zunächst einmal entwickelt und getestet werden können, bevor sie live geschaltet werden. Wie man eine Testversion generiert, wird in

1 Einführung in ERP

Kapitel 2 erklärt. Zusammenfassend heißt das, dass alle Anwender der Software zusammenarbeiten müssen, um das große Ziel der Optimierung zu erreichen. Geduld und ein immer offenes Ohr für die manchmal verunsicherten Mitarbeiter ist erforderlich, auch wenn der Softwareverkäufer Ihnen eine „Out-of-the-box"-Software versprochen hat.

Kontinuierliche Weiterentwicklung

Microsoft Navision ist tatsächlich eine hervorragende ERP-Lösung für kleine und mittelständische Firmen, um den Gefahren bei der Implementierung aus dem Weg zu gehen und die vielen Möglichkeiten der ERP-Philosophie zu nutzen. Microsoft Navision hat sich seit vielen Jahren weiterentwickelt und durch unzählige Anpassungen an Kundenbedürfnisse ständig verbessert. Die Software wird von einem dichten Netz erfahrener Entwickler unterstützt, die über die letzten Jahre 6.500 Firmen mit dem System ausgestattet und zumeist auch über die Implementierungsphase hinaus bei den Anpassungen mitgewirkt haben. Dieser Erfahrungsschatz schenkt uns das große Vertrauen in die Software.

Microsoft Navision hat extrem umfangreiche Standardwerkzeuge in sich vereint, die es dem Anwender im Handumdrehen ermöglichen, flexibel auf Informationen zuzugreifen. So wird zum Beispiel mit Hilfe von „FlowFilter" (werden später ausführlich beschrieben) der Zugriff auf sehr spezifische Informationen so stark vereinfacht, dass damit eine Vielzahl an Controllingberichten wegfallen kann.

Die vielseitige und intuitive Anwendung von Microsoft Navision sowie deren umfangreiche Entwicklungsumgebung vereinfacht die Anpassung durch das Erstellen neuer Felder, Tabellenansichten, Formulare und Berichte. Vor allem, wenn Sie bereits andere Produkte aus der Microsoft-Familie, insbesondere Microsoft Access, kennen gelernt haben, wird Ihnen das Arbeiten mit der Microsoft Navision-Umgebung nicht schwer fallen.

Testversion

Ein sehr wichtiger Aspekt von Microsoft Navision ist die Möglichkeit, jederzeit eine in vollem Umfang funktionstüchtige Kopie Ihrer Microsoft Navision-Daten erstellen zu können. Dieses Duplikat eignet sich hervorragend für den Test von schwierigen, evtl. problembehafteten Programmierungen von neuen Funktionen, Anwendungen und Berichten. Sie können diese Testversion ebenso einfach Ihren Mitarbeitern zur Verfügung stellen, damit sie die Software schneller erlernen können, ohne die Angst, mit Fehlern das System zu zerstören.

Mit Hilfe dieses Buches, den unzähligen Hilfewerkzeugen und Dokumentationen von Microsoft Navision und dem dichten Netz

1.3 Strategien zum gewinnbringenden Einsatz von Microsoft Navision

erfahrener Softwareentwickler können Sie sich nun auf die Reise begeben: den Weg der Optimierung Ihrer eigenen ERP-Lösung.

2 Login und Kopieren der Microsoft Navision-Datenbank

In diesem Kapitel wird der Hintergrund der Microsoft Navision-Datenbank beleuchtet. Es wird insbesondere darauf eingegangen, wie man die Datenbank lokalisiert, sich darin einloggt und anschließend eine Kopie dieser Datenbank erstellt.

2.1 Login

In der Praxis haben viele Firmen nur einen einzigen Server, nur eine einzige Microsoft Navision-Datenbank auf diesem Server und wiederum nur ein einziges Unternehmen auf dieser Datenbank. Wenn nur auf einen einzigen Mandanten zugegriffen werden muss, kann dazu einfach das Login-Fenster benutzt werden, das sich beim Start von Microsoft Navision automatisch öffnet, ohne sich Gedanken über die Auswahl von Servern, Datenbanken und Mandanten machen zu müssen. Die automatische Verbindung durch das Login-Fenster mit dem zuletzt benutzten Mandanten in der zugehörigen Datenbank ist bequem, reicht aber nicht dazu aus, das System in seiner Komplexität beherrschen zu lernen. An späterer Stelle zeigen wir, wie die von uns empfohlene zweite Datenbank für Testzwecke eingerichtet werden kann. Darum sollten Sie Ihren automatischen Login abbrechen und den manuellen Verbindungsaufbau kennen lernen.

Manueller Login   Wie zu erwarten, ist der manuelle Login-Vorgang in Microsoft Navision komplexer als bei vielen anderen Softwarepaketen, die weitaus weniger an Funktionalität zu bieten haben. Der Grund dafür liegt in den vielfältigen Optionen, die Microsoft Navision dem Anwender zur Verfügung stellt, wie zum Beispiel die Auswahl der Datenbank vom Desktop-Client oder von einem entfernten Server und die Auswahl des jeweiligen Mandanten aus einem der entsprechenden Datenbanken. Zur Veranschaulichung der Architektur Server/Client und Datenbank/Mandanten betrachten Sie folgendes Diagramm:

2 Login und Kopieren der Microsoft Navision-Datenbank

Navision Login

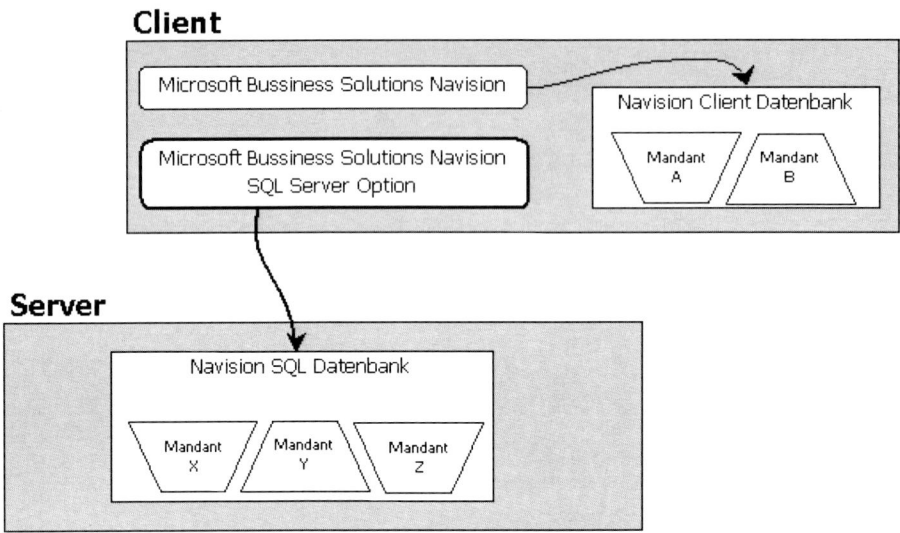

Abb. 2.1: Architektur Server/Client und Datenbank/Mandanten

Beim manuellen Login in den gewünschten Mandanten sind fünf Entscheidungsschritte erforderlich.

Erster Entscheidungsschritt

1) Wählen Sie zwischen der Version Navision Client und der Version Navision Microsoft SQL Server. Die erste Auswahlmöglichkeit besteht darin, ob Sie eine Datenbank auf der Festplatte Ihres PC oder auf einem entfernt liegenden Server verwenden möchten. Normalerweise benutzen Sie die Server-Version von Microsoft Navision, wenn bei Ihnen eine zentrale Microsoft Navision-Datenbank im Einsatz ist, die von mehreren Anwendern genutzt wird. Zum Zweck dieses Buches werden nur diese beiden Möglichkeiten diskutiert, da dies die beiden häufigsten Installationen von Microsoft Navision betrifft. Diese Versionen der Software befinden sich auf

- Für die Client-Version: Start > Programme > Microsoft Business Solutions-Navision > Microsoft Business Solutions-
- für die MSSQL-Version: Start > Programme > Microsoft Business Solutions-Navision > Microsoft Business Solutions-Navision SQL Server Option

Zweiter Entscheidungsschritt

2) Wählen Sie den Server, der die gewünschte Datenbank und den Mandanten beinhaltet (dieser Schritt ist nur dann erforder-

lich, wenn Sie sich in Schritt 1) für die Version Navision Microsoft SQL Server entschieden haben).

Das Login-Fenster, in dem Sie nach Benutzerkennung und Passwort gefragt werden erscheint:

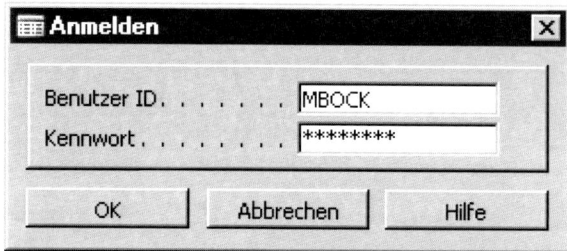

Abb. 2.2: Login-Fenster

Dieses Login-Fenster holt seine Informationen aus einer ZUP-Datei, die in einer vorherigen Anwendung gespeichert wurde und neben der Benutzerkennung die zuletzt verwendete Datenbank und den Mandanten speichert. Wenn Sie jedes Mal die gleiche Datenbank und den gleichen Mandanten benutzen, können Sie immer wieder auf dieses Login-Fenster zurückgreifen und einfach mit Ihrem Passwort ergänzen. Aber wir werden in diesem Buch mehrere Datenbanken einsetzen, zum einen Ihr ursprüngliches aktuelles Microsoft Navision-System und zum anderen das Duplikat, die Testversion. Zur Auswahl der gewünschten Datenbank drücken Sie also beim Login-Fenster auf „Abbrechen" und gehen Sie zu

„Datei > Datenbank > Öffnen" (manchmal muss dieser Schritt zwei mal in Folge durchgeführt werden).

Nun erscheint das folgende Fenster: (siehe Abb. 2.3).

Wählen Sie zunächst den Servernamen aus. In der Client-Version erscheint an dieser Stelle [Client Only]. Wenn sich Ihre gewünschte Datenbank auf der Festplatte Ihres PC befindet, stellt dies kein Probleme dar. (Wir empfehlen, dass die Erstinstallation von Microsoft Navision und ihrer Microsoft-SQL-Datenbank von einem Microsoft Navision Solutions Center vorgenommen wird, da dieser Schritt nur einmalig durchgeführt wird und sehr viele Fachkenntnisse voraussetzt.) Nun geben Sie Ihre Benutzerkennung und Ihr Passwort ein, damit Sie Zugang zur Auswahl der Datenbanknamen erhalten. Wählen Sie die gewünschte Datenbank aus und drücken Sie auf „OK".

2   Login und Kopieren der Microsoft Navision-Datenbank

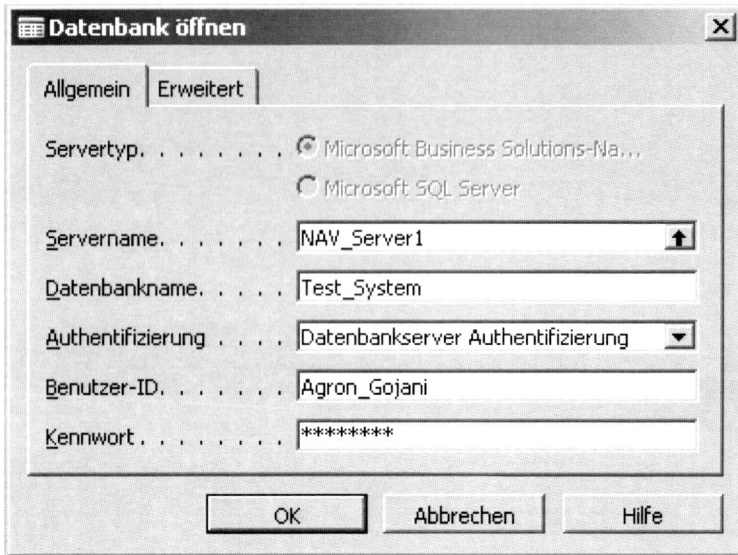

Abb. 2.3: Fenster Datenbank öffnen

Dritter bis fünfter Entscheidungsschritt

3) Geben Sie Ihre Benutzerkennung und Ihr Passwort ein.

4) Klicken Sie auf „Datenbankname".

5) Zur Auswahl des Mandanten innerhalb der Datenbank gehen Sie dann auf

„Datei > Mandant > Öffnen".

2.2 Einrichten einer Testdatenbank

Steigen wir nun ein in das Einrichten und das Setup einer kopierten Testversion Ihres eigenen Microsoft Navision-Systems.

2.2.1 Der Nutzen einer Testdatenbank

Risikominimierung ...

Um die Anpassungsfähigkeit und die Flexibilität von Microsoft Navision voll auszuschöpfen, ermöglicht die ERP-Lösung mit Hilfe spezieller Werkzeuge das Kopieren und Sichern Ihrer aktiven Unternehmensdaten. Auf dem Weg zur Informationsinfrastruktur, die Ihr Unternehmen spiegelbildlich abbildet, ist eine Vielzahl von Tests erforderlich. Es ist eindeutig zu gefährlich, bedeutende Entwicklungsschritte live an Ihrer Unternehmensdatenbank, sozusagen am offenen Herzen durchzuführen. Der nächste Schritt erläutert deshalb, wie Sie eine Testversion Ihrer eigenen Unternehmensdatenbank von Microsoft Navision aufbauen, damit Sie keine Risiken beim weiteren Experimentieren eingehen.

... in vertrauter Umgebung

Auch wenn es ein wenig früh erscheinen mag, dieses komplexe Thema schon jetzt zu behandeln, so lohnt es sich insbesondere deshalb, damit Sie von Beginn an selbst viel testen und durchspielen können. Sie können gleich, nachdem Sie diese Schritte durchlaufen haben, loslegen beim Ausprobieren all der neuen Konzepte, die in diesem Buch behandelt werden, und zwar in der Ihnen so vertrauten Umgebung Ihrer eigenen Firmendaten.

Eine solche funktionstüchtige Kopie Ihres Microsoft Navision-Systems können Sie sehr vielseitig einsetzen. Wenn Sie zum Beispiel einmal verreisen und Ihre Firmendaten gern für Analysen auf Ihrem Laptop mitnehmen möchten, dann ist dies problemlos möglich. Die Kopie Ihres Systems kann auch einfach nur als zusätzliche Sicherung dienen. Oder Sie erstellen einfach nur eine Kopie zum Testen, Lernen und Experimentieren. Eine Kopie Ihrer Microsoft Navision-Version ist in jedem Falle nützlich. Darum ist es unverständlich, dass so viele Unternehmen ohne eine solche Kopie auskommen.

Erst testen, dann implementieren

Wir empfehlen in jedem Fall, dass Sie alle neuen Anwendungen, Berichte, Methoden, etc. immer zuerst in Ihrer Testversion ausprobieren und erst anschließend, wenn deren Funktionstüchtigkeit sichergestellt ist und von den Entscheidungsträgern abgenommen wurde, diesen Programmteil in Ihr laufendes aktives Microsoft Navision-System implementieren. Sie sollten auch darauf achten, dass externe Programmierer, die an Ihrem Microsoft Navision-System arbeiten, diese Methode einsetzen.

Wir empfehlen, dass Sie eine auf dem Client basierende Testversion anstelle einer Testversion auf Ihrem Server aufbauen. Gründe dafür sind die folgenden:

1) Eine auf dem Server basierende Kopie könnte zu viele Systemressourcen in Anspruch nehmen und dadurch die Geschwindigkeit Ihres Netzwerkes reduzieren;

2) Bei einer auf dem Server basierenden Kopie besteht das Risiko, dass man versehentlich doch auf die aktive Datenbank des Unternehmens zugreift;

3) Es könnte auch ein Sicherheitsrisiko darstellen, da die Kopie alle firmeninternen Daten wie Buchhaltungsdaten, Kundendaten und Rezepturen beinhaltet, jedoch nicht unbedingt die gleichen Sicherheitsvorkehrungen darin getroffen wurden, wie in dem aktiven System.

2.2.2 Notwendige Informationen zu Ihrer Datenbank

Der erste Schritt bei der Erstellung einer Zweitversion Ihres Microsoft Navision-Systems ist die Beschaffung der erforderlichen Informationen in Bezug auf die zu kopierende Datenbank. Gehen Sie dazu, nachdem Sie sich eingeloggt haben und Ihr gewünschtes aktives Microsoft Navision-System geöffnet haben, auf „Datei > Datenbank > Information". Dort finden Sie allgemeine Informationen zu Ihrer Microsoft Navision-Datenbank.

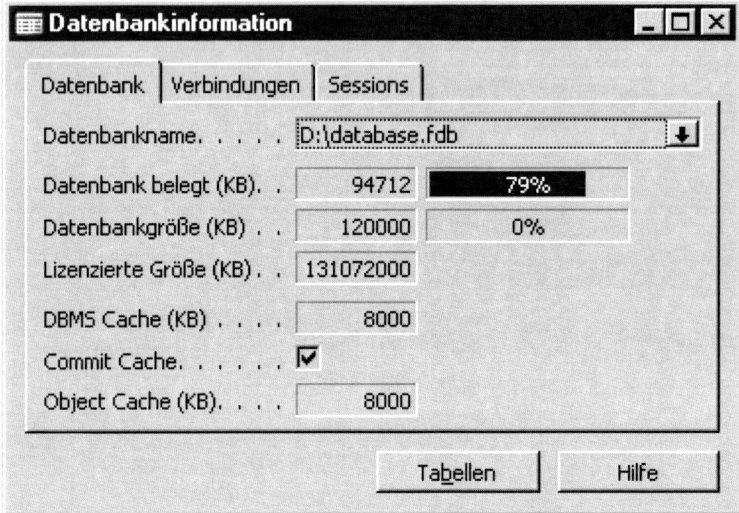

Abb. 2.4: Fenster Datenbankinformationen

Achten Sie auf den Wert in dem Feld „Datenbank Größe (KB)" und notieren Sie sich diesen für später. Sie benötigen diesen Wert beim Einrichten Ihrer Zieldatenbank, damit Sie wissen, wie viel Speicherkapazität Sie auf Ihrer Festplatte für die „Datensicherung" zu Verfügung haben müssen.

Stellen Sie als Nächstes sicher, dass außer Ihnen keine weiteren Personen in das System eingeloggt sind, während Sie die „Datensicherung" durchführen. Dazu sehen Sie in die weitere Seite „Sessions" innerhalb des gleichen Fensters Datenbankinformation. Dort befindet sich das Feld „Aktive Sessions". Klicken Sie in dieses Feld und anschließend auf den Pfeil, der dann erscheint. Eine Liste mit allen zum gegenwärtigen Zeitpunkt auf dem Server stattfindenden Microsoft Navision-Aktivitäten erscheint. Veranlassen Sie nun, dass keine weiteren Anwender das System während Ihrer Datensicherung benutzen. Der Grund dafür ist, dass Informationen in Ihrer Datenbank sonst während des Kopiervorgangs teilweise durch andere Anwender verändert werden könnten und Ihre Datensicherung fehlerhaft und möglicherweise nicht voll funktionstüchtig sein könnte. Am besten Sie führen die „Datensicherung" abends durch, wenn das System ohnehin nicht im Zugriff vieler Anwender ist. Zur „Datensicherung" benötigen Sie mindestens so viel freie Festplattenkapazität, wie die Anzahl an KB in dem Feld „Datenbank Größe (KB)". Wenn Sie nicht ausreichend Platz haben, um gleichzeitig mit der „Datensicherung" und mit der neuen Datenbank auf Ihrem PC zu arbeiten (2,2 mal die Anzahl KB aus „Datenbank Größe (KB)"), dann können Sie zunächst die Datensicherung durchführen und diese auf CD brennen. Danach, wenn die neue Datenbank erstellt ist, können Sie die „Datensicherung" von der CD in Ihre Datenbank importieren.

2.2.3 Erstellen der „Datensicherung"

Beginnen Sie mit dem Aufrufen von „Extras > Datensicherung erstellen" und das folgende Fenster öffnet sich:

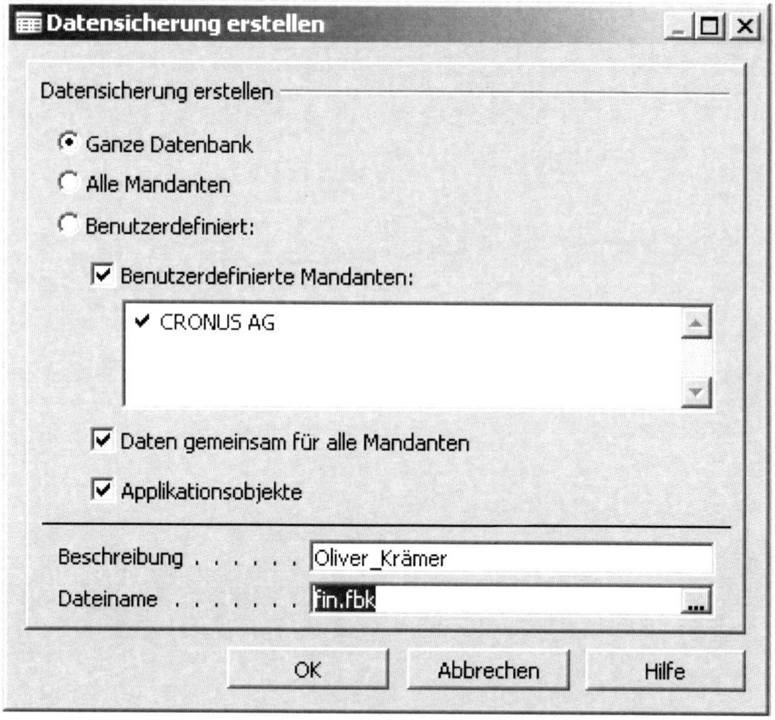

Abb. 2.5: Fenster Datensicherung erstellen

Wählen Sie „Ganze Datenbank", „Daten gemeinsam für alle Mandanten", und „Applikationsobjekte" aus. Dann füllen Sie das Feld „Beschreibung". Wir empfehlen dabei eine einheitliche Systematik bei der Namensgebung der neuen Datenbank. Derselbe Name sollte zugleich für den „Dateinamen" verwendet werden als auch später als Name in der neuen Datenbank. Der Name sollte am besten mit dem Datum der „Datensicherung" beginnen, und zwar zuerst mit dem Jahr, dann dem Monat und zuletzt dem Tag. Auf diese Weise ist gewährleistet, dass in einem Dateimanager die „Datensicherungen" und Datenbanken immer chronologisch sortierbar sind. Der nächste Bestandteil der Benennung sollte der Name des Mandanten (Firmenname) sein, und zum Schluss sollte noch „Test" angehängt werden. Jedes Wort sollte am besten mit einem Unterstrich getrennt werden. Bei der Namensgebung aller Objekte und Dateien raten wir von der Verwendung von Leerzeichen ab. Dies vereinfacht auf lange Sicht die Organisation Ihrer Daten und macht Ihre Informationen leichter zugänglich für Fremdsoftware, die häufig ein Problem bei der Umwandlung von Leerzeichen haben.

Nachdem Sie das Fenster „Datensicherung Erstellung" fertig ausgefüllt haben, drücken Sie die Entertaste und warten auf die Mitteilung, dass Ihre Datensicherung erfolgreich war. Das kann, abhängig von der Größe der Datenbank, einige Zeit in Anspruch nehmen.

Sobald der Vorgang der „Datensicherung" beendet ist, haben Sie eine vollständige Kopie Ihres aktiven Microsoft Navision-Systems auf dem Stand der entsprechenden Kopieerstellung. Eine solche „Datensicherung" sollten Sie periodisch durchführen und aus Sicherheitsgründen nicht nur in Ihrem Unternehmen aufbewahren.

2.2.4 Datenbankerstellung

Führen wir nun den Kopiervorgang fort. Schließen Sie Ihr Microsoft Navision-Programm und öffnen Sie die Client-Version von Microsoft Navision, die unter „Start > Programme > Microsoft Business Solutions-Navision" zu finden ist. Schließen Sie das Login-Fenster, das sich automatisch bei dem Vorgang öffnet, mit „Abbrechen" und gehen Sie auf „Datei > Datenbank > Neu". Das folgende Fenster erscheint:

2.2   Einrichten einer Testdatenbank

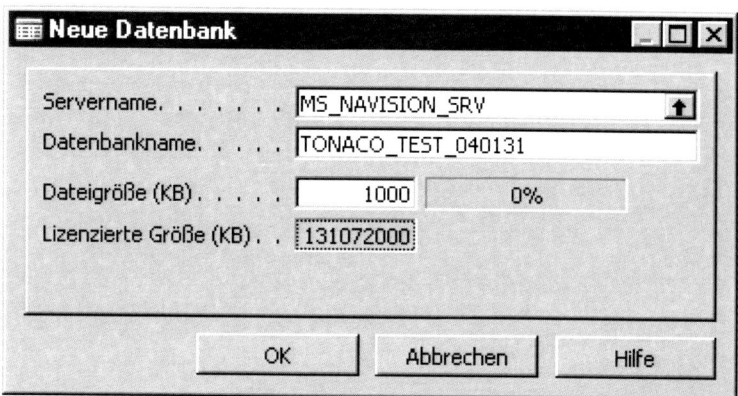

Abb. 2.6: Fenster Neue Datenbank

Beachten Sie den Wert des Feldes „Lizenzierte Größe (KB)". Wenn dieser Wert kleiner als die Größe der zu kopierenden Datenbank ist, müssen Sie zunächst Ihre firmeneigene Lizenz in dieses Microsoft Navision-Programm importieren. Ist die lizenzierte Größe jedoch ausreichend groß, können Sie den nächsten Abschnitt „Installation Ihrer Microsoft Navision-Lizenzdaten" überspringen und zum darauffolgenden Abschnitt übergehen.

2.2.5   Installation Ihrer Microsoft Navision-Lizenzdaten

Die Microsoft Navision-Lizenzdatei ist der Schlüssel für die Funktionen der Microsoft Navision-Umgebung. Sie beinhaltet alle Rechte für die Nutzung der Microsoft Navision-Funktionen, die Ihre Firma erworben hat. Ihre spezielle Microsoft Navision-Lizenz ermöglicht Ihnen nicht nur, über die Größe Ihrer neuen Datenbank zu bestimmen, sondern es gewährt Ihnen auch den Zugriff zu den unterschiedlichsten Modulen und Entwicklungswerkzeugen, die Sie von Ihrem Microsoft Business Solutions Center erworben haben.

Die „Lizenzierte Größe (KB)" könnte zu diesem Zeitpunkt zu klein sein, da Sie zum ersten mal die Client-Version Ihres Microsoft Navision-Programms einsetzen, und deshalb wurde Ihre firmenspezifische Microsoft Navision-Lizenz noch nicht in die Software geladen. Der Import dieser Lizenz ist ein Leichtes; sie benötigen dazu nur eine Kopie Ihrer Lizenzdaten, die Sie von Ihrem Microsoft Business Solutions Center beim Kauf und bei der erstmaligen Installation von Microsoft Navision erhalten haben. Wenn Sie diese Lizenzdaten nicht erhalten haben, fordern Sie sie unbedingt von Ihrem Microsoft Business Solutions Center an. Der Versand kann leicht als Anhang einer E-Mail erfolgen.

2   Login und Kopieren der Microsoft Navision-Datenbank

Diese Lizenzdaten sind der Schlüssel zum gesamten Microsoft Navision-System und sollten sich deshalb immer in Ihrem Zugriff befinden. Wenn Sie eine Kopie benötigen, können Sie danach auch zunächst auf Ihrem Server Ausschau halten, indem Sie nach der Datei Extension „.flf" suchen lassen. Wenn Ihnen nun eine Kopie Ihrer Lizenzdatei zur Verfügung steht, müssen Sie sie nur noch in Ihr Microsoft Navision-Programm importieren. Führen Sie dazu fort mit: „Extras > Lizenzinformation". Das folgende Fenster öffnet sich:

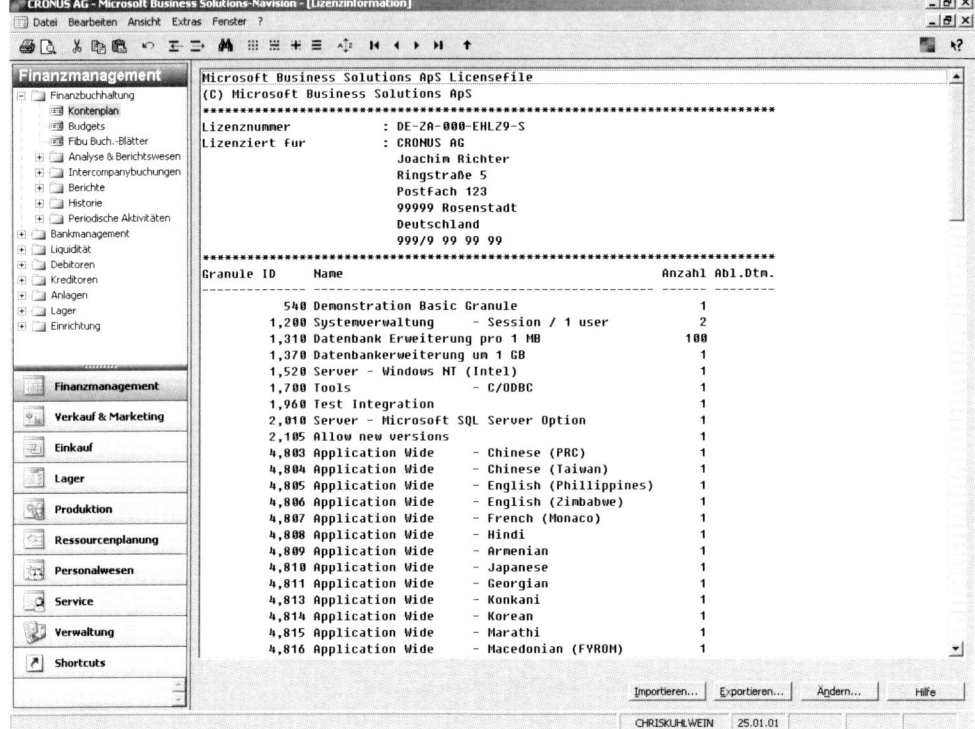

Abb. 2.7: Lizenzinformation

Klicken Sie jetzt auf „Import" und lokalisieren und öffnen Sie Ihre Firmenlizenzdatei. Die Informationen in der Lizenzdatei erhalten dadurch ihren Update auf die spezifischen, von ihrem Unternehmen erworbenen Rechte. Nun können Sie fortfahren mit dem Erstellen der Client-Kopie Ihres vollständigen Microsoft Navision-Systems mit all den Funktionalitäten Ihres aktuellen und aktiven Microsoft Navision-Systems.

Wenn Ihre spezielle Lizenzdatei importiert wurde und der Wert in dem Feld „Lizenzierte Größe (KB)" groß genug ist, um Ihre

Datenbank zu installieren, geben Sie in das Feld „Dateigröße (KB)" die erforderliche KB-Zahl ein, die Sie für Ihre Datenbank benötigen. Diese Größe ergibt sich aus der Größe Ihrer Ursprungsdatenbank multipliziert mit dem Faktor 1,1. Als „Datenbankname" wählen Sie die gleiche Bezeichnung, die Sie zuvor für die „Datensicherung" verwendet haben und bestätigen Sie mit Enter. An dieser Stelle müssen Sie abwarten, bis Microsoft Navision eine leere Datenbankdatei erstellt hat. Dieser Vorgang kann mehrere Minuten in Anspruch nehmen, je nach Größe der Datenbank.

2.2.6 „Datensicherung" importieren

Wenn Microsoft Navision die Erstellung der neuen Datenbank erfolgreich abgeschlossen hat, müssen Sie nur noch Ihre „Datensicherung" in die neue und bislang leere Datenbank importieren. Gehen Sie dazu auf „Extras > Datensicherung importieren ..." und lokalisieren und öffnen Sie Ihre „Datensicherung". Microsoft Navision liest jetzt die Kopie Ihrer „eingefrorenen" Firmendaten der „Datensicherung" in Ihre neue Testdatenbank ein.

Sobald Microsoft Navision Ihnen den erfolgreichen Import der „Datensicherung" mitteilt, drücken Sie auf „OK" und gehen Sie zu „Datei > Mandant > Öffnen". Wählen Sie den gewünschten „Mandant" und bestätigen Sie noch einmal mit „OK".

Jetzt trägt Ihr „Mandant" den gleichen Namen wie Ihr Ursprungsmandant. Wir empfehlen, dass Sie sofort den Namen überschreiben, um Verwirrungen zwischen dem aktiven Microsoft Navision-System und der Kopie zu vermeiden. Das können Sie unter „Datei > Mandant > Umbenennen" erreichen. Benennen Sie Ihren neuen „Mandant" nach den oben genannten Regeln und bestätigen Sie mit „OK". Es mag mehrere Minuten dauern, bis Microsoft Navision diese neue Namensgebung umgesetzt hat. Wenn dieser Schritt vollzogen ist, haben Sie eine vollständige Kopie Ihres firmenumfassenden Microsoft Navision-Systems, in dem Sie nun herumexperimentieren können so viel Sie wollen, ohne Angst vor schwerwiegenden Fehlern haben zu müssen.

3 Die Desktop Umgebung von Microsoft Navision

In diesem Kapitel werden die wichtigsten Werkzeuge für den Endanwender erklärt. Wir gehen darauf ein, wie man mit den Werkzeugen zur Informationskontrolle die enorme Komplexität von Microsoft Navision in den Griff bekommen kann. Zu diesen Informationskontrollen gehören insbesondere der Umgang mit den Menüs, den Grafikwerkzeugen, den Filtern und das Sortieren. Anhand einer Reihe von Beispielen kann der Einsatz dieser Werkzeuge hautnah getestet werden.

3.1 Der Umgang mit Menüs und Grafikwerkzeugen

Neugier ist gefragt

Die Arbeitsplatzumgebung von Microsoft Navision besitzt ein Standard Windows Layout. Die wichtigsten Bestandteile eines jeden Moduls aus Sicht des Endanwenders sind die Hauptfunktionen, die Buchungsblätter, die Berichte und die Einrichtung. Wie beim Erlernen jeder anderen Software bedarf es auch hier einiger Zeit, bis der Nutzer erkennt, wie und wo er am schnellsten an die besten Informationen herankommt. In Microsoft Navision gibt es viele unterschiedliche Stellen, um an die gleichen Informationen zu kommen, aber auch viele unterschiedliche Ansichten der gleichen Daten. Es kann seitens des Projektmanagers gar nicht genug Wert darauf gelegt werden, dass alle Anwender mit einer gesunden Portion Neugier auf die Entdeckungsreise gehen und dabei immer wieder um die Ecke blicken, um die vielen neuen Möglichkeiten für sich zu entdecken. Da Microsoft Navision eine sehr ausgefeilte ERP-Lösung darstellt, bedeutet das, dass Verknüpfungen überall, auch in den noch so entfernt erscheinenden Teilen innerhalb der Microsoft Navision-Umgebung möglich sind. Das bringt mit sich, dass es oft auch Abkürzungen für bereits eingetretene Pfade gibt, die es jedoch zu entdecken gilt. Genau dieses Know-how seitens der Anwender ist notwendig, um den Programmierern später aufzeigen und mitteilen zu können, an welcher Stelle noch Anpassungsbedarf besteht, Anpassungen, die wiederum dem Anwender die tägliche Arbeit erleichtern.

Darstellungsformen

Informationen können auf unterschiedliche Art dargestellt werden. Dazu gehören der klassische Berichtsausdruck, die Berichtbildschirmansicht, die Karteikartenansicht, die Tabellenansicht und der Datenexport in Fremdprogramme so wie Microsoft Excel. Die Karteikartenansicht ist besonders gut geeignet, wenn der Anwender viele unterschiedliche Informationen gleichzeitig zu einem bestimmten Objekt sehen möchte, zum Beispiel alle Informationen zu einem ganz bestimmten Kunden. Die Tabellenansicht wird bevorzugt, wenn viele Objekte gleichzeitig in vergleichender Darstellung gezeigt werden sollen, zum Beispiel wenn man Kundenumsätze miteinander vergleichen will. Berichte sind besonders dann hilfreich, wenn deren Daten aus vielen verschiedenen Stellen zusammengestellt oder gar Berechnungen durchgeführt werden sollen, abgesehen von der Tatsache, dass sich Berichte auch als ausgedruckte Dokumente herumreichen lassen. Der Export in Microsoft Excel erlaubt weitere Berechnungen und numerische aber auch graphische Auswertungen.

Gezieltes Informationsmanagement Sie werden schnell ein Gefühl dafür entwickeln, welche Darstellungsform für welche Art der Informationen am geeignetsten sind. Das ist wichtig, um ein Verständnis für die Microsoft Navision-Umgebung zu entwickeln als Fundament für eine gesunde Intuition, die auch für Anpassungen und Weiterentwicklungen der Software unverzichtbar ist. Auf diese Weise entsteht schnell eine stabile und ausgefeilte Informationsinfrastruktur in Ihrem Unternehmen. Um diese Intuition zu erlangen ist es eine gute Übung, sich zuerst genau über die gewünschten Informationen Gedanken zu machen und auch darüber, wo man sie wahrscheinlich am sichersten finden wird. Erst danach sollte man diesen Weg beschreiten, statt sich gleich zu Beginn blind auf die Suche zu begeben, um dann eventuell über die Informationen zu stolpern.

Beginnen wir nun mit einem groben Überblick über die Menüs und Werkzeugleiste in der Arbeitsumgebung von Microsoft Navision. Der Arbeitsbereich von Microsoft Navision sieht so aus: (siehe Abb. 3.1).

Wandern wir einmal von links nach rechts der Werkzeugleiste entlang.

Drucken (Strg+P) Diese Schaltfläche ist nur aktiv, wenn sich ein druckbarer Bericht in der Ansicht befindet.

Seitenansicht Diese Schaltfläche ist ebenso nur aktiv, wenn ein Bericht ausgewählt wurde, der noch nicht gedruckt werden, sondern nur auf dem Bildschirm erscheinen soll.

3.1 Der Umgang mit Menüs und Grafikwerkzeugen

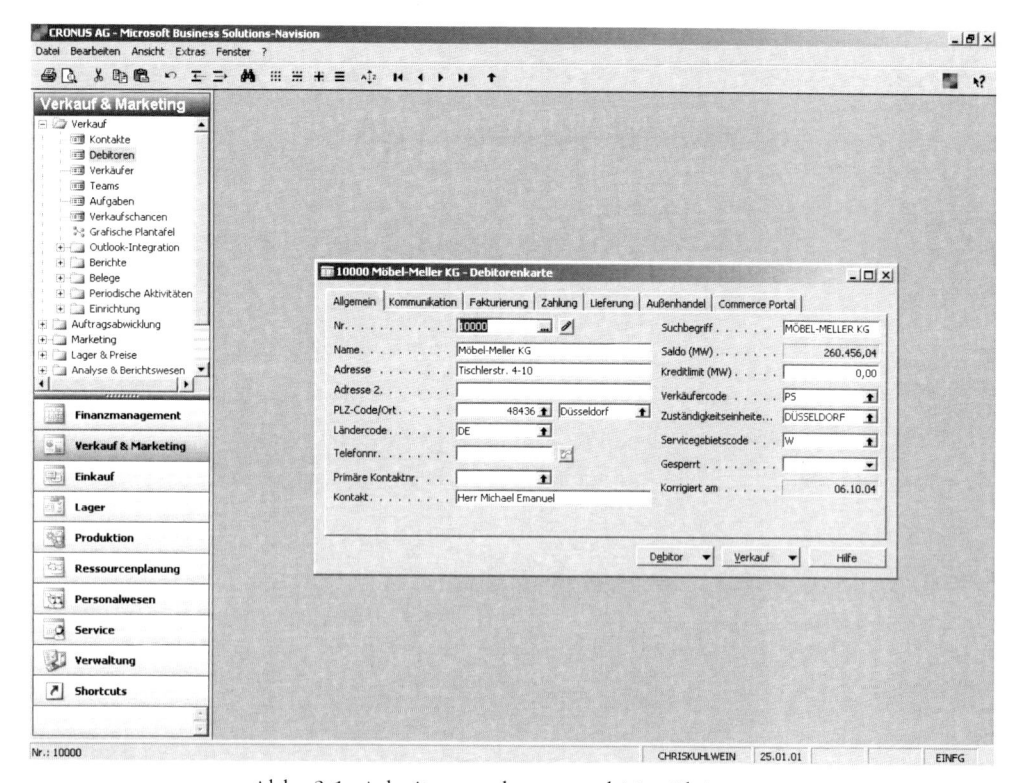

Abb. 3.1: Arbeitsumgebung und Menüleiste

Ausschneiden (Strg+X)	Entfernen und gleichzeitig Sichern von Daten einzelner Felder oder ganzer Datensätze, um diese später an anderer Stelle oder gar in andere Anwendungen einfügen zu können (z.B. Microsoft Excel).
Kopieren (Strg+C)	Diese Funktion arbeitet wie die Funktion Ausschneiden, jedoch ohne die Daten zu entfernen.
Rückgängig (Strg+Z)	Damit machen Sie die Änderungen in einem Feld rückgängig, solange Sie das Feld noch nicht verlassen haben.
Einfügen (F3)	Hiermit fügen Sie einen leeren Datensatz in die Tabelle ein.
Löschen (F4)	Mit dieser Taste löschen Sie den selektierten Datensatz aus der Tabelle.
Suchen (Strg+F)	Hier öffnen Sie das Fenster zum Suchen und eventuell Ersetzen von Daten aus einer Tabelle.
Feldfilter (F7)	Diese Funktion erlaubt Ihnen die Begrenzung der angezeigten Datensätze aus der Tabelle nach den von Ihnen vorgegebenen Einschränkungen (Filtern) innerhalb des ausgewählten Feldes.

Tabellenfilter (Strg+F7)	Diese Funktion erlaubt Ihnen die Begrenzung der angezeigten Datensätze aus der Tabelle nach den von Ihnen vorgegebenen Einschränkungen (Filtern) innerhalb mehrerer Felder gleichzeitig. In einer speziellen Tabelle werden alle eingeschalteten Filter angezeigt und können dort auch ergänzt oder wieder herausgenommen werden.
„FlowFilter" (Groß+F7)	Mit dieser Funktion erhält man Zugriff auf die Filter, die diesmal dazu herangezogen werden, um bestimmte Ausgabewerte zu bestimmen. Wenn zum Beispiel auf einer Artikelkarte der Ausgabewert „Umsatz pro Artikel" erscheint, so kann man im „FlowFilter" bestimmen, über welchen Zeitraum dieser Umsatz kalkuliert wird.
Sortieren (Strg+F8)	Diese Schaltfläche öffnet das Fenster „Sortieren" und zeigt an, welche Optionen zum Sortieren der Datensätze innerhalb einer Tabelle zur Verfügung stehen. Später zeigen wir, wie die Liste der Sortieroptionen um eigene Sortierwünsche ergänzt werden kann.
Erster, Vorheriger, Nächster, Letzter	Diese Schaltflächen erlauben Ihnen schrittweise durch die Datensätze einer Tabelle zu wandern.
Übersicht (F5)	Diese Schaltfläche lässt Sie von der Karteikartenansicht (einzelner Datensatz mit vielen Details) in die Tabellenansicht (viele Datensätze oft mit weniger Details) wechseln. Wenn zu der Karteikartenansicht keine zugehörige Tabellenansicht existiert, kann diese nachträglich eingebaut werden (wird später ausführlich erklärt).
	Einige dieser Werkzeuge werden wir im Detail erläutern, andere, so wie „Ausschneiden", „Kopieren" und „Einfügen" oder das Bewegen von Datensatz zu Datensatz, gehören zum Windows-Standard und werden deshalb nicht mehr näher erklärt. Die komplexesten und vermutlich wichtigsten Funktionen in der gesamten Microsoft Navision-Landschaft sind die Filterfunktionen. Wir werden uns noch sehr intensiv mit ihnen in diesem Buch beschäftigen. Geschick im Umgang mit diesen Funktionen ist nicht nur für die allgemeine Anwendung von Microsoft Navision eine große Hilfe, sondern auch eine wichtige Voraussetzung auf dem Weg zur fortgeschrittenen Entwicklung.
	Wir empfehlen Ihnen, Einrichtungsdaten nur dann zu verändern, wenn Sie sich Ihrer Sache ganz sicher sind oder wenn Sie die Veränderungen an einer Testdatenbank geprüft haben.
Hilfe (F1)	Wenn Sie einmal Fragen zu einer besonderen Stelle innerhalb Microsoft Navision haben, wählen Sie das entsprechende Objekt

einfach aus und drücken Sie auf „F1". Nicht alle, aber die meisten Funktionen sind mit einer Hilfestellung versehen.

3.2 Filtertechniken

Eine ERP-Lösung verspricht in allererster Linie die Kontrolle über sämtliche Daten. Dabei ist es wichtig, einen Überblick über das Gesamtbild zu erhalten, während man diesen jederzeit mit den dahinterstehenden Details in Verbindung bringen kann. Sie sollten in der Lage sein, die Informationen, die Sie benötigen, vor allem schnell und auf das Wesentliche beschränkt zu bekommen.

Damit Informationen gezielt und schnell aus dem System entnommen werden können, benötigt man das entsprechende Können und etwas Erfahrung, denn Informationen sind komplex, befinden sich an diversen Stellen der Software und sind sehr vielseitig.

3.2.1 Verschiedene Arten der Informationen

Die Komplexität der Informationsbeschaffung hat ihre Ursache vor allem in der Vielseitigkeit der Möglichkeiten, die uns Microsoft Navision bietet. So löst zum Beispiel die einfache Rechnungslegung an einen Kunden die folgenden Operationen im Hintergrund aus:

- Aktualisierung der Kundenhistorie
- Aktualisierung des Bestands
- Neuberechnung des Umsatzes in „GuV" und Kostenrechnung, sowie Neuberechnung der Umsatzsteuer
- Aktualisierte Bewertung des Lagerbestandes in der Bilanz
- Provisionsneuberechnung des betreffenden Verkäufers

Und diese Liste könnte noch weiter fortgeführt werden, je nach Ihrer spezifischen Microsoft Navision-Installation. Zur Generierung solch vielfältig angebotener Informationen bedarf es einiger weniger besonderer Methoden.

Für den geübten Umgang mit der Komplexität der Informationen sollten Sie sich über die verschiedenen Arten an Daten, die uns das ERP bietet, im Klaren sein. Insbesondere sind drei verschiedene Datentypen herauszustellen: Stammdaten, Bewegungsdaten und Berechnete Daten.

Stammdaten — Stammdaten sind solche Daten, die sich im Prinzip mit der Zeit kaum ändern. Hierzu zählen zum Beispiel Ihr Firmenname und die Umsatzsteueridentifikationsnummer, die Kontonummern und -bezeichnungen Ihrer Sachkonten, aber auch Kundenanschriften, Lieferantenanschriften, deren jeweilige Zahlungsbedingungen und Ihr Artikelstamm. Stammdaten sind das Gerüst Ihres Tagesgeschäftes und sollten zwar kontinuierlich gepflegt werden, sich aber insgesamt nur minimal verändern. Solche Informationen werden in Microsoft Navision überwiegend in Form von Karteikarten angezeigt, so wie die Kundenkarte oder die Artikelkarte.

Bewegungsdaten — Im Gegensatz dazu beinhalten Bewegungsdaten die Historie Ihrer gesamten Abläufe. Bewegungsdaten ändern sich ständig, sozusagen mit jedem Eintrag in jegliche Module: Auftragserfassung, Buchführung, Wareneingangserfassung, Produktionsauftragserfassung, Produktionsrückmeldung, etc. Bewegungsdaten wachsen ständig und sind ständig im Fluss. Bewegungsdaten werden in Microsoft Navision typischerweise in Form von „Übersichten" dargestellt. Diese Darstellungsform ist besonders geeignet für Bewegungsdaten, da sie eine chronologische Ablauffolge repräsentieren kann. Beispiele für Bewegungsdaten sind Sachkontenbuchungen, Inventurbewegungen, Auftragseingänge, Rohstofflieferungen, Provisionsposten und vieles mehr.

Berechnete Daten — Berechnete Daten sind die Synthese aus den beiden vorgenannten Datentypen. So zeigt zum Beispiel der „Lagerbestand" (berechnetes Datum) in der Artikelkarte (Stammdatum) die Summe aller Lagerbewegungen (Bewegungsdaten) dieses Artikels an. Oder in der Kundenkarte wird der offene Posten des jeweiligen Kunden angezeigt. Dieser spezielle Datentyp wird in Microsoft Navision zu jeder Zeit aktuell angezeigt und bei jedem Aufruf einer Karteikarte neu berechnet. Er ist häufig in Karteikarten, aber auch in „Übersichten" zu finden. Wenn man in Microsoft Navision auf ein solches Feld klickt, erscheint immer ein Pfeil, der, wenn man auf ihn klickt, all die Bewegungsdaten anzeigt, die zu seiner Berechnung herangezogen wurden.

Der Umgang mit der Erhebung gezielter Informationen aus Microsoft Navision heraus bedarf der Übung und Erfahrung. Nur wer anfänglich mit dem System übt und experimentiert, wird später auch den schnellsten und leichtesten Weg herausfinden, um die sich ständig ändernden Informationsbedürfnisse zu befriedigen. Trotz der durchgängigen Logik und einheitlichen Darstellung der Microsoft Navision-Module ist dieser Prozess nicht über Nacht erlernbar.

3.2 Filtertechniken

Der gekonnte Umgang mit der endlos erscheinenden Menge an Daten ist das Ziel der nächsten beiden Kapitel. Das Verständnis dieser bildet dann die Grundlage, die Sie benötigen, um später die schwierigen und komplexen Informationsbedürfnisse decken zu können.

3.2.2 Die unterschiedlichen Filter „Tabellenfilter" und „Flowfilter"

Die wichtigste Eigenschaft von Microsoft Navision, die jeder beherrschen sollte, gleichgültig ob mit dem Ziel zum Entwickler oder als Endanwender, ist das Filtern. In diesem Buch werden wir nützliche und sehr praktische Handgriffe vermitteln, die für die Entwicklung von Microsoft Navision, aber auch für den täglichen Einsatz des Programms von großer Bedeutung sind. Das erreichen wir, indem wir Ihnen zeigen, wie Sie mit Programmcode das simulieren, was sie sonst manuell durchführen würden. Deshalb ist es wichtig, im ersten Schritt die manuellen Schritte zu beherrschen, bevor man deren Umsetzung in Programmcode erlernen kann. Mit den Filtermethoden kommt man fast immer zu den erwünschten Informationen. Ob bei der Recherche beim Ablauf eines in der Vergangenheit liegenden Auftrages oder bei der Berechnung des Deckungsbeitrages eines Produktes.

Begrenzung der Datenflut

Die primäre Anwendung der Filter ist die Begrenzung der Datensätze aus einer Datenbank nach vordefinierten Einschränkungen (Filtern). Filter helfen Ihnen also, die große Menge an Daten bewältigen zu können.

Es gibt prinzipiell zwei verschiedene Filterarten in Microsoft Navision,

- Tabellenfilter
- FlowFilter

Tabellenfilter

„Tabellenfilter" sind leicht verständlich, da sie lediglich Datensätze aus einer einzigen Tabelle herausfiltern. So kann zum Beispiel über den „Tabellenfilter" eine Auswahl über alle Kunden aus Europa getroffen werden, deren Jahresumsatz € 10.000,- überschreitet. Sowohl das Werkzeug „Feldfilter" als auch „Tabellenfilter" können zur Definition eines „Tabellenfilters" herangezogen werden.

Wir empfehlen die Verwendung des „Tabellenfilters" gegenüber dem „Feldfilter", da der „Tabellenfilter" immer gleichzeitig einen Überblick über alle zum gegebenen Zeitpunkt eingeschalteten Filter verschafft, während Ihnen der „Feldfilter" immer nur anzeigt, ob über das Feld, in dem sich der Cursor gerade befindet,

3   Die Desktop Umgebung von Microsoft Navision

ein Filter eingestellt ist. Der fehlende Überblick über alle zum Zeitpunkt aktiven Filter kann zu falschen Ergebnissen und unerwünschten Rätseln führen.

FlowFilter

Der zweite Typ Filter, der „FlowFilter" ist in seinem Verständnis komplexer als der „Tabellenfilter". „FlowFilter" bestimmen die Datensätze, die der Kalkulation von „Berechneten Daten" zugrunde liegen. Dieser Filter begrenzt die Datensätze einer weiteren fremden Tabelle, aus der die Daten für die Berechnung stammen, und fügt dann den sich ergebenden Wert in das „FlowField" ein.

In Microsoft Navision nennt man diese speziellen Felder, die durch „FlowFilter" berechnet werden, auch „FlowField". Beispiele für solche „FlowFields" sind „Lagerbestand", „Saldo" und „Menge in Auftrag".

Wollen Sie zum Beispiel, dass das Feld „Verkauf (MW)" in der Kundentabelle nur Verkäufe des laufenden Jahres anzeigt, können Sie das mit dem „FlowFilter" entsprechend einstellen. (Leider ist das sehr nützliche Feld „Verkauf (MW)" in der „Debitorenkarte" oder „Debitorenübersicht" in der Microsoft Navision-Standardanwendung von Cronus nicht ersichtlich, obwohl es in der ihr zu Grunde liegenden Kundentabelle sehr wohl vorhanden ist. Später zeigen wir, wie leicht ein solches Feld in die Debitorenkarte oder irgend eine andere Karte eingefügt werden kann.)

3.2.3 Filterbeispiele im „Kontenplan"

Gehen wir jetzt auf ein Beispiel ein, das beide Filtertypen gleichzeitig nutzt. Rufen Sie Finanzmanagement > Finanzbuchhaltung > Kontenplan auf. Das folgende Fenster erscheint: (siehe Abb. 3.2).

Die Tabelle zeigt die gesamten Finanzbuchhaltungsdaten der Firma, alle Konten, Kontenüberschriften, sowie die gebildeten Summen, Kontosalden und Kontobewegungen. Diese Darstellung ist ein Tabellenansichtsformular, das auf der Tabelle „Sachkonto" basiert. Die Frage stellt sich, wie diese Finanzbuchhaltungsdaten in die Datenbank eingeschrieben werden können, obwohl sie sich doch laufend ändern. Muss Microsoft Navision die Tabelle „Sachkonto" jedes Mal neu schreiben, wenn sich die Summen ändern? Die Antwort darauf lautet, dass diese Summen nirgendwo gespeichert werden, sondern jedes Mal von neuem

3.2 Filtertechniken

Nr.	Name	G..	K..	Zusammenzä...	B..	G..	P..	Bewegung	Saldo
1000	KONTENPLAN	B..	Ü..						
1002	ANLAGEN	B..	V..						
1003	Anlagen	B..	V..						
1005	Sachanlagen	B..	V..						
1100	Grundstücke und Gebäude	B..	V..						
1110	Grundstücke und Gebäude	B..	K..						2.291.421,59
1120	Zugänge während des Jahres	B..	K..		E..	N..	S..	246,56	246,56
1130	Abgänge während des Jahres	B..	K..		V..	N..	S..		
1140	Kumul. Abgänge, Gebäude	B..	K..						-815.630,37
1190	**Grundst. und Gebäude, gesamt**	B..	B..	1100..1190				246,56	1.476.037,78
1200	Betriebseinrichtung	B..	V..						
1210	Betriebseinrichtung	B..	K..						902.753,23
1220	Zugänge während des Jahres	B..	K..		E..	N..	S..		25.116,00
1230	Abgänge während des Jahres	B..	K..		V..	N..	S..		
1240	Kumul. AfA, Betriebseinricht.	B..	K..						-785.362,46
1290	**Betriebseinrichtung, gesamt**	B..	B..	1200..1290					142.506,77
1300	Fuhrpark	B..	V..						
1310	Fuhrpark	B..	K..						76.625,26
1320	Zugänge während des Jahres	B..	K..		E..	N..	S..		87.000,00

Abb. 3.2: Kontenplan

berechnet werden, wenn der Anwender die Tabelle aufruft. Sie werden auf Grundlage einer Formel berechnet, die im „Calcfield" definiert ist, und ihr Wert wird durch die Summierung von ausgewählten Daten einer weiteren Tabelle bestimmt. In diesem Beispiel ist das Feld „Bewegung" ein besonderes „Calcfield", das die Summe der Spalte „Betrag" von einer Menge an „Sachposten"-Datensätzen wiedergibt. An dieser Stelle werden die „Flow-Filter" benötigt; sie bestimmen nämlich exakt, welche Menge an „Sachposten" aufaddiert werden sollen. Bei jedem Aufruf wandert dann diese Summe ins „Calcfield" „Bewegung". Um das Beispiel fortzuführen, wollen wir die folgende Aufgabe betrachten.

Beispiel Stellen Sie sich vor, Ihre Chefin kommt zu Ihnen mit der Fragestellung nach dem Gewinn von Januar 2001 und möchte einen Überblick über die Kostenkonten ausschließlich diesen Monats. Darüber hinaus verlangt sie nach einer Möglichkeit, in die Kosten detailliert einzusteigen, um auf Plausibilität überprüfen zu können. So würden Sie ihrer Bitte nachkommen:

Zunächst sollten Sie die Einstellung über den Inhalt der Tabelle „Sachkonto" vornehmen: zum Beispiel Kontobezeichnung, Kontonummer, Kontoart usw. Um die Auswahl der Datensätze einzuschränken, ist ein Tabellenfilter erforderlich. Rufen Sie jetzt „An-

3   Die Desktop Umgebung von Microsoft Navision

sicht > Tabellenfilter" auf und geben Sie die Daten genau so wie in der hier folgenden Tabellenansicht ein:

Feld	Filter
Kontoart	<>Konto
GuV/Bilanz	GuV
Bewegung	<>0

Abb. 3.3: Tabellenfilter

Die Zeichen „<>" bedeuten „ungleich". Sie haben also mit den Eingaben bewirkt, dass die Tabelle „Sachkonto" nur Kontoarten zeigt, die nicht „Konto" lauten, ebenso nur Konten, die als „GuV"-Konten definiert sind (das heißt aus der Option „GuV/Bilanz" wurde nur „GuV" ausgewählt), und schließlich wurde die Auswahl der Datensätze noch so eingeschränkt, dass die Summe der Kontobewegungen ungleich null ist. Diese Einschränkungen sollten die Liste an Datensätzen auf eine sehr kleine Auswahl reduzieren, nämlich nur auf Summenfelder mit tatsächlichen Bewegungen. Klicken Sie auf „OK" und das folgende Fenster erscheint: (siehe Abb. 3.4).

Wie wir sehen, ist die Liste tatsächlich sehr stark verkürzt. Aber ein weiteres Problem bleibt bestehen: Ist das der Gewinn von Januar 2001? Um festzustellen, welche Daten sich hinter den Summen in der Spalte „Bewegung" verbergen, klicken Sie auf die erste Position in dieser Spalte und klicken Sie dann auf den daraufhin erscheinenden Pfeil. Diesmal erscheint das folgende Fenster: (siehe Abb. 3.5).

3.2 Filtertechniken

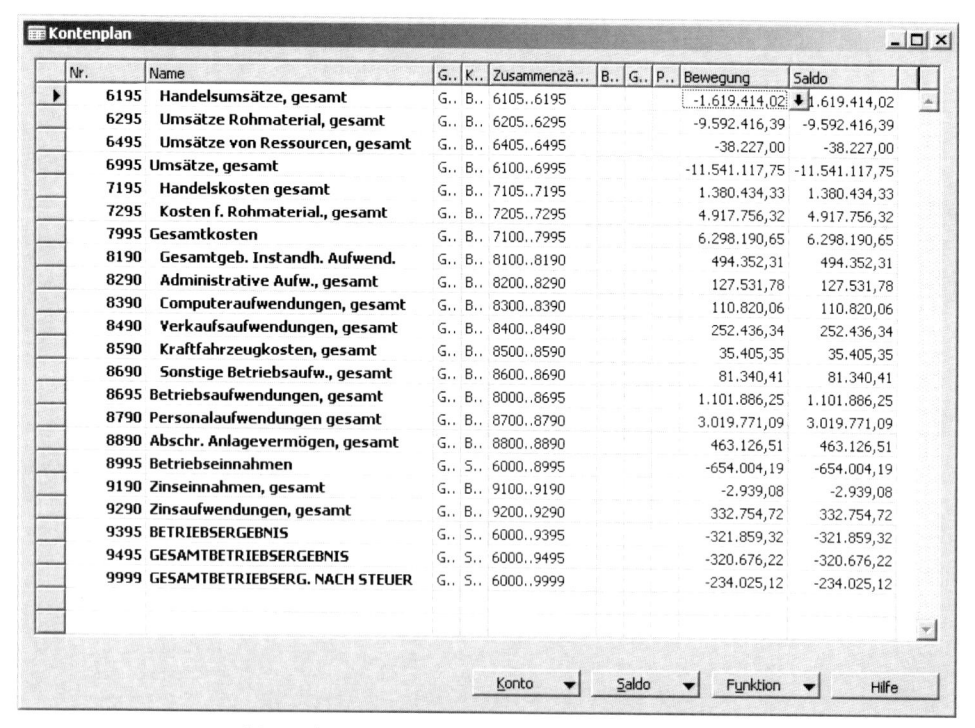

Nr.	Name	G..	K..	Zusammenzä...	B..	G..	P..	Bewegung	Saldo
6195	Handelsumsätze, gesamt	G..	B..	6105..6195				-1.619.414,02	1.619.414,02
6295	Umsätze Rohmaterial, gesamt	G..	B..	6205..6295				-9.592.416,39	-9.592.416,39
6495	Umsätze von Ressourcen, gesamt	G..	B..	6405..6495				-38.227,00	-38.227,00
6995	Umsätze, gesamt	G..	B..	6100..6995				-11.541.117,75	-11.541.117,75
7195	Handelskosten gesamt	G..	B..	7105..7195				1.380.434,33	1.380.434,33
7295	Kosten f. Rohmaterial., gesamt	G..	B..	7205..7295				4.917.756,32	4.917.756,32
7995	Gesamtkosten	G..	B..	7100..7995				6.298.190,65	6.298.190,65
8190	Gesamtgeb. Instandh. Aufwend.	G..	B..	8100..8190				494.352,31	494.352,31
8290	Administrative Aufw., gesamt	G..	B..	8200..8290				127.531,78	127.531,78
8390	Computeraufwendungen, gesamt	G..	B..	8300..8390				110.820,06	110.820,06
8490	Verkaufsaufwendungen, gesamt	G..	B..	8400..8490				252.436,34	252.436,34
8590	Kraftfahrzeugkosten, gesamt	G..	B..	8500..8590				35.405,35	35.405,35
8690	Sonstige Betriebsaufw., gesamt	G..	B..	8600..8690				81.340,41	81.340,41
8695	Betriebsaufwendungen, gesamt	G..	B..	8000..8695				1.101.886,25	1.101.886,25
8790	Personalaufwendungen gesamt	G..	B..	8700..8790				3.019.771,09	3.019.771,09
8890	Abschr. Anlagevermögen, gesamt	G..	B..	8800..8890				463.126,51	463.126,51
8995	Betriebseinnahmen	G..	S..	6000..8995				-654.004,19	-654.004,19
9190	Zinseinnahmen, gesamt	G..	B..	9100..9190				-2.939,08	-2.939,08
9290	Zinsaufwendungen, gesamt	G..	B..	9200..9290				332.754,72	332.754,72
9395	BETRIEBSERGEBNIS	G..	S..	6000..9395				-321.859,32	-321.859,32
9495	GESAMTBETRIEBSERGEBNIS	G..	S..	6000..9495				-320.676,22	-320.676,22
9999	GESAMTBETRIEBSERG. NACH STEUER	G..	S..	6000..9999				-234.025,12	-234.025,12

Abb. 3.4: Kontenplan nach dem Filtern

6110 Verkäufe, Handel - Inland - Sachposten

Buchung...	B..	Belegnr.	Sachkon...	Beschreibung	B..	G..	P..	Betrag	G..	Gegenko
01.01.00		2000-1	6110	Posten, Januar 2000	V..	N..	H..	-111.544,59	S..	
01.02.00		2000-2	6110	Posten, Februar 2000	V..	N..	H..	-115.612,01	S..	
01.03.00		2000-3	6110	Posten, März 2000	V..	N..	H..	-123.516,58	S..	
01.04.00		2000-4	6110	Posten, April 2000	V..	N..	H..	-122.815,74	S..	
01.05.00		2000-5	6110	Posten, Mai 2000	V..	N..	H..	-103.688,53	S..	
01.06.00		2000-6	6110	Posten, Juni 2000	V..	N..	H..	-72.366,06	S..	
01.07.00		2000-7	6110	Posten, Juli 2000	V..	N..	H..	-67.861,56	S..	
01.08.00		2000-8	6110	Posten, August 2000	V..	N..	H..	-71.625,62	S..	
01.09.00		2000-9	6110	Posten, September 2000	V..	N..	H..	-127.742,26	S..	
01.10.00		2000-10	6110	Posten, Oktober 2000	V..	N..	H..	-115.060,08	S..	
01.11.00		2000-11	6110	Posten, November 2000	V..	N..	H..	-124.637,12	S..	
01.12.00		2000-12	6110	Posten, Dezember 2000	V..	N..	H..	-94.450,37	S..	
03.12.00	R..	103020	6110	Rechnung 1002	V..	N..	H..	-826,10	S..	
11.12.00	R..	103019	6110	Rechnung 1001	V..	N..	H..	-1.646,30	S..	
05.01.01	R..	2801	6110	Beef House	V..	N..	H..	-3.337,94	D..	49525

Abb. 3.5: Sachkonto 6110 einzelne Posten

Wir sehen sofort, dass in der Liste auch Datensätze mit einem „Buchungsdatum" aus dem Jahr 2000 enthalten sind. Natürlich sind diese Datensätze unbrauchbar für eine Berechnung des Gewinns von Januar 2001. Sie müssen deshalb ganz einfach verschwinden. Was können wir tun, um sicherzustellen, dass die Summen in unserem „Kontenplan" nur Datensätze aus der Periode vom 01.01.2001 bis zum 31.01.2001 beinhalten? Schließen Sie zunächst diese Dropdown-Liste, indem Sie einfach auf „ESC" (Escape) Ihrer Tastatur drücken. Sie befinden sich dann wieder im „Kontenplan".

Um die Informationen, die zur Berechnung der Werte in den „FlowFields" „Bewegung" benutzt werden, zu steuern, müssen wir einen „FlowFilter" auf dem „Kontenplan" festlegen. Gehen Sie auf „Ansicht > FlowFilter" und das folgende Fenster erscheint:

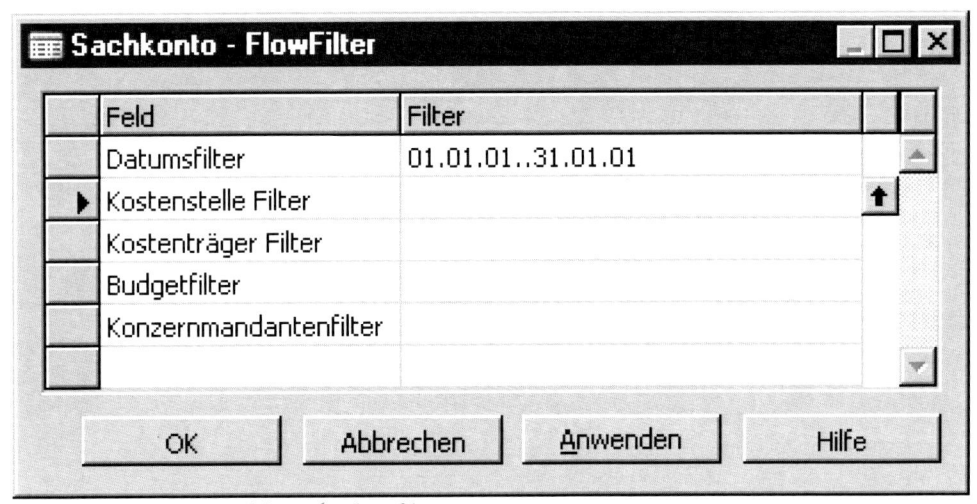

Abb. 3.6: Flowfilter

Hier sehen Sie eine Liste der „FlowFilter". Diese Filter kontrollieren, zu welchen Daten der „Kontenplan" Zugang bekommt, um diejenigen Werte zu errechnen, die wiederum in dem „FlowField" „Bewegung" erscheinen. Geben Sie den Text 01.01.01..31.01.01 in die zweite Spalte mit der Überschrift „Filter" in der Zeile „Datumsfilter" ein. Dieser Filter wird Microsoft Navision nun vorschreiben, in seiner „FlowField"-Rechnung nur Datensätze mit einzubeziehen, deren „Buchungsdatum" zwischen dem 1. und 31. Januar 2001 liegt. Nachdem Sie diesen Text eingegeben haben, drücken Sie auf „OK" an der Unterseite des Fensters. Das gekürzte „Kontenplan"-Fenster wird nun wie folgt erscheinen: (Abb. 3.7).

3.2 Filtertechniken

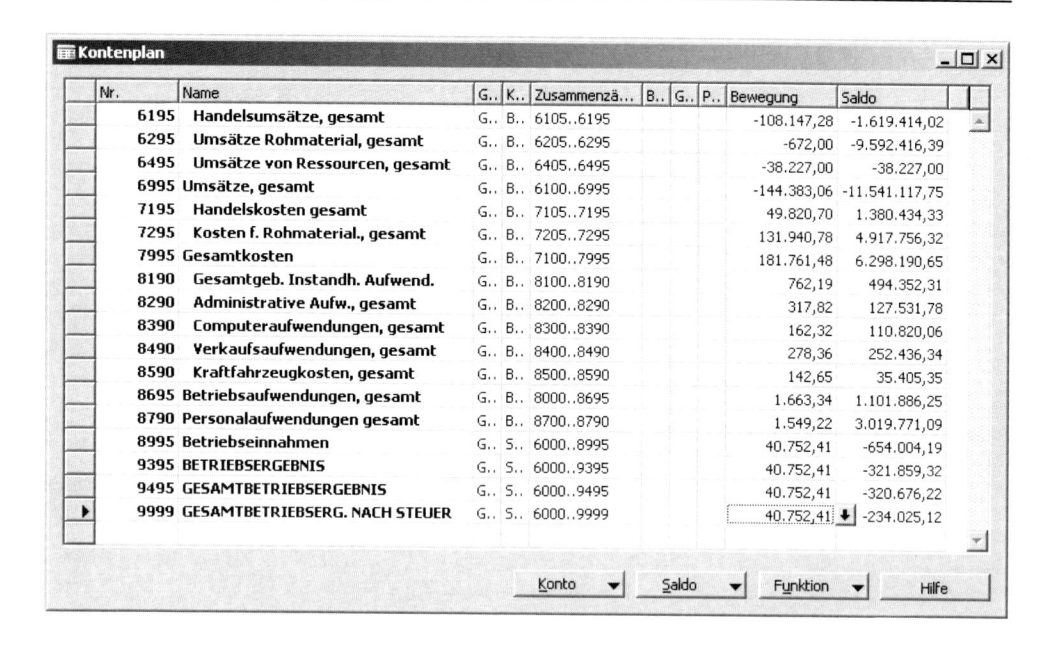

Nr.	Name	G..	K..	Zusammenzä...	B..	G..	P..	Bewegung	Saldo
6195	Handelsumsätze, gesamt	G..	B..	6105..6195				-108.147,28	-1.619.414,02
6295	Umsätze Rohmaterial, gesamt	G..	B..	6205..6295				-672,00	-9.592.416,39
6495	Umsätze von Ressourcen, gesamt	G..	B..	6405..6495				-38.227,00	-38.227,00
6995	Umsätze, gesamt	G..	B..	6100..6995				-144.383,06	-11.541.117,75
7195	Handelskosten gesamt	G..	B..	7105..7195				49.820,70	1.380.434,33
7295	Kosten f. Rohmaterial., gesamt	G..	B..	7205..7295				131.940,78	4.917.756,32
7995	Gesamtkosten	G..	B..	7100..7995				181.761,48	6.298.190,65
8190	Gesamtgeb. Instandh. Aufwend.	G..	B..	8100..8190				762,19	494.352,31
8290	Administrative Aufw., gesamt	G..	B..	8200..8290				317,82	127.531,78
8390	Computeraufwendungen, gesamt	G..	B..	8300..8390				162,32	110.820,06
8490	Verkaufsaufwendungen, gesamt	G..	B..	8400..8490				278,36	252.436,34
8590	Kraftfahrzeugkosten, gesamt	G..	B..	8500..8590				142,65	35.405,35
8695	Betriebsaufwendungen, gesamt	G..	B..	8000..8695				1.663,34	1.101.886,25
8790	Personalaufwendungen gesamt	G..	B..	8700..8790				1.549,22	3.019.771,09
8995	Betriebseinnahmen	G..	S..	6000..8995				40.752,41	-654.004,19
9395	BETRIEBSERGEBNIS	G..	S..	6000..9395				40.752,41	-321.859,32
9495	GESAMTBETRIEBSERGEBNIS	G..	S..	6000..9495				40.752,41	-320.676,22
9999	GESAMTBETRIEBSERG. NACH STEUER	G..	S..	6000..9999				40.752,41	-234.025,12

Abb. 3.7: Kontenplan gefiltert

Nutzen Sie jetzt wieder die Dropdown-Funktion, um einige Details hinter dem „FlowField" „Bewegung" zu entdecken, indem Sie auf die erste Position in der Spalte „Bewegung" klicken und dann folgendes Fenster vor sich haben: (siehe Abb. 3.8).

Wie wir hier sehen, stellt der Wert „Bewegung" die Summe aus der Spalte „Betrag" ausschließlich derjenigen Datensätze dar, die zwischen dem 01.01.01 und dem 31.01.01 eingegeben wurden. Drücken Sie wieder „ESC" und gehen Sie zurück auf den „Kontenplan".

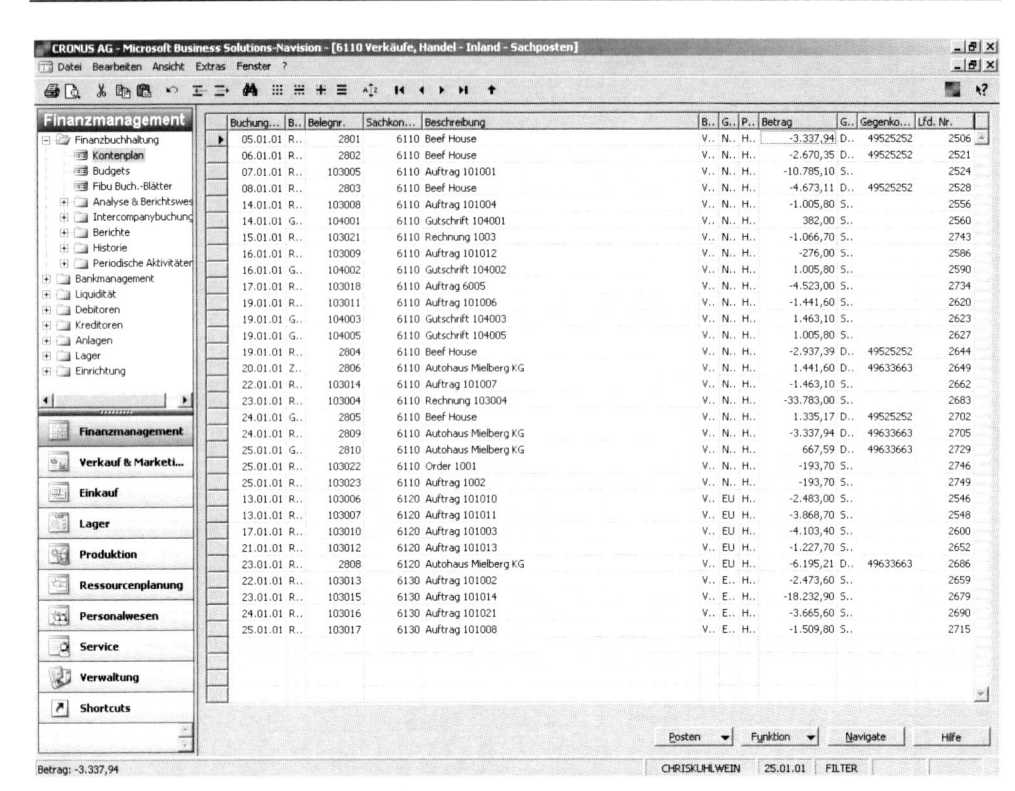

Abb. 3.8: Sachposten

3.2.4 Liste der Filteroptionen

Auf diese Weise erstellen wir ein Fenster, das uns die vollständige Kontrolle über alle Details erlaubt, die die Sachposten für Januar 2001 in einer kurzen und aussagekräftigen Übersicht bilden. Dies wird durch die simultane Anwendung der Tabellenfilter und „FlowFilter" erreicht. Besonders wesentlich ist, dass wir jetzt die Frage unserer Chefin beantworten können, wie hoch der Gewinn im Januar 2001 war, nämlich -40.752,41 nach Steuer. Und sollte sie eventuell mehr darüber wissen wollen, wie diese Rechnung möglich war, haben Sie alle Einzelheiten zur Hand, um die entsprechenden Erklärungen zu liefern (siehe Abb. 3.9).

Dies ist nur der erste Blick, den Sie auf die Möglichkeiten erhaschen, die Ihnen ein tieferes Verständnis davon bietet, Filter so einzurichten, dass sie Ihnen ausschließlich das liefern, was Sie verlangen. Im Folgenden zeigen wir einen Katalog auf, der alle Filteroperatoren umfasst, die Sie in Microsoft Navision verwenden können, samt ihrer Eigenschaften und der Möglichkeiten, wie Sie sie zusammen benutzen können.

Microsoft Navision: Filter Bedingungen

Funktion	Operator	Feldtyp	Filter	Alle Datensätze...
Gleich		Wert	**80**	mit Wert 80.
		Text	**Profit**	identisch mit dem Wort 'Profit'.
Leer	' '	Text oder Datum	''	die leer sind.
Nicht leer	<>' '	Text oder Datum	<>''	die nicht leer sind.
Intervall	..	Wert	**..80**	mit Werten geringer als oder gleich 80.
	..	Wert	**20..80**	mit Werten zwischen 20 und 80.
	..	Wert	**20..**	mit Werten größer als oder gleich 20.
	..	Text	**..S**	mit Buchstaben, die im Alphabet vor dem Buchstaben S liegen.
	..	Text	**P..S**	beginnend mit Buchstaben P, Q, oder R.
	..	Text	**P..**	beginnend mit Buchstaben P und fortwerts.
	..	Datum	**..01.02.01**	mit Datum bis einschließlich 01.02.01.
	..	Datum	**U31.12.00..01.02.01**	mit Datum zwischen dem Ultimoposten 31.12.00 und 01.02.01.
	..	Datum	**U31.12.00..**	mit Datum nach und einschließlich dem Ultimoposten 31.12.00.
Entweder/oder			Wert	**20|80**	mit den Werten 20 und 80.
			Text	**Profit|Loss**	identisch mit den Worten 'Profit' oder 'Loss.'
			Datum	**U31.12.00|01.02.01**	mit Ultimo Datum 31.12.00 oder 01.02.01.
Ungleich	<>	Wert	**<>20**	mit Werten ungleich 20.
	<>	Text	**<>Loss**	die nicht mit dem Wort 'Loss' übereinstimmen.
	<>	Datum	**<>01.02.01**	mit einem anderen Datum als dem 01.02.01.
Größer als	>	Wert	**>20**	größer als und nicht gleich 20.
	>=	Wert	**>=20**	größer als oder gleich 20.
	<	Wert	**<80**	kleiner als und nicht gleich 80.
	<=	Wert	**<=80**	kleiner als oder gleich 80.
Unbekannt	?	Text	**Prof?t**	wie Profit oder Profet, in denen ? ersetzt werden kann.
Zeichenkette	*	Text	***S**	die mit dem Großbuchstaben S enden.
	*	Text	***S***	die den Großbuchstaben S beinhalten.
	*	Text	**S***	die mit dem Großbuchstaben S beginnen.
Groß oder Klein-schreibung	@	Text	***@s***	die den Großbuchstaben S oder den Kleinbuchstaben s beinhalten.

Verbundene Funktionen

Und	&	Alle Feldtypen	**>20&<80**	im Intervall von 20 bis 80, jedoch ausschließlich dieser Werte.
Klammern	( )	Alle Feldtypen	**10|(>=20&<=80)**	die 10 beinhalten oder zwischen 20 und 80 einschließlich liegen.
Unterschiedlich	..|..	Alle Feldtypen	**..U31.12.00|01.02.01..**	mit Datum bis einschl. Ultimo 31.12.00 oder nach 01.02.01.
	@&*@*	Text	***@S*&*@P***	die S und P beinhalten, egal ob als Groß- oder Kleinbuchstaben

Abb. 3.9: Übersicht Filterbedingungen

Filtern befähigt uns, die Informationen zu selektieren, die uns Microsoft Navision aus der Datenbank heraus bietet, um sie dann zu sichten, editieren, löschen oder weiter zu bearbeiten. Sie können sich nun vorstellen, dass Sie ohne Kenntnisse darüber in Microsoft Navision vollkommen verloren wären. Überall in Microsoft Navision gibt es Optionen, die auf den Grundgedanken der Filtermethoden basieren.

3.3 Sortieren

Um die hundertprozentige Vorhersagbarkeit unserer Daten zu erreichen, müssen wir uns einen Augenblick lang dem Thema zuwenden, wie sich Datenbanken verhalten.

Verschiedene Microsoft Navision-Datenbanken wenden unterschiedliche Methoden zur Sortierung von Datensätzen an. Abhängig von der Art der Microsoft Navision-Datenbank, mit der Sie arbeiten, ob Microsoft SQL, Oracle, oder der Microsoft Navision-Client-Datenbank, kann die Anordnung der gleichen Datensätze unterschiedlich ausfallen. Einige Datenbanken ordnen Zahlen vor Buchstaben an, andere machen es umgekehrt. Einige wiederum könnten die Nullen vor einer Nummer ignorieren, andere beziehen sie mit ein.

Unterschiede zwischen Client- und SQL-Version

Die Art und Weise, wie Datensätze in einer Datenbank sortiert werden, kann einen Einfluss darauf haben, welche Filter man genau verwenden muss. Um ein Beispiel davon zu veranschaulichen, beachten Sie, dass wir in diesem Buch Beispiele aufzeigen, die auf der Version Microsoft Navision Client und Microsoft Navision MSSQL Server basieren. Diese beiden Microsoft Navision-Versionen wenden unterschiedliche Datenbanklösungen an und weisen zwischen ihren Datenbanksystemen genau solch einen kniffligen Unterschied bei der Sortierweise auf.

Betrachten Sie die folgenden Fenster; das linke Fenster ist die Cronus-Datenbank „Debitorenübersicht" in der Ausgabe Microsoft SQL Server von Microsoft Navision, während das rechte Fenster die Version Microsoft Navision Client darstellt. Beide Datenbanken enthalten dieselben Kunden. Aber...

3.3 Sortieren

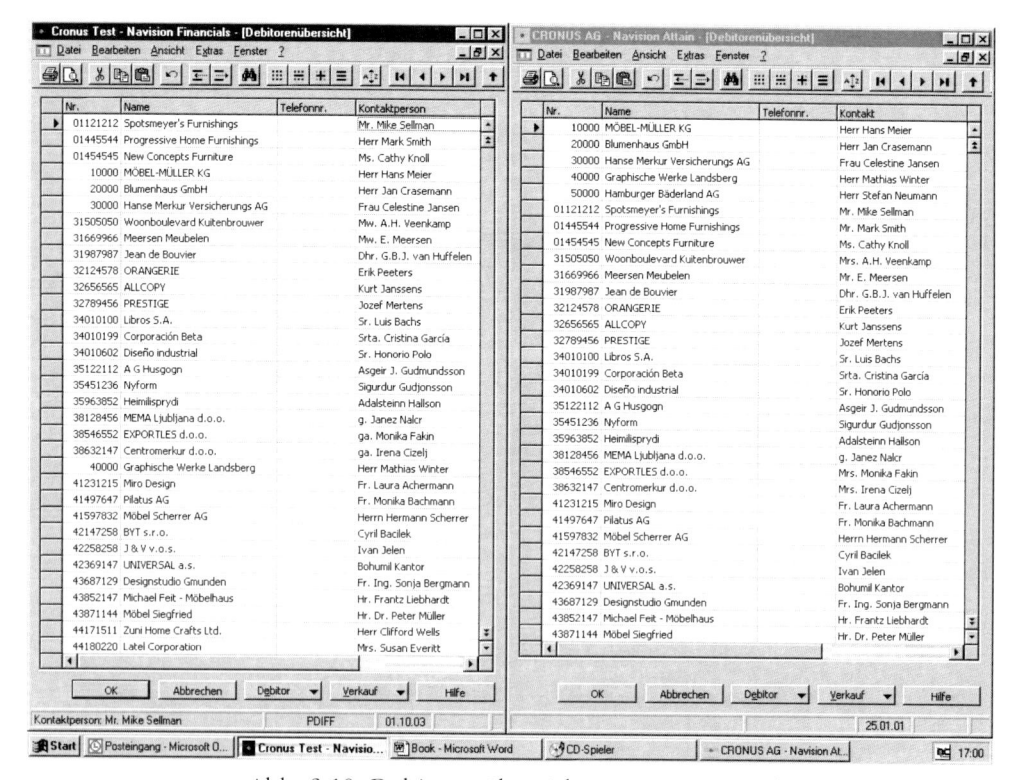

Abb. 3.10: Debitorenübersichten unsortiert und sortiert

...wie Sie sehen, unterscheidet sich die Anordnung der Kundendatensätze in den beiden Fenstern auffällig. Und das, obwohl beide „Debitorenübersichten" durch denselben Schlüssel sortiert werden. Wenn wir in beiden Datenbanken auf „Sortieren" gehen, werden wir feststellen, dass folgende übereinstimmende Sortieroption ausgewählt wurde:

3   Die Desktop Umgebung von Microsoft Navision

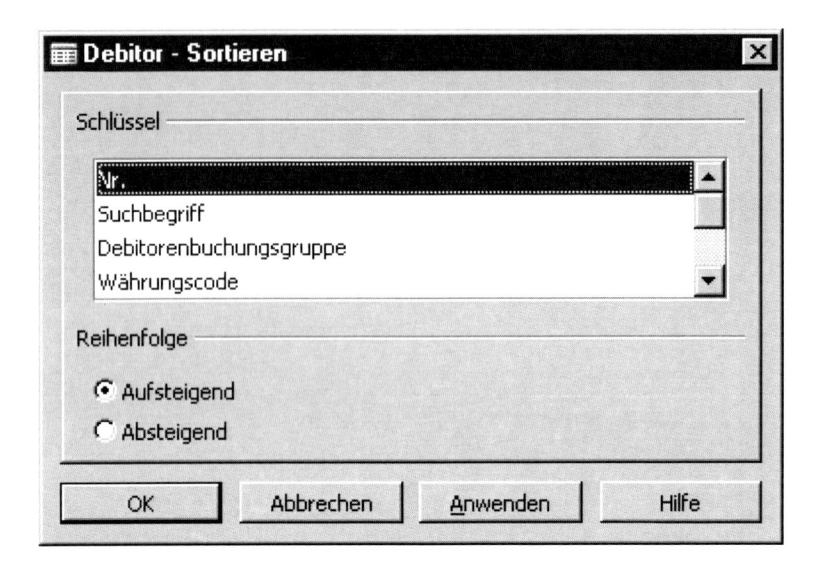

Abb. 3.11: Debitoren Sortieroptionen

Um aufzuzeigen, was für eine Verwirrung solch ein Unterschied in der Anordnung stiften kann, geben wir Ihnen folgendes Beispiel:

Beispiel   In beiden dieser Cronus-Datenbanken ist folgender Tabellenfilter in dem Fenster „Debitor-Tabellenfilter" eingestellt:

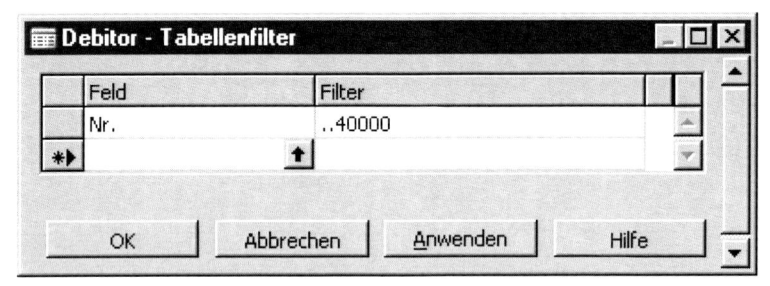

Abb. 3.12: Debitor Tabellenfilter

Folgende Datensätze werden von den zwei unterschiedlichen Datenbanksortiersystemen aufgezeigt:

3.3 Sortieren

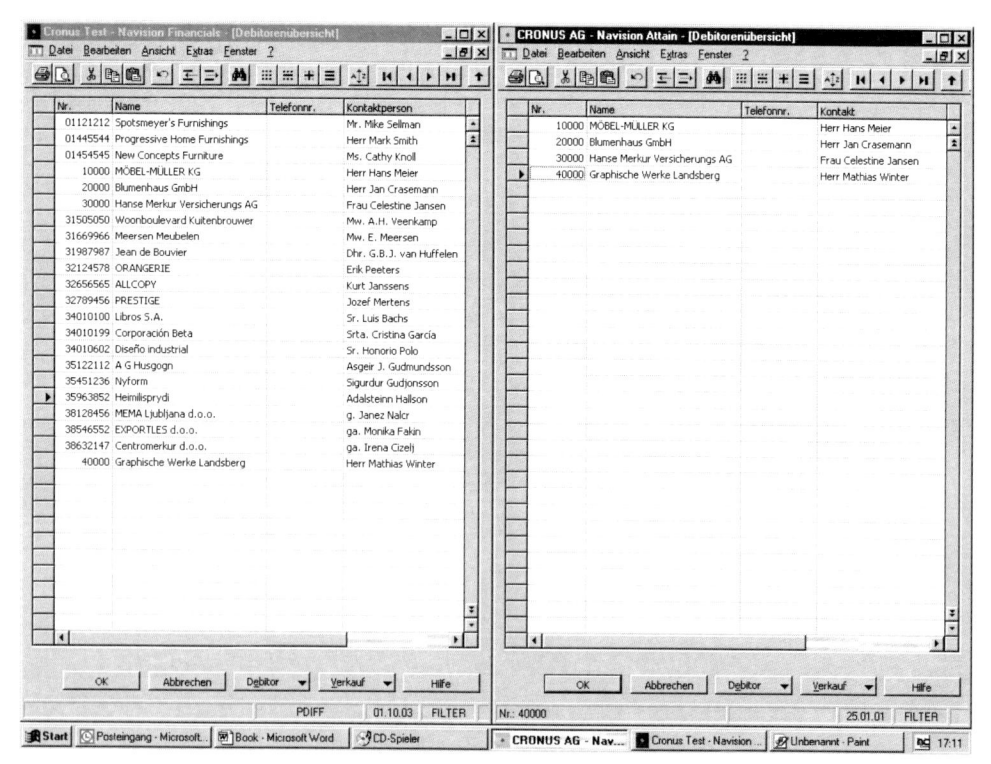

Abb. 3.13: Debitorenübersichten

Jede der Microsoft Navision-Ausgaben gibt eine recht unterschiedliche Auflistung von Kunden wieder. Die Microsoft-SQL-Version auf der linken Seite misst einer Null zu Beginn eines Codes Bedeutung zu, während die Client-Datenbankversion auf der rechten Seite genau dies nicht tut.

Bei der Festlegung eines Filters müssen Sie darauf achten, dass dieser Unterschied ihre Suchergebnisse nicht ungültig macht. Diese Sortierproblematik wird vor allem dann Schwierigkeiten hervorrufen, wenn eine Anwendung mit schwachen Datensatzsortiervoraussetzungen ausgestattet ist und in Datenbanken mit unterschiedlichen Sortiereigenschaften verwendet wird.

Eintragskennungen

Um dieses Problem zu umgehen, muss man Eintragskennungen auf geschicktere Weise zuordnen, als es hier in der Cronus-Datenbank geschehen ist. Wenn zum Beispiel das Kennungsfeld sowohl Buchstaben als auch Zahlen zulässt (also entweder ein Textfeld oder ein Codefeld ist), dann müssen Sie

- entscheiden, wie viele Stellenwerte Sie in der Kennung verwenden wollen und dann immer an der gleichen Anzahl an Stellen festhalten;
- entscheiden, ob die Kennung mit einem Buchstaben oder einer Zahl beginnen soll und sich dann immer konsequent an diese Entscheidung halten.
- Wenn möglich, fangen Sie eine Kennung nie mit einer Null an. Dies kann Eigentümlichkeiten beim Import und Export hervorrufen, wenn das Fremdprogramm die Kennung eher als Wert denn als Text erkennt.

Wenn Sie sich an diese Konventionen halten, sollten Sie keine Schwierigkeiten mit Uneindeutigkeiten beim Sortieren haben. In der Praxis mag es jedoch sein, dass Sie keine Kontrolle über die Benennung der Kennungen haben, deshalb sollten Sie diese Problematik immer im Hinterkopf behalten.

3.4 Der Einsatz von Menü-, Filter- und Sortierwerkzeugen

Lassen Sie uns jetzt auf ein konkretes Beispiel eingehen, wie die beschriebenen Werkzeuge vom Endanwender sinnvoll eingesetzt werden können.

3.4.1 Suche nach dem gewünschten Kunden

Um Ihnen das Arbeitsumfeld des Microsoft Navision-Endanwenders vor Augen zu führen, lassen Sie uns eine Aufgabe gemeinsam durchgehen. Benutzen wir dabei einige der oben behandelten Werkzeuge. So können wir mit Hilfe eines konkreten Beispiels die Biegungen und Windungen erfassen, die wir bei der Erfüllung einer Aufgabe durchlaufen müssen. Bei der Durcharbeitung unseres Auftrags können wir Aspekte der Microsoft Navision-Umgebung direkt dann behandeln, wenn wir auf sie stoßen.

Aufgabe

Aufgabe Nr. 1: Einen typischen Kundenauftrag eingeben und bearbeiten:

Nehmen wir an, wir sehen neben dem Fax einen Kundenauftrag liegen. Sie wissen nicht, wie lange dieser dort gelegen hat, also möchten Sie ihn so zügig wie möglich bearbeiten. Der Kundenauftrag ist schwer zu entziffern, da er von einem Ihrer Verkäufer hastig mit der Hand geschrieben und dann gefaxt wurde. Nehmen wir weiter an, dass Sie den Auftrag heute noch versenden wollen. In unserem Fall kommt der Auftrag von einem bereits in der Kundendatei erfassten Kunden, aber die einzigen Informati-

3.4 Der Einsatz von Menü-, Filter- und Sortierwerkzeugen

onen, die Sie dem unleserlich geschriebenen Auftrag entnehmen können, sind ein Name: Möbel Sieg..., das Land: Österreich und eine Straßenanschrift: Raxstraße 47.

Gehen wir dieses Verfahren Schritt für Schritt durch und behandeln im Verlauf einige Einzelheiten des Umfelds:

Gehen Sie auf „Verkauf & Marketing > Debitoren" und es erscheint folgende Karteikartenmaske: (siehe Abb. 3.14).

Wir müssen uns jetzt auf die Suche nach dem Kunden „Möbel Sieg..." machen. Wir empfehlen Ihnen bei der Suche nach einem Kunden, dass Sie es sich zur Gewohnheit machen, dabei die „Übersichten" zu verwenden. Sucht man von der Karteikartenmaske aus, kann es leicht passieren, dass man versehentlich, ohne es zu merken, Daten in der Karte überschreibt.

Suchen aus der Übersicht

Ein anderer Grund für die Verwendung von „Übersichten" beim Suchen ist, dass Sie auf diese Weise leichter Fehler in den Daten Ihrer Firma entdecken können. Wenn Ihre Firma zum Beispiel eine sehr große Kundendatenbank hat, kann es vorkommen, dass zwei oder mehrere Kunden ähnliche oder den gleichen Namen haben; es kann sogar sein, dass derselbe Kunde irrtümlicherweise mehr als einmal in der Datenbank erfasst wurde. Dieses wiederholte Erscheinen eines Kunden kann alle möglichen Arten von Problemen erzeugen, die Sie schließlich den gesamten Kundeneintrag kosten könnten. Durchsuchen Sie aber die Kundennamen in der „Debitorenübersicht" mit intelligenten

3 Die Desktop Umgebung von Microsoft Navision

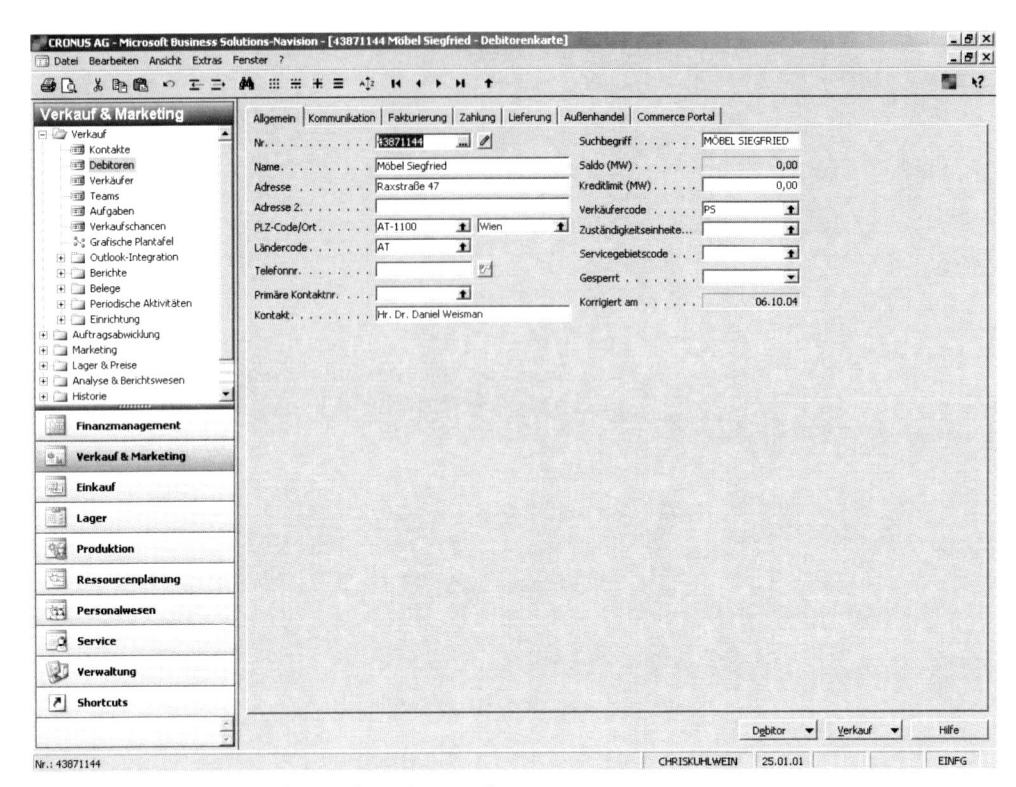

Abb. 3.14: Debitorenkarte

Filtern, werden Sie schnell erkennen, ob ein Kunde aus Versehen doppelt oder unter uneindeutigem Namen erscheint.

Klicken Sie nun auf das erste Bildzeichen von links, den nach oben zeigenden Pfeil, um die „Debitorenübersicht" zu öffnen, oder drücken Sie die Taste „F5". Wenn die „Debitorenübersicht" geöffnet ist, klicken Sie auf die Spalte mit der Überschrift „Name" und dann auf das neunte Bildzeichen von links; dies ist das Tool „Tabellenfilter". Tippen Sie nun den folgenden Text in die zweite Spalte mit der Überschrift „Filter": „*@möbel*".

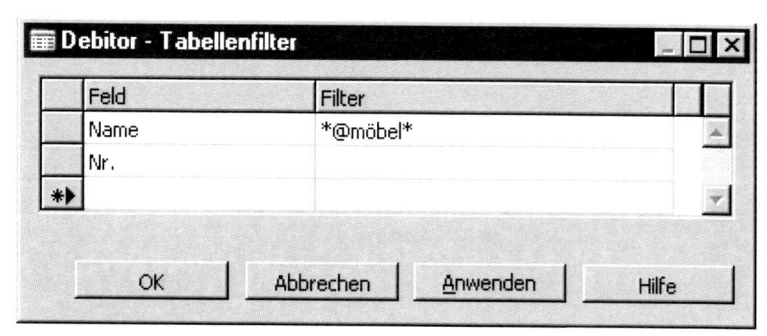

3.4 Der Einsatz von Menü-, Filter- und Sortierwerkzeugen

Abb. 3.15: Debitor Tabellenfilter

Klicken Sie nun auf „OK". Die folgende Auflistung erscheint:

Abb. 3.16: Debitorenübersicht

Es ist ziemlich deutlich, dass unter der Kundennummer 4387114 der richtige Kunde zu finden ist, um aber ganz sicher zu gehen, können Sie noch den „Ländercode" überprüfen, da Sie im Besitz der Zusatzinformation sind, dass der Kunde in Österreich sitzt. Hierzu bringen Sie Ihren Cursor auf eine beliebige Spaltenüberschrift und drücken Sie die rechte Maustaste. Das folgende Fenster erscheint: (siehe Abb. 3.17).

Dies ist eine Auflistung aller Felder, die in der „Debitorenübersicht" angezeigt werden können. Bringen Sie Ihren Cursor auf die Position vor dem Text „Ländercode" und drücken Sie dann auf die linke Maustaste; hierdurch wird ein Haken vor den Text gesetzt. Klicken Sie auf „OK" und das folgende Fenster erscheint: (siehe Abb. 3.18).

3 Die Desktop Umgebung von Microsoft Navision

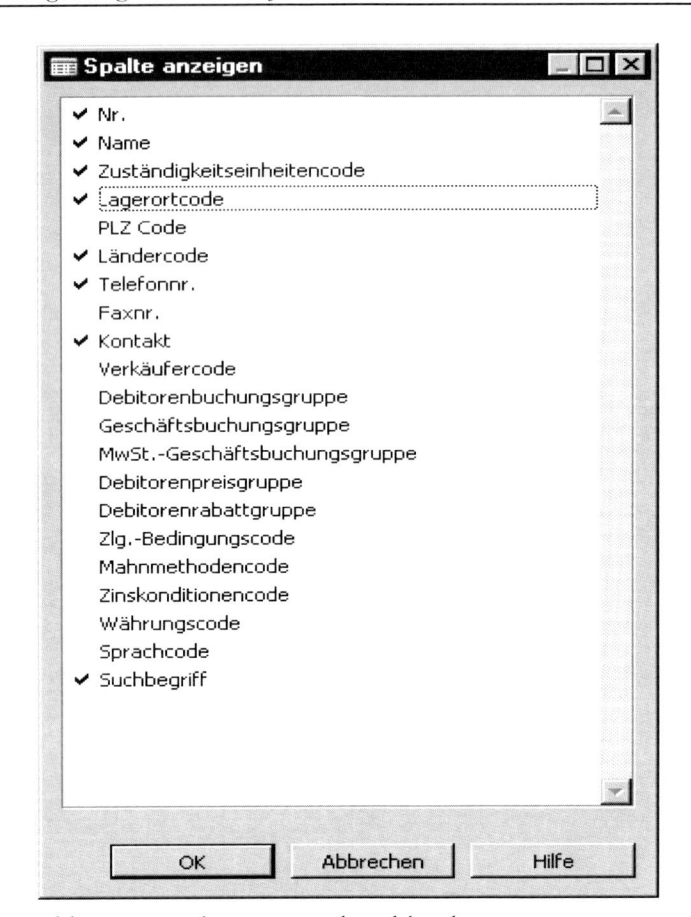

Abb. 3.17: Spalten ein- und ausblenden

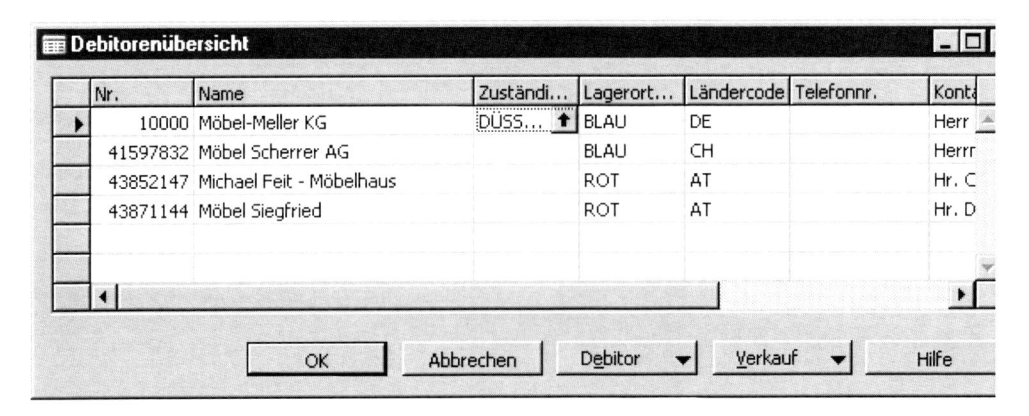

Abb. 3.18: Debitorenübersicht mit Ländercode

3.4 Der Einsatz von Menü-, Filter- und Sortierwerkzeugen

Wie Sie sehen, ist eine neue mit „Ländercode" betitelte Spalte aufgetaucht. Es erscheinen hier zwei Kunden, die Ihren Sitz in Österreich haben, das heißt, „Ländercode" ist gleich „AT", dementsprechend ist diese neue Spalte hier keine vollständige Hilfe bei der genauen Bestimmung des richtigen Kunden. Verwenden wir nun unsere letzte Information, die Straßenanschrift. Sie sehen, dass weder in der „Übersicht" noch in der Liste der versteckten Spalten, in der wir den „Ländercode" gefunden haben, Straßenanschriften angezeigt werden. Wenn wir zu der Karte zurückgehen, verlieren wir unseren Filter, da die „Übersicht" dann wieder rückgesetzt wird. Wir sind uns zwar ziemlich sicher, dass diese Adresse auf der „Debitorenkarte" zu finden ist, möchten die Straßenanschrift aber lieber von unserer gegenwärtigen Position aus einsehen. Öffnen wir deshalb ein besonderes Fenster, in dem alle in Microsoft Navision vorhandenen Daten, die diesen einen Kunden beschreiben, in einer Liste zusammengefasst sind. Dies lässt sich ganz leicht bewältigen, indem wir ein wichtiges Werkzeug von Microsoft Navision namens „Zoom" benutzen. Klicken Sie einfach irgendwo in den Datensatz, der genauer betrachtet werden soll, in diesem Fall der Datensatz „Möbel Siegfried", und gehen Sie dann auf „Extras > Zoom". Das folgende Fenster erscheint: (siehe Abb. 3.19).

Hier erhalten Sie eine vollständige Liste aller Felder, die in dem „Debitorenstamm" auftreten können, selbst wenn sie in der „Debitorenübersicht" oder der „Debitorenkarte" kein Feld darstellen. (Es ist eine vollständige Liste aller in der zu Grunde liegenden „Debitor"-Tabelle enthaltenen Felder.)

3.4.2 Ansicht aller Felder mit „Zoom"

Es ist von Bedeutung, dass Sie sich an die Verwendung der Zoom-Funktion gewöhnen. Sie wird Ihnen sowohl als Anwender als auch als Entwickler dabei nützlich sein, umfassende und profunde Kenntnisse von Microsoft Navision aufzubauen. Der Grund, warum die Zoom-Funktion eine große Bedeutung hat, liegt darin, dass durch sie Daten angezeigt werden können, die ansonsten nicht für den Endanwender einsehbar sind. Diese „versteckten" Informationen sind gewöhnlich von besonderer Art, zum Beispiel besondere „FlowFields" oder spezielle Zählfelder

3   Die Desktop Umgebung von Microsoft Navision

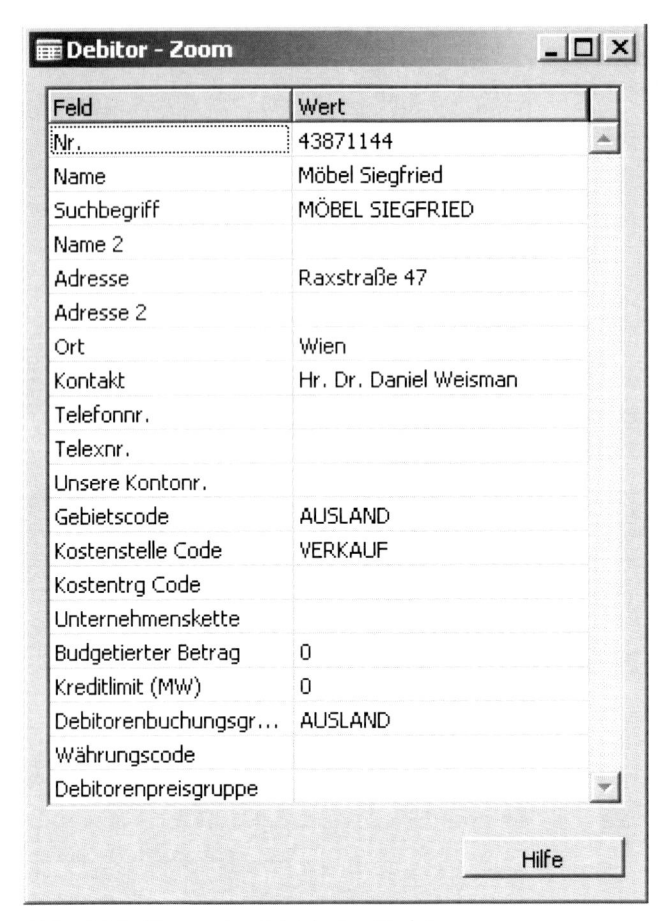

Feld	Wert
Nr.	43871144
Name	Möbel Siegfried
Suchbegriff	MÖBEL SIEGFRIED
Name 2	
Adresse	Raxstraße 47
Adresse 2	
Ort	Wien
Kontakt	Hr. Dr. Daniel Weisman
Telefonnr.	
Telexnr.	
Unsere Kontonr.	
Gebietscode	AUSLAND
Kostenstelle Code	VERKAUF
Kostentrg Code	
Unternehmenskette	
Budgetierter Betrag	0
Kreditlimit (MW)	0
Debitorenbuchungsgr…	AUSLAND
Währungscode	
Debitorenpreisgruppe	

Abb. 3.19: Zoom Ansicht beim Debitor

wie „Lfd. Nr.", die Buchungsdatensätze in Microsoft Navision sortieren, etc.

Im „Zoom"-Fenster erkennen wir, dass die Straßenanschrift in dem Feld „Adresse" die „Raxstraße 47" ist. Damit können wir uns hundertprozentig sicher sein, dass unter der Kundennummer 4387114 der richtige Kunde unseres Kundenauftrags zu finden ist. Schließen Sie jetzt das „Zoom"-Fenster mit der Taste „ESC" und doppelklicken Sie auf den Kunden 4387114 in der „Debitorenübersicht". Dies bringt Sie zurück in die „Debitorenkarte".

3.4.3   Eingabe des Verkaufsauftrags

Der nächste Schritt bei der Erfassung eines Auftrags besteht darin, sich zu vergewissern, dass dieser nicht bereits von einem an-

3.4 Der Einsatz von Menü-, Filter- und Sortierwerkzeugen

deren Mitarbeiter eingegeben wurde. Wählen Sie in der Debitorenkarte die Schaltfläche „Verkauf" unten in dem Fenster und gehen Sie dann auf den Menüpunkt „Aufträge". Das folgende Fenster erscheint:

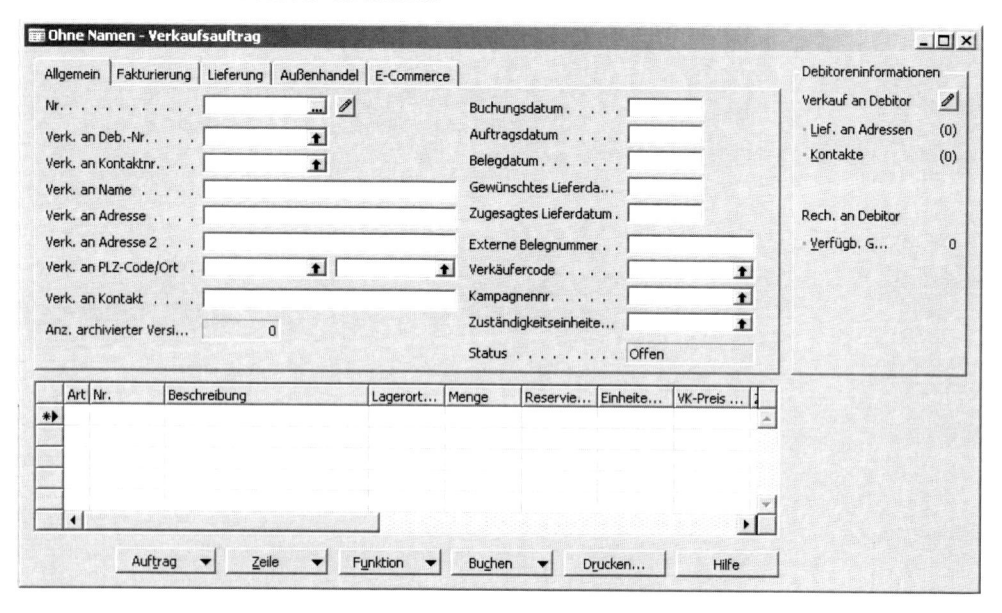

Abb. 3.20: Eingabemaske Verkaufsauftrag

Wenn wir auf die „Aufträge" der „Debitorenkarte" gehen, setzt Microsoft Navision automatisch einen Filter auf die offenen Verkaufsaufträge, so dass nur die Aufträge des betreffenden Kunden auf der „Debitorenkarte" angezeigt werden. Aus dem leeren Auftragsformular, das wir nun vor Augen haben, können wir schließen, dass zu diesem Zeitpunkt mit Sicherheit keine offenen Aufträge des Kunden „Möbel Siegfried" bestehen. Andernfalls hätten wir hier im Falle bereits vorhandener offener Aufträge genau prüfen müssen, ob wir nicht dabei sind, einen Auftrag einzugeben, der bereits im System erfasst wurde.

Klicken Sie jetzt in den Verkaufskopf oder auf die Verkaufszeilen. Microsoft Navision füllt den Verkaufskopf automatisch mit den Daten aus, die die Tabelle „Debitor" in Bezug auf den Kunden „Möbel Siegfried" liefert.

Sie können jetzt beginnen, die von diesem Kunden gewünschten Artikel einzutragen. Wenn Sie auf die erste mit „Art" betitelte Spalte der ersten Verkaufszeile klicken, erscheint eine Optionenliste. Abhängig von der von Ihnen ausgewählten Option, konfiguriert Microsoft Navision die Verkaufszeile automatisch so, dass die anderen Spalten die Daten und Verknüpfungen anzeigen, die zu dem entsprechenden von Ihnen ausgesuchten Artikel „Art" gehören. Nutzen wir nun die Dropdown-Funktion in dem Feld „Nr.", indem wir auf die Spalte „Nr." klicken und dann auf den daraufhin erscheinenden Pfeil. Immer wenn Sie auf solch einen Pfeil innerhalb eines Feldes klicken, gelangen Sie auf eine „Übersicht" über alle Artikel, die die von Ihnen gewählte Sorte Artikel „Art" betreffen.

Geben wir zu Demonstrationszwecken einen Artikel ein. Wählen Sie die Option „Artikel" aus dem Optionsmenü, das nach dem Klicken auf die Spalte „Art" erscheint. Gehen Sie dort auf das Feld „Nr.". Es erscheint die „Artikelübersicht". Wählen Sie hier den Artikel mit der Artikelnummer 1924-W unter der Bezeichnung „CHAMONIX Basisregal" aus.

Nehmen wir an, Sie haben heute mit der Einkaufsabteilung gesprochen, von der Sie erfahren haben, dass genau heute eine Lieferung von 15 „CHAMONIX Basisregalen" angekommen ist und zum Verkauf bereitsteht. Zufällig ist dies genau die vom Kunden ihres Verkaufsauftrags gewünschte Anzahl. Geben Sie nun in der Spalte „Menge" die Zahl 15 ein und drücken Sie Enter. Ein Fenster mit der folgenden Warnmeldung erscheint: (siehe Abb. 3.21).

Diese Meldung besagt, dass der von Ihnen eingegebene Artikel in der gewünschten Menge zur Zeit nicht am Lager ist. Der als vorhanden angegebene Mengenwert von 2 Stück erstaunt Sie, da Sie wissen, dass 15 Stück gerade angekommen sind. Bevor Sie den Verdacht einer Fehlinformation hegen, schauen wir etwas genauer hin, um herauszufinden, wie Microsoft Navision zu der Schlussfolgerung gelangen konnte, es wären nicht genügend „CHAMONIX Basisregale" am Lager. Bei der Arbeit von Microsoft Navision mit dem Inventar ist eine der wichtigsten Variablen der „Lagerbestand". Das Feld „Lagerbestand" ist eines der besonderen „FlowFields", die Microsoft Navision bei jeder Verwendung neu berechnet. Wie wir aus dem vorangegangenen Abschnitt wissen, werden „FlowFields" zweifach gesteuert:

- Mittels einer Berechnungsformel, die in das Feld selbst eingeschrieben ist und
- Durch „FlowFilter".

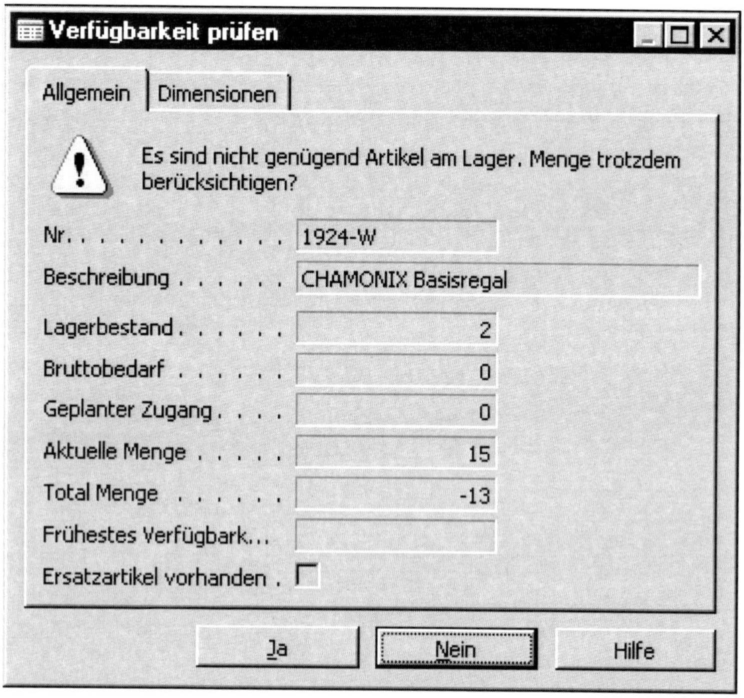

3.4 Der Einsatz von Menü-, Filter- und Sortierwerkzeugen

Abb. 3.21: Warnmeldung bei mangelnder Verfügbarkeit

Dies sind unsere Anhaltspunkte, mit deren Hilfe wir nachvollziehen können, warum Microsoft Navision die Lagerbestandsmenge mit 2 Stück angibt. Die Berechnungsformel innerhalb des „Flow-Field" „Lagerbestand" gibt Microsoft Navision vor, die Summe der „Restmenge" eines Artikels in der „Artikelposten"-Tabelle zu erstellen. (Die Tabelle „Artikelposten" ist eine Tabelle, die jede Bewegung eines Artikels festhält.) Versuchen wir nun herauszufinden, welche „FlowFilter" gerade in „Lagerbestand" aktiv sind. Klicken Sie auf die zweite Registerkarte in dem Meldungsfenster, dann sollte folgendes Fenster erscheinen: (siehe Abb. 3.22).

Dieses Fenster zeigt genauestens auf, welche Bedingungen bei Microsoft Navision die Berechnung des „Lagerbestands" bestimmen. Microsoft Navision benutzt diese „FlowFilter" zur Bestimmung des „Lagerbestands". Dazu hat Microsoft Navision automatisch einige dieser „FlowFilter" bei Punkten wie zum Beispiel „Lagerort" festgelegt, welches den Schlüssel dazu liefern könnte, warum wir das unerwartete Ergebnis vorliegen haben, dass nur 2 Stück des Artikels am Lager sind. Um nachvollziehen zu können, wie Microsoft Navision zu der Berechnung dieses „Lagerbestands" kam, unternehmen wir jetzt diesbezüglich etwas Hintergrundrecherche. Notieren Sie die verschiedenen Filter, die hier die Berechnung des „Lagerbestands" bestimmen. Überprüfen Sie dazu zunächst die Tabellenfilter, indem Sie auf das Bildzeichen „Tabellenfilter" klicken.

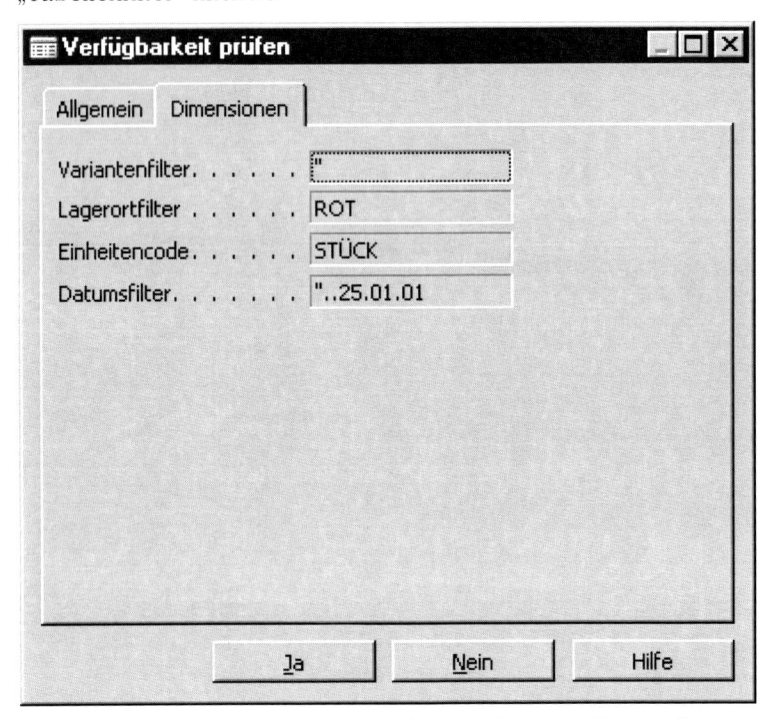

Abb. 3.22: Bedingungen zur Berechnung des Lagerbestandes

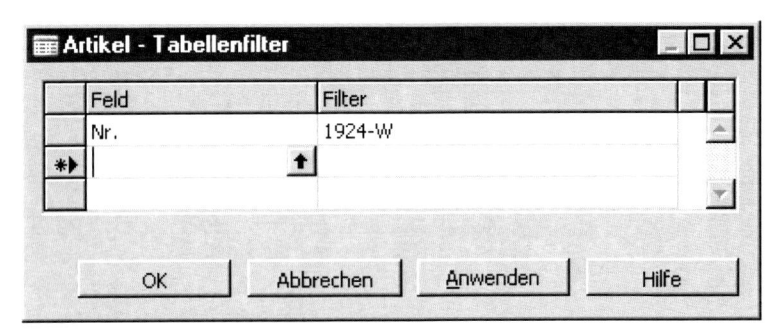

Abb. 3.23: Artikel Tabellenfilter

Dieser Tabellenfilter ist offensichtlich der Name des Artikels, dessen Nummer wir verwendet haben. Überprüfen Sie die „FlowFilter", indem Sie zunächst „ESC" drücken, dann auf das Bildzei-

3.4 Der Einsatz von Menü-, Filter- und Sortierwerkzeugen

chen „FlowFilter". Notieren Sie sich die im folgenden Fenster enthaltenen Informationen:

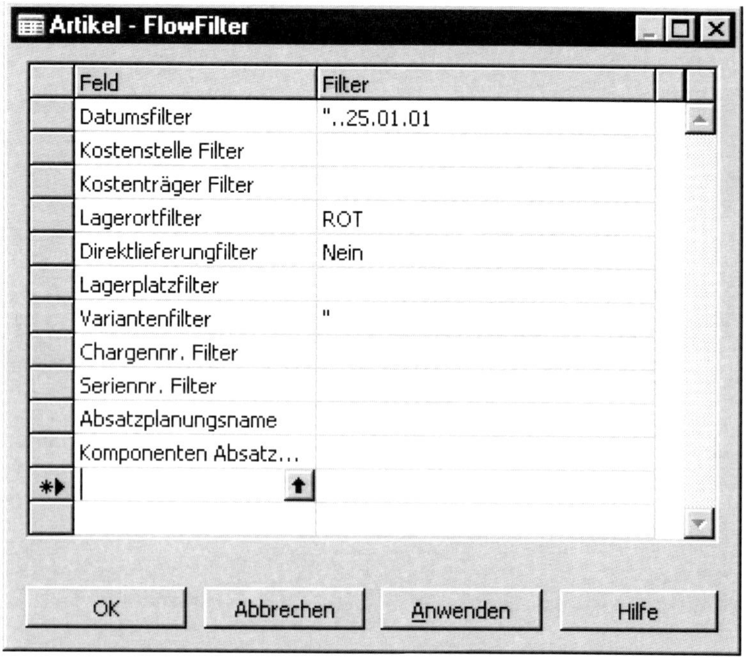

Feld	Filter
Datumsfilter	"..25.01.01
Kostenstelle Filter	
Kostenträger Filter	
Lagerortfilter	ROT
Direktlieferungfilter	Nein
Lagerplatzfilter	
Variantenfilter	"
Chargennr. Filter	
Seriennr. Filter	
Absatzplanungsname	
Komponenten Absatz…	

Abb. 3.24: Artikel FlowFilter

Hier sehen Sie alle Filter, die bei Microsoft Navision zur Berechnung des „FlowField" „Lagerbestand" verwendet werden.

3.4.4 Nähere Betrachtung des „FlowField" „Lagerbestand"

Drücken Sie „ESC", um das Fenster „FlowFilter" zu verlassen. Gehen wir nun zu dem Artikel selbst in der „Artikelkarte", um einen tieferen Einblick in die Historie dieses Artikels und seinem „Lagerbestand" zu bekommen. Klicken Sie auf „Nein" und drücken Sie dann dreimal „ESC", um „Aufträge" zu verlassen und zum Hauptmenü zurückzukehren. Gehen Sie jetzt auf „Lager > Planung & Ausführung > Artikel", klicken Sie dann auf das Feld „Nr." und auf das Bildzeichen des Suchwerkzeugs, dem neunten Symbol von links. Geben Sie in das Suchefenster „1924-W" und „Erster" ein. Schließen Sie jetzt das Suchefenster mit der Taste „ESC". Es erscheint folgendes Fenster:

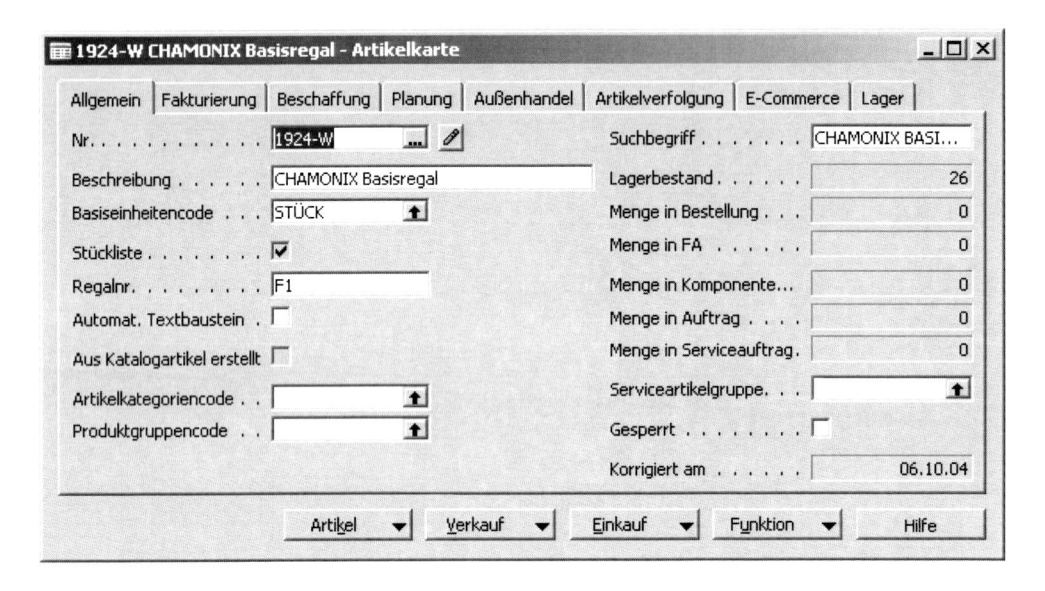

Abb. 3.25: Artikelkarte

In der zweiten Spalte sehen Sie, dass das Feld „Lagerbestand" den Wert 26 angibt, der Wert in „Menge in Auftrag" aber nur 0 beträgt. Wie ist es möglich, dass Microsoft Navision angibt, dass nicht genügend Artikel für Ihren Auftrag über 15 Stück verfügbar sind? Die Antwort liegt in der Kenntnis, dass „Lagerbestand" ein „FlowField" ist und unterschiedliche Werte aufzeigen kann, abhängig von den ihn bestimmenden „FlowFiltern". Um herauszufinden, von welchen Daten aus das „FlowField" „Lagerbestand" in der „Artikelkarte" berechnet wird, gehen wir auf seine Komponenten, indem wir auf das Feld klicken und dann auf den daraufhin erscheinenden Pfeil. Das folgende Fenster erscheint:

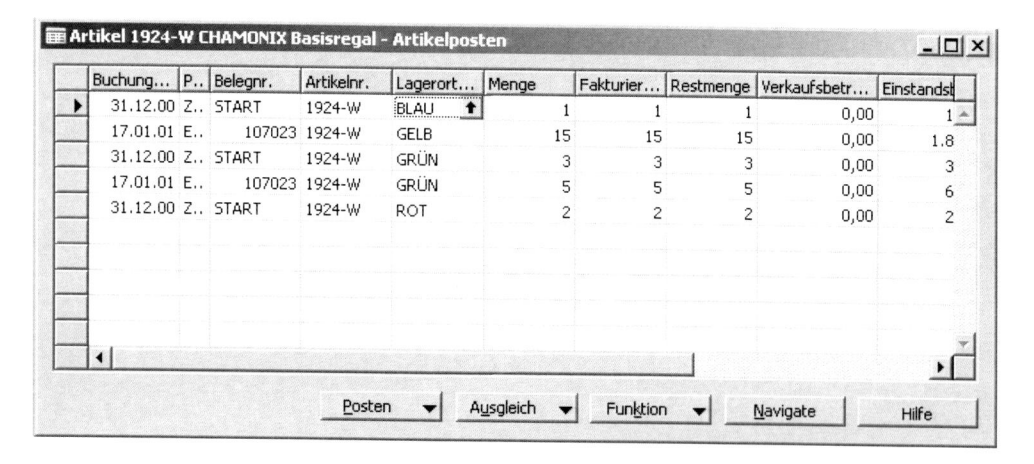

3.4 Der Einsatz von Menü-, Filter- und Sortierwerkzeugen

Buchung...	P..	Belegnr.	Artikelnr.	Lagerort...	Menge	Fakturier...	Restmenge	Verkaufsbetr...	Einstandsl
31.12.00	Z..	START	1924-W	BLAU	1	1	1	0,00	1
17.01.01	E..	107023	1924-W	GELB	15	15	15	0,00	1.8
31.12.00	Z..	START	1924-W	GRÜN	3	3	3	0,00	3
17.01.01	E..	107023	1924-W	GRÜN	5	5	5	0,00	6
31.12.00	Z..	START	1924-W	ROT	2	2	2	0,00	2

Abb. 3.26: Artikelposten

Dieses Fenster hat die Überschrift „Artikelposten", die ganz oben im Fenster erscheint. Das „FlowField" „Lagerbestand" ist demnach ein „FlowField" in der „Artikel"-Tabelle, die gemäß einer Reihe von „FlowFiltern" die „Restmenge" in der „Artikelposten"-Tabelle zusammenfasst. Wenn wir die Spalte „Restmenge" summieren, kommen wir auf die Zahl 26. Auch Microsoft Navision erhält bei der Berechnung des „Lagerbestands" den in der „Artikelkarte" wiedergegebenen Wert 26.

Manuelle Simulation für besseres Verständnis

Der erste Schritt, um die Struktur von Microsoft Navision tatsächlich nachvollziehen zu können, besteht darin, manuell zu simulieren, was Microsoft Navision programmgesteuert und automatisch durchführt. Die Bedeutung dieses Schrittes für die Aneignung von den Fähigkeiten eines Entwicklers in der Praxis mit einem Minimum an Abstraktion kann gar nicht genug betont werden. Wenn wir manuell nachvollziehen können, was Microsoft Navision programmgesteuert durchführt, können wir später den Spieß umdrehen, das heißt, wir wären in der Lage, mit dem Programm das durchzuführen, was wir, wenn wir wollten, auch manuell machen könnten (Nur dass programmgesteuert Automatisierung bedeutet und menschliche Fehlkalkulation ausschließt!). Aus diesem Grund empfehlen wir, dass man lernen sollte, die Filter- und Navigationswerkzeuge in Microsoft Navision gut zu beherrschen, um den kürzesten und zuverlässigsten Weg zum Erlernen von praktischen Entwicklungsfähigkeiten zu beschreiten.

Sehen wir jetzt in unseren „Artikelposten" nach dem Eintrag von den 15 Regale, von denen wir heute von dem Einkäufer erfahren haben. In diesem Fenster erkennen wir, dass am 17.01.01 ein Einkauf von genau 15 Stück durchgeführt wurde, wahrscheinlich genau die 15 Stück, die die Einkaufsabteilung Ihnen gegenüber erwähnt hat. Was wir hier beachten sollten, ist, dass alle diese 15 Stück unter „GELB" in der Spalte „Lagerort" erfasst sind.

Setzen wir nun genau die gleichen „FlowFilter" auf die „Artikelkarte", die wir hinter der mysteriösen Mitteilung entdeckt haben, dass nur 2 „CHAMONIX Basisregal" verfügbar sind. Wieder versuchen wir hier, einen Vorgang manuell zu simulieren, der von Microsoft Navision programmgesteuert durchgeführt wird.

Drücken Sie zunächst „ESC", um die Dropdown-Liste zu verlassen und zu der „Artikelkarte" zurückzukehren. Klicken Sie jetzt auf das Bildzeichen „FlowFilter" und definieren Sie die Filter genau so, wie wir sie in den „FlowFiltern" unserer Warnmeldung gesehen haben. Nachdem Sie in die Spalte „Filter" genau die in den „FlowFiltern" der Meldung enthaltenen Angaben eingegeben haben, klicken Sie auf „OK". Jetzt entspricht der Zahlenwert des „Lagerbestands" genau 2! Nutzen Sie die Dropdown-Funktion im Feld „Lagerbestand", dann erscheint folgende Tabellenansicht: (siehe Abb. 3.27).

Summieren Sie die Werte in dem Feld „Restmenge", ergibt sich der Wert 2.

Es bleibt nur noch eine Frage offen; warum hat Microsoft Navision seine Filter im Kundenauftrag festgelegt, um die Verfügbarkeit im Lagerbestand zu erfragen? Die Antwort ist ganz einfach; diesem Filter wurden die Daten zugrundegelegt, die entweder von dem Anwender oder automatisch als Voreinstellung in die Verkaufszeile selbst eingegeben wurden.

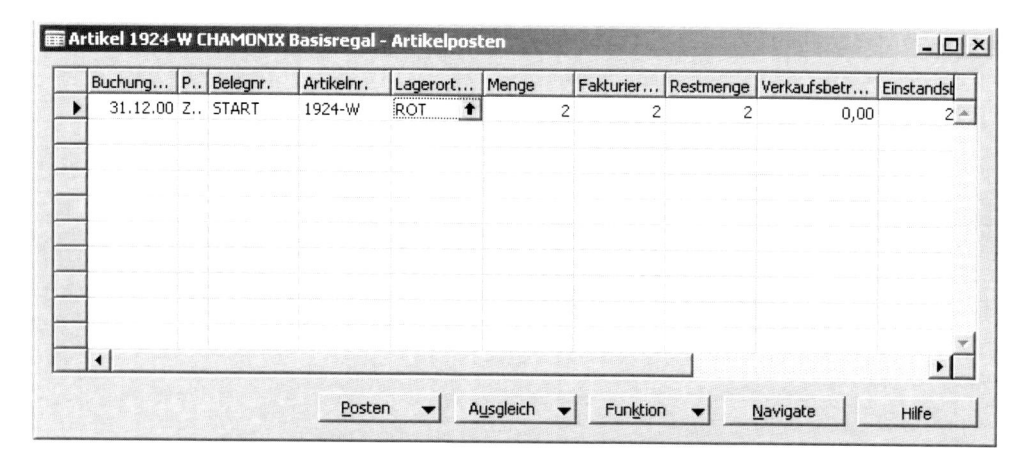

3.4 Der Einsatz von Menü-, Filter- und Sortierwerkzeugen

Abb. 3.27: Artikelposten mit Flowfiltern

Kehren wir noch ein letztes Mal zu unserem Kundenauftrag zurück und ändern den „Lagerort" in „GELB" um, da wir gesehen haben, dass dies der „Lagerort" ist, an dem die neueste Lieferung von 15 Stück eingetragen ist. Gehen Sie auf „Verkauf & Marketing > Auftragsabwicklung > Aufträge" und suchen Sie den Kundenauftrag für „Möbel Siegfried". Das folgende Fenster erscheint: (siehe Abb. 3.28).

Wie wir in der vierten Spalte mit der Überschrift „Lagerort" der Verkaufszeile sehen können, ist der „Lagerortcode" „ROT" eingetragen. In der „Artikelkarte" konnten wir sehen, dass eine Lieferung von 15 Stück unter „Lagerort" „GELB" eingetragen war. Demnach entfernen wir den „Lagerortcode" „ROT" aus der vierten Spalte und wählen stattdessen den Eintrag „GELB" aus der Liste. Geben Sie nun 15 Stück in das Feld „Menge" ein und drücken Sie Enter. Wie Sie erwarten können, erhalten Sie von Microsoft Navision keine Warnmeldung über eine unzureichende Verfügbarkeit im Lagerbestand, denn genau die 15 Stück sind ja heute geliefert worden.

3 Die Desktop Umgebung von Microsoft Navision

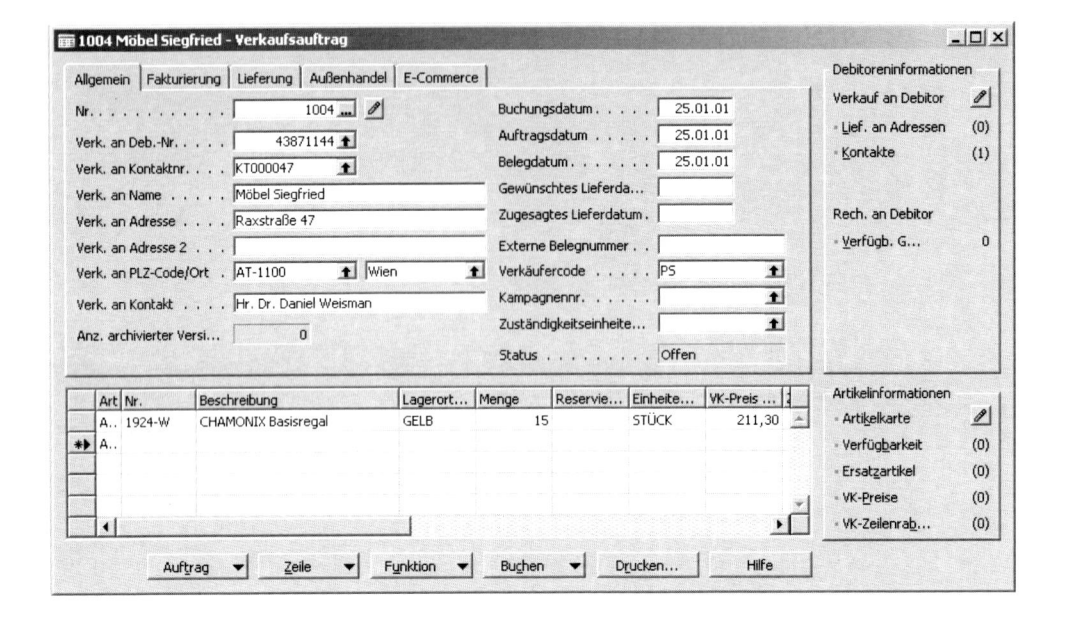

Abb. 3.28: Verkaufsauftragmaske

Automatisch eingestellte Filterverfahren

Genau dies ist das Verfahren, das Microsoft Navision durchläuft, um die Verfügbarkeit von Artikeln im Lagerbestand zu prüfen. Hinter den meisten Ereignissen in Microsoft Navision steckt so etwas wie ein Filterverfahren, das die vom Programm vorzunehmenden Maßnahmen festlegt. Wenn Sie diesem Beispiel gut folgen konnten, dann sind Sie auf dem besten Weg, ein Gefühl dafür zu bekommen, was bei Microsoft Navision im Hintergrund abläuft, und Sie werden umso schneller in der Lage sein, diese Vorgänge selbst manuell zu simulieren.

Bei den Funktionen, die wir bisher behandelt haben, handelt es sich um allgemeine Funktionen innerhalb der gesamten Endanwenderumgebung in Microsoft Navision. Das Filtern, „Übersicht", „Zoom", Dropdown-Funktion, etc. sind in jedem Systembaustein zu finden und können dort verwendet werden. Gute Fähigkeiten beim Filtern, Nutzen der Dropdown- und der Zoom-Funktion aufzubauen, macht Sie zu einem effizienten Microsoft Navision-Navigator und leistet die Vorarbeit zum Erlangen einer guten Entwicklerintuition.

4 Einführung in Entwicklungskonzepte

Dieses Kapitel bildet das Fundament für das Verständnis der inneren Struktur von Microsoft Navision. Insbesondere die Grundlagen der Datenbankarchitektur, auf die Microsoft Navision aufgebaut ist, sowie die Prinzipien der Tabellenrelationen und Objekthierarchien sind Inhalt dieses Kapitels.

4.1 Aneignung der Entwicklerperspektive

Wenn Ihnen das Microsoft Navision-ERP-Tool bei der Optimierung Ihres Unternehmens helfen soll, muss es in der Lage sein, sich eine ideale, Ihrem Unternehmen angepasste Struktur anzueignen. Um dies möglich zu machen, muss die Software flexibel, programmierbar und erweiterbar sein. Sie muss leistungsfähige Werkzeuge zur Aktualisierung, Analyse und Umstrukturierung der Unternehmensdaten Ihrer Firma besitzen. Und schließlich muss sie anwenderfreundliche Werkzeuge aufweisen, die Ihnen dabei behilflich sind, diese Optimierung auch tatsächlich durchzuführen. In dem folgenden Abschnitt werden wir uns von dem rein manuellen Ausgangspunkt aus Sicht des Endanwenders zu der Entwicklerperspektive bewegen.

Grundlagen zur Kommunikation mit dem Entwickler

Die erste große Schwierigkeit bei dem Versuch, eine neue Lösung zu entwickeln oder eine bereits vorhandene anzupassen, liegt darin, den Entwickler genau wissen zu lassen, was Sie benötigen. Dies ist keine geringe Aufgabe. Selbst wenn der Leser dieses Buches die hier dargelegten Entwicklungsverfahren nie umsetzen wird, eignet er sich doch die notwendigen Fähigkeiten zur Kommunikation mit einem Entwickler an. Kenntnisse über die Hintergrundkonzepte in Microsoft Navision werden Ihnen eine gute Vorstellung davon geben, wie Sie einem Entwickler Ihren Bedarf darlegen können. Sie werden in der Lage sein, die Qualität der Arbeit des Entwicklers zu beurteilen und den Zeit- und Kostenaufwand eines bestimmten Entwicklungsvorschlages besser abschätzen zu können. Das allein mag Ihnen, dem Leser, schon viel Zeit, Geld und Frust ersparen. In der Praxis sind der Unternehmer und der Programmierer selten ein und dieselbe Person. Es wird oft viel Zeit und Geld investiert, ohne dass weder die Firma bekommt, was sie wollte, noch der Programmierer sich darüber im Klaren ist, was er falsch gemacht hat.

Wenn Sie selbst die Entwicklungsarbeit in die Hand nehmen werden, ist dieses Problem minimiert, dennoch ist es nicht einfach, sich eine genaue Vorstellung davon zu machen, welche Lösung Ihre Firma braucht. Eine wirklich grundlegende Verbesserung der Software für Ihre Firma wird wahrscheinlich zumindest einige systematische Probeläufe absolvieren müssen, bevor Sie und Ihre Kollegen mit ihr zufrieden sind.

Es ist möglich, dass Sie sich vor den Risiken eines „Eingriffs am offenen Herzen" des Informationssystems Ihres Unternehmens fürchten. Jemand, dem die Grundlagenkenntnisse über die Hintergrundstruktur seines Systems fehlen, mag sich Sorgen darüber machen, dass er bei eigenen Versuchen, diese Struktur anzupassen, das System zerstört. „Überlassen wir es lieber dem Fachmann" ist das häufigste Credo in diesem Fall. Diese Strategie fördert allerdings zumeist ein Misstrauen gegenüber der Software und letztendlich auch gegenüber dem Fachmann. Dies kann der Fall sein, wenn man nichts von grundlegenden Programmentwicklungskonzepten erfahren will und dann dementsprechend auch nicht in der Lage ist, den Fachleuten deutlich zu machen, was genau benötigt wird, oder auch nur in Erfahrung zu bringen, ob Ihre Entwicklungsvorstellungen überhaupt durchführbar sind.

Zu diesen Befürchtungen kann noch hinzukommen, dass man nicht weiß, ob die von den tatsächlich selbstentwickelten Lösungen erbrachten Resultate stimmen. So kann man zum Beispiel befürchten, dass man, wenn man einen neuen Verkaufsbericht erstellt, nicht das nötige Know-how besäße, die hundertprozentige Richtigkeit der damit gelieferten Information positiv oder negativ zu bestätigen.

Diese Probleme sind alle Symptome der Schwierigkeit, mit der allumfassenden Komplexität, die so ein enormes Tool wie Microsoft Navision mit sich bringt, umzugehen. Der reine Umfang dieser Software ist allein meist schon überwältigend. Zusätzlich zu der Komplexität aufgrund des Umfangs kommt hinzu, dass der Neuling auf dem Entwicklungsgebiet sich vielleicht von der scheinbaren Abstraktheit der Programmierwelt und der Entwicklungskonzepte entmutigen lässt.

Einige dieser Schwierigkeiten könnten den Weg zur Optimierung von Microsoft Navision für Ihr Unternehmen versperren. Firmen, die nie ganz glücklich mit ihrer Investition in die Informationstechnologie sind, sind bereits in einige dieser Fallen geraten.

4.1 Aneignung der Entwicklerperspektive

Abbau von Berührungsängsten mit Microsoft Navision

Um diese Probleme zu umgehen, sollte man:

- Sich ein Minimum an Fähigkeiten zu betriebsinterner Entwicklung aneignen,
- Sich eine Testkopie Ihres Microsoft Navision-Systems anlegen, mit der Sie lernen, testen und entwickeln können, ohne das Risiko einzugehen, Ihr aktives System zu beschädigen,
- Eine Philosophie der ständigen Verbesserung und des ständigen Feedback seitens Ihrer Anwender zu vertreten.

Die Angst, Fehler bei Ihrer Entwicklung zu machen, wird kaum begründet sein, wenn Sie die gründlichen Tests zunächst in Ihrem Testsystem durchführen. Oft ist der einzige richtige Test der, wenn Ihre Mitarbeiter die neue Lösung in Ihre tägliche Arbeit mit einbeziehen. Demnach ist es manchmal unmöglich, hundertprozentige Sicherheit über den Erfolg Ihrer Lösung zu erlangen, bevor nicht einige Zeit vergangen ist. So lange Sie keine Daten überschreiben oder löschen, lässt sich fast jede der von Ihnen vorgenommenen Änderungen rückgängig machen, dementsprechend brauchen Sie sich keine großen Sorgen über eventuelle Fehler zu machen. Sollten Sie die Fehler nicht beheben können, bleibt Ihnen immer die Möglichkeit, sich an Ihr Microsoft Navision Business Solutions Center zu wenden, aber scheuen Sie nicht davor zurück, es zunächst selbst zu versuchen. Wenn Sie Ihre Arbeit innerhalb der Software gut dokumentieren, sollte es kein Problem sein, das System immer wieder an den Ausgangspunkt seiner Standardfunktionalität zurückzubringen.

Methoden zur Ergebnisüberprüfung

Um hundertprozentige Sicherheit über die Ergebnisse Ihrer Anwendung zu erhalten, sollten Sie die Ergebnisse mit einer zweiten gründlichen Methode abgleichen. Einer der Gründe, warum wir zuvor im Buch die Kalkulation „Lagerbestand" so ausführlich behandelt haben, besteht darin, Ihnen zu demonstrieren, wie ein vom Programm ermittelter Wert manuell überprüft werden kann. Dementsprechend sollten Sie bei der Entwicklung von Anwendungen zunächst einmal eine Vorstellung davon haben, wie die gleichen Ergebnisse manuell ermittelt werden können. Auf diese Weise können Sie die Ergebnisse Ihres Programms stets überprüfen. Es ist immer eine gute Übung, zumindest zwei verschiedene Verfahren zu einer kalkulatorischen Ermittlung zu entwerfen, bevor Sie mit der Entwicklung Ihrer Lösung beginnen. So erlangen Sie die Fähigkeit, die Ergebnisse Ihres Programmierens zu verifizieren.

Und schließlich, alles Neue scheint erst einmal fremd, aber mit Zeit, Übung und besserem Verständnis werden Sie in der Lage sein, die Flexibilität Ihres ERP voll auszunutzen.

4.2 Der Einsatz von Tabellenrelationen zur Organisation von Daten

In diesem Abschnitt gehen wir darauf ein, wie Microsoft Navision in einem System miteinander verknüpfter Tabellen Daten organisiert. Es wird gezeigt, warum solche Tabellenverknüpfungen notwendig sind, und es werden Beispiele gebracht, wie man solche verknüpfte Tabellensysteme aufbaut.

4.2.1 Fehler des Anwenders in der Datenerfassung

Man mag sich fragen, warum die Struktur der Microsoft Navision-Datenbank so kompliziert ist. Warum ist es so, dass scheinbar deutlich aufeinander bezogene Informationen so häufig in komplett unterschiedlichen Tabellen untergebracht werden? Zum Beispiel mag man der Ansicht sein, dass es effizienter wäre, die Informationen über den Käufer von Produkten auf einem Kundenauftrag in derselben Tabelle vorzufinden, in der die von ihm gekauften Artikel aufgelistet sind. In Microsoft Navision ist dies jedoch nicht der Fall. In Microsoft Navision ist so zum Beispiel die Tabelle, in der die von einem Kunden gekauften Artikel aufgeführt sind, die „Verkaufszeilen"-Tabelle, eine andere als die, in der sich der Name des Kunden befindet. Dies wird im Layout des Kundenauftrages in Microsoft Navision deutlich. Der Kundenauftrag besteht aus zwei Tabellen, einer, die die Verkaufskopfdaten enthält, einer anderen, die die Verkaufzeilendaten speichert (seihe Abb. 4.1).

Grundsätze einer relationalen Datenbank

Der Grund, warum Microsoft Navision verschiedene Tabellen verwendet, um eine einzelne Funktion wie zum Beispiel die Beschreibung eines Kundenauftrags zu erfüllen, liegt in den ausgeklügelten Grundsätzen, die die Grundlage für alle relationalen Datenbanken bilden. Man muss sich erst mal eine Vorstellung von den grundlegenden Konzepten hinter einer relationalen Datenbank machen, bevor die Struktur von Microsoft Navision einleuchtet. Nur wenn man die Grundsätze eines relationalen Datenbanksystems verstanden hat, kann man begreifen, wie die Daten einer Tabelle mit denen einer anderen zu verknüpfen sind.

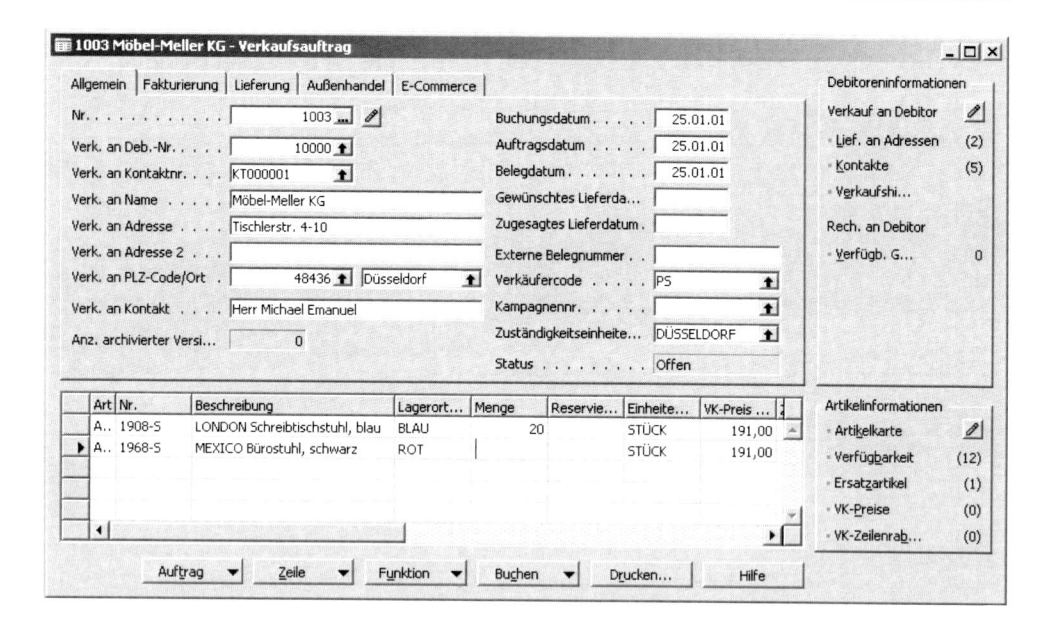

4.2 Der Einsatz von Tabellenrelationen zur Organisation von Daten

Abb. 4.1: Auftragserfassungsmaske

Das Verknüpfen von Tabellen ist eins der vier wichtigsten Entwicklungskonzepte, die in diesem Buch behandelt werden. Diese vier Konzepte sind:

1. Filter für eine Gruppe von Tabellen einrichten,
2. Diese Tabellen verknüpfen,
3. Diese Tabellen durchsuchen und schließlich
4. Entscheidungen aufgrund der Suchergebnisse aus den Tabellen treffen.

Microsoft Navision verspricht schnelle, gültige und stabile Informationen. Dieses Versprechen wird durch die grundsätzliche Anwendung der Prinzipien einer relationalen Tabellenstruktur erfüllt.

Negativbeispiel ohne relationale Tabellenstruktur

Der beste Weg, um das Raffinierte eines relationalen Tabellensystems zu verstehen, ist durch ein Negativbeispiel. Stellen wir uns vor, wie es wäre, wenn wir versuchten, die Daten unserer Firma durch die alleinige Verwendung großer, in sich geschlossener Tabellen zu bearbeiten. Nehmen wir zum Beispiel an, die Kundenaufträge unserer Firma werden alle mittels einer großen und in sich geschlossenen Tabelle bearbeitet. Wir lassen die relationalen Grundsätze beiseite und denken, es wäre sinnvoll, wenn

4   Einführung in Entwicklungskonzepte

wir alles, was mit dem Kunden und Produkten zu tun hat, in unsere Verkaufsauftragstabelle stellen.

Order_Number	Sales_Line_Nr.	Order_Type	Customer_Name	Address1	Address2	Product_Name	Product_Supplier	Packing_Unit	Quantity	Price
A101029	1	Promo	Jill L. Keehner AG	Friedrich-Schillerstr. 14	Mainz	Italien Wine Glass	Italien Art Glass inc.	Dosen	2	200,00 €
A101030	1	Normal	Cosmo Cafe	Ring Strasse 1001	Ransbach	Silver Candle Holder	Table Treasure GmbH	Set	1	100,00 €
A101031	1	Normal	Bobby's Pizza Parlor	Am Buchen nr.2	Leipzig	London bar stool	Siegfried's Möbel AG	set	3	200,00 €
A101032	1	Promo	Jill Keehner AG	Friedrich-Schillerstr. 14	Mainz	Silver Candle Holder	Table Treasures GmbH	Pair	1	100,00 €
A101032	2	Promo	Jill Keehner AG	Friedrich-Schillerstr. 14	Mainz	London stool	Siegfried's Möbel GmbH	group	1	250,00 €
A101032	3	Promo	Jill Keehner AG	Friedrich-Schillerstr. 14	Mainz	Italien Cyrstal Glass	Italien Art Glass inc.	Dozen	2	200,00 €
A101035	1	Normal	Cosmic Cafe	Ringstr. 1001	Ransbach	Italien Wine Crystal	Itlay Art Glass inc.	Box	2	200,00 €
A101036	1	normal	Twenty Minute Shop		Leipzig	Silver Candle Stick	Table Treasures GmbH	Set	1	100,00 €

Abb. 4.2 Verkaufsauftragstabelle im Negativbeispiel

Nehmen wir an, dass jedes Mal, wenn ein Verkaufsauftrag erstellt wird, ein Mitarbeiter die Auftragsnummer, Kundendaten, Produktdaten und den Preis für jeden gekauften Artikel eingibt. Auf diese Weise sind wir die Erfordernis, mehrere Tabellen anzulegen, umgangen, und wir genießen den Vorteil, dass sich alle unsere Daten an einem Ort befinden. Diese Aufmachung erweckt zudem den Anschein, als könnten wir diese Daten sehr schnell durchsuchen, da sie sich alle in einer Tabelle befinden.

Schauen wir uns jetzt einige der Nachteile einer solchen Datenorganisation an. Zunächst scheint der einzige Nachteil darin zu bestehen, dass wir für jede Zeile die gesamten Informationen von Grund auf eintragen müssen. Wir sind gezwungen, die gesamte Datenzeile neu einzugeben, auch wenn es sich wie in dem obengezeigten Beispiel um einen wiederholten Kunden handelt. Diese Zusatzarbeit allein mag nicht allzu schwer wiegen im Hinblick auf die anderen scheinbaren Vorteile. Betrachten Sie aber den folgenden Punkt: Wenn der Name desselben Kunden mehrere Male in unsere Tabelle eingetragen werden muss, wie können wir uns hundertprozentig sicher sein, dass er immer auf genau die gleiche Weise geschrieben ist? Und wenn er nicht jedes Mal gleich geschrieben ist, wie können wir dann eine Suche automatisieren, die zum Beispiel die Käufe dieses Kunden über einen Zeitraum von mehreren Jahren berechnet?

Wenn wir uns nicht ganz sicher sein können, dass für den selben Namen immer genau die gleiche Schreibweise verwendet wurde, müssen wir unsere Verkaufsberechnung immer per Hand machen oder auf einen automatisierten Prozess bauen, dessen Ergebnis wir womöglich nicht trauen können oder das wir besten-

4.2 Der Einsatz von Tabellenrelationen zur Organisation von Daten

falls als Näherungswert ansehen können. Wenn Sie obiges Beispiel genau betrachten, werden Sie viele solcher offensichtlichen Unklarheiten entdecken. Allerdings ist eine solche Ungewissheit in einem ERP-System absolut verhängnisvoll.

Und was, wenn der Kunde nach einigen Jahren, in denen Sie mit ihm Geschäfte geschlossen haben, seine Adresse ändert? Sie müssen jeden Posten überprüfen, in dem Sie den Kunden zu finden vermeinen, und ihn manuell ändern. Dem Computer können Sie diese Aufgabe nicht anvertrauen, da Sie nicht sicher sein können, wie der Name des Kunden immer in der Tabelle geschrieben ist.

Richtige Datenorganisation

In der Regel ist es so, dass, wenn ein Fehler auftreten kann, er auch auftreten wird, es bleibt nur die Frage wann und wo. Von daher müssen wir bei allem, was wir hinsichtlich unseres ERP-Systems ausführen, einen sehr hohen Maßstab in Bezug auf Struktur und Klarheit ansetzen. Und das bedeutet, dass unsere gewaltige Tabelle oben mit sehr viel Sorgfalt geführt werden muss, was uns an einen Punkt bringt, an dem wir kein Vertrauen mehr in sie setzen können. Die Nachteile mangelhafter Datenorganisation ist absolut inakzeptabel, wenn man erwartet, in der Lage zu sein, bei Tausenden von Kunden, die über Jahre hinweg Tausende von Produkten kaufen, auf den Pfennig genau abrechnen zu können. Mit so einer Datenorganisation wird es unmöglich sein, selbst einen kleinen Betrieb zu leiten. Die Probleme, die auf Fehlern und Uneindeutigkeit basieren, scheinen unüberwindbar. Wie können wir sie dennoch umgehen?

4.2.2 Tabellenrelationen sichern die Datenübereinstimmung

Die Lösung besteht darin, unsere Informationen in Teile aufzubrechen, in einige verschiedene Tabellen. In eine Tabellenhierarchie, in der einige Tabellen die in anderen enthaltenen Daten steuern. Auf diese Weise tragen wir eine Information einmal und nur ein einziges Mal ein und überall, wo diese Information notwendig ist, entsteht einfach eine Verknüpfung zu der ursprünglichen Primärtabelle. Dementsprechend ist durch ein System von Verknüpfungen stets eine automatische Kopie einer einzelnen Eintragung vorhanden. Dadurch, dass nur eine einzige maßgebliche Beschreibung einer Tatsache zur Verfügung steht, wird die Möglichkeit von Uneindeutigkeiten praktisch ausgeräumt. Wir sehen uns zwar auf diese Weise einer höheren Komplexität aufgrund der Verschiedenheit von Tabellen gegenüber, die Daten in diesen Tabellen sind jedoch geordnet. Mit Hilfe dieser Tabellen-

4   Einführung in Entwicklungskonzepte

anordnung verkleinern wir auch den für unsere Datenbank benötigten Speicherplatz, da Informationen nur einmal statt immer wiederholt abgespeichert werden müssen.

Entwickeln wir eine Datenorganisation, in der jede Information, die wir bekommen, nur ein einziges Mal in unserem System eingespeichert wird. Entwickeln wir eine Datenorganisation, bei der wir uns sicher sein können, dass jedes Mal, wenn ein Kunde einen Auftrag stellt, dieselbe Schreibweise verwendet wird. Räumen wir auch die Tatsache ein, dass unsere Mitarbeiter normale Menschen sind, denen zwangsläufig Fehler unterlaufen; wir sind trotzdem im Besitz einwandfreier Daten. Mit einer guten relationalen Tabellenstruktur sind dies erreichbare Ziele.

4.2.3   Kundenauftrag als Beispiel von Tabellenbezügen

Ziehen wir zunächst ein anschauliches Beispiel einer relationalen Vorgehensweise bei unserem Kundenauftragsproblem in Betracht, bevor wir den logischen Hintergrund behandeln: (siehe Abb. 4.3).

Die Tabellen in Abbildung 4.3 enthalten genau die gleichen Stamm- und Bewegungsdaten wie unsere Riesentabelle weiter oben (Abb. 4.2). Sie werden bemerken, dass in dieser Anordnung jede Information nur einmal enthalten ist, während der Rest durch Verknüpfungen zwischen Zeilenkennungen wie „Customer_Nr." oder „Order_Nr." abgewickelt wird. Diese Kennungen fungieren als Speicheradressen innerhalb der Tabellen und sind das ordnende Element.

Beispiel   Nehmen wir jetzt an, wir verlangen von Microsoft Navision die Angabe der fehlerfreien Summe der offenen Käufe des Kunden „Cosmo Café" zum Beispiel. Durch eine automatisierte Anwendung kann Microsoft Navision schnell auf das exakte Ergebnis kommen. Dieses Ergebnis wird durch Microsoft Navision einfach dadurch errechnet, dass das Programm jede Zeile der Tabelle „Sales Order Table" öffnet, in der die Kundennummer C0002 von Cosmo Café zu finden ist. Und für jeden Kundenauftrag, den das Programm entdeckt, öffnet es jede Verkaufszeile, die eine dazu passende „Order_Nr." aufweist, und zeigt laufend die aktuelle Summe der Variable „Sales_Total" an. Solch ein Verfah-

68

4.2 Der Einsatz von Tabellenrelationen zur Organisation von Daten

Stammdaten

Customer Table

Customer_Nr.	Customer_Name	Address1	Address2
C0001	Bobby's Pizza Parlor	Am Buchen nr.2	Leipzig
C0002	Cosmo Cafe	Ring Strasse 1001	Ransbach
C0003	Jill L. Keehner AG	Friedrich-Schillerstr. 14	Mainz
C0004	Twenty Minute Shop	Fahrer straße 56	Leipzig

Bewegungsdaten

Sales Order Table

Order_Nr.	Order_Type	Customer_Nr.	Date
A101029	Promo	C0003	01.06.04
A101030	Normal	C0002	02.06.04
A101031	Promo	C0001	03.06.04
A101032	Promo	C0003	04.06.04
A101035	Normal	C0002	07.06.04
A101036	Normal	C0004	08.06.04

Stammdaten

Product Table

Product_Id	Product_Name	Product_Supplier	Packing_Unit
P0001	Italien Cyrstal Glass	Italien Art Glass inc.	Dozen
P0002	London bar stool	Siegfried's Möbel AG	Set
P0003	Silver Candle Holder	Table Treasure GmbH	Set

Bewegungsdaten

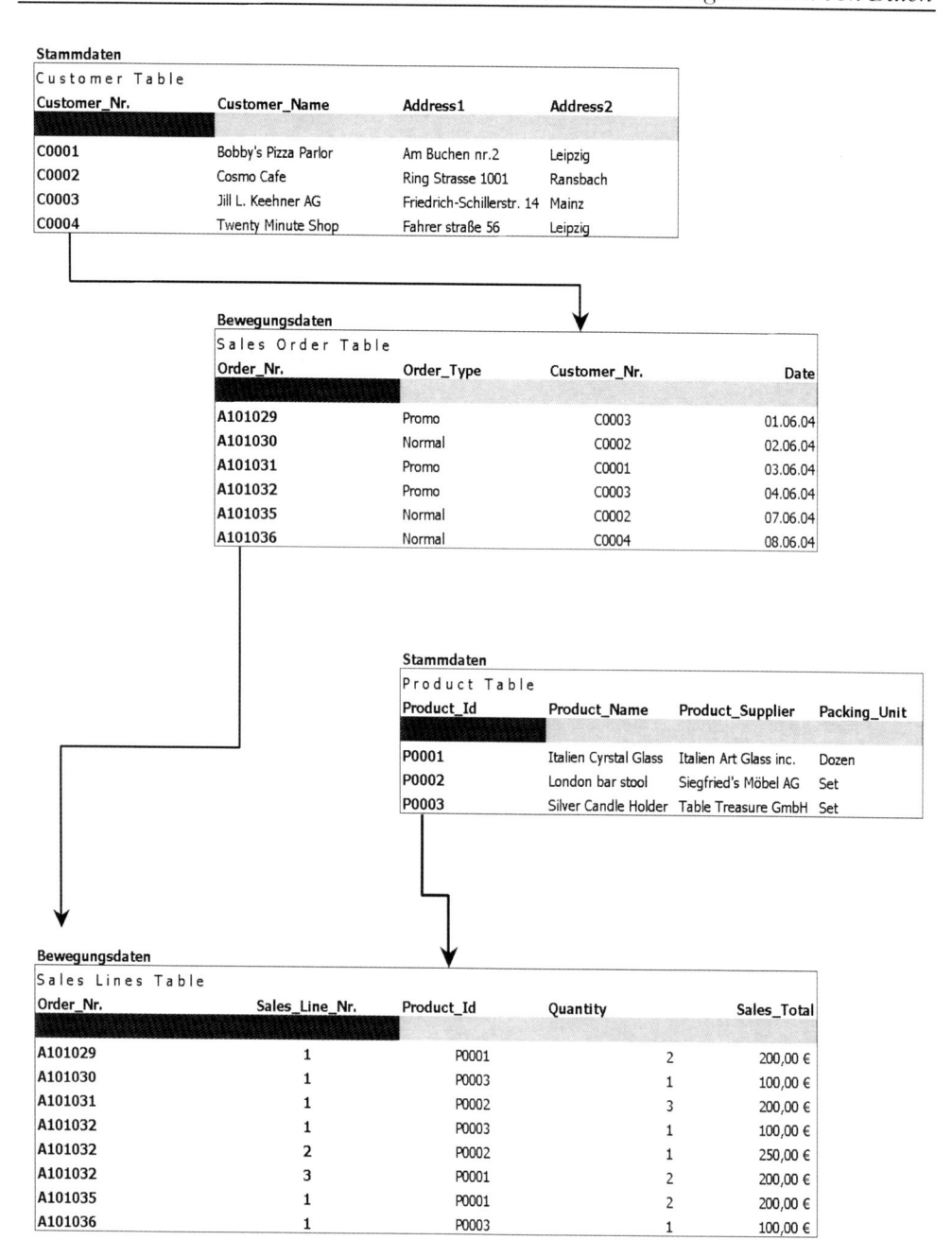

Sales Lines Table

Order_Nr.	Sales_Line_Nr.	Product_Id	Quantity	Sales_Total
A101029	1	P0001	2	200,00 €
A101030	1	P0003	1	100,00 €
A101031	1	P0002	3	200,00 €
A101032	1	P0003	1	100,00 €
A101032	2	P0002	1	250,00 €
A101032	3	P0001	2	200,00 €
A101035	1	P0001	2	200,00 €
A101036	1	P0003	1	100,00 €

Abb. 4.3: Relationale Tabellenanordnung

ren läuft zügig ab, ist exakt und erlaubt keinerlei Uneindeutigkeiten. Auf diese Weise umgehen wir die Ungenauigkeiten und Widersprüchlichkeiten, wie sie in einer Ein-Tabellen-Anordnung vorkommen können.

Gehen wir durch unser Beispiel Cosmo Café und folgen wir dem gleichen Verfahren, das Microsoft Navision durchlaufen würde (siehe Abb. 4.4).

Mit einer relationalen Tabellenanordnung ist es möglich, sehr große Datenmengen unter enormer Stabilität und bei einer nur minimalen Nutzung von Speicherplatz zu ordnen.

Um eine gute relationale Organisation zu entwickeln, müssen wir uns darüber im Klaren sein, mit welchen Arten von Daten wir arbeiten. Wir müssen alle Felder in unserer Tabelle miteinander vergleichen, um feststellen zu können, ob sie wirklich zusammen in dasselbe Verzeichnis gehören. Wenn wir auf diese Weise die Variablen miteinander in Vergleich setzen, entwickeln wir eine Vorstellung von ihren Bezügen zueinander. Wir werden in der Lage sein, festzustellen, welche Variablen zusammengehören und welche nicht. Im Folgenden sind einige Fragen aufgeführt, die wir uns bezüglich des Vergleichs der Variablen miteinander stellen können, um so einen guten relationalen Tabellenüberbau entwickeln zu können:

Fragen für die Entwicklung eines Tabellenüberbaus

1. Ist eine unserer benötigten Variablen eine Stammvariable wie „Customer_Name" und die andere ein Bewegungsdatentyp wie „Sales_Order_Date"? Wenn dies der Fall ist, sollten sie in unterschiedlichen Tabellen gespeichert werden.

2. Besteht ein kausaler Zusammenhang zwischen unseren Variablen? Ist zum Beispiel das Bestehen eines Kundenauftrags erst mal von dem Vorhandensein eines Kunden abhängig? Wenn ja, dann sollte sich der Kundenauftrag in einer separaten Tabelle befinden, die zum Teil von der Kundentabelle bestimmt wird.

3. Wie viele von einer Variablen können jeder einzelnen der anderen Variablen zugeordnet sein und umgekehrt? Wie viele Kunden sind zum Beispiel jedem einzelnen Kundenauftrag zugeordnet und umgekehrt?

Die dritte Frage mag sehr allgemein gefasst und abstrakt scheinen, stellt aber tatsächlich das Konzept hinter den anderen Fragen dar und ist daher an sich sehr wesentlich.

4.2 Der Einsatz von Tabellenrelationen zur Organisation von Daten

* Anwender öffnet die Navision Anwendung 'Offener Umsatzbericht'.
* Anwender wählt "Cosmo Cafe" für die Umsatzanfrage, indem er "Cosmo Cafe" in das Tabellenfilter von 'Customer_Name' eingibt.
* Navision greift nur noch auf Datensätze in der Kundentabelle zu die den Namen "Cosmo Cafe" haben.

Kundentabelle

Customer_Nr.	Customer_Name	Address1	Address2
C0001	Bobby's Pizza Parlor	Am Buchen nr.2	Leipzig
C0002	Cosmo Cafe	Ring Strasse 1001	Ransbach
C0003	Jill L. Keehner AG	Friedrich-Schillerstr	Mainz
C0004	Twenty Minute Shop	Fahrer straße 56	Leipzig

* Navision verwendet die Kundennummer 'Customer_Nr.' "C0002" als Schlüssel für die Suche nach "Cosmo Cafe" Aufträgen in der Verkaufsauftragstabelle.

Verkaufsauftragstabelle

Order_Nr.	Order_Type	Customer_Nr.	Date
A101029	Promo	C0003	01.06.04
A101030	Normal	C0002	02.06.04
A101031	Promo	C0001	03.06.04
A101032	Promo	C0003	04.06.04
A101035	Normal	C0002	07.06.04
A101036	Normal	C0004	08.06.04

* Navision verwendet die Auftragsnummer 'Order_Nr.' der Auftragspostentabelle für die Suche nach einzelnen Positionen des jeweiligen Auftrags.

Auftragspostentabelle

Order_Nr.	Sales_Line_Nr.	Product_Id	Quantity	Sales_Total
A101029	1	P0001	2	200,00 €
A101030	1	P0003	1	100,00 €
A101031	1	P0002	3	200,00 €
A101032	1	P0003	1	100,00 €
A101032	2	P0002	1	250,00 €
A101032	3	P0001	2	200,00 €
A101035	1	P0001	2	200,00 €
A101036	1	P0003	1	100,00 €

100,00 €   +   200,00 €

C0002: Cosmo Cafe   Σ   300,00 €

Abb. 4.4: Berechnung der offenen Aufträge des Kunden

Es hilft vielleicht, sich die Tabellenanordnung als einen Stammbaum vorzustellen, bei dem für jedes Kind nur ein Elternpaar vorhanden ist, wohingegen man für jedes Elternpaar eine beliebige Anzahl an Kindern vorfinden kann. Auf ähnliche Weise muss für jeden Verkaufsauftrag ein Kunde vorhanden sein, der ihn erteilt hat, während einem Kunden eine Vielzahl von Aufträgen zugeordnet werden kann. Entdecken Sie solch einen quantitativen Zusammenhang zwischen zwei Informationsanteilen, sollten sie diese in getrennten aber miteinander verknüpften Tabellen unterbringen.

Kehren Sie nun zur Übung zu der ursprünglichen Ein-Tabellen-Lösung für die Verkaufsaufträge zurück und wenden Sie diese drei Fragen an, um eine relationale Tabellenorganisation zu entwickeln. Vergleichen Sie dann Ihre Lösung mit obigem Beispiel.

Den Zusammenhang Eins-zu-mehreren zwischen zwei Datenmengen wahrzunehmen, ist die wichtigste Fähigkeit, die Sie zur Entwicklung einer hochqualitativen Datenorganisation benötigen. In der Praxis wenden wir dieses Verfahren beständig in unserem täglichen Denken und beim Treffen von Entscheidungen an, vielleicht auch ohne es tatsächlich wahrzunehmen. Ihnen ist zum Beispiel die Möglichkeit klar, dass Sie viele Gehaltsüberweisungen erhalten können, wohingegen es nicht wahrscheinlich ist, dass eine einzelne Ihnen zugewiesene Gehaltsüberweisung mehreren anderen Leuten gehört (außer vielleicht, Sie sind verheiratet). Sich die Fähigkeiten eines guten Entwicklers anzueignen, bedeutet, sich die bestimmenden Regeln bewusst zu machen, die hinter Ordnung, Zusammenhang und Entscheidung in der realen Welt stehen.

Methodische Eigenschaften - Primärschlüssel

Der zweitwichtigste Aspekt eines relationalen Tabellensystems ist, dass es Ihren Tabellen einige methodische Eigenschaften abverlangt. In einem relationalen Tabellensystem muss jede Tabelle mit seinen Eltern- und Kindtabellen verknüpfbar sein. Wie wir bereits festgestellt haben, kann diese Verknüpfung durch das Auffinden der Zeilen- oder Datensatzkennung seitens der Elterntabelle in den Datensätzen der Kindtabelle stattfinden. Damit dieses System methodisch und beliebig erweiterbar funktioniert, muss jeder Tabelle eine solche Kennung zugeordnet sein, die als eindeutige Speicheradresse für jeden Datensatz in dieser Tabelle dient. Die normalerweise gebräuchliche Bezeichnung für solch eine Tabellendatensatzkennung ist der „Primärschlüssel" jener Tabelle. So ist zum Beispiel der Primärschlüssel der Kundentabelle die „Customer_Nr." und der Primärschlüssel für die Verkaufsauftragstabelle die „Order_Nr.".

4.2 Der Einsatz von Tabellenrelationen zur Organisation von Daten

Wie Ihnen sicher klar ist, dürfen zwei Datensätze innerhalb einer Tabelle nicht denselben Primärschlüssel oder dieselbe Kennung haben. Dies würde die Struktur der Tabelle zerstören und es unmöglich machen, sie zu durchsuchen. Das wäre das Gleiche, als wenn jemand dieselbe Wohnadresse wie Sie hätte, aber weit entfernt von Ihnen leben würde. Mindestens die Hälfte Ihrer Post würde einem Fremden zugestellt werden und wäre damit verloren. Ist ein Primärschlüssel einer Tabelle nicht absolut eindeutig, wird die Datenbank vor den gleichen Schwierigkeiten stehen wie Sie mit Ihrer Post. In der Praxis wird Ihnen eine moderne Datenbank wie Microsoft Navision auferlegen, den Primärschlüssel Ihrer Tabelle auszuwählen, und, sobald dieser Primärschlüssel festgelegt ist, verhindert Microsoft Navision, dass zwei oder mehrere identische Kennungen auftreten.

Der Primärschlüssel einer Tabelle kann aus einem einzelnen Feld wie zum Beispiel „Product_Nr." oder aus einer Reihe von Feldern wie etwa „Order_Nr." und „Sales_Line_Nr." bestehen. Erforderlich ist lediglich, dass die Information in keinen zwei Datensätzen, die dem Feld bzw. Feldern angehören, die den Primärschlüssel bilden, gleich sind.

Definition des Sekundärschlüssels

Ist der Primärschlüssel einer Tabelle erst einmal festgelegt, kann er wiederum in andere Kindtabellen kopiert und als Rückbezug zu der Elterntabelle verwendet werden. Für gewöhnlich wird der Primärschlüssel jeder Tabelle dort, wo er in eine Kindtabelle kopiert wurde, Fremd- bzw. Sekundärschlüssel genannt. „Customer_Nr." ist zum Beispiel so ein Fremd- bzw. Sekundärschlüssel, wenn wir ihn in der Verkaufsauftragstabelle vorfinden. Die einem Fremdschlüssel auferlegten Regelungen sind weitaus lockerer als die für einen Primärschlüssel. So wie ein einzelnes Elternpaar mehrere Kinder haben kann, so kann sich eine Kennung, wenn es sich um einen Fremdschlüssel handelt, in der Kindtabelle vielfach wiederholen. Primärschlüssel, die in anderen Tabellen verwendet und auf die verwiesen wird, ermöglichen es uns, ein einwandfreies Eins-zu-mehreren-Verhältnis zwischen unseren Tabellen herzustellen. Und diese Eins-zu-mehreren-Verhältnisse ermöglichen es uns wiederum, ein stabiles und vertrauenswürdiges Datenorganisationssystem zu entwickeln.

Wir werden in Microsoft Navision feststellen, dass der Primärschlüssel aller Tabellen immer gleich der ersten abrufbaren Sortieroption im Sortierfenster ist. Gehen Sie auf „Verkauf & Marketing > Verkauf > Debitor" und klicken Sie dann auf „Sortieren" (sechstes Bildzeichen von links). Dann erscheint das folgende Fenster:

4   Einführung in Entwicklungskonzepte

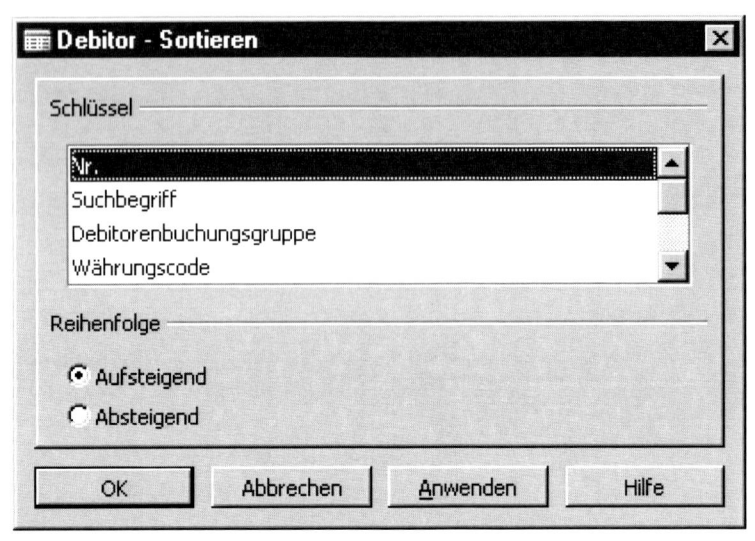

Abb. 4.5: Fenster Debitoren Sortieren

Wie zu erwarten war, ist das Feld „Nr." als erste Sortieroption aufgeführt, was besagt, dass dies der Primärschlüssel von Microsoft Navision für die „Debitor"-Tabelle ist.

Sehen wir uns nun den eigentlichen Kundenauftrag in Microsoft Navision an, um zu prüfen, ob hier vergleichbare Primärschlüsselkonzepte verwendet werden wie in unserer obigen Verkaufsauftragstabellenorganisation. Gehen Sie auf „Verkauf & Marketing > Auftragsabwicklung > Aufträge", klicken Sie auf den Verkaufsauftragskopf und dann auf das Symbol „Sortieren". Es erscheint das folgende Fenster: (siehe Abb. 4.6)

Hier können wir sehen, dass der Primärschlüssel für den Verkaufsauftragskopf in Microsoft Navision aus zwei Feldern besteht: „Belegart" und „Nr.". Das Feld „Nr." war von unserem obigen Beispiel her zu erwarten, warum jedoch benutzt Microsoft Navision eine zweite Information in seinem Primärschlüssel? Setzen wir jetzt an dieser Stelle das Zoom-Tool ein, um zu sehen, welche Daten sich hinter diesem Feld „Belegart" verbergen. Gehen Sie auf „Extras > Zoom", und das folgende Fenster erscheint: (siehe Abb. 4.7)

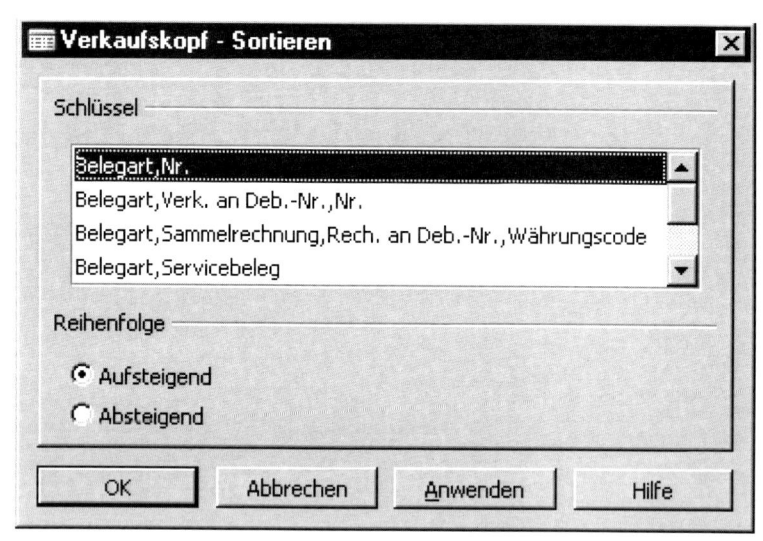

4.2 Der Einsatz von Tabellenrelationen zur Organisation von Daten

Abb. 4.6 Fenster Verkaufskopf Sortieren

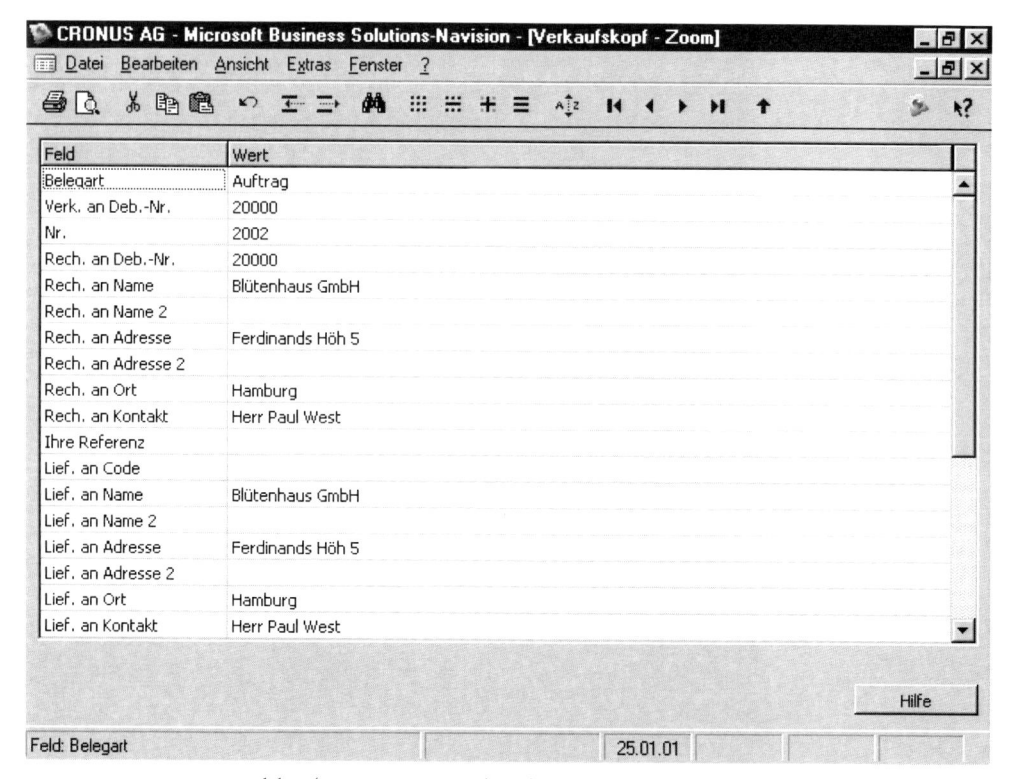

Abb. 4.7: Fenster Verkaufskopf Zoom

4   Einführung in Entwicklungskonzepte

Hier können wir erkennen, dass die Daten in „Belegart" Microsoft Navision mitteilen, dass „Nr." 2002 des „Verkaufskopf" ein „Auftrag" ist. Die Tatsache, dass Microsoft Navision seinen Verkaufsauftragskopf in zwei Teile teilt, deutet darauf hin, das dieselbe „Nr." mehr als einmal verwendet werden kann, niemals aber in derselben Dokumentart, d.h. „Belegart". Für die Praxis bedeutet das, dass Sie sowohl ein „Angebot" als auch einen „Auftrag" mit der Nummer 1000 haben können, niemals aber zwei „Angebote" oder „Aufträge" mit derselben Nummer.

Sehen wir uns nun an, was Microsoft Navision für einen Primärschlüssel in den Verkaufszeilen verwendet. Drücken Sie „ESC", um die Zoom-Funktion zu beenden, klicken Sie auf eine Verkaufszeile, dann auf Sortieren. Das folgende Fenster erscheint:

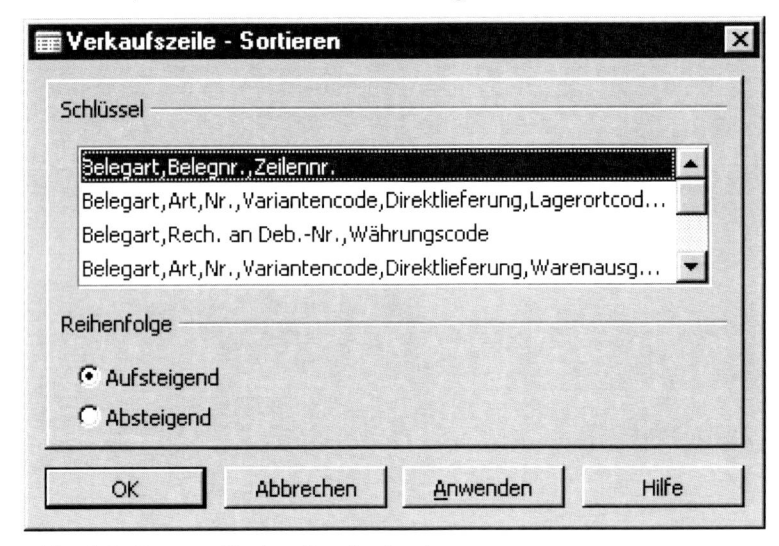

Abb. 4.8: Fenster Verkaufszeile Sortierenn

Gemäß unserer Erwartungen benutzt Microsoft Navision den Primarschlüssel des Verkaufskopfes zusammen mit dem Feld „Zeilennr." als Zähler der Verkaufszeilen selbst. Dies gleicht unserem obigen Beispiel, wo wir die „Order_Nr." und „Sales_Line_Nr." zur Organisation unserer Verkaufszeilentabelle verwendet haben.

Hinter jeder Drop-Down-Funktion steckt ein Fremdschlüssel

Jedes Feld mit einer Drop-down-Funktion, das wir in Microsoft Navision vorfinden, ist ein Fremdschlüssel. Wenn wir zum Beispiel in dem Verkaufskopf auf das Feld mit der Kundennummer klicken, öffnet Microsoft Navision die Kundentabelle und erlaubt uns die Auswahl eines Kunden aus der Liste. Wenn Sie einen

Kunden ausgewählt haben, fügt Microsoft Navision die Kennung dieses Kunden in den Verkaufauftragskopf ein.

Auf diese Weise können wir genau sehen, wie überall in Microsoft Navision die Prinzipien eines relationalen Tabellensystems angewandt werden und funktionieren. Microsoft Navision ist ein leistungsfähiges und flexibles Programm, das mit der Durchführung der Prinzipien eines relationalen Tabellensystems die Ordnung aufrecht erhält.

4.3 Die wichtige Bedeutung der Darstellung

In diesem Abschnitt gehen wir auf die Komplexität, aber auch die Vorteile der verschiedenen Ebenen von Microsoft Navision ein. Ein Beispiel dazu aus der Finanzbuchhaltung, im speziellen der Kontenplanmaske, wird angeführt.

4.3.1 Identische Informationen für verschiedene Anwender und unterschiedliche Fragestellungen

Um die Microsoft Navision-Arbeitsumgebung zu beherrschen, muss man sich eine Vorstellung davon machen, dass die Informationen aus Ebenen bestehen und dass die Objekte in Hierarchien angeordnet sind. Die Tabellen selbst sind es, die unter all den Formularen, Tabellenansichten und Berichten die Ausgangsdaten speichern. Existieren bestimmte Daten nicht in den Tabellen, erscheinen diese auch nicht in Formularen, Tabellenansichten und Berichten und können dort auch nicht verwendet werden. Das Schwierige hierbei ist, dass der Endanwender die Tabellen nie direkt vor Augen hat und ihm daher einige Dinge nie ganz einleuchten werden.

Der Aufbau von Navision entspricht einer Baumstruktur

Um sich den Aufbau von Microsoft Navision besser vor Augen führen zu können, hilft vielleicht eine Metapher: die Vorstellung, dass das System in einer Ebenenhierarchie angeordnet ist oder beispielsweise wie ein Baum. Die Tabellen sind die Wurzeln des Systems. Und, wie echte Wurzeln, sind die Tabellen vor dem Anblick des Betrachters verborgen. Die Formulare und Tabellenansichten sind die Äste und Blätter, die die Oberfläche des Systems ausmachen. Die Berichte schließlich sind die Früchte des Systems, die Ausgabe. Es ist wichtig, sich eine Vorstellung von dieser vielschichtigen Struktur zu machen, da man zum Beispiel keinen Bericht über die in einer Maske wiedergegebenen Informationen erstellen kann, ohne die Tabellenquelle zu kennen, auf der die Maske basiert. Diese komplexe Datenorganisation mag auf den ersten Blick fremdartig erscheinen, wenn man sie aber erst einmal verstanden hat, verfügt man über ein Werkzeug, das es einem ermöglicht, ein stabiles und zuverlässiges Informationssystem aufzubauen. Eine gute relationale Tabellenorganisation kann das leisten, was mit traditioneller Tabellenkalkulation, dem Ein-Tabellen-Typ der Informationsorganisation, nicht möglich wäre.

Einer der Hauptvorteile dieser baumähnlichen Ebenenstruktur liegt darin, dass Sie entscheiden können, in welcher Form Ihr Endanwender die Daten zu sehen bekommt und wie er mit ihnen arbeiten kann, ohne die Grundstruktur Ihres Systems verändern zu müssen. Sie könnten sich zum Beispiel für eine einzelne Ansicht der Zeilen in dem Verkaufsauftrag entscheiden, der so konzipiert ist, dass der gesamte Inhalt aller noch offenstehender Verkäufe in einer einzelnen Auflistung angezeigt wird. Sie könnten auch eine andere Ansicht der Verkaufszeilen dort gestalten, wo der Anwender tatsächlich Artikel in einen Verkaufsauftrag einfügt. Dies wären dann zwei recht unterschiedliche Ansichten, die aber in Wirklichkeit ein und dieselbe Tabelle darstellen. In diesem Beispiel ist die zu Grunde liegende Tabelle unsere „Verkaufsauftragszeilen"-Tabelle. Der Endanwender wird wahrscheinlich nicht bemerken, dass der Unterschied zwischen diesen beiden Ansichten nur in der Darstellung liegt, Sie jedoch, der Sie tiefere Einblicke und Kenntnisse der Anwendung erwerben möchten, werden in der Lage sein, diese versteckten Zusammenhänge auszumachen.

4.3.2 Der gleiche „Kontenplan" in zwei verschiedenen Darstellungen

Betrachten wir zur Einführung in die Microsoft Navision-Enwicklungsumgebung ein weiteres Beispiel von zwei verschiedenen Darstellungen von ein und derselben Tabelle. Die Tabelle mit der Bezeichnung „Kontenplan" ist an folgenden Stellen vorzufinden: in der „Finanzbuchhaltung" unter dem Menüpunkt „Kontenplan" und in den „Verkaufsauftragszeilen", wählt man in den Zeilen „Art" die Option „Sachkonto" und klickt dann auf den Pfeil in dem Feld „Nr.". Im folgenden sind beide Ansichten zu sehen:

4.3 Die wichtige Bedeutung der Darstellung

Kontenplan

Nr.	Name	G..	K..	Zusammenzä...	B..	G..	P..	Bewegung	Saldo
1000	**KONTENPLAN**	B..	Ü..						
1002	**ANLAGEN**	B..	V..						
1003	**Anlagen**	B..	V..						
1005	**Sachanlagen**	B..	V..						
1100	**Grundstücke und Gebäude**	B..	V..						
1110	Grundstücke und Gebäude	B..	K..					2.291.421,59	2.291.421,59
1120	Zugänge während des Jahres	B..	K..		E..	N..	S..	246,56	246,56
1130	Abgänge während des Jahres	B..	K..		V..	N..	S..		
1140	Kumul. Abgänge, Gebäude	B..	K..					-815.630,37	-815.630,37
1190	**Grundst. und Gebäude, gesamt**	B..	B..	1100..1190				1.476.037,78	1.476.037,78
1200	**Betriebseinrichtung**	B..	V..						
1210	Betriebseinrichtung	B..	K..					902.753,23	902.753,23
1220	Zugänge während des Jahres	B..	K..		E..	N..	S..	25.116,00	25.116,00
1230	Abgänge während des Jahres	B..	K..		V..	N..	S..		
1240	Kumul. AfA, Betriebseinricht.	B..	K..					-785.362,46	-785.362,46
1290	**Betriebseinrichtung, gesamt**	B..	B..	1200..1290				142.506,77	142.506,77
1300	**Fuhrpark**	B..	V..						
1310	Fuhrpark	B..	K..					76.625,26	76.625,26
1320	Zugänge während des Jahres	B..	K..		E..	N..	S..	87.000,00	87.000,00

Abb. 4.9: Kontenplan aus der Finanzbuchhaltung

Sachkontenübersicht

Nr.	Name	G..	K..	B..	G..	P..	Direkt	Abstimmbar
1000	**KONTENPLAN**	B..	Ü..					
1002	**ANLAGEN**	B..	V..					
1003	**Anlagen**	B..	V..					
1005	**Sachanlagen**	B..	V..					
1100	**Grundstücke und Gebäude**	B..	V..					
1110	Grundstücke und Gebäude	B..	K..					
1120	Zugänge während des Jahres	B..	K..	E..	N..	S..		
1130	Abgänge während des Jahres	B..	K..	V..	N..	S..		
1140	Kumul. Abgänge, Gebäude	B..	K..					
1190	**Grundst. und Gebäude, gesamt**	B..	B..					
1200	**Betriebseinrichtung**	B..	V..					
1210	Betriebseinrichtung	B..	K..					
1220	Zugänge während des Jahres	B..	K..	E..	N..	S..		
1230	Abgänge während des Jahres	B..	K..	V..	N..	S..		
1240	Kumul. AfA, Betriebseinricht.	B..	K..					
1290	**Betriebseinrichtung, gesamt**	B..	B..					
1300	**Fuhrpark**	B..	V..					
1310	Fuhrpark	B..	K..					
1320	Zugänge während des Jahres	B..	K..	E..	N..	S..		

Abb. 4.10: Drop-down-Liste der Verkaufsauftragszeilen

4   Einführung in Entwicklungskonzepte

Wir stellen sofort fest, dass in dieser Ansicht (Abb. 4.10) jegliche Finanzsummen fehlen.

Es ist anzunehmen, dass ein Mitarbeiter aus der Auftragseingangsabteilung generell keinen Einblick auf die Gesamtfinanzen des Unternehmens erhalten soll. Und selbst wenn der Endanwender die versteckten Finanzdaten aufzudecken versucht, indem er versteckte Spalten mit der Funktion „Ansicht > Spalte anzeigen" hinzufügt oder die Funktion „Extras > Zoom" anwendet, wird er keinen Zugang zu den Finanzdaten erhalten. Eine Tabellenansicht zeigt automatisch die Gesamtfinanzen des Unternehmens, während die andere nur die Namen und Nummern der Finanzkonten aufweist. Dennoch sind diese Objekte lediglich Formular-/Tabellenansichten derselben „Sachkonto"-Tabelle.

Diese Flexibilität der Informationsdarstellung wird Ihnen als Möglichkeit durch die zweischichtige, verzweigte Anwendungsstruktur geboten. Wie Sie sich vorstellen können, ist diese Flexibilität bei der Darstellung von Informationen von großer Bedeutung und Notwendigkeit. Gehen wir nun als Einführung in die Entwicklungsumgebung etwas gründlicher darauf ein, wie diese Flexibilität zustande kommt.

Beginnen wir mit dem „Finanzbuchhaltung Kontenplan". Öffnen Sie den „Kontenplan" und halten Sie dann entweder die „Strg"-Taste und drücken gleichzeitig die Taste „F2" oder gehen Sie auf „Extras > Designer". Das folgende Fenster erscheint: (siehe Abb. 4.11).

Formular-Designer

Hier haben Sie Einblick in die Formular-Designer-Umgebung von Microsoft Navision. Gehen Sie waagerecht durch die Spalten, bis Sie die Spaltenüberschrift „Bewegung" sehen. Dies ist eines der Felder, die die Finanzsummen in dem fertiggestellten Objekt aufzeigen. Klicken Sie nun außerhalb des Formulars in den leeren grauen Bereich (dadurch werden automatisch die Eigenschaften des Objekts als Ganzes ausgewählt) und gehen Sie dann auf „Ansicht > Properties". Als Nächstes erscheint folgendes Fenster: (siehe Abb. 4.12)

4.3 *Die wichtige Bedeutung der Darstellung*

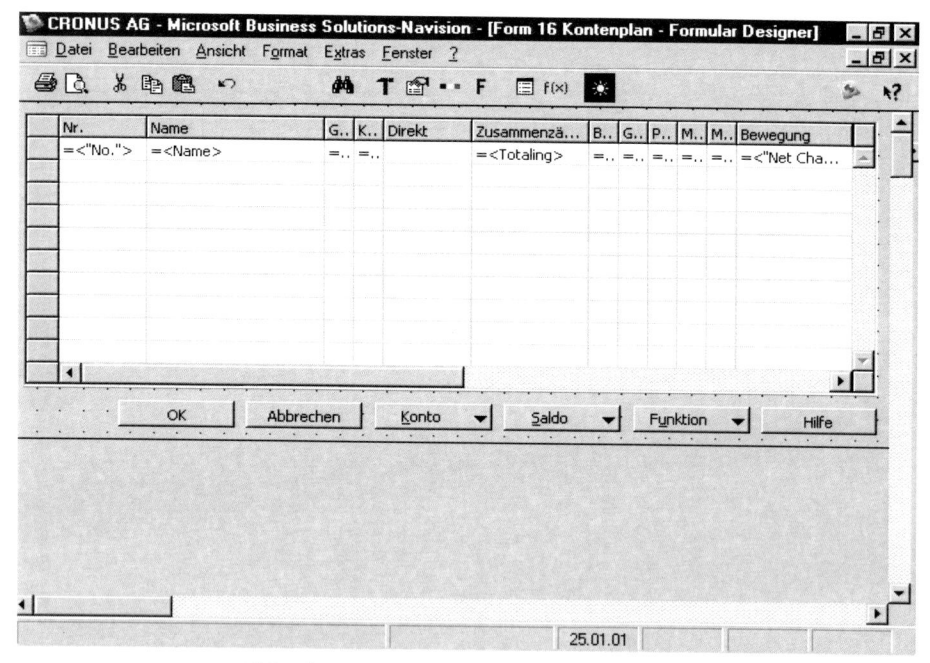

Abb. 4.11: Kontenplan Formular Designer

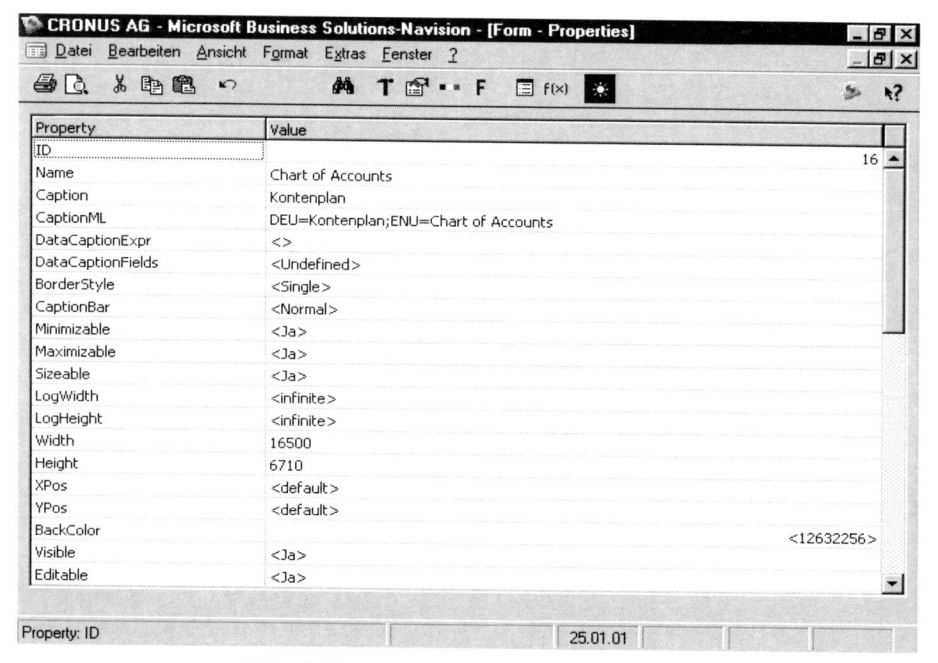

Abb. 4.12: Fenster Formular Eigenschaften

SourceTable – Eigenschaften einer Tabelle

Dies sind die vielen C/SIDE-Funktionen, die Sie nutzen können, um das Formular zu steuern. Die wichtigste dieser Funktionen und die, mit der wir uns für den Moment beschäftigen sollten, nennt sich „SourceTable".

Man kann sich durch die Liste bewegen, indem man wiederholt den ersten Buchstaben der Funktionsbezeichnung drückt oder den des Namens, den Sie zu finden suchen. In diesem Fall klicken Sie auf die linke Spalte und drücken Sie die „s"-Taste Ihrer Tastatur, bis Sie zur Steuerung „SourceTable" gelangen.

Wie Sie sehen können, ist die nach „SourceTable" ausgewählte Bezeichnung „Sachkonto". Dies ist das Tabellenobjekt, auf dem Ihr „Kontenplan" aufgebaut ist. Die Tabelle „Sachkonto" ist eine Ebene tiefer und ist von dem Endanwender nie direkt zu erfassen. Dies ist die Tabelle, für die das Formular „Kontenplan" die reine Bildschirmdarstellung ist. Hier können Sie nun einige Eigenschaften des Formularobjekts, anhand derer der Zugang und die Ansicht des Anwenders der „Sachkonto"-Tabelle verändert werden, steuern. Solange das Formular eine reine Darstellung der „Sachkonto"-Tabelle ist, haben Änderungen seiner Steuerungen keine Auswirkungen auf die Eigenschaften des ursprünglichen „Sachkonto"-Tabellenobjekts, auf dem dieses Objekt hier basiert. Dementsprechend brauchen Sie sich keine Sorgen darüber zu machen, dass Sie durch Änderungen und Tests, die Sie in der rein darstellenden Maske durchführen, Ihre „Sachkonten"-Daten beeinträchtigen.

Sorgen Sie sich auch nicht darum, alle dieser Steuerungsarten verstehen zu müssen. Viele sind unbedeutend und werden selten benutzt, einige jedoch sind fast immer wichtig. Im Verlauf dieses Buches werden Sie sich anhand der vielen hier behandelten Beispiele eine gute Vorstellung davon machen können, welche Steuerungsmöglichkeiten wichtig sind und welche nicht.

Wie Sie auch sehen können, sind einige der Eigenschaftensteuerungen wie „Editable <Ja>" auf eine Weise festgelegt, die für eine „Sachkonto"-Darstellung in der „Finanzbuchhaltung" auf jeden Fall Sinn macht. In der „Finanzbuchhaltung" ist es natürlich notwendig, dass der Anwender das Recht und die Fähigkeit erlangt, Konten zu ändern, hinzuzufügen und zu löschen, daher ist die Eigenschaft „Editable" mit „Ja" festgelegt.

Wenn nun aber die Steuerung „Editable" in der „Sachkonto"-Tabelle, von der dieses Eingabeformular lediglich eine Darstellung ist, als „Nein" festgelegt ist, wird der Endanwender ungeachtet dessen, was in dem Formular selbst festgelegt ist, keine

Möglichkeit haben, die Inhalte der „Sachkonten" zu bearbeiten. Das heißt, die Steuerung in den Tabellen haben Priorität über Objekten wie Formulare und Tabellenansichten, die auf ihnen beruhen. Um noch einmal auf unser Baumschema zurückzukommen, wir können davon ausgehen, dass das, was in den Tabellen oder den Wurzeln keine Verwendung findet, auch nicht im restlichen System verfügbar ist.

Beschäftigen wir uns nun mit der zweiten zuvor erwähnten Tabellenansicht derselben zu Grunde liegenden „Sachkonto"-Tabelle. Um zu dieser zweiten Ansicht der „Sachkonto"-Tabelle zu gelangen, verlassen Sie zunächst die gegenwärtige Ansicht, indem Sie die Taste „ESC" drücken, bis Sie mit einem Fenster gefragt werden, ob Sie die Änderungen speichern möchten und klicken Sie dann „Nein". Gehen Sie dann auf „Verkauf & Marketing > Auftragsabwicklung > Aufträge". Wenn Sie ihren Kundenauftrag geöffnet haben, wählen Sie eine Verkaufszeile und geben Sie „Sachkonto" in die „Verkaufsauftragzeilen"-Spalte mit der Überschrift „Art" ein. Klicken Sie jetzt auf die Spalte „Nr." und dann wieder auf den Pfeil, der in diesem Feld erscheint. Jetzt erscheint die Tabellenansicht „Sachkonto".

Dies ist die oben gezeigte Ansicht, die keine Finanzsummen anzeigt und vom Endanwender nicht zu bearbeiten ist. Drücken Sie jetzt „Strg + F2" auf Ihrer Tastatur oder gehen Sie auf „Extras > Designer". Dadurch wird der Form Designer von Microsoft Navision geöffnet, der innerhalb der Microsoft Navision-Entwicklungsumgebung für die Entwicklung und Editierung von Formularen und Tabellenansichten verwendet wird. Es erscheint Folgendes: (siehe Abb. 4.13).

Bewegen Sie sich in dem Objektfenster nach links. Sie werden bemerken, dass, wie zu erwarten war, keine Spalten mit der Überschrift „Bewegung" oder „Saldo" zu finden sind. Klicken Sie nun in den leeren grauen Bereich außerhalb des Formulars. Dies bewirkt wieder, dass Microsoft Navision das Objekt als Ganzes auswählt. Gehen Sie nun auf „Ansicht > Properties" und dann auf die Eigenschaft „SourceTable" gegen Ende der Eigenschaftenliste.

4   Einführung in Entwicklungskonzepte

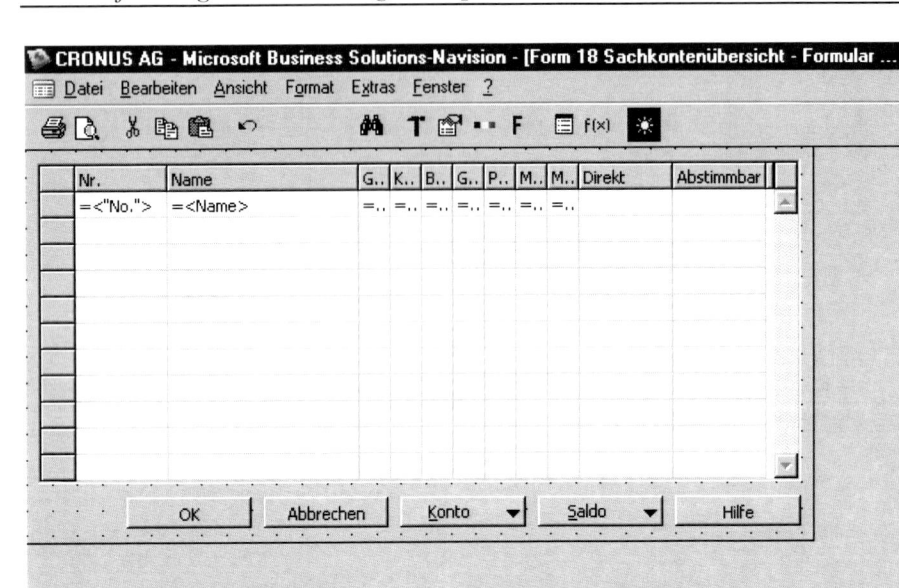

Abb. 4.13: Sachkontenübersicht Formular Designer

Wieder wird uns gesagt, dass unsere Quelltabelle „Sachkonto" ist. Dieselbe Tabelle also, die wir unter der Ansicht „Kontenplan" gefunden haben. In der Eigenschaftsliste dieses Objekts können wir jedoch sehen, dass die Eigenschaft „Editable" auf „Nein" eingestellt ist. Somit ist die „Sachkontenübersicht" für Änderungen durch den Endanwender gesperrt.

Drücken Sie nun „ESC" auf Ihrer Tastatur, um zu dem Designer-Fenster zurückzukehren. Gehen Sie auf „Ansicht > Field Menu" oder klicken Sie auf das dritte Bildzeichen von rechts auf dem Symbolmenü direkt über dem Editierbereich. Das folgende Fenster erscheint:

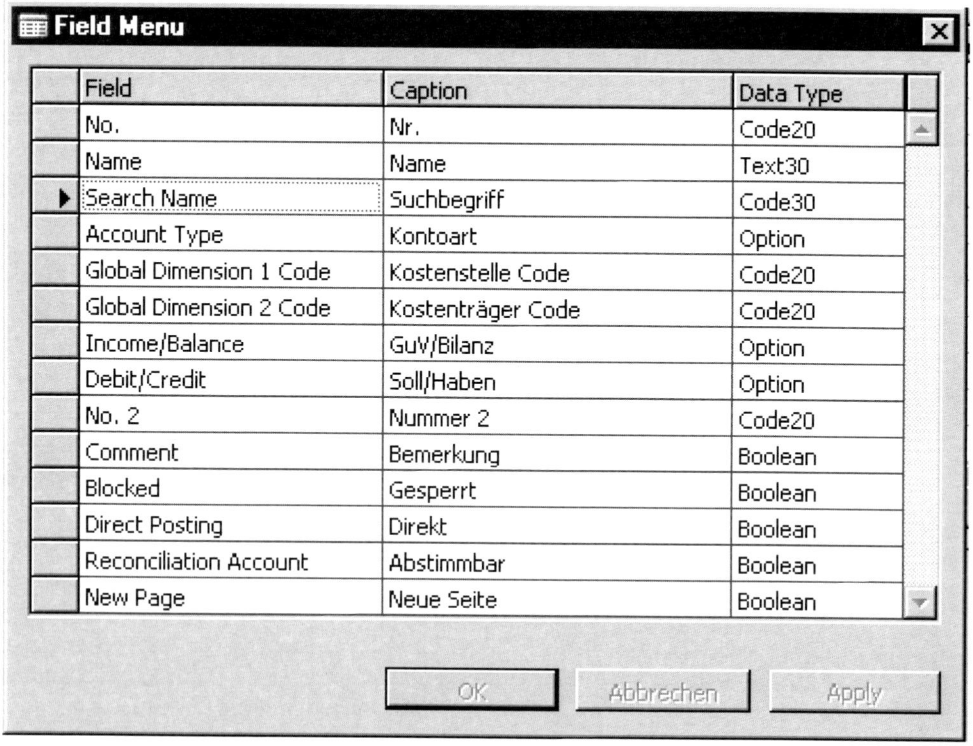

4.3 Die wichtige Bedeutung der Darstellung

Field	Caption	Data Type
No.	Nr.	Code20
Name	Name	Text30
▶ Search Name	Suchbegriff	Code30
Account Type	Kontoart	Option
Global Dimension 1 Code	Kostenstelle Code	Code20
Global Dimension 2 Code	Kostenträger Code	Code20
Income/Balance	GuV/Bilanz	Option
Debit/Credit	Soll/Haben	Option
No. 2	Nummer 2	Code20
Comment	Bemerkung	Boolean
Blocked	Gesperrt	Boolean
Direct Posting	Direkt	Boolean
Reconciliation Account	Abstimmbar	Boolean
New Page	Neue Seite	Boolean

Abb. 4.14: Fenster Feldmenü

Das Menü des Feldes zeigt Ihnen die vollständige Liste aller Felder, die in der Tabelle vorhanden sind, auf der wiederum das Objekt basiert. Dieser Liste können Sie Namen, Art und Umfang der Felder in der angrenzenden Spalte entnehmen. Das Feldmenü zeigt alle möglichen Felder auf, die Sie in Ihr Formular oder Ihre Tabellenansicht einsetzen können. Viele dieser Felder sind in Ihrem Eingabeformular nicht vorhanden.

Veränderung von Formularen oder Tabellenansichten
Um ein Feld hinzuzufügen, klicken Sie einfach auf das Feld im Feldmenü und ziehen Sie es in den Objektbereich, in dem sich die Spalten befinden. Um eine Spalte zu löschen, brauchen Sie nur die betreffende Spalte anzuklicken und dann die Taste „Entf" auf Ihrer Tastatur zu drücken. Es wird häufig der Fall sein, dass Sie Felder in Ihre Tabellenansichten hinzufügen bzw. aus den Ansichten entfernen müssen, deshalb ist es von Vorteil, sich mit dem Verfahren schnell vertraut zu machen. Der Grund, warum dies oft vonnöten sein könnte, liegt darin, dass Sie zunächst einmal so wenige Felder wie möglich haben möchten, um mit der Ansicht schneller arbeiten zu können, manchmal aber auch

4   Einführung in Entwicklungskonzepte

Ein- und ausblenden von Feldern

aus besonderen Gründen ein selten verwendetes Feld miteinbeziehen möchten.

Um in Ihren Tabellenansichten einen guten Mittelweg zwischen Effizienz und Vollständigkeit zu finden, ordnen Sie die wichtigsten Felder als die ersten Spalten in einem Objekt an, dann können Sie einige Felder automatisch bei Ansichtsöffnung zu versteckten bzw. ausgeblendeten Feldern bestimmen. Die automatische Ausblendfunktion ist durch ein Klicken auf die zu versteckende Spalte zu erreichen, indem Sie dann auf „Ansicht > Properties" gehen und dort zurückzurollen, bis Sie die Steuerungsfunktion „Visible" finden. Setzen Sie die Steuerung „Visible" auf „Nein". Wenn jetzt der Endanwender die Tabellenansicht öffnet, ist dieses Feld automatisch ausgeblendet, kann aber durch Benutzung der Funktion „Ansicht > Spalte anzeigen" angezeigt werden.

SourceExpression – Eigenschaften eines Feldes

Wenn Sie ein einzelnes Feld in Ihrem Objekt anklicken und dann auf „Ansicht > Properties" gehen, entdecken Sie, dass sich hier eine leicht abweichende Liste mit Steuerungsmöglichkeiten öffnet. Sie werden vielleicht bemerkt haben, dass in der vorliegenden Eigenschaftenliste die Steuerung „SourceTable" fehlt. Das liegt daran, dass Sie sich auf die Eigenschaftenfunktion begeben haben, nachdem Sie ein einzelnes Feld ausgewählt haben, was bedeutet, dass Sie jetzt die Eigenschaften des spezifischen Feldes vor Augen haben. Innerhalb dieses spezifischen Feldes können Sie zwar keine Tabelle auswählen, aber ein Feld einer Tabelle, die für das Objekt als Ganzes festgelegt wurde. Statt also hier die Quelltabelle vorzufinden, finden wir die „SourceExpression". Ein besonderes Merkmal von Microsoft Navision ist, dass man in diese Steuerung „SourceExpression" eine Formel und nicht nur ein Feld eingeben kann. Zum Beispiel könnten Sie hier „Bewegung - Saldo" eingeben, und Microsoft Navision wird dann die Ergebnisse dieser Formel in Ihrem fertigen Formular oder Ihrer Tabellenansicht anzeigen.

Die Tatsache, dass wir innerhalb der Feldeigenschaften nicht die hinter den Formularen stehenden Tabellen steuern können, ebenso wenig, wie wir mittels eines Formulars die in den ihm zu Grunde liegenden Tabellen festgelegten Eigenschaften kontrollieren können, deutet auf eine Hierarchie der Darstellung in Microsoft Navision hin. Dies bringt uns zurück zu unserem Baumbildnis; wir erkennen in den Feldeigenschaften, dass wir uns eine Ebene entfernt vom Quellobjekt, der „Sachkonto"-Tabelle, befinden. Das bedeutet, dass die Eigenschaften hier in dem einzelnen Feld nicht nur durch die Tabelleneigenschaften, sondern auch durch die allgemeinen Formular- bzw. Tabellenansichtseigenschaften bestimmt werden.

Die Quelltabelle steuert das Formular bzw. die Tabellenansicht, und diese wiederum kontrolliert die einzelnen Felder und Spalten im Objekt. Für die Praxis bedeutet das, dass man alle Spalten des gesamten Formulars bzw. der Tabellenansicht insgesamt auf einen nicht-editierbaren Zustand festlegen kann, indem man die Steuerung „Editable" innerhalb des gesamten Objekts auf „Nein" setzt; man kann aber auch einzelne Feldspalten auswählen und innerhalb von diesen die Steuerung „Editable" auf „Nein" setzen.

Die große Bedeutung der Darstellung liegt darin, dass wir ein und derselben Tabelle unterschiedliche Ansichten verleihen können, unterschiedliche Inhalte und unterschiedliche Zugriffsebenen auf die zu Grunde liegenden Tabellen.

4.4 „Object Designer", die Entwicklerumgebung

Nun gehen wir auf die Menüs und Objekte ein, die der Entwickler benötigt, um Programme für den Endanwender zu erstellen.

4.4.1 Eintritt in die inneren Strukturen von Microsoft Navision

Indem wir uns immer weiter von der Microsoft Navision-Oberfläche, mit der der Endanwender arbeitet, entfernen, dringen wir langsam in die Entwicklungsumgebung vor. Das Hauptmenü in der Entwicklungsumgebung ist mit „Object Designer" betitelt. Um dieses Fenster zu öffnen, gehen Sie auf „Extras > Object Designer". Das folgende Fenster erscheint: (Abb. 4.15).

In dem vorangegangenen Abschnitt haben wir die vielschichtige Struktur von Microsoft Navision behandelt. Hier sehen wir diese Ebenen als verschiedene Arten von Objekten dargestellt. Diese Objektarten sind auf der linken Seite des Fensters „Object Designer" aufgeführt: „Tables", „Forms", „Reports", „Dataports" und „Codeunits". Die wichtigsten Objekte sind die Tabellen. Wie wir zuvor feststellten, sind sie praktisch die Wurzeln des Systems. Sie enthalten alle Daten und Felder, die von den anderen Objekten editiert oder dargestellt werden.

4   Einführung in Entwicklungskonzepte

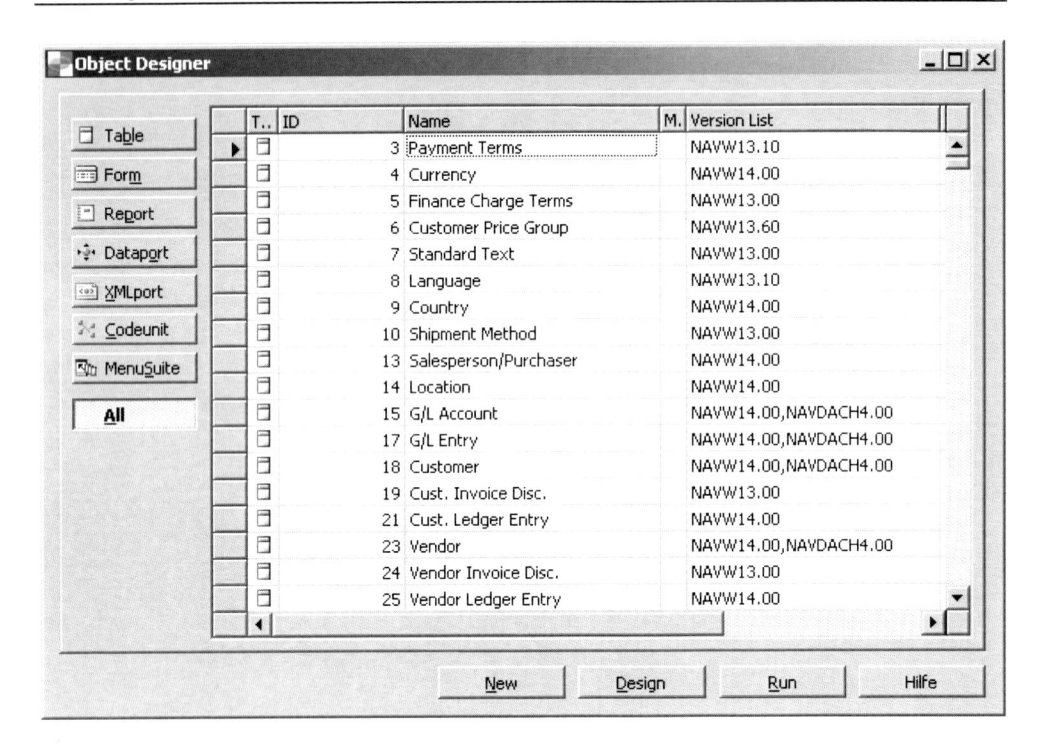

T..	ID	Name	M.	Version List
	3	Payment Terms		NAVW13.10
	4	Currency		NAVW14.00
	5	Finance Charge Terms		NAVW13.00
	6	Customer Price Group		NAVW13.60
	7	Standard Text		NAVW13.00
	8	Language		NAVW13.10
	9	Country		NAVW14.00
	10	Shipment Method		NAVW13.00
	13	Salesperson/Purchaser		NAVW14.00
	14	Location		NAVW14.00
	15	G/L Account		NAVW14.00,NAVDACH4.00
	17	G/L Entry		NAVW14.00,NAVDACH4.00
	18	Customer		NAVW14.00,NAVDACH4.00
	19	Cust. Invoice Disc.		NAVW13.00
	21	Cust. Ledger Entry		NAVW14.00
	23	Vendor		NAVW14.00,NAVDACH4.00
	24	Vendor Invoice Disc.		NAVW13.00
	25	Vendor Ledger Entry		NAVW14.00

Abb. 4.15: Fenster Object Designer

Objektkennungs-nummern

Die vorliegenden Objekte sind sowohl nach Objekttyp als auch nach Kennungsnummer sortiert. Die Kennungen sind in unterschiedlichen Bereichen angeordnet. So sind zum Beispiel die Hauptanwendungen für gewöhnlich im unteren Zahlenbereich angesiedelt, gefolgt von den optionalen Anwendungen im höheren Bereich. Diese Kennungsnummern sind wichtig, da Sie, abhängig davon, welche Microsoft Navision-Lizenz Sie gekauft haben, nur zu bestimmten Objektkennungsnummernbereichen Zugang haben werden. Wenn Sie zum Beispiel bei Ihrem Microsoft Navision Solutions Center das Recht erworben haben, einige Tabellen hinzufügen zu können, erlaubt Ihnen Ihr neues Recht, diese Tabellen in einen bestimmten Objektkennungsbereich einzufügen. Es ist äußerst wahrscheinlich, dass Sie nur neue Tabellen ab der Kennungsnummer 50000 einfügen. Geben Sie darauf Acht, dass Sie beim Einfügen eines neuen Objekts nicht aus Versehen ein bereits vorhandenes überschreiben. Sie sollten eine unbenutzte Kennungsnummer stets überprüfen, bevor Sie versuchen, ein neues Objekt einzufügen.

4.4 „Object Designer", die Entwicklerumgebung

Von dem Fenster „Object Designer" aus können Sie sich zügig zwischen Anwendungsobjekten hin und her bewegen. Abhängig von Ihrer Aufgabe, wäre es vielleicht ratsam, zunächst das Objekt, das Sie in der Endanwenderumgebung editieren möchten, aufzusuchen. Wenn Sie das Objekt in der Endanwenderumgebung gefunden haben, drücken Sie „F2+Strg" oder gehen Sie auf „Extras > Designer". Dadurch wird die interne Struktur des Objekts geöffnet, wobei Sie oben auf Ihrem Bildschirm die von Microsoft Navision aufgezeigte Objektkennungsnummer der Anwendung sehen können. Schließen Sie jetzt das Objekt ohne zu speichern; Sie können es dann im Fenster „Object Designer" wiederfinden.

4.4.2 Das Arbeiten mit Tabellenobjekten

Wie wir zuvor bereits erkannt haben, ist das Fundament des Microsoft Navision-Datensystems ein Nexus aus hochorganisierten Tabellen, die in relationaler Ordnung miteinander verknüpft sind. In dieser relationalen Tabellenorganisation kann jede Tabelle von anderen Tabellen gesteuert werden und/oder selbst andere Tabelle steuern. Jeder Datensatz, jede Datenzeile innerhalb jeder dieser Tabellen ist einmalig festgelegt durch eine jeweils nur einmal vorkommende Speicheradresse, dem Primärschlüssel. In jede dieser Tabellen kann ein Feld eingefügt werden, das einen Bezug auf den Primärschlüssel einer anderen Tabelle enthält. Der Bezug in einer jeden Tabelle auf den Primärschlüssel einer anderen gestattet es Microsoft Navision, diese beiden Tabellen miteinander zu verknüpfen. Dieses Verknüpfungssystem macht es zum Beispiel möglich, dass alle einen Kunden betreffenden Informationen in der Kundentabelle bleiben, während der Primärschlüssel des besagten Kunden dazu verwendet wird, jeden seiner Verkaufsaufträge, die sich in einer anderen Tabelle befinden, zu kennzeichnen. In diesem Abschnitt werden wir diese Konzepte durch nützliche Beispiele innerhalb von Microsoft Navision in die Praxis umsetzen.

Einbau neuer Variablen

Sie werden manches Mal feststellen, dass Sie neue Variablen in Microsoft Navision einbauen müssen. Dazu ist notwendig, dass Sie eine Tabelle in Microsoft Navision öffnen und dort neue Felder einfügen. Wenn Sie den Versuch unternehmen, die Datensätze mittels Ihrer neuen Variablen anzuordnen, werden Sie wahrscheinlich auch eine neue Tabelle erstellen müssen. In der neuen Tabelle können Sie dann eine Masterlist erstellen, die als Sekundärschlüssel in der Tabelle verwendet werden kann, die Sie gerne neu anordnen möchten. Um den ganzen Vorgang

4   Einführung in Entwicklungskonzepte

Beispiel

wirklich nachvollziehen zu können, führen wir uns am besten ein Beispiel vor Augen.

Nehmen wir an, Ihr Unternehmen verkauft seine Artikel auf verschiedenen Märkten. Nehmen wir weiter an, dass bestimmte Artikel nur für ganz spezifische Absatzmärkte vorgesehen sind. Jetzt kommt Ihre Chefin zu Ihnen und erklärt, dass sie jeden Freitag einen Bericht vorliegen haben möchte, der darlegt, welche Artikel sich am besten auf den verschiedenen Absatzmärkten verkaufen.

Microsoft Navision bietet bereits einen hervorragenden Bericht, der den Absatz verschiedener Artikel in einer Rangordnung darstellt. Dieser Bericht nennt sich „Artikel - Top 10 Liste". Für Ihre gegenwärtige Untersuchung wäre so etwas wie dieser Bericht ideal, wenn er nur zwischen den verschiedenen Absatzmärkten unterscheiden würde, für die die Artikel jeweils bestimmt sind. Was Sie für Ihre Untersuchung benötigen, ist ein Weg, um den vorhandenen Bericht ausschließlich auf die Artikel bestimmter Absatzmärkte zu konzentrieren und die anderen herauszufiltern.

Was Sie brauchen, ist ein Schlüssel auf jedem Artikel, der Microsoft Navision mitteilt, welchem Absatzmarkt dieser zugeordnet ist. Weiter muss dieser Schlüssel vertrauenswürdig sein, das heißt, er darf nicht einfach nur aus Text bestehen, der manuell in die „Artikelkarte" eingegeben wird. Wenn Text manuell zu jedem Artikel eingegeben würde, könnten Sie sich nie sicher sein, ob dieselbe Absatzmarktkategorie bei jedem Eintrag exakt gleich benannt oder gleich geschrieben wurde usw. Was wir hier benötigen, ist eine neue Tabelle, in die wir jede Absatzmarktkategorie nur einmal einzutragen brauchen. Dieses maßgebliche Verzeichnis kann dann mit unserer „Artikelkarte" verknüpft werden, wo dem Anwender nur die von uns vorbestimmte Auswahl zur Verfügung steht. Erstellen wir also eine neue Tabelle, in der die Absatzmarktkategorien abgelegt werden können.

Erstellung einer Tabelle

Um diese neue Tabelle zu erstellen, gehen Sie auf „Extras > Object Designer" und klicken Sie auf das Bildzeichen „Table" links auf Ihrem Bildschirm. Um nun eine neue Tabelle in Microsoft Navision einfügen zu können, müssen Sie zuvor von Ihrem Microsoft Business Solutions Center das Recht zur Erstellung neuer Tabellen erworben haben. Normalerweise können Sie dieses Recht für etwa zehn Tabellen auf einmal erwerben. Das Microsoft Business Solutions Center wird Ihre Lizenz dann aktualisieren, die Sie wiederum in Ihr Microsoft Navision-System laden sollten (siehe obigen Abschnitt „Installieren Ihrer Microsoft Navision-Lizenzdaten"). Wenn Sie das Recht zur Erstellung neuer Tabellen erwerben, werden Ihnen diese Rechte nur gestatten, neue Tabellen innerhalb eines bestimmten Tabellenkennungsnummernbereichs einzufügen. Dieser Kennungsnummernbereich sollte Ihnen von Ihrem Microsoft Navision Solutions Center mitgeteilt werden.

Nehmen wir an, dass Sie das Recht besitzen, eine neue Tabelle mit der Kennungsnummer 50000 zu erstellen. Legen wir eine Tabelle mit der Überschrift „Artikel/SalesMarket" an. Klicken Sie auf „New" am unteren Ende Ihres Fensters „Object Designer". Es erscheint eine leere Tabelle, in die Sie neue Tabellenfelder eingeben können. Das erste Feld einer jeden Tabelle sollte auch zugleich der Primarschlüssel der entsprechenden Tabelle sein. Geben Sie dementsprechend „SalesMarket" in das Feld „Field Name", der ersten Zeile in der Auflistung der Tabellenfelder, ein. Die nächste Spalte trägt die Überschrift „Data Type". Stellen Sie den „Data Type" auf „Code". In Microsoft Navision ist es normalerweise üblich, bei dem Primarschlüssel einer Tabelle, die Stammdaten speichert, den „Data Type" immer gleich „Code" zu setzen. In der darauffolgenden Spalte setzen Sie dann die Länge des Feldes unter „Length" auf 20.

4.4.3 Datentyp

Der Datentyp ist eine wichtige Option sowohl in Microsoft Navision wie auch in anderen Datenbanken. „Data Type" teilt Microsoft Navision und Ihrer Datenbank mit, welche Art von Daten in diesem Feld abgelegt werden. Das ist für mehrere Zwecke nützlich. Der Datentyp liefert Microsoft Navision Anhaltspunkte dazu, wie es die Daten, die der Anwender in das Feld einträgt, formatiert. Auf diese Weise kann der Datentyp die Eingaben des Anwenders steuern. Wenn wir zum Beispiel ein Feld anlegen wollen, das das Datum verzeichnet, wann ein neuer Absatzmarkt entstanden ist, könnten wir ein Feld mit dem „Field Name" „Market Startdatum" erstellen und unter „Data Type" „Date" eingeben. Wenn dann der Anwender versucht, so etwas wie „Katze" in das Feld einzugeben, erhält er sofort eine Fehlermeldung, die besagt, dass „Katze" ein ungültiges Datum ist.

„Data Type" hat auch die wichtige Funktion, Microsoft Navision dabei zu unterstützen, effizient mit seinem Speicherplatz umzugehen. Ein Dezimalwert erfordert einen viel größeren Speicherplatz als zum Beispiel eine ganze Zahl. Von daher ist es immer sinnvoll, gründliche Überlegungen in Bezug auf den Datentyp

4 Einführung in Entwicklungskonzepte

anzustellen, der am besten für die von Ihnen zu erstellende Variable ist. Unten sehen Sie eine kurze Liste samt Beschreibung der Standarddatentypen der Tabellenfelder in Microsoft Navision.

Integer	Ganze Zahlen zwischen -2.147.483.647 und +2.147.483.647
Decimal	Dezimalzahlen zwischen -10+E63 und +10+E63
Boolean	Zwei Werte JA oder Nein
Option	Ein besonderes Ziffernfeld, das in Microsoft Navision als Ganzzahl abgelegt ist, aber bei Verwendung in einen String umgewandelt wird. Dieser String wird durch einen Optionsstring festgelegt, den der Anwender in der Feldeigenschaft „OptionString" bestimmt.
Date	Speichert ein Datum
Time	Speichert die Uhrzeit
Text	Speichert einen Textstring.
Code	Ein besonderer Textstring, in dem Microsoft Navision den eingegebenen Text gesamt in Großbuchstaben umwandelt und die Leerstellen vor und nach der Eingabe entfernt.

Dies sind die grundlegenden und wichtigsten „Data Types", die dazu verwendet werden, den Inhalt eines Tabellenfeldes festzulegen. Später werden wir auf andere komplexe „Data Types" eingehen, die Sie als Hilfe bei der Erstellung von anderen Objekten wie Berichten und Formularen benutzen können.

Wenn Sie sich eingehender mit dem Thema beschäftigen möchten, weisen wir darauf hin, dass die Standarddokumentation von Microsoft Navision eine ausführliche Abhandlung über die Datentypen enthält. Im Laufe des vorliegenden Buches stoßen wir auf die Verwendung verschiedener Datentypen und werden uns im Zuge dessen mit den Einzelheiten befassen.

Legen wir nun ein zweites Feld mit der Überschrift „Beschreibung" an, wobei wir den „Data Type" auf „Text" und die „Length" gleich 30 setzen. In dieses Feld können wir Textbeschreibungen der Art des Absatzmarktes eingeben. Nachdem Sie nun diese beiden Felder eingefügt haben, sollte Ihre neue Tabelle wie folgt aussehen:

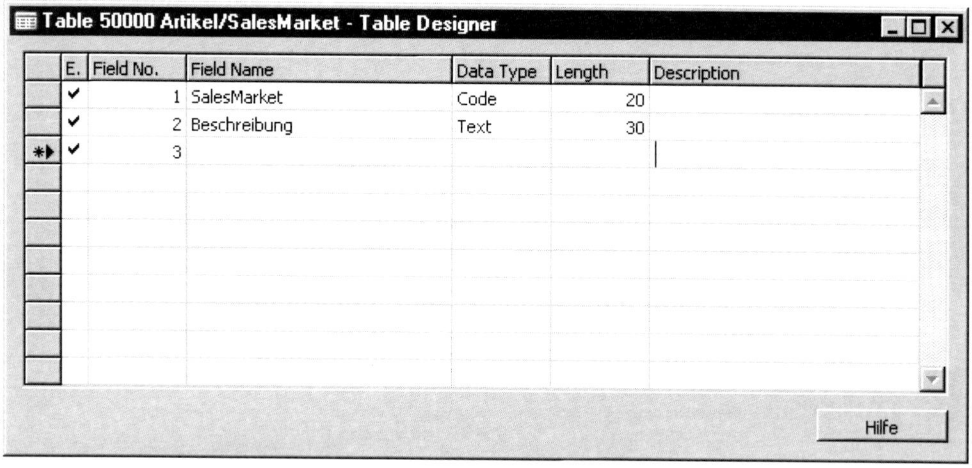

4.4 „Object Designer", die Entwicklerumgebung

E.	Field No.	Field Name	Data Type	Length	Description
✓	1	SalesMarket	Code	20	
✓	2	Beschreibung	Text	30	
✓	3				

Abb. 4.16: Fenster Tabellen Designer

Gehen Sie jetzt auf „Ansicht > Keys", wo Sie sehen können, dass Microsoft Navision automatisch das erste Feld Ihrer Tabelle als den Primarschlüssel und die erste Sortieroption der Tabelle festgelegt hat. Microsoft Navision führt diesen Vorgang automatisch durch, denn da der Primarschlüssel eine derart große Bedeutung hat, muss er festgelegt werden, wenn mehr als ein Feld vorhanden ist.

Drücken Sie einmal „ESC" und betrachten wir jetzt die Eigenschaften der Tabelle im Ganzen. Um dies zu tun, müssen wir in ein leeres Feld klicken, damit wir nicht die Eigenschaften eines bestimmten Feldes auswählen. Klicken Sie also in eines der Felder unter den zweien, die Sie bereits angelegt haben, und gehen Sie dann auf „Ansicht > Properties". Es erscheint das folgende Fenster:

4 Einführung in Entwicklungskonzepte

Property	Value
ID	50000
Name	Artikel/SalesMarket
Caption	<Undefined>
CaptionML	<Undefined>
Description	<>
DataPerCompany	<Ja>
IncludeDataInDesc	<Nein>
Permissions	<Undefined>
LookupFormID	<Undefined>
DrillDownFormID	<Undefined>
DataCaptionFields	<Undefined>
PasteIsValid	<Ja>
LinkedObject	<Nein>

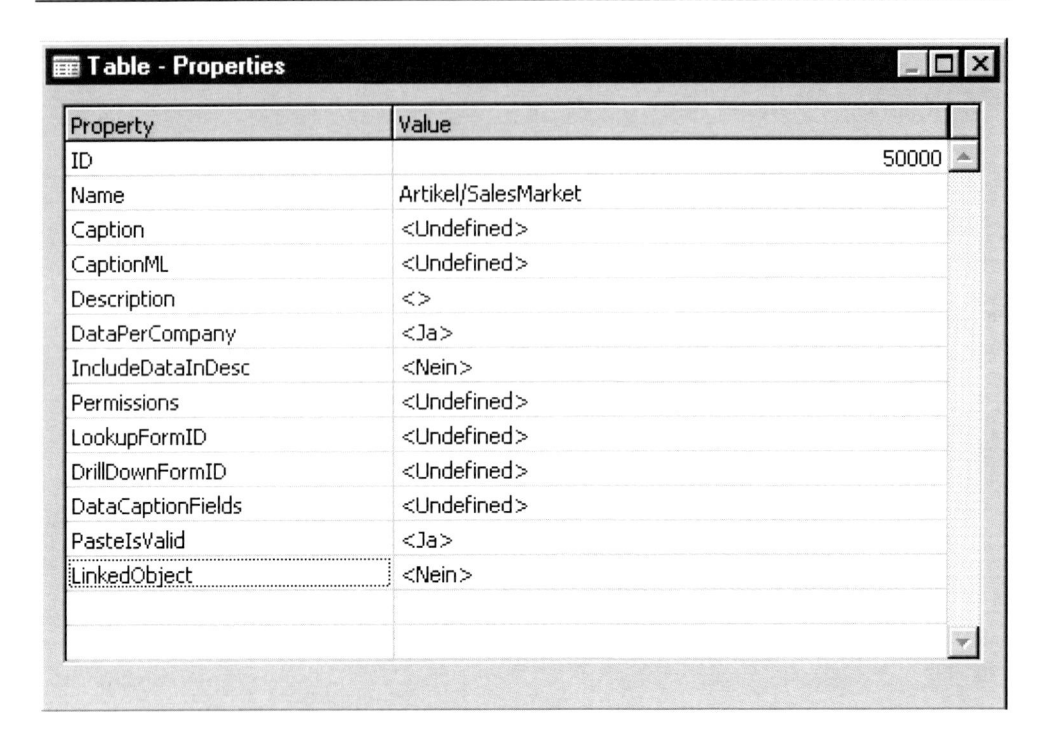

Abb. 4.17: Fenster Tabelleneigenschaften

Hier sind einige allgemeinen Eigenschaften aufgeführt, die die Tabelle als Ganzes beschreiben.

ID Dies ist die Tabellenkennungsnummer, die in dem Menü „Object Designer" aufgeführt wird.

Name Dies ist der Textname der Tabelle.

Description Hier beschreiben Sie den Inhalt Ihrer Tabelle.

DataPerCompany Legen Sie hier fest, ob Sie möchten, dass Microsoft Navision die Daten in der Datenbank getrennt nach den Unternehmen ablegt.

IncludeDataIn-Desc Bestimmt, ob Microsoft Navision Tabellendaten beim Importieren oder Exportieren des Tabellenobjekts mit einbezieht oder nicht.

RemoteServerNo Wird verwendet, um Datenbankabfragen in einer C/PLEX-Server-Multiplexer-Umgebung umzuleiten.

Permissions Legt erweiterte Sicherheitszulassungen für die Tabelle fest.

LookupFormID Hier wird für Microsoft Navision die Bezeichnung des Formulars vorgegeben, die das Programm verwendet, wenn der Anwender in ein Feld klickt, das mit dieser Tabelle verknüpft ist.

4.4 „Object Designer", die Entwicklerumgebung

DrillDownFormID — Hier wird für Microsoft Navision die Bezeichnung des Formulars vorgegeben, die das Programm verwendet, wenn der Anwender in ein „FlowField" klickt, das mit dieser Tabelle verknüpft ist.

DataCaption-Fields — Hier wird Microsoft Navision mitgeteilt, welche Felder es in dem Titel eines Objekts wie zum Beispiel einem „Karten"-Formular anzeigt.

PasteIsValid — Legt fest, ob es möglich ist, Daten mittels des Werkzeugs „Einfügen" in die Tabelle einzufügen.

Wir werden für die Zwecke unserer Tabelle „Artikel/SalesMarketing" und der meisten gewöhnlichen Microsoft Navision-Tabellen nur einige wenige dieser Eigenschaften verwenden. Der Rest kann so stehen bleiben, wie er von vornherein schon definiert war.

Wir legen diese Tabelle „Artikel/SalesMarket" als eine Tabelle an, die in der „Artikelkarte" zu öffnen ist. Daher werden wir ein Formularobjekt erstellen müssen, das Microsoft Navision zur Darstellung dieser Tabelle verwenden wird. Dieses Formular wird geöffnet, wenn der Anwender in der „Artikelkarte" in das Feld der Absatzmarktkategorie klickt. Nach der Erstellung eines Formularobjekts zur Anwenderansicht der Tabelle „Artikel/SalesMarket" geben wir dessen Namen in die allgemeine Tabelleneigenschaft mit der Bezeichnung „LookupFormID" ein.

4.4.4 Erstellen eines Formularobjekts

Um also ein Formularobjekt unserer Tabelle „Artikel/SalesMarket" zu erstellen, speichern wir diese Tabelle zunächst und drücken dann „ESC", um sie zu verlassen. Bei der Speichereingabeaufforderung geben Sie die Bezeichnung „Artikel/SalesMarket" als den Tabellennamen und 50000 als deren Kennung an. Als Nächstes gehen Sie auf das Hauptmenü des „Object Designer". Klicken Sie jetzt auf die Schaltfläche mit der Bezeichnung „Form" links von dem „Object Designer"-Fenster. In der Liste der Formularobjekte müssen wir eine verfügbare Kennungsnummer finden. Nehmen wir an, dass Sie in den Formularobjekten die Kennungsnummer 50000 verwenden können. Klicken Sie jetzt auf die Schaltfläche „New" am unteren Ende des Bildschirms. Das folgende Fenster wird geöffnet:

4   Einführung in Entwicklungskonzepte

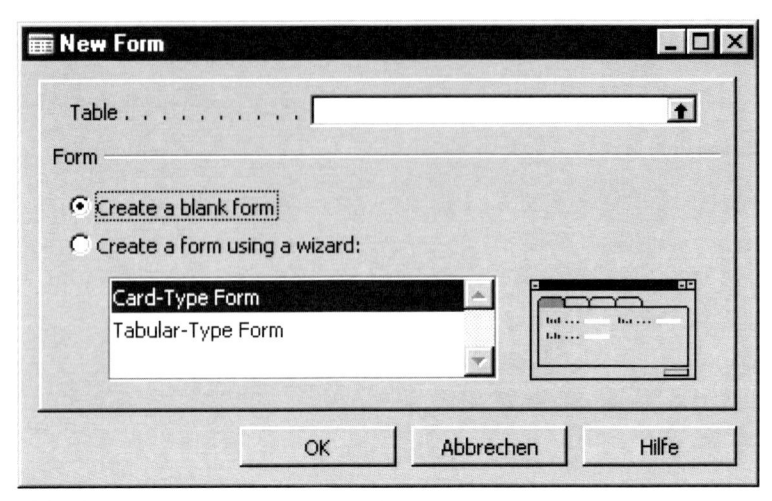

Abb. 4.18: Fenster Neues Formular

Dies ist das Fenster des Formularerstellungs-"Wizard". Hier können sie sehr schnell einfach aufgebaute Formulartypen erstellen. Für unsere Zwecke werden wir allerdings nicht den Wizard benutzen, da es für uns wichtig ist, nachvollziehen zu können, was bei der Objekterstellung auf der Grundebene passiert. Auf lange Sicht wird das größeren Nutzen einbringen. Lassen Sie also die Zeile „Create a blank form" als ausgewählt stehen und klicken Sie auf die Schaltfläche „OK".

Das folgende Fenster erscheint: (Abb. 4.19).

SourceTable   Zunächst müssen wir die allgemeinen Eigenschaften des Formulars festlegen. Gehen Sie auf „Ansicht > Properties". Die wichtigste Eigenschaft nennt sich „SourceTable".

Hier können Sie den Namen der Tabelle eintragen, die Sie darstellen möchten, in unserem Fall „Artikel/SalesMarket". Sie können auch auf die Spalte „Value" der „SourceTable" klicken und dann auf den Hilfepfeil, der links von der Spalte „Value" erscheint. Microsoft Navision öffnet daraufhin eine Liste aller möglichen Tabellen, aus der Sie dann auswählen können. Nachdem Sie den Tabellennamen „Artikel/SalesMarket" eingegeben haben, drücken Sie auf Enter und dann „ESC", um zu der Maske des „Formular Designer" zurückzukehren.

96

4.4 „Object Designer", die Entwicklerumgebung

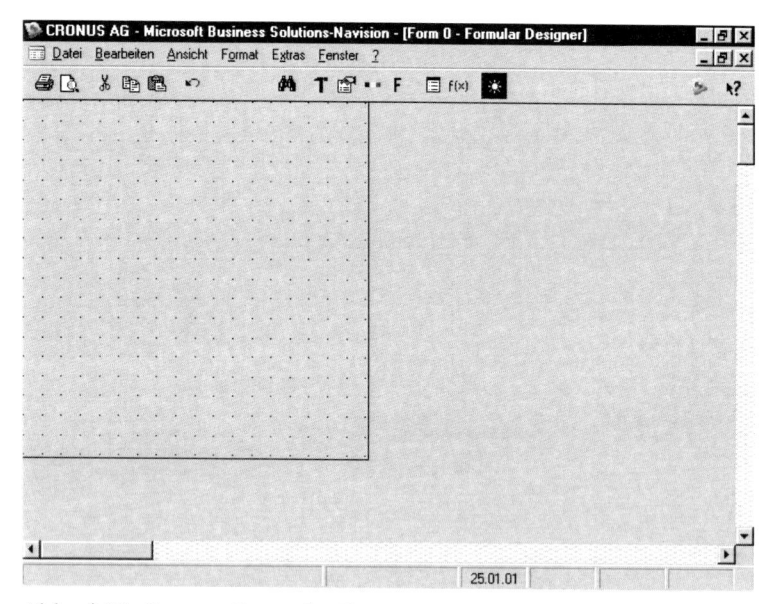

Abb. 4.19: Fenster Formular Designer

Tool Box	Nun benötigen wir eine Schablone, in die wir die Daten der Tabelle einfügen können. Am besten erstellen wir eine Listendarstellung unserer Tabelle, so hat es der Anwender leichter, eine Verkaufskategorie auszuwählen. Um eine Formularschablone einzufügen müssen wir die „Tool Box" öffnen. Gehen Sie auf „Ansicht > Toolbox". Das folgende Bildzeichenmenü erscheint: (siehe Abb. 4.20).
	Im Folgenden eine kurze Auflistung samt Definition der Schaltflächen:
Selector	Auswahl von Objekten, um diese zu verschieben, zu kopieren, auszuschneiden und einzufügen.
Label	Erstellung eines statischen Textfensters.
Check box	Dieses Tool kann mit einer zweiwertigen Entscheidungsvariablen verknüpft werden.
Command Box	Mehrzweck-Steuerschaltfläche, die andere Formulare oder Berichte usw. aufruft.
Image	Import und Wiedergabe einer einzelnen Bitmustergraphik (Größe der Graphik < 32KB)

4   Einführung in Entwicklungskonzepte

```
Selecter
Label                        Text box
Check box                    Option Button
Command Button               Menu Button
                             Frame
Image                        Picture Box
Shape                        Indicator
File Card Tab                Subform
Table Box

Lock                         Attach Label
```

Abb. 4.20: Toolbox für die Formulargestaltung

Shape	Wiedergabe von Formen und Linien.
File Card Tab	Einfügen eines Karteikartenfensters.
Table Box	Einfügen eines Listenfensters von Tabellendatensätzen.
Lock	Fixiert ein bestimmtes Tool an der Cursor-Funktion.
Text Box	Sehr wichtige Steuerung, die mit Tabellendaten verknüpft ist und einen Ausdruck berechnen kann.
Option Button	Auswahl zwischen den Möglichkeiten eines Optionsfeldes.
Menu Button	Erstellung einer Auflistung von Befehlssteuerungen.
Frame	Erstellung eines leeren Datenübertragungsblocks.
Picture Box	Wiedergabe einer Graphik aus einer Liste der vom Anwender importierter Graphiken. Die wiedergegebene Graphik wird von dem Wert „SourceExpression" bestimmt.
Indicator	Gibt eine Statuszeile wieder, die den Prozentsatz eines zu erledigen Prozesses anzeigt.
Subform	Erstellt ein Formular, das eine separate Tabelle mit der Hauptformulartabelle verknüpfen kann. Dies ist nützlich, wenn ein Datensatz in der Hauptformulartabelle viele Instanzen in einer anderen Tabelle hat. So sind zum Beispiel die „Verkaufszeilen" ein

4.4 „Object Designer", die Entwicklerumgebung

Subformular, das unter „Verkaufskopf" in dem „Verkaufsauftrag" verknüpft ist.

Um eine Tabellenliste in unser Formularobjekt einzufügen, müssen Sie das Werkzeug „Table Box" wählen und Ihren Cursor dann in den Rasterbereich Ihrer ansonsten leeren Maske bewegen. Klicken Sie in den Rasterbereich. Nun müssen wir die Felder aus unserer Tabelle in die Tabellenliste einfügen. Gehen Sie auf „Ansicht > Field Menu". Es erscheint eine Liste, die die zwei Felder aufzeigt, die in unserer Tabelle enthalten sind. Sie können die linke obere Ecke der Liste „Field Menu" gegenüber der Spalte „Field" auswählen. Dadurch werden alle Felder auf einmal ausgewählt, woraufhin Sie Ihren Cursor in die Mitte der Tabellenliste setzen können. Klicken Sie in die Mitte der Tabellenliste, Microsoft Navision fügt jetzt die Tabellenfelder in das Objekt ein.

Als Nächstes benötigen wir eine Befehlsschaltfläche, die der Anwender verwenden kann, um seine Datensatzwahl bestätigen und zu der entsprechenden Ausgangstabelle zurückkehren zu können. Klicken Sie auf „Command Button" in der „Tool Box". Ziehen Sie Ihren Cursor unter das Tabellenlistenobjekt und drücken Sie die linke Maustaste. Öffnen Sie jetzt die Eigenschaften von „Command Button". Dazu klicken Sie auf „Command Button" und gehen dann auf „Ansicht > Properties". Die folgende Auflistung erscheint: (siehe Abb. 4.21).

Eigenschaften für eine Befehlsschaltfläche

Dies sind die Eigenschaften für eine Befehlsschaltfläche. Hier müssen wir festlegen, was unseren Vorstellungen nach passieren soll, wenn der Anwender auf diese Schaltfläche klickt. Gehen Sie auf die Eigenschaft mit der Bezeichnung „PushAction" und klicken Sie dann auf die Spalte „Value" sowie auf den Hilfepfeil, der rechts erscheint. Es erscheint eine Auflistung von Optionen. Wählen Sie aus der Liste „PushAction" die Option „LookupOK" aus. Hierdurch wird Microsoft Navision mitgeteilt, dass die Auswahl des Anwenders aus der Liste zu bestätigen und in die verknüpfte Tabelle einzugeben ist. Zum Schluss müssen wir noch die Bezeichnung der Schaltfläche eingeben, die der Anwender zu sehen bekommt. Gehen Sie auf die Eigenschaft „Caption" und schreiben Sie den Text „OK" in die Spalte „Value".

4   Einführung in Entwicklungskonzepte

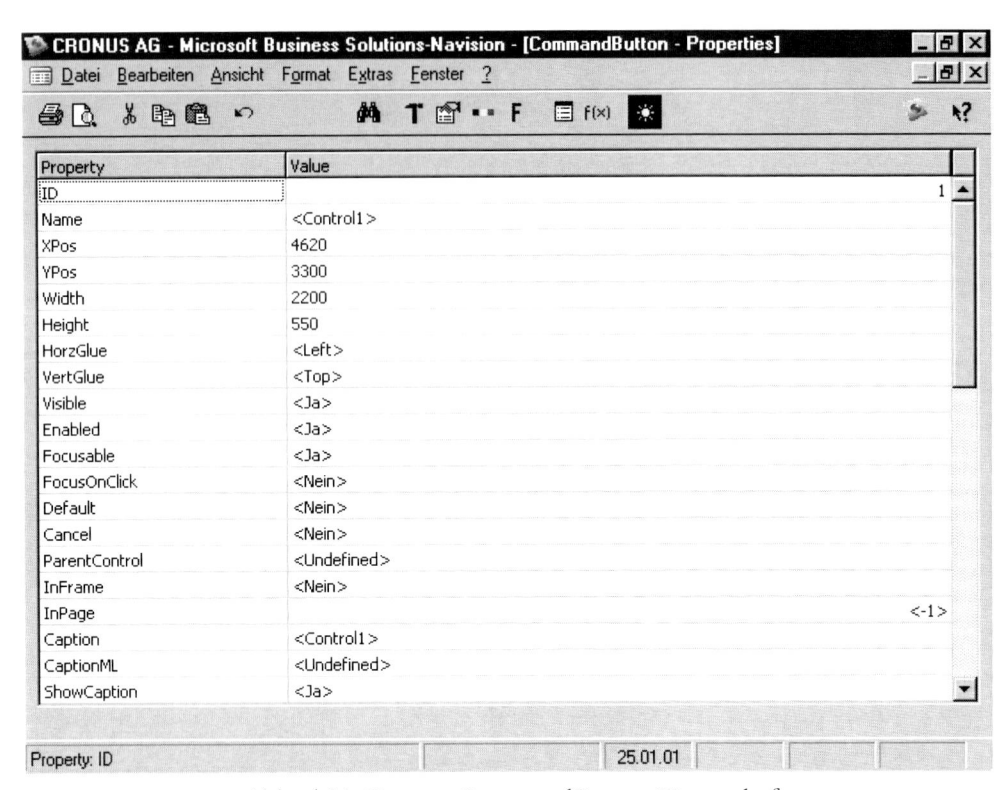

Property	Value	
ID		1
Name	<Control1>	
XPos	4620	
YPos	3300	
Width	2200	
Height	550	
HorzGlue	<Left>	
VertGlue	<Top>	
Visible	<Ja>	
Enabled	<Ja>	
Focusable	<Ja>	
FocusOnClick	<Nein>	
Default	<Nein>	
Cancel	<Nein>	
ParentControl	<Undefined>	
InFrame	<Nein>	
InPage		<-1>
Caption	<Control1>	
CaptionML	<Undefined>	
ShowCaption	<Ja>	

Abb. 4.21: Fenster CommandButton Eigenschaften

In Microsoft Navision befinden sich standardgemäß die Schaltfläche „Hilfe" und „Abbrechen" am unteren Ende eines jeden Formulars. Daher wählen wir das Tool „Command Button" aus und fügen zwei weitere Befehlsschaltflächen ein. In der einen Schaltfläche wählen Sie aus der „PushAction"-Optionenliste aus der „Command Button"-Eigenschaft „LookupCancel" aus und tippen Sie „Abbrechen" in die Eigenschaft „Caption". In der anderen Schaltfläche nehmen Sie „FormHelp" aus der Optionenliste der Eigenschaft „PushAction" und tippen Sie „Hilfe" in die Eigenschaft „Caption". Das Formularobjekt sollte dann wie folgt aussehen:

4.4 „Object Designer", die Entwicklerumgebung

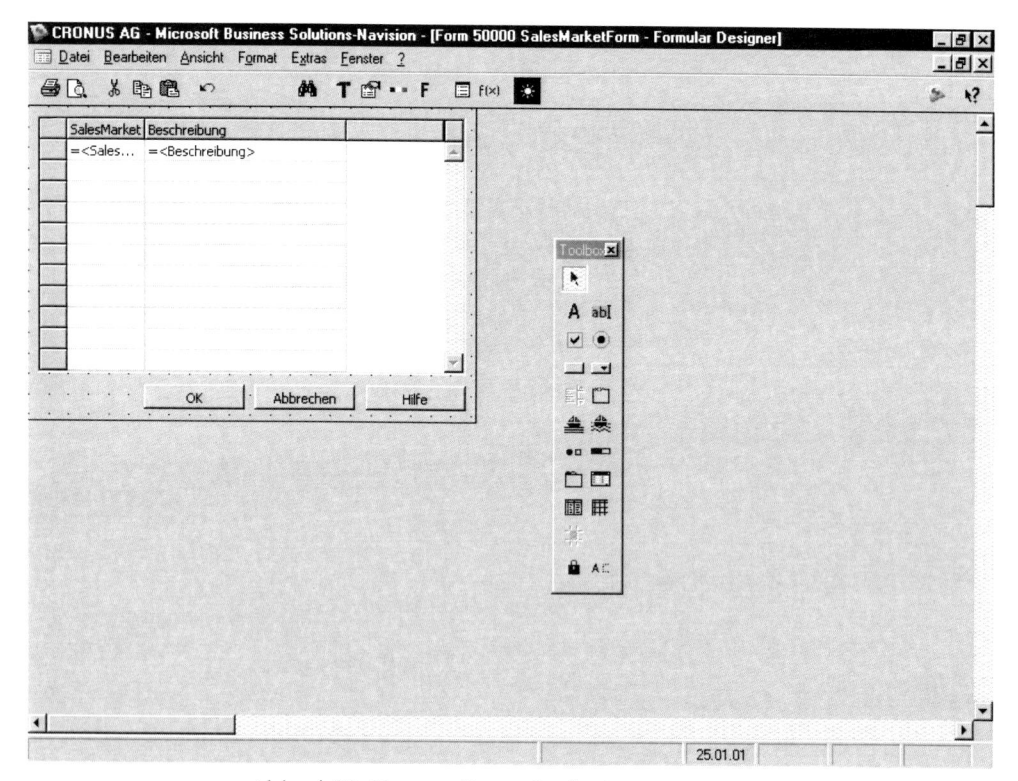

Abb. 4.22: Fenster Formulardesigner

Drücken Sie „ESC" und speichern Sie das Formular unter der Kennung 50000 oder sonstiger verfügbarer Kennungsnummer und ordnen Sie dem neuen Formular die Bezeichnung „SalesMarketForm" zu.

Nun verfügen wir über eine Maske, auf die wir innerhalb der allgemeinen Tabelleneigenschaft „LookupFormID" in unserer Tabelle „Artikel/SalesMarket" verweisen. Gehen Sie auf „Extras > Object Designer" und öffnen Sie die Tabelle „Artikel/SalesMarket". Wählen Sie eine leere Zeile nach dem letzten Feld in der Tabelle aus und gehen Sie dann auf „Ansicht > Properties". Füllen Sie jetzt die „LookupFormID" mit dem Wert „SalesMarketForm" aus. Sie können diese Formularbezeichnung auch in die „DrillDownFormID" eingeben, dies ist zwar momentan für unsere Zwecke nicht notwendig, kann aber später noch Verwendung finden. Sinnvoll ist auch, stets den Namen des Primärschlüssels und dessen Beschreibungsfeldes in die „DataCaptionFields" einzufügen. Dadurch erhält Microsoft Navision einen Hinweis darüber, welche Informationen es in dem Titel des Da-

4 Einführung in Entwicklungskonzepte

tensatzes wiedergibt, wenn dieser zum Beispiel in Karteikartenformularen angezeigt wird.

Property	Value
ID	50000
Name	Artikel/SalesMarket
Caption	<Undefined>
CaptionML	<Undefined>
Description	<>
DataPerCompany	<Ja>
IncludeDataInDesc	<Nein>
Permissions	<Undefined>
LookupFormID	SalesMarketForm
DrillDownFormID	SalesMarketForm
DataCaptionFields	SalesMarket,Beschreibung
PasteIsValid	<Ja>
LinkedObject	<Nein>

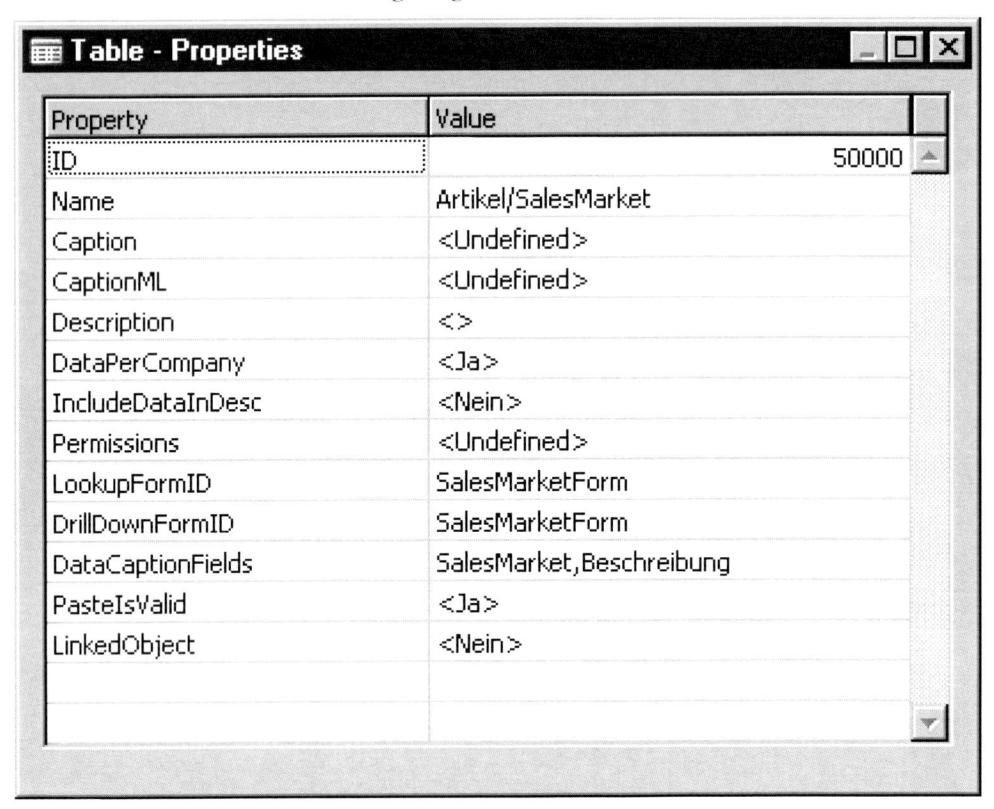

Abb. 4.23: Fenster Tabelleneigenschaften

Schließen und speichern Sie die Tabelle, indem Sie die Taste „ESC" zweimal drücken und antworten Sie mit „Ja", wenn die Speicher-Dialogbox erscheint. Klicken Sie jetzt auf „Run" am unteren Ende des Fensters „Object Designer", um die neue Tabelle zur Eingabe von Daten zu öffnen. Geben Sie folgende Informationen in Ihre Tabelle ein:

4.4 „Object Designer", die Entwicklerumgebung

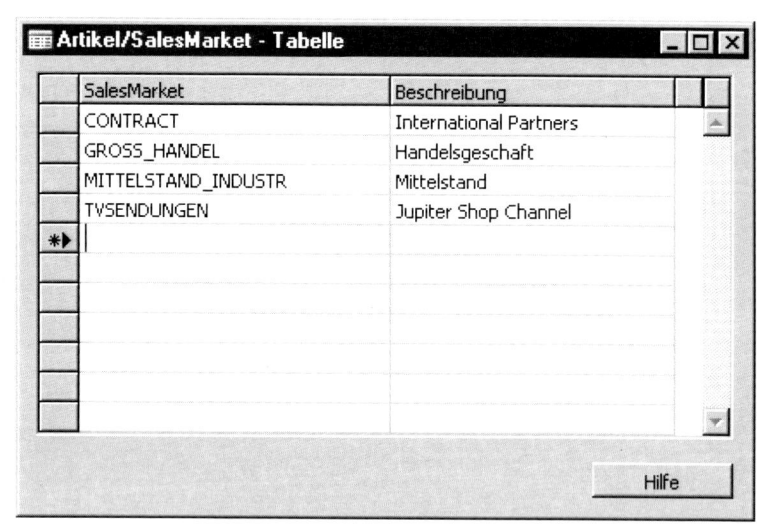

SalesMarket	Beschreibung
CONTRACT	International Partners
GROSS_HANDEL	Handelsgeschäft
MITTELSTAND_INDUSTR	Mittelstand
TVSENDUNGEN	Jupiter Shop Channel

Abb. 4.24: Artikel/SalesMarket Tabelle

Verknüpfung der Tabelle mit der Artikelkarte

Um nun Gebrauch von dieser Tabelle zu machen, müssen wir sie mit den Daten in der „Artikelkarte" verknüpfen. Die „Artikelkarte" muss ein neues Feld erhalten, das diese neue Variable für die Artikel enthält. Um diese neue Variable in die „Artikelkarte" einzufügen, müssen wir zunächst das neue Feld in der Tabelle erstellen, die der „Artikelkarte" zu Grunde liegt. Nennen wir dieses neue Feld einfach „SalesMarketcode". Nachdem wir diese Variable erstellt haben, richten wir mit ihr eine Verknüpfung zwischen der „Artikelkarte" und der neuen Tabelle ein, die wir gerade angelegt haben, der „Artikel/SalesMarket"-Tabelle.

Drücken Sie zweimal „ESC" und kehren Sie zu der Endanwenderumgebung zurück. Gehen Sie jetzt auf „Lager > Planung & Ausführung > Artikel", wodurch die „Artikelkarte" geöffnet wird. Als Nächstes sollten wir herausfinden, auf welcher Tabelle die „Artikelkarte" basiert, drücken Sie also „STRG + F2", um die interne Struktur der „Artikelkarte" einzusehen. Sobald die interne Struktur der „Artikelkarte" geöffnet ist, klicken Sie in den leeren grauen Bereich, der das Objekt umfasst, und gehen Sie dann auf „Ansicht > Properties". Suchen Sie die Eigenschaft „SourceTable", dort werden Sie sehen, dass die dem Formular zu Grunde liegende Tabelle mit „Artikel" bezeichnet ist.

Da wir jetzt herausgefunden haben, welche Tabelle der „Artikelkarte" zu Grunde liegt, gehen wir in den „Object Designer" und suchen diese Tabelle. Sobald Sie die Tabelle „Artikel" gefunden haben, klicken Sie auf die Schaltfläche „Design" am unteren En-

4　Einführung in Entwicklungskonzepte

de Ihres Fensters. Hier müssen wir jetzt eine freie Feldkennungsnummer ausfindig machen, zu deren Verwendung wir außerdem das Recht beisitzen. Für gewöhnlich ist die Eingabe von neuen Feldern in dem Bereich von 50000 bis 50999 erlaubt.

Geben Sie jetzt die Bezeichnung „SalesMarketcode" unter Feldname ein. Wir wollen erreichen, dass Microsoft Navision in diesem Feld ausschließlich die Informationen verwendet, die in unserer Tabelle „Artikel/SalesMarket" vorbestimmt sind. Wir müssen darauf achten, dass unser neues Feld in Bezug auf „Data Type" und „Length" mit dem Feld übereinstimmt, mit dem wir es verknüpfen wollen, basierend auf dem Grundsatz, dass zwei miteinander verknüpfte Felder vom gleichen Typ und gleicher Länge sein müssen, damit die Daten des einen Feldes das andere auffüllen können.

Aus der Fremdtabelle müssen wir ein Feld auswählen, von dem wir wissen, dass es in dieser absolut einmalig ist. Dies ist der einzige Weg, um Verwechslungen zu vermeiden, die bei der Bezugnahme auf Datensätze in der Fremdtabelle entstehen können. Es muss sich hierbei um ein Feld handeln, das eine Speicheradresse hat, die nie mit mehr als einem Datensatz verwechselt werden kann. Das aus der „Artikelkarte" zu verknüpfende Feld muss daher der Primärschlüssel innerhalb der Fremdtabelle sein. Das bedeutet, dass das neue Feld „SalesMarketcode" in der „Artikel"-Tabelle mit dem Primärschlüsselfeld der Tabelle „Artikel/SalesMarket" verknüpft sein muss, das den Namen „SalesMarket" trägt.

Da das Feld „SalesMarket" vom „Data Type" her auf „Code" eingestellt ist, muss das neue „Artikel"-Feld „SalesMarketcode" vom gleichen Datentyp sein. Dementsprechend sollten beide miteinander verknüpften Felder von gleicher Länge sein, in diesem Fall 20.

In die „Artikel"-Tabelle sollten Sie demnach folgende hervorgehobene Zeile eingegeben haben:

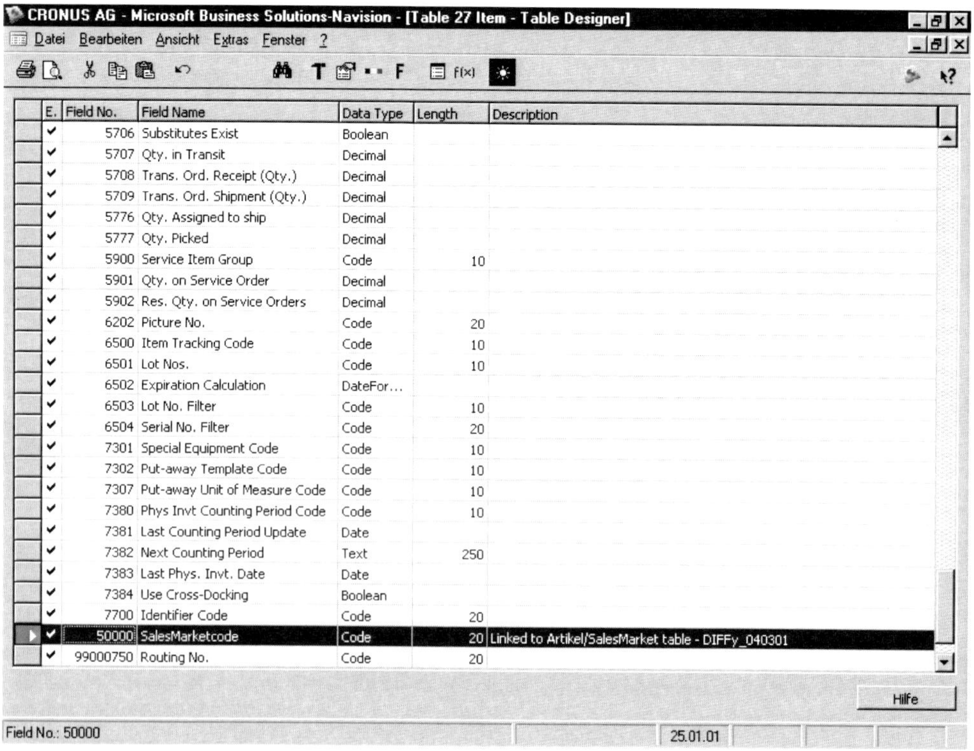

4.4 „Object Designer", die Entwicklerumgebung

E.	Field No.	Field Name	Data Type	Length	Description
✓	5706	Substitutes Exist	Boolean		
✓	5707	Qty. in Transit	Decimal		
✓	5708	Trans. Ord. Receipt (Qty.)	Decimal		
✓	5709	Trans. Ord. Shipment (Qty.)	Decimal		
✓	5776	Qty. Assigned to ship	Decimal		
✓	5777	Qty. Picked	Decimal		
✓	5900	Service Item Group	Code	10	
✓	5901	Qty. on Service Order	Decimal		
✓	5902	Res. Qty. on Service Orders	Decimal		
✓	6202	Picture No.	Code	20	
✓	6500	Item Tracking Code	Code	10	
✓	6501	Lot Nos.	Code	10	
✓	6502	Expiration Calculation	DateFor...		
✓	6503	Lot No. Filter	Code	10	
✓	6504	Serial No. Filter	Code	20	
✓	7301	Special Equipment Code	Code	10	
✓	7302	Put-away Template Code	Code	10	
✓	7307	Put-away Unit of Measure Code	Code	10	
✓	7380	Phys Invt Counting Period Code	Code	10	
✓	7381	Last Counting Period Update	Date		
✓	7382	Next Counting Period	Text	250	
✓	7383	Last Phys. Invt. Date	Date		
✓	7384	Use Cross-Docking	Boolean		
✓	7700	Identifier Code	Code	20	
▶ ✓	50000	SalesMarketcode	Code	20	Linked to Artikel/SalesMarket table - DIFFy_040301
✓	99000750	Routing No.	Code	20	

Field No.: 50000   25.01.01

Abb. 4.25: Fenster Artikel Tabellen Designer

Nun stellen wir die Tabellenverknüpfung her. Nachdem Sie das neue Feld „SalesMarketcode" ausgewählt haben, gehen Sie auf „Ansicht > Properties". Suchen Sie unter den geöffneten Eigenschaften dieses Feldes nach der wichtigen Eigenschaft „TableRelation". Wenn Sie auf diese Eigenschaft klicken, erscheint rechts von der Zeile eine Hilfeschaltfläche. Klicken Sie auf diese Schaltfläche. Das folgende Fenster erscheint: (siehe Abb. 4.26).

Tabellen-relationen

In der Spalte „Table" klicken Sie entweder auf den Hilfepfeil, der rechts oben in der Spalte erscheint, oder geben Sie einfach „Artikel/SalesMarket" in der Tabellenspalte ein. Bei der Eingabe einer gültigen Tabellenbezeichnung nimmt Microsoft Navision automatisch an, dass Sie den Primärschlüssel dieser Tabelle verwenden werden.

4   Einführung in Entwicklungskonzepte

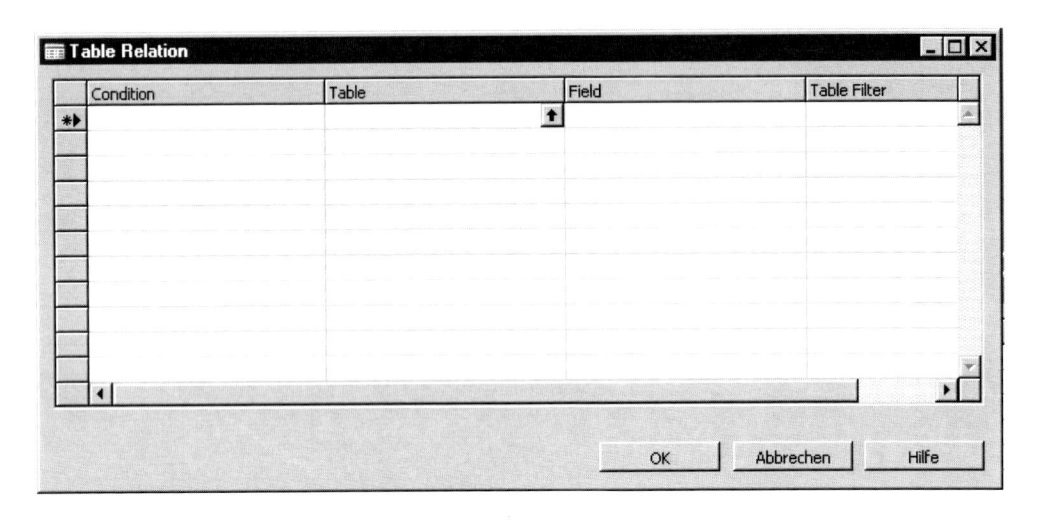

Abb. 4.26: Fenster Tabellenrelationen

Der Grund, warum hier die Spalte „Field" vorhanden ist, obwohl Microsoft Navision automatisch den Primärschlüssel übernimmt, liegt darin, dass der Primärschlüssel einer Tabelle häufig aus mehr als einem Feld besteht. So zum Beispiel, wenn eine Tabelle eine Auftragsnummer und eine Auftragszeile enthält, die zusammen die Speicheradresse eines jeden Tabellendatensatzes definieren. Tragen Sie also entweder „SalesMarket" in die Spalte „Field" ein oder klicken Sie in diese Spalte, um aus der dort aufgezeigten Liste „SalesMarket" auszuwählen. Ihr Fenster „Table Relation" sollte jetzt wie folgt aussehen:

Abb. 4.27 Fenster Tabellenrelationen nach Eintrag

Klicken Sie unten in dem Fenster „Table Relations" auf „OK"; es erscheint folgende Eigenschaftsauflistung:

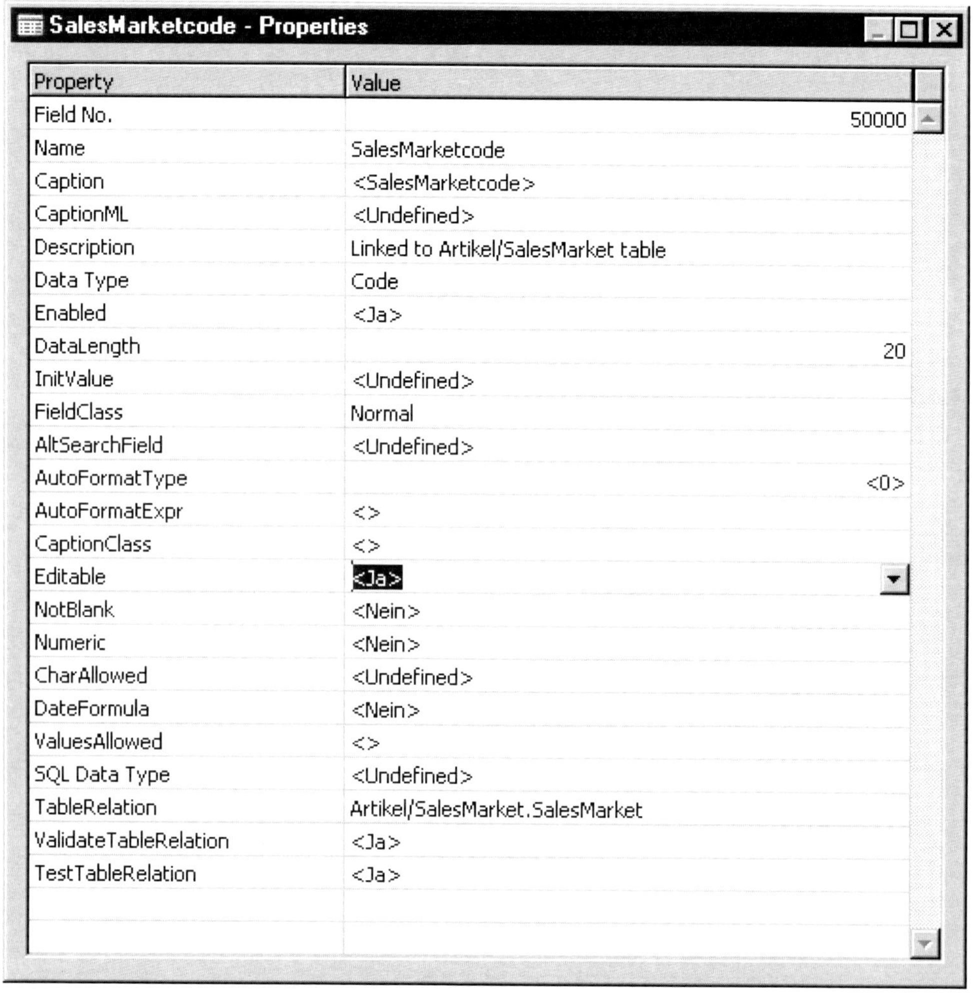

4.4 „Object Designer", die Entwicklerumgebung

Property	Value
Field No.	50000
Name	SalesMarketcode
Caption	<SalesMarketcode>
CaptionML	<Undefined>
Description	Linked to Artikel/SalesMarket table
Data Type	Code
Enabled	<Ja>
DataLength	20
InitValue	<Undefined>
FieldClass	Normal
AltSearchField	<Undefined>
AutoFormatType	<0>
AutoFormatExpr	<>
CaptionClass	<>
Editable	<Ja>
NotBlank	<Nein>
Numeric	<Nein>
CharAllowed	<Undefined>
DateFormula	<Nein>
ValuesAllowed	<>
SQL Data Type	<Undefined>
TableRelation	Artikel/SalesMarket.SalesMarket
ValidateTableRelation	<Ja>
TestTableRelation	<Ja>

Abb. 4.28: Fenster SalesMarketCode Eigenschaften

Wie Sie sehen können, ist der „Data Type" auf „Code" eingestellt, „Length" auf 20 und „TableRelation" auf „Artikel/SalesMarket.SalesMarket".

Bezieht sich Microsoft Navision auf eine Tabelle und eines ihrer Felder, gibt das Programm dies stets in der Form „Table.Field" an, das heißt Tabellenname gefolgt von einem Punkt und dann der Bezeichnung des Feldes. Enthält die Benennung einer Tabelle oder eines Feldes Leerzeichen oder Sonderzeichen, setzt Microsoft Navision Anführungszeichen um den vollständigen

Namen, um anzuzeigen, dass es sich bei der Benennung um eine statt mehrer Einheiten handelt. In diesem Fall enthalten unsere Tabellen- und Feldbezeichnungen keine Leerzeichen, eine empfehlenswerte Praxis, und daher gibt Microsoft Navision die Tabellen- und Feldverknüpfung als „Artikel/SalesMarket.SalesMarket" an.

Drücken Sie jetzt dreimal „ESC" und beantworten Sie die Frage nach dem Speichern der Tabelle mit „Ja". Jetzt, wo wir die Erstellung in der zugrunde liegenden „Artikel"-Tabelle beendet haben, besteht der nächste Schritt darin, unser neues Feld in die „Artikelkarte" selbst einzufügen.

Neues Feld in die Artikelkarte einfügen

Gehen Sie auf „Lager > Planung & Ausführung > Artikel" und drücken Sie dann „STRG + F2", um in die interne Struktur der „Artikelkarte" zu gelangen. Verwenden Sie jetzt das Werkzeug „Field Menu", indem Sie auf das dritte Bildzeichen von rechts klicken. Dieses Menü zeigt Ihnen alle Felder auf, die in der zugrunde liegenden Tabelle möglich sind. Klicken Sie in die Tabelle und drücken Sie den Buchstaben „S" auf Ihrer Tastatur, bis Sie in unser neues Feld mit der Bezeichnung „SalesMarketcode" gelangen. Markieren Sie dieses Feld und ziehen Sie es hinüber in das Formularobjekt. Setzen Sie es direkt unter das Feld mit der Bezeichnung „Bedarfsverursacherart" auf der ersten Registerkarte der „Artikelkarte" mit der Bezeichnung „Allgemein". Sie sollten dann folgendes Fenster vor sich haben: (siehe Abb. 4.29).

Drücken Sie zweimal „ESC" und antworten Sie „Ja" auf die Frage von Microsoft Navision, ob Sie Ihre Änderungen speichern wollen. Drücken Sie wieder „ESC" und gehen Sie dann wieder in die „Artikelkarte", da Sie ein Objekt stets erneut laden müssen, wenn Sie Änderungen an ihm vorgenommen haben. Das folgende Fenster erscheint: (siehe Abb. 4.30).

4.4 „Object Designer", die Entwicklerumgebung

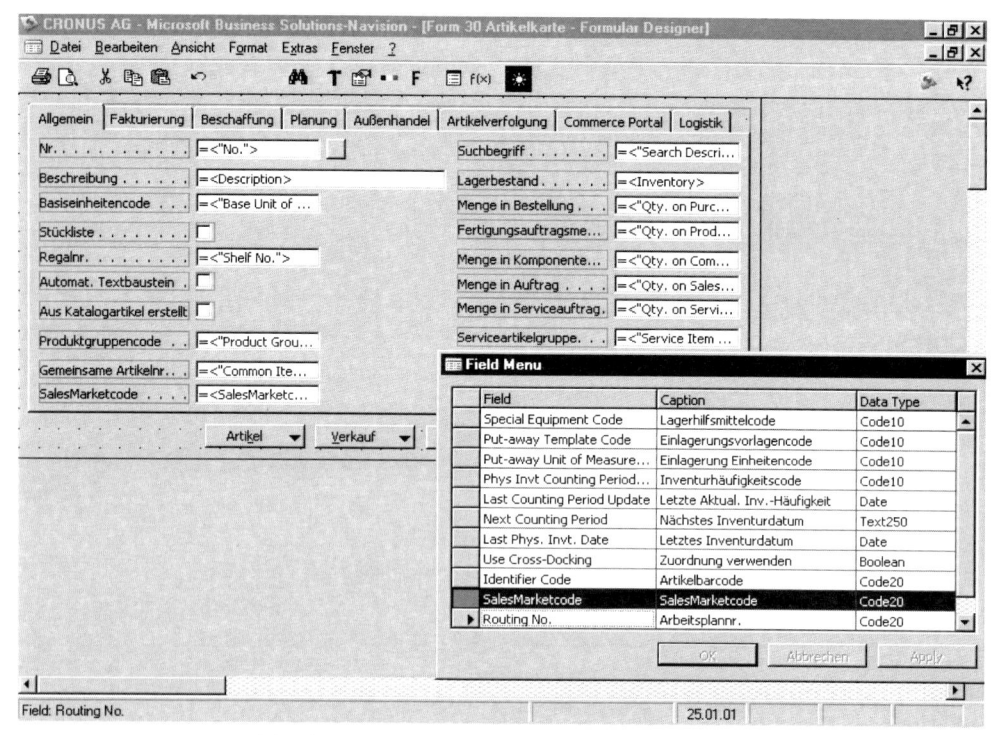

Abb. 4.29: Fenster Artikelkarte Formulardesigner

Abb. 4.30: Fenster Artikelkarte

4   Einführung in Entwicklungskonzepte

Klick en Sie in unser neues Feld mit der Bezeichnung „SalesMarketcode", um die folgende Auflistung erscheinen zu lassen:

SalesMarket	Beschreibung
CONTRACT	International Partners
GROSS_HANDEL	Handelsgeschaft
MITTELSTAND_INDUSTR	Mittelstand
TVSENDUNGEN	Jupiter Shop Channel

Abb. 4.31: Fenster Artikel/SalesMarketing

Dies ist das von uns erstellte Formular. Wählen Sie nun einen Datensatz, zum Beispiel „TVSENDUNGEN" aus, und klicken Sie am unteren Ende des Fensters auf die Schaltfläche „OK". Microsoft Navision führt Sie automatisch auf die „Artikelkarte" zurück und fügt Ihre Wahl in dieselbe ein. Nehmen Sie zu Übungszwecken an, wir hätten in allen Verkaufsartikeln in der Cronus-Datenbank die folgenden „SalesMarketcode"-Kategorien eingegeben:

Nr.	Beschreibung	SalesMarketcode
1900-S	PARIS Gästestuhl, schwarz	CONTRACT
1906-S	ATHENS Schubladenelement	GROSS_HANDEL
1908-S	LONDON Schreibtischstuhl, blau	MITTELSTAND_INDUSTR
1920-S	ANTWERP Konferenztisch	TVSENDUNGEN
1924-W	CHAMONIX Basisregal	CONTRACT
1928-S	AMSTERDAM Lampe	GROSS_HANDEL

1928-W	ST.MORITZ Regal/mit Schubladen	MITTELSTAND_INDUSTR
1936-S	BERLIN Gästestuhl, gelb	TVSENDUNGEN
1952-W	OSLO Regal/mit Einlegeboden	CONTRACT
1960-S	ROME Gästestuhl, grün	GROSS_HANDEL
1964-S	TOKYO Gästestuhl, blau	MITTELSTAND_INDUSTR
1964-W	INNSBRUCK Regal/mit Glastür	TVSENDUNGEN
1968-S	MEXICO Bürostuhl, schwarz	CONTRACT
1968-W	GRENOBLE Whiteboard, rot	GROSS_HANDEL
1972-S	MUNICH Schreibtischstuhl, gelb	MITTELSTAND_INDUSTR
1972-W	SAPPORO Whiteboard, schwarz	TVSENDUNGEN
1976-W	INNSBRUCK Regal, mit Holztür	CONTRACT
1980-S	MOSCOW Schreibtischstuhl, rot	GROSS_HANDEL
1984-W	SARAJEVO Whiteboard, blau	MITTELSTAND_INDUSTR
1988-S	SEOUL Gästestuhl, rot	TVSENDUNGEN
1988-W	CALGARY Whiteboard, gelb	CONTRACT
1992-W	ALBERTVILLE Whiteboard, grün	GROSS_HANDEL
1996-S	ATLANTA Whiteboard, Basis	MITTELSTAND_INDUSTR
2000-S	SIDNEY Schreibtischstuhl, grün	TVSENDUNGEN

Wir sind jetzt soweit, dass wir unsere Microsoft Navision-Standard-"Artikel - Top 10 Liste" durchlaufen lassen können, während wir sie nach unserem neuen „Artikel"-Feld „SalesMarketcode" filtern. Gehen Sie also auf „Verkauf & Marketing > Lager & Preise > Berichte > Artikel - Top 10 Liste" und klicken Sie am unteren Ende des Bildschirms auf „Drucken".

4.4.5 Hinzufügen von Standardwertfiltereinstellungen in einem Bericht

Der Bericht „Artikel - Top 10 Liste" öffnet sich. Es wäre wünschenswert, wenn unser neues Feld automatisch als Filteroption erscheinen würde, so wie die anderen Felder wie „Nr.", „Lagerbuchungsgruppe" usw. aufgezeigt werden. Unser neues Feld „SalesMarketcode" kann von uns manuell in die Liste der Filter eingefügt werden, indem wir in die Leerzeile direkt nach dem letzten Filter und dann auf den Pfeil, der erscheint, klicken. Aus der angezeigten Liste wählen wir die Zeile „SalesMarketcode" aus. Nur, wenn wir diese Eingabe manuell vornehmen, müssen wir

4   Einführung in Entwicklungskonzepte

den Vorgang jedes Mal wiederholen, wenn wir den Bericht verwenden. Anderen Anwendern, die mit dem Umgang mit Microsoft Navision weniger vertraut sind, mag diese Filtermöglichkeit so gänzlich entgehen. Verändern wir also den Bericht in der Weise, dass unsere neue Filteroption jedes Mal, wenn der Bericht sich öffnet, automatisch erscheint.

Öffnen wir jetzt die interne Struktur des Berichts, indem wir „STRG + F2" drücken. Das folgende Fenster erscheint:

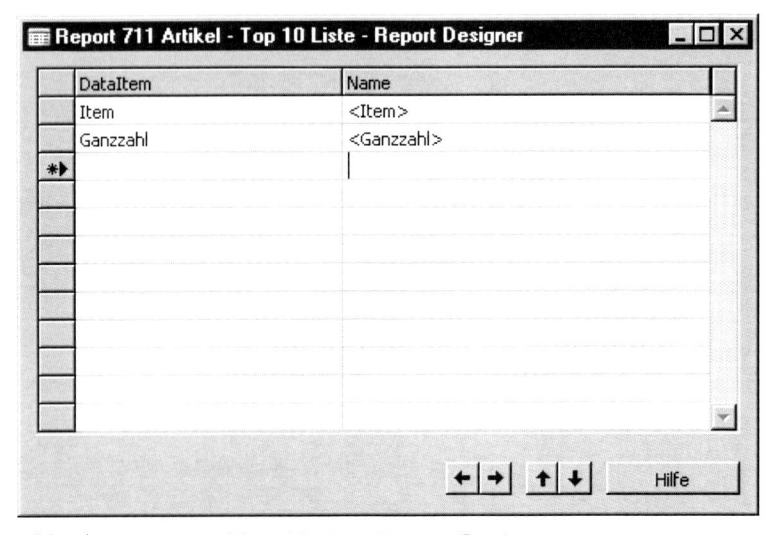

Abb. 4.32: Fenster Top 10 Liste Report Designer

Automatische Filterwahl

Hier befinden wir uns auf der ersten Stufe der internen Struktur eines Microsoft Navision-Berichts. Um die automatische Filterwahl zu ändern, müssen wir die Eigenschaften des „DataItem" öffnen, in dem die Tabelle mit unserem gewünschten Feld zu finden ist. Wir erinnern uns, dass wir „SalesMarketcode" als ein neues Feld in der „Artikel"-Tabelle erstellt haben. Daher müssen wir hier auf die erste Zeile klicken, in der „Artikel" ein „DataItem" ist. Gehen Sie dann auf „Ansicht > Properties". Die folgende Liste von Bericht-"DataItems" erscheint:

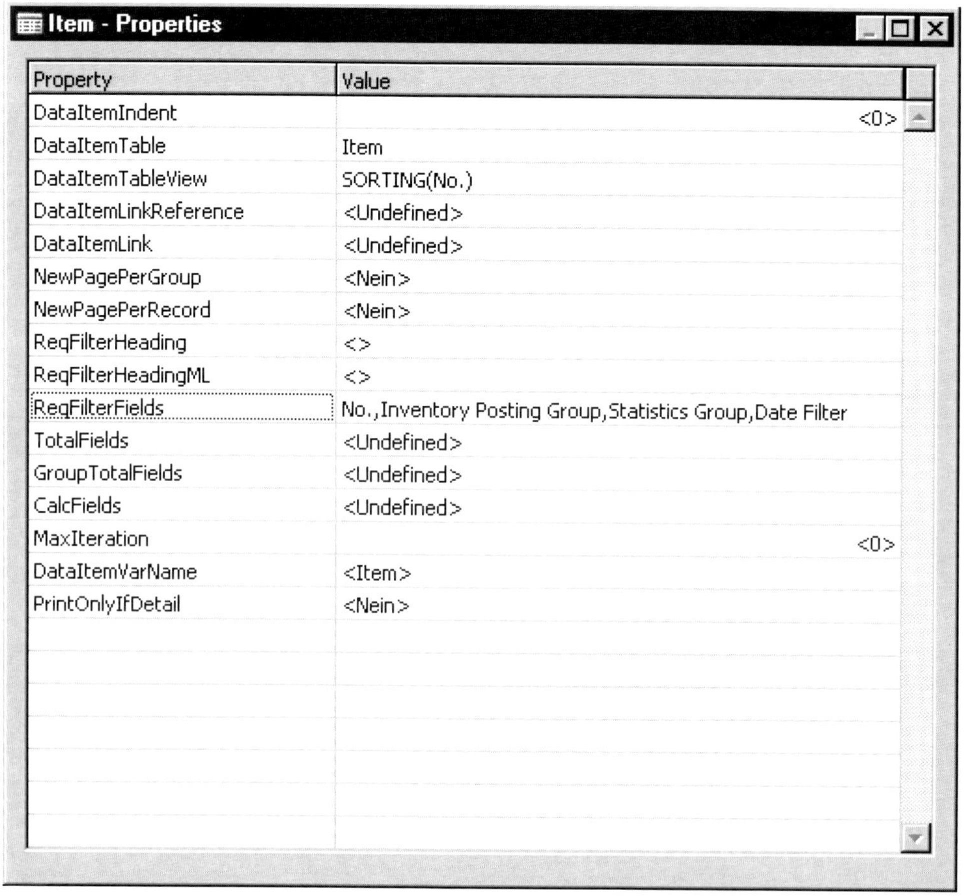

4.4 „Object Designer", die Entwicklerumgebung

Property	Value
DataItemIndent	<0>
DataItemTable	Item
DataItemTableView	SORTING(No.)
DataItemLinkReference	<Undefined>
DataItemLink	<Undefined>
NewPagePerGroup	<Nein>
NewPagePerRecord	<Nein>
ReqFilterHeading	<>
ReqFilterHeadingML	<>
ReqFilterFields	No.,Inventory Posting Group,Statistics Group,Date Filter
TotalFields	<Undefined>
GroupTotalFields	<Undefined>
CalcFields	<Undefined>
MaxIteration	<0>
DataItemVarName	<Item>
PrintOnlyIfDetail	<Nein>

Abb. 4.33: Fenster Bericht DataItems

Hier müssen wir ein Feld in die Eigenschaft mit der Bezeichnung „ReFilterFields" einfügen. Dies ist die Eigenschaft, in der Microsoft Navision die Standardwertfiltereinstellungen für dieses „DataItem" des Berichts aufruft. Tippen Sie ein Komma nach dem letzten in „ReqFilterFields" aufgeführten Feld und dann den Namen „SalesMarketcode". Sie können auch auf die Spalte „Value" der Zeile „ReqFilterFields" klicken und dann auf das Hilfefeld, das rechts von der Spalte erscheint. Dadurch wird eine Liste aller Felder in der „Artikel"-Tabelle angezeigt, in der Sie auch das Feld „SalesMarketcode" vorfinden. Nachdem Sie dieses der „ReqFilter-Fields"-Liste hinzugefügt haben, drücken Sie zweimal „ESC" und beantworten Sie die Frage von Microsoft Navision nach dem Speichern von Änderungen mit „Ja". Drücken Sie nochmals

4 Einführung in Entwicklungskonzepte

„ESC", um den Bericht zu verlassen und wählen Sie ihn dann wieder aus der Liste „Artikel - Berichte" aus, um dessen neue Version zu öffnen. Das folgende Fenster erscheint:

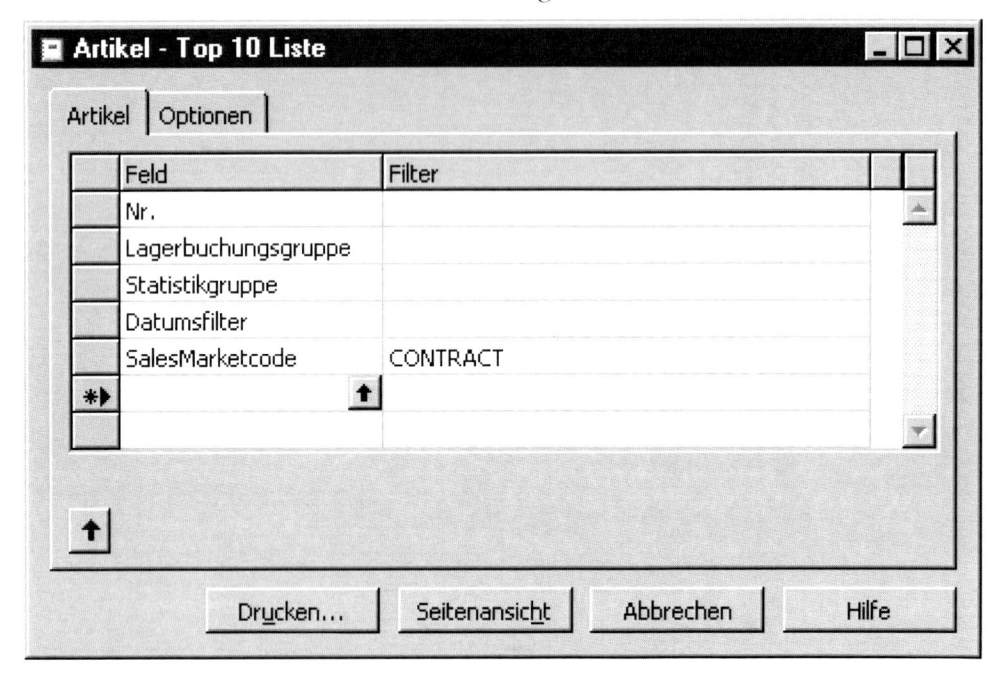

Abb. 4.34: Fenster Artikel Top 10 Liste

Wie Sie sehen, ist Ihr neuer Filterschlüssel automatisch angezeigt worden. Klicken Sie jetzt in die Spalte „Filter" in der Zeile „SalesMarketcode" und dann auf den Hilfepfeil, der rechts in der „Filter"-Spalte erscheint.

Hier erscheint das von uns zuvor erstellte Formular unter der Bezeichnung „SalesMarketForm". Wählen Sie den ersten „SalesMarket" mit der Bezeichnung „CONTRACT" aus der Liste aus und klicken Sie dann auf „OK". Sehen Sie sich die „Optionen"-Registerkarte des Berichts an, um zu schauen, ob noch andere wichtige Bedingungen einzustellen sind. Für dieses Beispiel belassen Sie das „Optionen"-Fenster so wie es ist und klicken Sie auf die Schaltfläche „Seitenansicht" am unteren Ende der Ansicht. Die folgende Berichtausgabe erscheint:

4.4 „Object Designer", die Entwicklerumgebung

```
Artikel - Top 10 Liste
Periode:
CRONUS AG

Sortiert nach maximum Verkauf (MW)
Artikel: SalesMarketcode: CONTRACT

Rang   Nr.        Beschreibung              Verkauf (MW)   Lagerbe   Anteil von Verkau
   1   1968-S     MEXICO Bürostuhl, schwarz     2.072,35       265    ***********************
   2   1976-W     INNSBRUCK Regal, mit Holztür  1.785,15         1    ********************
   3   1988-W     CALGARY Whiteboard, gelb      1.358,81        26    ****************
   4   1900-S     PARIS Gästestuhl, schwarz     1.162,20       299    *************
   5   1952-W     OSLO Regal/mit Einlegeboden     208,68        15    *****
   6   1924-W     CHAMONIX Basisregal               0,00        26

                  Total                         6.587,19       632
                  Total Verkauf                 6.587,19       632
```

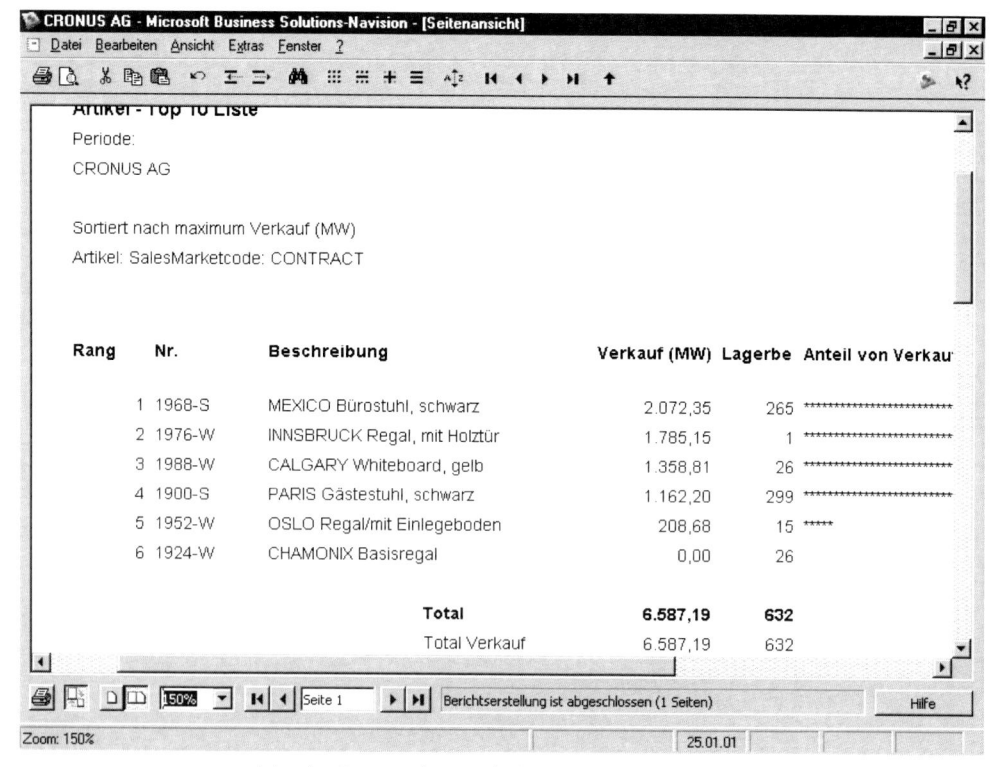

Abb. 4.35: Bericht Artikel Top 10 Liste

Vergleichen Sie jetzt diese Liste mit der vorangegangenen in Bezug darauf, welche Artikel in der „Artikelkarte" unter „SalesMarketcode" „CONTRACT" anzeigen.

Nr.	Beschreibung	SalesMarketcode
1900-S	PARIS Gästestuhl, schwarz	CONTRACT
1924-W	CHAMONIX Basisregal	CONTRACT
1952-W	OSLO Regal/mit Einlegeboden	CONTRACT
1968-S	MEXICO Bürostuhl, schwarz	CONTRACT
1976-W	INNSBRUCK Regal, mit Holztür	CONTRACT
1988-W	CALGARY Whiteboard, gelb	CONTRACT

Die „Artikel - Top 10 Liste" hat uns eine saubere Analyse der Rangordnung all jener Artikel geliefert, die für den Verkauf in dem „SalesMarket" „CONTRACT" vorgesehen sind.

Nun sind wir in der Lage, unserer Chefin wöchentlich durch Betätigen einer Schaltfläche Auskunft darüber zu erteilen, welche Artikel sich in welchen Verkaufsabsatzgebieten am besten absetzen lassen. Wir erhalten unsere Informationen unverzüglich, richtig und immer auf dem neusten Stand. Es hat nicht viel Mühe gekostet, unsere Änderungen in Microsoft Navision durchzuführen, und sie sind von solcher Qualität, dass sie von den Standardeinstellungen in der Microsoft Navision-Anwendung nicht zu unterscheiden sind.

Es mag den Anfänger unter den Entwicklern einige Zeit kosten, alle erforderlichen Schritte durchzugehen, aber mit etwas Übung können solche Microsoft Navision-Optimierungsaufgaben in weniger als fünf bis zehn Minuten durchgeführt werden. Die dadurch ersparte Zeit und der gewonnene Gesamtnutzen können Hunderte von Stunden pro Jahr einsparen und dabei behilflich sein, das gesamte Unternehmen auf die Gewinnerschiene zu steuern. Hierin liegt das Leistungsvermögen eines flexiblen ERP-Systems zur Optimierung Ihres Unternehmens.

5 Erstellen neuer „FlowFields"

Die Vorgehensweise bei der Erstellung eines „FlowField" ist Thema dieses Kapitels. Basierend auf den Konzepten des vorherigen Kapitels, wird noch näher auf die Arbeit mit Tabellen und Formularen eingegangen.

5.1 Verknüpfung einer Variablen mit ihrer Historie

Wie wir bereits zuvor bei der Betrachtung von „FlowField"-Variablen wie „Lagerbestand" und „Saldo (MW)" erkannt haben, liefert ein „FlowField" stets einen aktuell errechneten Wert. Und dieser errechnete Wert ist direkt mit den Details verbunden, die Microsoft Navision zu seiner Berechnung verwendet hat. Das Nützliche der „FlowFields" liegt in ihrer Eigenschaft, Ihnen eine flexible Übersicht zu liefern, ohne dass Sie den Zugang zu den Einzelheiten des täglichen Geschäftsablaufs verlieren.

„FlowFields" gewährleisten diese Leistung in Übereinstimmung mit den Grundprinzipien einer guten relationalen Datenorganisation. Das „FlowField" findet jede Zeile in einer Fremdtabelle, indem es innerhalb dieser Zeilen eine Übereinstimmung mit seinem Primärschlüssel sucht und die ausgewählten Zeilen dann summiert. Um ein „FlowField" zu erstellen, müssen wir daher die Gewissheit haben, dass der Primärschlüssel der Tabelle des „FlowField" in der Fremdtabelle, deren Zeilen wir summieren möchten, existiert. Microsoft Navision verwendet zudem eine besondere Indexierung der Fremdtabelle, um den Summierungsvorgang zu beschleunigen.

Es ist sinnvoll, sich die Struktur eines „FlowField" so vorzustellen, dass Sie eine Variable mit der Bewegungshistorie dieser Variablen verknüpfen.

5.2 Die Verknüpfung aus Verkäufer und Verkäuferumsatz

Im folgenden Beispiel werden die erlangten Kenntnisse über Tabellenrelationen zur Erstellung eines „Flow-Field" eingesetzt, das den Umsatz eines Verkäufers berechnet.

5 Erstellen neuer „FlowFields"

5.2.1 Festlegung der Umsatzdefinition

Mit Hilfe eines Beispiels aus der Praxis können wir ein „Flow-Field" erstellen, das uns bei der Betrachtung der Leistung des Außendienstes Ihres Unternehmens behilflich ist. Nehmen Sie an, Ihre Chefin kommt zu Ihnen mit einer Frage bezüglich der Leistung der Verkäufer Ihres Unternehmens. Sie wäre gern in der Lage, mit einem Knopfdruck Einblick in deren Verkäufe zu erhalten, den Zeitraum der Verkäufe zu bestimmen, sowie die Einzelheiten dieser Verkäufe einzusehen, um eine Vorstellung davon zu bekommen, welche Kunden was gekauft haben.

Wie immer müssen wir uns zunächst ein Bild von unserem Unternehmen machen, samt dessen Definitionen und Bedürfnissen. Welche ist die beste Umsatzdefinition in Ihrer Firma? Dies ist weder eine einfache noch offensichtliche Frage. Wenn Ihre Firma Provisionen auf Verkäufe auszahlt, muss diese Frage eindeutig beantwortet sein. Wird der Umsatz als die Summe der in Microsoft Navision eingegebenen Kundenaufträge definiert? Oder besteht der Umsatz aus der Summe von allem, was Ihr Unternehmen dem Kunden geliefert hat? Sollten Sie abwarten, bis ein Kunde eine Rechnung bezahlt hat, um den Rechnungsbetrag in das Verkaufsvolumen eines Verkäufers mit einzubeziehen? Was geschieht, wenn etwas zunächst in einen Auftrag einbezogen ist, später aber zurückgesandt wird; müssen Sie diesen Posten aus dem Verkaufsvolumen des Verkäufers entfernen? All diese Fragen müssen Sie aus Ihrem Wissen über Ihr Unternehmen heraus beantworten. Wenn Sie sich über derartige Definitionen in Bezug Ihrer Firma nicht ganz im Klaren sind, wird Ihnen Microsoft Navision keine Hilfe sein können.

Für dieses Beispiel entscheiden wir uns für eine sichere Definition von Umsatz. Betrachten wir den Umsatz als die Summe der Kundenauftragsbeträge, die verschickt und fakturiert wurden, abzüglich der dem Kunden aufgrund einer Rücksendung gutgeschriebenen Beträge. Auf diese Weise brauchen wir nur zwei Microsoft Navision-Dokumente zur Bemessung unserer Verkäufe zu verfolgen, das heißt die Kunden-"Rechnungen" und -"Gutschriften". Wir müssen uns dabei keine Gedanken über den Produktversand machen, da das Microsoft Navision-Standardsystem keine Rechnungserstellung für Produkte zulässt, die nicht fertiggestellte Versandpapiere aufweisen. Wenn also Ihre Versandabteilung alles versendet, für das es Versandpapiere erstellt, müssen wir dem Versand hier keine weitere Beachtung schenken.

5.2 Die Verknüpfung aus Verkäufer und Verkäuferumsatz

Was wir benötigen, um unsere Chefin zufrieden zu stellen, ist, ein Umsatz-"FlowField", das die Logik dieser Umsatzdefinition mit einbezieht und die Verkäufe an einen Kunden nach dem für den jeweiligen Auftrag verantwortlichen Verkäufer sortiert summiert.

5.2.2 Lokalisieren der Tabellen und Felder für das „Umsatz" „FlowField"

Wir müssen nun herausfinden, wo die Verkäufer und Verkaufsdaten gespeichert sind und wie wir sie zusammentragen können. Beginnen wir zunächst damit, in Microsoft Navision nach einer Verkäuferliste zu suchen. Der offensichtlichste Ort dafür wäre in dem Modul „Verkauf & Marketing". Gehen Sie auf „Verkauf & Marketing > Verkauf > Verkäufer". Da Ihre Chefin einen Vergleich der Verkäufer untereinander wünscht, wäre eine Darstellung in Tabellenformat sinnvoller als eine Darstellung in Karteikartenformat. Drücken Sie „F5", um die „Übersicht" „Verkäufer/Einkäufer" zu öffnen.

Code	Name	Prov...	Telefonnr.
AH	Andrea Hischer	0,00	
AK	Anette Kemper	0,00	
JR	Joachim Richter	5,00	
LM	Linda Martin	0,00	
MD	Marlies Dressler	5,00	
PB	Peter Brehm	0,00	
PS	Peter Schlösser	5,00	
TZ	Thomas Zeilund	0,00	

Abb. 5.1: Übersicht Verkäufer/Einkäufer

Hier sehen wir eine vollständige Auflistung der Verkäufer des Unternehmens. Diese Tabelle ist eine Stammdatentabelle, da ihre Hauptdaten keinen Änderungen unterliegen, so zum Beispiel die Namen der Verkäufer; ebenso wenig enthält sie Informationen über einzelne Geschäftsabschlüsse. Ein idealer Ort also für eine Spalte mit der Summe des Gesamtumsatzes der einzelnen Verkäufer samt einer Verbindung der Gesamtverkäufe mit Rechnungsbewegungen einzelner Kunden.

5   Erstellen neuer „FlowFields"

Wir haben nun in Erfahrung bringen können, wo sich unsere Stammdaten befinden. Was wir als Nächstes benötigen, ist die Antwort auf drei Fragen bezüglich der Quelle dieser Stammdaten, die uns später bei Durchführung der Tabellenverknüpfungen von Nutzen ist:

1. Aus welchen Variablen besteht der Primärschlüssel der Stammdatentabelle?
2. Welches sind die Feldbezeichnungen der Primärschlüsselvariablen?
3. Was ist die Bezeichnung der Tabelle, auf der dieses Formular basiert?

Die erste Frage können wir mit Hilfe des Werkzeugs „Sortieren" beantworten. Klicken Sie auf das Bildzeichen, das sich als sechstes von links oben an Ihrem Bildschirm befindet. Das folgende Fenster erscheint:

Abb. 5.2: Fennster Verkäufer/Einkäufer Sortieren

Der erste Eintrag in der Liste der Sortieroptionen ist immer der Primärschlüssel der zu Grunde liegenden Tabelle. Hier hat der Primärschlüssel die einfache Bezeichnung „Code" und enthält den Verkäufercode.

Wir müssen nun den Namen der Tabelle herausfinden, auf der dieses Formular basiert. Das ist notwendig, da das „FlowField", das wir erstellen wollen, in die diesem Formular zu Grunde liegende Tabelle eingefügt werden muss. Um den Tabellennamen

5.2 Die Verknüpfung aus Verkäufer und Verkäuferumsatz

zu erfahren, drücken Sie „STRG + F2". Klicken Sie in den leeren grauen Bereich außerhalb des Formularobjekts und gehen Sie dann auf „Ansicht > Properties". Die Eigenschaften des Formulars als Ganzes werden aufgezeigt. Gehen Sie die Eigenschaftenliste nach der Eigenschaft mit der Bezeichnung „SourceTable" durch. Der Wert in dieser Eigenschaft trägt die Benennung „Salesperson/Purchaser", die gleichzeitig der Name der unserer „Übersicht" „Verkäufer/Einkäufer" zu Grunde liegenden Tabelle ist.

Als Nächstes müssen wir herausfinden, welches die Bezeichnung der Variablen „Code" in der Tabelle selbst ist. Dazu drücken Sie einmal „ESC", um die Eigenschaftenliste des Formulars zu verlassen. Gehen Sie nun auf „Ansicht > Field Menu". Das folgende Fenster erscheint:

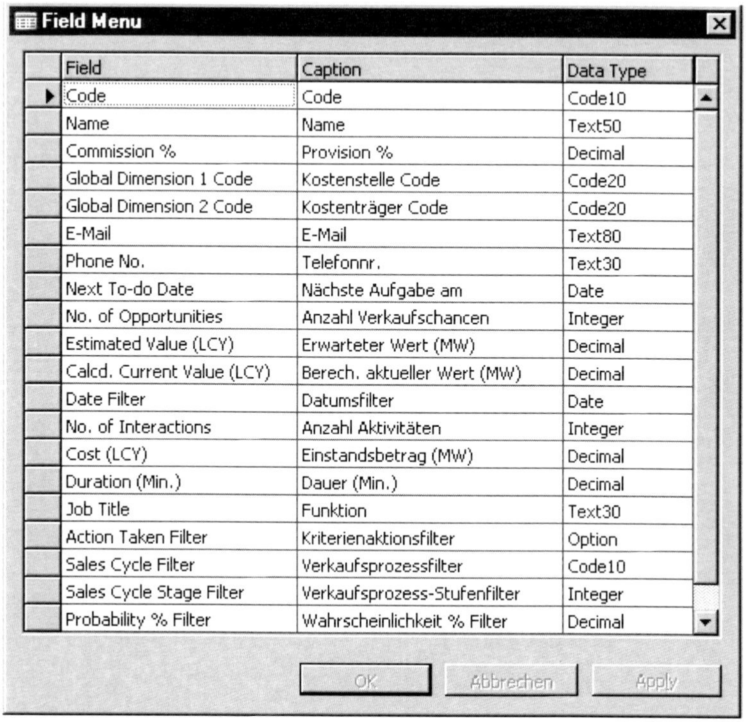

Field	Caption	Data Type
Code	Code	Code10
Name	Name	Text50
Commission %	Provision %	Decimal
Global Dimension 1 Code	Kostenstelle Code	Code20
Global Dimension 2 Code	Kostenträger Code	Code20
E-Mail	E-Mail	Text80
Phone No.	Telefonnr.	Text30
Next To-do Date	Nächste Aufgabe am	Date
No. of Opportunities	Anzahl Verkaufschancen	Integer
Estimated Value (LCY)	Erwarteter Wert (MW)	Decimal
Calcd. Current Value (LCY)	Berech. aktueller Wert (MW)	Decimal
Date Filter	Datumsfilter	Date
No. of Interactions	Anzahl Aktivitäten	Integer
Cost (LCY)	Einstandsbetrag (MW)	Decimal
Duration (Min.)	Dauer (Min.)	Decimal
Job Title	Funktion	Text30
Action Taken Filter	Kriterienaktionsfilter	Option
Sales Cycle Filter	Verkaufsprozessfilter	Code10
Sales Cycle Stage Filter	Verkaufsprozess-Stufenfilter	Integer
Probability % Filter	Wahrscheinlichkeit % Filter	Decimal

Abb. 5.3: Fenster FieldMenu

Hier können wir erkennen, dass der in dem Formular auftretende Anwendungstitel mit der „Field"-Bezeichnung der Variablen übereinstimmt, das heißt „Code".

Nun da wir im Besitz der nötigen Informationen über die Stammdatentabelle sind, müssen wir eine Tabelle finden, in der unsere Verkaufs- und Kundenbewegungen gespeichert sind. Diese Tabelle muss den Primärschlüssel unserer Stammtabelle enthalten, das heißt den Verkäufer-“Code“, sowie Variablen, in der Rechnungsbeträge und Kunden aufgezeichnet sind.

Suchen wir nach solch einer Tabelle von der „Debitorenkarte“ aus. Gehen Sie auf „Verkauf & Marketing > Debitor“. Öffnen wir das Buchungsverzeichnis, das die Historie der Kundenbewegungen enthält. Gehen Sie auf die Schaltfläche „Debitor“ unten auf der Karteikarte und klicken Sie dann auf „Posten“. Das folgende Fenster erscheint:

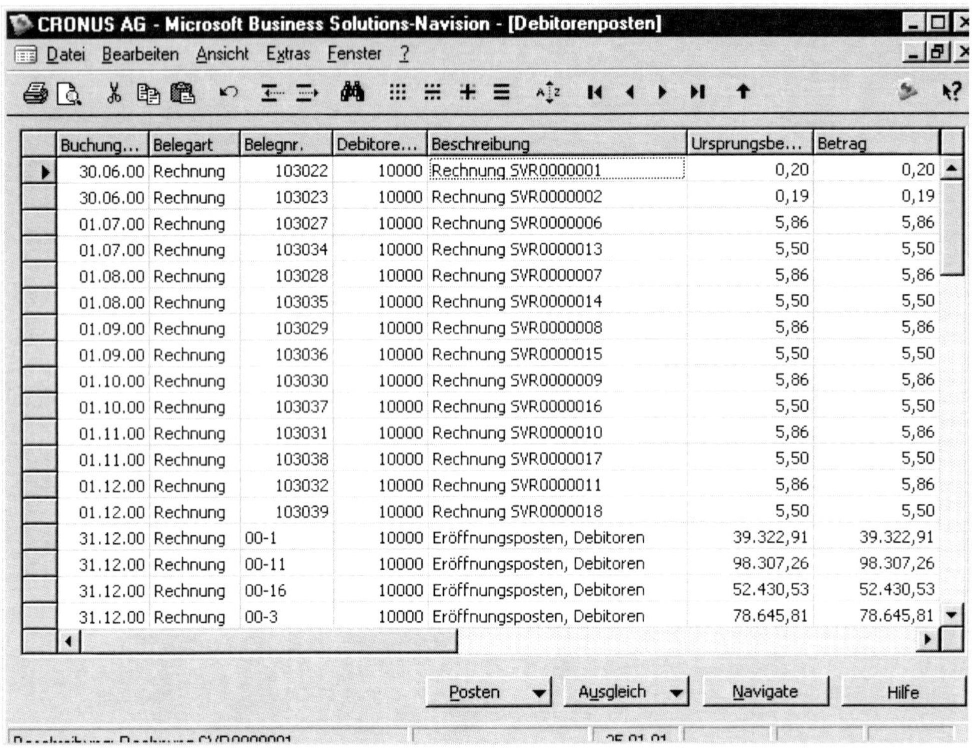

Buchung...	Belegart	Belegnr.	Debitore...	Beschreibung	Ursprungsbe...	Betrag
30.06.00	Rechnung	103022	10000	Rechnung SVR0000001	0,20	0,20
30.06.00	Rechnung	103023	10000	Rechnung SVR0000002	0,19	0,19
01.07.00	Rechnung	103027	10000	Rechnung SVR0000006	5,86	5,86
01.07.00	Rechnung	103034	10000	Rechnung SVR0000013	5,50	5,50
01.08.00	Rechnung	103028	10000	Rechnung SVR0000007	5,86	5,86
01.08.00	Rechnung	103035	10000	Rechnung SVR0000014	5,50	5,50
01.09.00	Rechnung	103029	10000	Rechnung SVR0000008	5,86	5,86
01.09.00	Rechnung	103036	10000	Rechnung SVR0000015	5,50	5,50
01.10.00	Rechnung	103030	10000	Rechnung SVR0000009	5,86	5,86
01.10.00	Rechnung	103037	10000	Rechnung SVR0000016	5,50	5,50
01.11.00	Rechnung	103031	10000	Rechnung SVR0000010	5,86	5,86
01.11.00	Rechnung	103038	10000	Rechnung SVR0000017	5,50	5,50
01.12.00	Rechnung	103032	10000	Rechnung SVR0000011	5,86	5,86
01.12.00	Rechnung	103039	10000	Rechnung SVR0000018	5,50	5,50
31.12.00	Rechnung	00-1	10000	Eröffnungsposten, Debitoren	39.322,91	39.322,91
31.12.00	Rechnung	00-11	10000	Eröffnungsposten, Debitoren	98.307,26	98.307,26
31.12.00	Rechnung	00-16	10000	Eröffnungsposten, Debitoren	52.430,53	52.430,53
31.12.00	Rechnung	00-3	10000	Eröffnungsposten, Debitoren	78.645,81	78.645,81

Abb. 5.4: Fenster Debitorenposten

Hier sehen wir den Kundencode in dem Feld mit der Bezeichnung „Debitorennr.“, den Betrag einer jeden Bewegung in dem Feld „Betrag“ und die Art der Bewegung in dem Feld „Belegart“. Die einzige hier noch fehlende Variable ist eine, die den Verkäufercode enthält. Nach der Verkäufercodevariablen wollen wir den Umsatz gruppieren; zudem ist sie der Primärschlüssel unserer Stammdatentabelle und daher äußerst wesentlich. Sehen wir uns jede Variable an, die sich in der Tabelle hinter der „Über-

5.2 Die Verknüpfung aus Verkäufer und Verkäuferumsatz

sicht" „Debitorenposten" befindet. Gehen Sie auf „Extras > Zoom". Die folgende Liste erscheint:

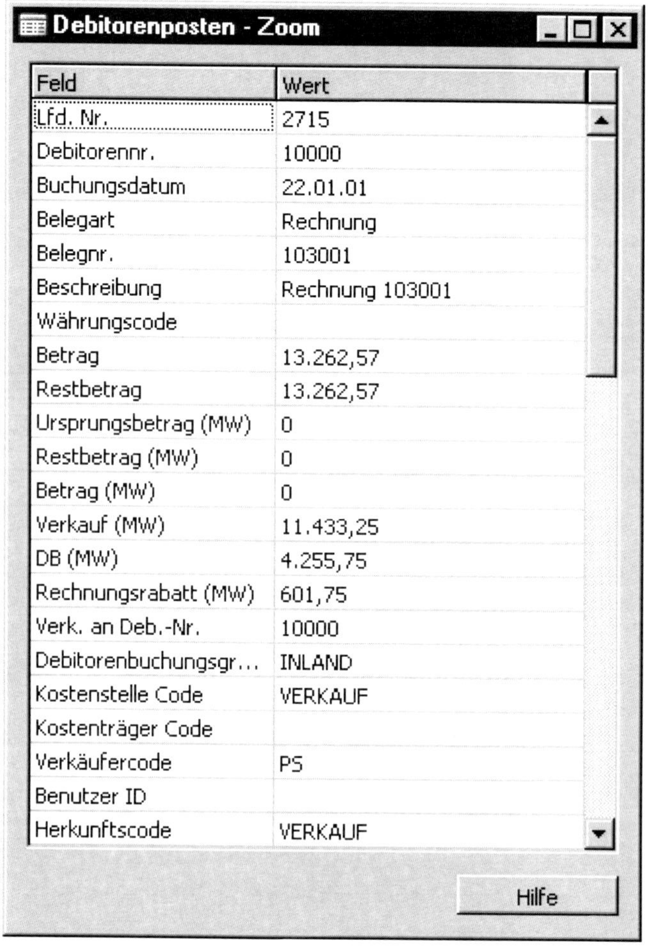

Feld	Wert
Lfd. Nr.	2715
Debitorennr.	10000
Buchungsdatum	22.01.01
Belegart	Rechnung
Belegnr.	103001
Beschreibung	Rechnung 103001
Währungscode	
Betrag	13.262,57
Restbetrag	13.262,57
Ursprungsbetrag (MW)	0
Restbetrag (MW)	0
Betrag (MW)	0
Verkauf (MW)	11.433,25
DB (MW)	4.255,75
Rechnungsrabatt (MW)	601,75
Verk. an Deb.-Nr.	10000
Debitorenbuchungsgr...	INLAND
Kostenstelle Code	VERKAUF
Kostenträger Code	
Verkäufercode	PS
Benutzer ID	
Herkunftscode	VERKAUF

Abb. 5.5: Debitorenposten Zoom Ansicht

Hier sehen wir eine Variable mit der Bezeichnung „Verkäufercode", die die Verkäuferkennung enthält. Mit dieser Variablen sind wir in der Lage, unsere zwei Tabellen miteinander zu verknüpfen. Ebenso erscheint das Feld „Verkauf (MW)", das den Umsatzbetrag abzüglich der allgemeinen Umsatzsteuer anzeigt. Dies wäre die perfekte Summierungsvariable für unser Umsatz-"FlowField".

Als Nächstes suchen wir die Benennung der Tabelle, die dem Formular „Debitorenposten" zu Grunde liegt. Zusätzlich müssen wir die „Field"-Bezeichnungen unserer wichtigen Variablen innerhalb der Tabelle herausfinden. Drücken Sie einmal „ESC" und dann „STRG + F2". Wählen Sie den leeren grauen Bereich außerhalb des Formularobjekts aus und gehen Sie dann auf „Ansicht > Properties". Suchen Sie nach der Eigenschaft „SourceTable". Sie werden erkennen, dass das Formular „Debitorenposten" auf der Tabelle „Cust. Ledger Entry" basiert.

Suchen wir nun die Namen der wichtigen Variablen, so wie sie in der Tabelle zu finden sind. Verlassen Sie die Eigenschaftsliste des Formulars, indem Sie „ESC" drücken. Gehen Sie auf „Ansicht > Field Menu", und das folgende Fenster wird geöffnet:

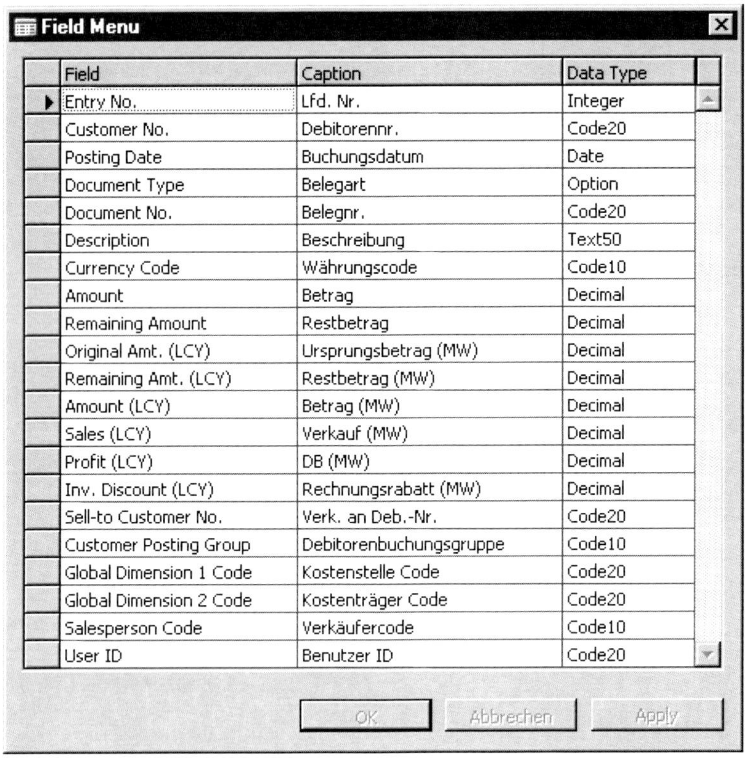

Field	Caption	Data Type
Entry No.	Lfd. Nr.	Integer
Customer No.	Debitorennr.	Code20
Posting Date	Buchungsdatum	Date
Document Type	Belegart	Option
Document No.	Belegnr.	Code20
Description	Beschreibung	Text50
Currency Code	Währungscode	Code10
Amount	Betrag	Decimal
Remaining Amount	Restbetrag	Decimal
Original Amt. (LCY)	Ursprungsbetrag (MW)	Decimal
Remaining Amt. (LCY)	Restbetrag (MW)	Decimal
Amount (LCY)	Betrag (MW)	Decimal
Sales (LCY)	Verkauf (MW)	Decimal
Profit (LCY)	DB (MW)	Decimal
Inv. Discount (LCY)	Rechnungsrabatt (MW)	Decimal
Sell-to Customer No.	Verk. an Deb.-Nr.	Code20
Customer Posting Group	Debitorenbuchungsgruppe	Code10
Global Dimension 1 Code	Kostenstelle Code	Code20
Global Dimension 2 Code	Kostenträger Code	Code20
Salesperson Code	Verkäufercode	Code10
User ID	Benutzer ID	Code20

Abb. 5.6: Fenster FieldMenu

Innerhalb der Tabelle haben unsere Variablen die Feldnamen „Customer No.", „Document Type", „Sales (LCY)" und schließlich „Salesperson Code".

Die Variable „Document Type" mit der „Caption"-Bezeichnung „Belegart" ist ein besonderer Microsoft Navision-"Data Type" mit der Bezeichnung „Option". Dieser Feldtyp enthält eine festgelegte Optionenliste, aus der der Anwender auswählen kann. Die Optionenliste ist nicht in einer gesonderten Tabelle zu finden, wie es in „Sales Market" in unserem vorherigen Beispiel der Fall war, sondern ist vielmehr Teil der Felddefinition innerhalb der Tabelle des Feldes. Für diesen Typ Variable gibt es einige besondere Feldeigenschaften. Der Entwickler kann innerhalb des Feldtyps „Option" eine feste Reihe von Optionen bestimmen, aus der der Endanwender dann auswählen kann.

Aufgrund der Sprachflexibilität von Microsoft Navision kann man zwei Stufen von Benennungen in der Optionenliste festlegen, eine in einer Standardsprache und eine in einer Sprache, die in der Datendarstellung in Formularen, Berichten und „Übersichten" verwendet wird. Um mit dieser Optionenvariablen in der Entwicklungsumgebung zu arbeiten, müssen wir die Standardoptionenliste finden. Diese Standardoptionenliste ist gewöhnlich auf Englisch geschrieben, da dies die Standardsprache innerhalb der Entwicklungsumgebung ist. Diese Standardliste ist in der Eigenschaftliste des Optionenfeldes zu finden. Sobald wir die Standardoptionenliste für dieses Feld gefunden haben, sind wir in der Lage, das Feld innerhalb der Entwicklungsumgebung zu steuern.

Drücken Sie „ESC", um das „Field Menu" des Formulars zu verlassen. Suchen Sie nun die Spalte mit dem Anwendungstitel „Belegart", die zweite Spalte von links in dem Formular „Debitorenposten". Klicken Sie jetzt auf die Spalte „Belegart" und gehen dann auf „Ansicht > Properties". Gehen Sie auf die Eigenschaft mit der Bezeichnung „OptionCaptionML". Sie haben dann folgendes Fenster vor Augen (siehe Abb. 5.7):

Es gibt drei Eigenschaften, die die Optionenliste für das Feld „Document Type" bestimmen. Die erste nennt sich „OptionString" und stellt die Basisliste dar, die verwendet werden muss, wenn auf eine Option in der Entwicklungsumgebung verwiesen wird. Die beiden folgenden Felder bestimmen die Art, in der Microsoft Navision diese Optionenliste gegenüber dem Endanwender darstellt. In der Eigenschaft „OptionCaptionML" kann man die Optionenliste mit einem Verweis auf die Sprache des konkreten Microsoft Navision-Unternehmens beschreiben, in dem man tätig ist. In diesem Beispiel weist der Text „DEU="

5 Erstellen neuer „FlowFields"

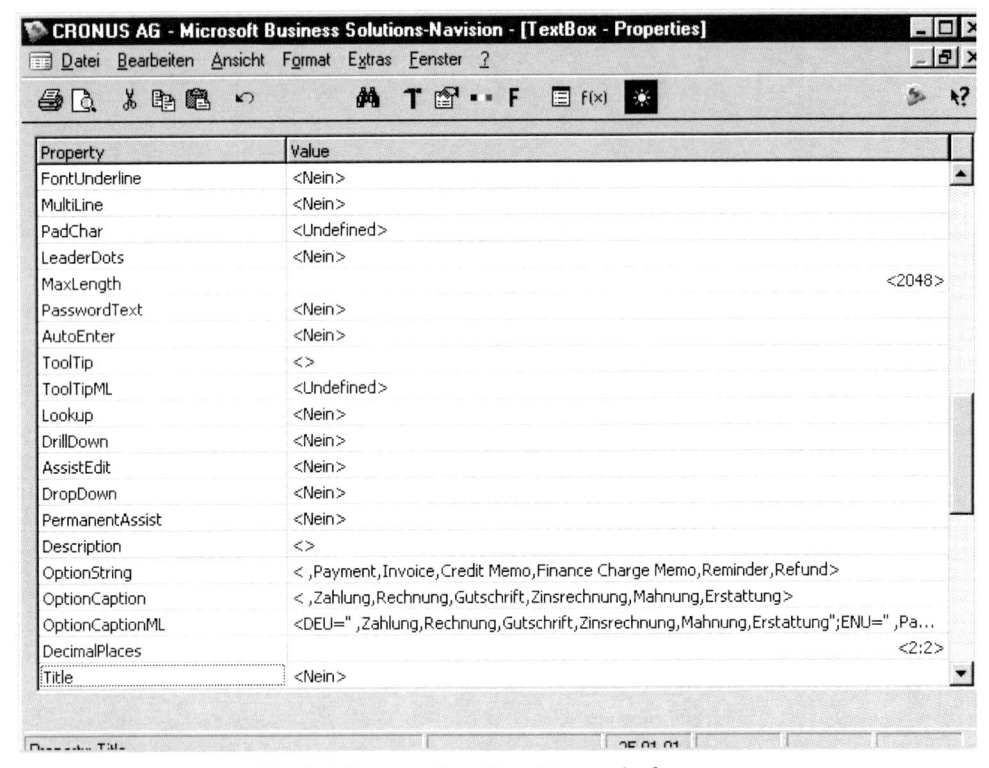

Property	Value	
FontUnderline	<Nein>	
MultiLine	<Nein>	
PadChar	<Undefined>	
LeaderDots	<Nein>	
MaxLength		<2048>
PasswordText	<Nein>	
AutoEnter	<Nein>	
ToolTip	<>	
ToolTipML	<Undefined>	
Lookup	<Nein>	
DrillDown	<Nein>	
AssistEdit	<Nein>	
DropDown	<Nein>	
PermanentAssist	<Nein>	
Description	<>	
OptionString	<,Payment,Invoice,Credit Memo,Finance Charge Memo,Reminder,Refund>	
OptionCaption	<,Zahlung,Rechnung,Gutschrift,Zinsrechnung,Mahnung,Erstattung>	
OptionCaptionML	<DEU=",Zahlung,Rechnung,Gutschrift,Zinsrechnung,Mahnung,Erstattung";ENU=",Pa...	
DecimalPlaces		<2:2>
Title	<Nein>	

Abb. 5.7: Fenster TextBox Eigenschaften

darauf hin, dass die Standardsprache dieses konkreten Microsoft Navision-Unternehmens Deutsch ist. Beachten Sie die Optionenliste, wie sie in der Eigenschaft „OptionString" aufgezeigt wird, und notieren Sie sich, welchen von den deutschsprachigen Optionen unter „CaptionString" diese entsprechen.

In unserem vorliegenden Beispiel müssen wir Microsoft Navision nur dazu anweisen, die „Debitorenposten"-Bewegungen zu berücksichtigen, die mit den „Rechnungen" und „Gutschriften" übereinstimmen. In der Sprache der Standardoptionenliste wären dies demnach die Optionen „Invoice" und „Credit Memo".

5.2.3 Veranschaulichung der Tabellenrelationen unseres „Umsatz" „FlowField"

Legen wir jetzt ein kurzes Diagramm der Tabellen, Felder und Tabellenbezüge an, die wir für die Erstellung unseres Umsatz-"FlowField" benötigen. Beziehen wir einige Werte, rein aus Veranschaulichungsgründen, in das Diagramm mit ein. Verwenden

5.2 Die Verknüpfung aus Verkäufer und Verkäuferumsatz

wir die Bezeichnungen für die Variablen, Tabellen und Optionen so wie sie in der Microsoft Navision-Standardentwicklungsumgebung erscheinen. Weisen wir dem neuen „FlowField", das wir demnächst innerhalb der Tabelle „Salesperson/Purchaser" anlegen werden, die Benennung „Total Sales" zu. Betrachten Sie folgendes Diagramm:

"Gesamtumsatz" FlowField Diagramm

Stammdaten
Tabellenname = "Salesperson/Purchaser"
Primärschlüssel

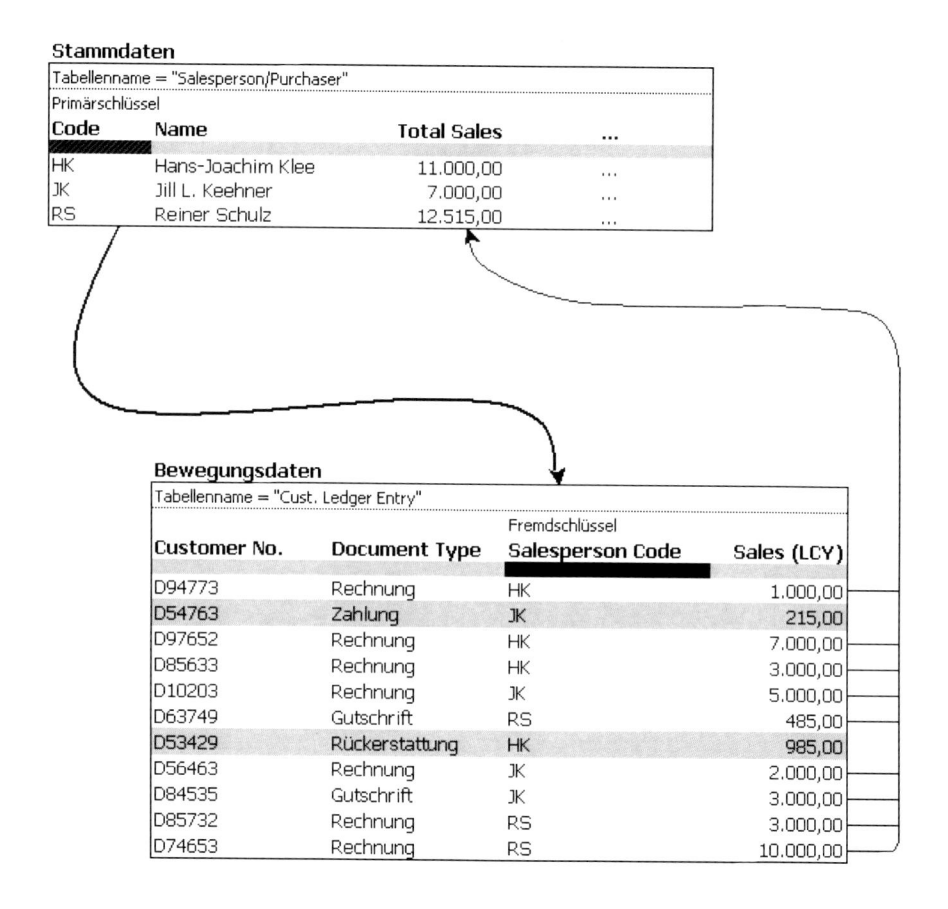

Code	Name	Total Sales	...
HK	Hans-Joachim Klee	11.000,00	...
JK	Jill L. Keehner	7.000,00	...
RS	Reiner Schulz	12.515,00	...

Bewegungsdaten
Tabellenname = "Cust. Ledger Entry"

Customer No.	Document Type	Fremdschlüssel Salesperson Code	Sales (LCY)
D94773	Rechnung	HK	1.000,00
D54763	Zahlung	JK	215,00
D97652	Rechnung	HK	7.000,00
D85633	Rechnung	HK	3.000,00
D10203	Rechnung	JK	5.000,00
D63749	Gutschrift	RS	485,00
D53429	Rückerstattung	HK	985,00
D56463	Rechnung	JK	2.000,00
D84535	Gutschrift	JK	3.000,00
D85732	Rechnung	RS	3.000,00
D74653	Rechnung	RS	10.000,00

Abb. 5.8: Gesamtumsatz FlowField Diagramm

5.2.4 Einfügen des „Umsatz" „FlowField" in die „Salesperson/Purchaser"-Tabelle

Fügen wir nun unser neues „FlowField" „Sales Total" in die Tabelle „Salesperson/Purchaser" ein. Gehen Sie auf „Extras > Object Designer". Klick en Sie dann auf die Schaltfläche „Table" auf der rechten Seite. Gehen Sie nun die Objektliste durch und suchen das Tabellenobjekt „Salesperson/Purchaser". Wählen Sie diese Tabelle aus und klicken dann auf die Schaltfläche „Design" am unteren Ende des Fensters. Gehen Sie nun bis an das Ende der Feldliste und fügen Sie ein neues Feld ein. Dem neuen Feld muss eine Kennungsnummer zugeordnet werden, die sowohl einmalig als auch durch Ihre Microsoft Navision-Lizenz zugelassen sein muss. Entscheiden wir uns für unser Beispiel für die Kennungsnummer 50000. Geben Sie nun dem Feld die Bezeichnung „Sales Total".

Da dieses Feld eine Summe der Werte aus dem Feld „Sales (LCY)" in der Tabelle „Cust. Ledger Entry" aufweisen wird, muss es von demselben „Data Type" und derselben „Length" sein wie das Feld „Sales (LCY)". Wie wir in dem „Field Menu" für das Formular „Debitorenposten" erfahren konnten, ist der „Field Type" der Variable „Sales (LCY)" auf „Decimal" eingestellt. Dieser „Data Type" besitzt keine anwenderdefinierte Länge, daher können wir die dazugehörige Spalte frei lassen.

Wir können jetzt die Eigenschaftenliste für unsere neue Variable öffnen. Gehen Sie auf „Ansicht > Properties". Der nächste Schritt besteht darin, Microsoft Navision mitzuteilen, dass diese Variable von dem besonderen Typ „FlowField" ist. Dazu müssen wir die Eigenschaft mit der Bezeichnung „FieldClass" von „Normal" auf „FlowField" umstellen. Sobald Sie die „FieldClass" umstellen, überträgt sich diese Änderung auf die Eigenschaftenliste der Variablen, in der eine neue Eigenschaft mit der Bezeichnung „CalcFormula" aufgezeigt wird. Das ist diejenige Eigenschaft, die die Formel festlegt, die Microsoft Navision zur Berechnung des Wertes für das „FlowField" anwenden wird. Klicken Sie jetzt auf die Eigenschaft „CalcFormula" und dann auf das Hilfefeld, das rechts in der Spalte erscheint. Das folgende Fenster erscheint:

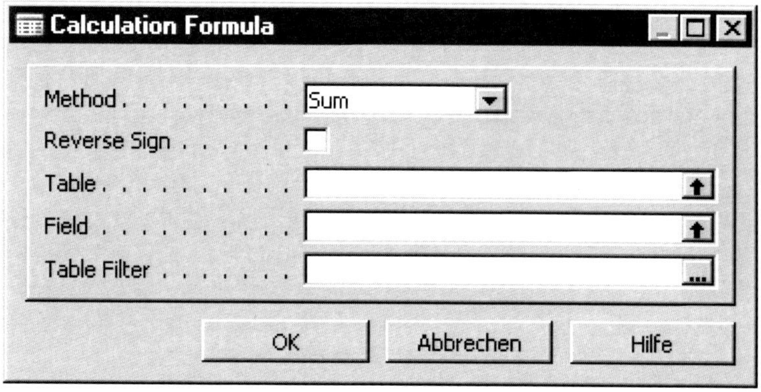

5.2 Die Verknüpfung aus Verkäufer und Verkäuferumsatz

Abb. 5.9: Fenster zur Formelberechnung

In dem Fenster „Calculation Formula" können Sie das Verfahren definieren, das Microsoft Navision anwenden wird, um Ihr „FlowField" zu füllen. Die erste Variable mit der Bezeichnung „Method" legt die Art der mathematischen oder logischen Operation fest, die Microsoft Navision bei seiner Berechnung anwenden soll. Die „Method"-Art „Sum" ist bei weitem die gebräuchlichste Art der „FlowField"-Operation, die auch wir verwenden werden, um die Verkaufsbeträge für unsere Variable „Sales Total" zu addieren.

Die Variable „Reverse Sign" ist nützlich, wenn wir verlangen wollen, dass Microsoft Navision bei der „FlowField"-Berechnung das Vorzeichen wechselt.

In der Variable „Table" müssen wir den Namen der Tabelle eingeben, mit der wir unser „FlowField" verknüpfen wollen. Das ist die Tabelle, die die Flussdaten enthält, die wir summieren wollen. In diesem Beispiel wollen wir eine Verknüpfung zu der Tabelle „Cust. Ledger Entry" herstellen, in der die Verkaufsbewegungen gespeichert sind. Tippen Sie die Bezeichnung ein oder klicken Sie auf das Hilfefeld, um sie aus der dann erscheinenden Tabellenliste auszuwählen.

Nachdem Sie jetzt die Tabelle ausgewählt haben, müssen Sie die Variable aus der verknüpfenden Tabelle eingeben, die Microsoft Navision summieren soll. In unserem Beispiel geben Sie das Feld „Sales (LCY)" ein oder wählen Sie die Bezeichnung aus der Feldliste aus.

Nun müssen wir Microsoft Navision mitteilen, welche Datensätze innerhalb der Tabelle summiert und welche nicht berücksichtigt werden sollen. Dazu müssen wir einen „Tabellenfilter" festlegen, den Microsoft Navision automatisch auf die verknüpfende Tabelle anwendet. Wir müssen einen Filter so einrichten, dass Microsoft Navision nur die Datensätze in der verknüpften Tabelle öffnet, die mit den Verkäufern unserer „FlowField"-Tabelle übereinstimmen. Zudem müssen wir einen Filter einstellen, der dafür sorgt, dass nur „Rechnungen" und „Gutschriften" summiert werden. Und schließlich muss ein Filter eingerichtet werden, der den Anwender das Zeitraster der Datensätze steuern lässt, die in unsere Umsatzsumme miteinbezogen werden. Klicken Sie auf das Hilfefeld in der Variablen „Table Filter". Das folgende Fenster erscheint:

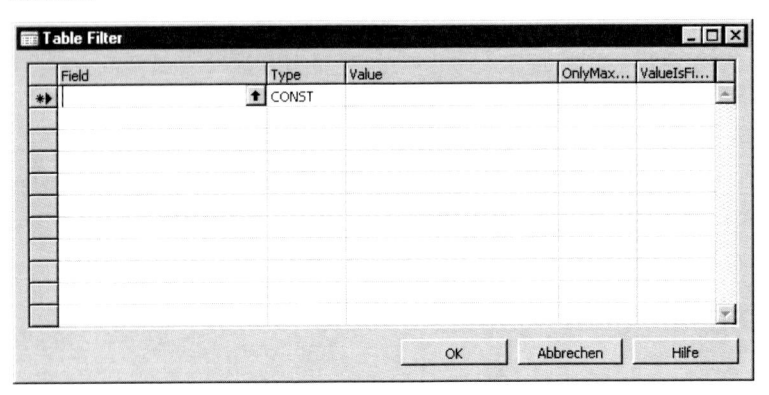

Abb. 5.10: Fenster Tabellenfilter

Hier werden die wesentlichen Details zu unserem „FlowField" festgelegt. In die Spalte ganz links müssen wir die Felder eintragen, auf die wir Filter setzen wollen, in der zweiten Spalte bestimmen wir die Art des Filters, den wir anwenden wollen und in der dritten Spalte tragen wir den Filter selbst ein.

Wenn wir einen Filter auf eine Tabelle setzen, haben wir für gewöhnlich nur die Möglichkeit, einen statischen Text einzugeben, den Microsoft Navision dann mit jedem Datensatz der Tabelle vergleicht. Hier in dem System „FlowField" - „Table Filter" haben wir jedoch nicht nur die Möglichkeit, einen statischen Text einzugeben, sondern auch eine Variable bzw. ein Feld, das unseren Filterbedingungen folgt. Dazu wählen Sie in der Spalte „Type" den Typ „Field" aus. Die Option „Type" mit der Bezeichnung „Filter" dient der Eingabe eines gewöhnlichen statischen Textfilters. Der „Type" „Constant" dagegen dient der Optioneneingabe aus der Optionenliste einer besonderen „Option"-Datentypvariablen, wie zum Beispiel der Variablen mit der „Caption"-Bezeichnung „Belegart".

5.2 Die Verknüpfung aus Verkäufer und Verkäuferumsatz

Bei der Verknüpfung unserer Tabellen müssen wir sichergehen, dass diese mindestens eine Variable gemeinsam haben. Diese gemeinsame Variable muss der Primärschlüssel der „FlowField"-Tabelle und ein Fremdschlüssel in der verknüpften Tabelle sein. Dazu müssen wir einen Filter anlegen, der es Microsoft Navision ermöglicht, in der Fremdtabelle Datensätze zu finden, die genau dem Wert in dem Primärschlüssel der „FlowField"-Tabelle entsprechen. Da dieser Filter der wichtigste ist, geben wir ihn zuerst ein.

Tippen Sie „Salesperson Code" entweder in die Spalte ganz links ein oder klicken Sie auf die Spalte, dann auf das daraufhin angezeigte Hilfefeld, um „Salesperson Code" aus der Feldliste auszuwählen. Als Nächstes wählen Sie die Option „Field" in der zweiten Spalte mit der Benennung „Type" aus. Tippen Sie schließlich „Code" in die Spalte „Value" oder wählen Sie die Bezeichnung aus der Feldliste aus, die erscheint, wenn sie auf den Pfeil in der Spalte „Value" klicken.

Als nächsten Schritt müssen wir Microsoft Navision mitteilen, dass wir in die „FlowField"-Summe ausschließlich „Rechnungen" und „Gutschriften" miteinbezogen haben wollen. Diese Information ist in der Variablen unter der „Caption"-Bezeichnung „Belegart" enthalten, die dem „Field"-Namen „Document Type" entspricht. In der Entwicklungsumgebung müssen wir für die Variable die „Field"-Benennung verwenden. Wählen Sie also „Document Type" aus der Feldliste der Spalte ganz links aus oder geben Sie den Namen einfach in der Spalte ein. Aus der zweiten Spalte mit dem Titel „Type" wählen Sie dann „Filter" aus. Geben Sie als Nächstes den Text „Invoice|Credit Memo" in die Spalte „Value" ein. Auf diese Weise wird Microsoft Navision nur zu den Datensätzen innerhalb der „Debitorenposten" Zugang haben, dort wo die „Belegart" entweder einer „Rechnung" oder einer „Gutschrift" entspricht.

Wir benötigen noch einen letzten Filter, durch den wir das Zeitraster der Verkäufe kontrollieren können. An dieser Stelle wollen wir keinen statischen Textfilter einsetzen, sondern wären gern in der Lage, dieses Zeitraster von dem „FlowFilter"-Fenster des Endanwenders aus zu ändern. Hierzu müssen wir eine weitere besondere Filterfunktion des „FlowField" nutzen.

Zusätzlich zu den „FlowFields" weist Microsoft Navision noch einen besonderen Feldtyp mit der Bezeichnung „FlowFilter" auf. Bereits zuvor, als wir das Feld „Lagerbestand" behandelten, ist diese Art von Feld Gegenstand der Betrachtung gewesen. So wie wir einen „FlowFilter" in der Endanwenderumgebung verwendet haben, um die Art und Weise zu bestimmen, in der Microsoft Navision den „Lagerbestand" berechnet, fügen wir auch einen „FlowFilter" in unser Umsatz-"FlowField" ein. Das bedeutet, dass der Endanwender dann die Berechnung „Sales Total" mit derselben Methode steuern kann, wie sie bereits in Bezug auf den „Lagerbestand" angewandt wurde.

Wir verlangen von unserem neuen „FlowField" „Sales Total" eine Abhängigkeit von dem Datum der Bewegungen, die es summiert. Aus der Endanwenderumgebung haben wir bereist ersehen, dass wir den Zeitraum summierter Bewegungen mit dem „FlowFilter" „Datumsfilter" steuern können. Als wir uns zum Beispiel in dem „Kontenplan" befanden und in der Spalte „Bewegung" ausschließlich die Gesamtbeträge diesen Jahres aufgezeigt haben wollten. Um dies zu erreichen, stellten wir den „Datumsfilter" in dem „FlowFilter"-Fenster auf „01.01.2004.." ein. Danach zeigte uns die Variable „Bewegung" ausschließlich die Summe der seit dem 1. Januar 2004 stattgefundenen Bewegungen an. Das bedeutet, dass das Feld „Bewegung" von dem „FlowField" „Datumsfilter" abhängt. Um dies auch mit unserem Feld „Sales Total" zu erreichen, müssen wir zunächst einmal die entsprechende Feldbezeichnung des „Datumsfilters" finden und diese dann in das Fenster „Filter Table" des Feldes „Sales Total" eingeben.

Die zutreffende Feldbezeichnung des „Datumsfilters" lässt sich in der Tabelle „Salesperson/Purchaser" finden. Wir müssen zudem den Namen des Datumsfeldes herausfinden, das in der Tabelle „Cust. Ledger Entry" von dem Filter gesteuert werden soll.

Die Feldbezeichnung des „Datumsfilters" finden wir heraus, indem wir das Feldmenü des Formularfensters „Verkäufer/Einkäufer" durchsuchen, das bereits oben gezeigt wurde. Hier sehen wir die Variable mit der „Caption"-Bezeichnung „Datumsfilter". Der Feldname dieser Variablen ist „Date Filter".

Nun müssen wir die Bezeichnung des Feldes in der Tabelle „Cust. Ledger Entry" herausfinden, das das Buchungsdatum enthält. Wir können diese dem Feldmenüfenster des obigen Formulars „Debitorenposten" entnehmen. Die Feldbenennung des Buchungsdatums lautet „Posting Date".

Jetzt sind wir soweit, dass wir zu den Detaildefinitionen unseres neuen „FlowField" „Sales Total" zurückkehren können, um den Zeitrasterfilter festzulegen. Geben Sie in der Spalte ganz links des Fensters „Table Filters" den Text „Posting Date" ein. Wählen Sie

5.2 Die Verknüpfung aus Verkäufer und Verkäuferumsatz

dann aus der Liste „Type" der zweiten Spalte den Typ „Field" aus. Tragen Sie schließlich in die dritte Spalte mit der Bezeichnung „Value" den Feldnamen „Date Filter" ein. Das Fenster „Table Filter" sieht nun wie folgt aus:

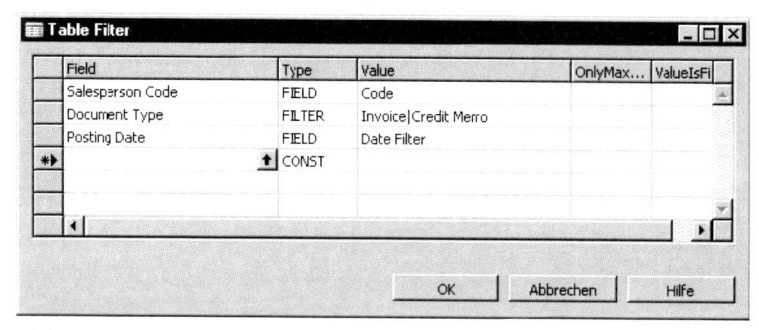

Field	Type	Value	OnlyMax...	ValueIsFi
Salesperson Code	FIELD	Code		
Document Type	FILTER	Invoice|Credit Memo		
Posting Date	FIELD	Date Filter		
	CONST			

Abb. 5.11: Fenster Tabellenfilter

Klicken Sie auf „OK" und das Fenster „Calculation Formula" erscheint wieder. Sie haben dann folgendes Fenster vor Augen:

Method	Sum
Reverse Sign	☐
Table	Cust. Ledger Entry
Field	Sales (LCY)
Table Filter	Salesperson Code=FIELD(Code),Do...

Abb. 5.12: Fenster zur Formelberechnung

Klicken Sie „OK", um zu dem Eigenschaftenfenster von „Sales Total" zurückzukehren. Das folgende Fenster erscheint:

5 Erstellen neuer „FlowFields"

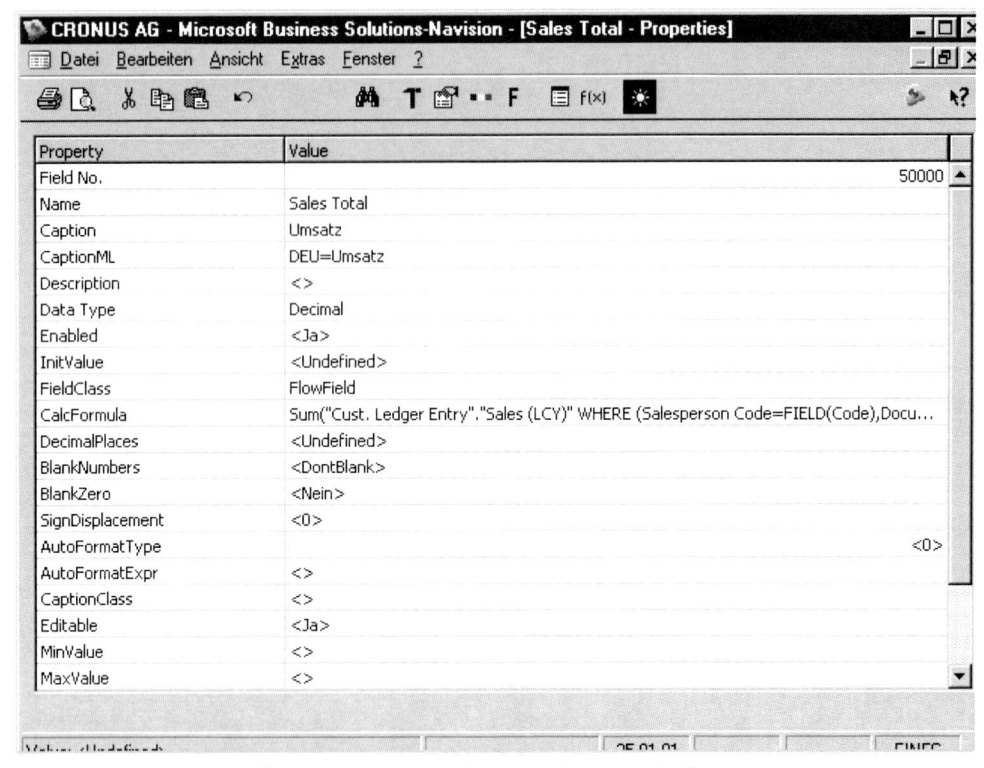

Property	Value
Field No.	50000
Name	Sales Total
Caption	Umsatz
CaptionML	DEU=Umsatz
Description	<>
Data Type	Decimal
Enabled	<Ja>
InitValue	<Undefined>
FieldClass	FlowField
CalcFormula	Sum("Cust. Ledger Entry"."Sales (LCY)" WHERE (Salesperson Code=FIELD(Code),Docu...
DecimalPlaces	<Undefined>
BlankNumbers	<DontBlank>
BlankZero	<Nein>
SignDisplacement	<0>
AutoFormatType	<0>
AutoFormatExpr	<>
CaptionClass	<>
Editable	<Ja>
MinValue	<>
MaxValue	<>

Abb. 5.13: Fenster Sales Total Eigenschaften

In der Eigenschaft „CalcFormula" hat Microsoft Navision automatisch eine Formel aus den Parametern aufgestellt, die Sie in die Fenster „Calculation Formula" und „Table Filters" eingegeben haben. Diese Formel ist in einer SQL-Syntax abgefasst, die diese Datenbank schnell auswerten kann.

Geben wir unserem neuem Feld einen Anwendungstitel, den der Endanwender in seinen Formularen, Berichten und Ansichten angezeigt bekommt. Geben Sie in die Eigenschaft „Caption" den Text „Umsatz" ein. Wie Sie erkennen können, gibt Microsoft Navision diesen Text automatisch in die Eigenschaft „CaptionML" ein, zusammen mit dem Sprachschlüssel „DEU" davor, um anzuzeigen, dass dies die deutsche Entsprechung für die Feldbezeichnung „Sales Total" ist.

Die Eigenschaft „Editable" sollten wir nun auf „Nein" setzen. Dies ist sinnvoll, da ein „FlowField" keine Daten speichert und es daher von wenig Nutzen ist, wenn der Anwender versucht, Daten darin einzugeben.

Drücken Sie einmal „ESC", um das Fenster Feldeigenschaften zu verlassen, und dann noch einmal, um die Tabelle „Salesperson/Purchaser" zu schließen. Wenn Microsoft Navision Sie fragt, ob Sie die Änderungen speichern möchten, klicken Sie auf „OK".

5.2.5 Indizierung der Umsatztransaktion für das „Umsatz" „FlowField"

Wir haben jetzt die Eingabe und Bestimmung unseres neuen „FlowField" in der Tabelle „Salesperson/Purchaser" beendet. Als Nächstes müssen wir einen neuen Index in der Bewegungstabelle erstellen, damit Microsoft Navision für das „FlowField" eine Summe der Datensätze einrichten kann. Daher müssen wir die Tabelle öffnen, die wir mit unserem „FlowField" verknüpft haben. Gehen Sie auf „Extras > Object Designer" und klicken auf die Schaltfläche „Table". Suchen Sie die Tabelle mit der Benennung „Cust. Ledger Entry" und klicken auf die Schaltfläche „Design" am unteren Ende Ihres Bildschirms.

Da wir uns jetzt in der Tabelle „Cust. Ledger Entry" befinden, müssen wir einen neuen Schlüssel und Index einfügen, damit unser „FlowField" die Datensätze in dieser Tabelle verwalten kann. Gehen Sie auf „Ansicht > Keys". Das folgende Fenster öffnet sich:

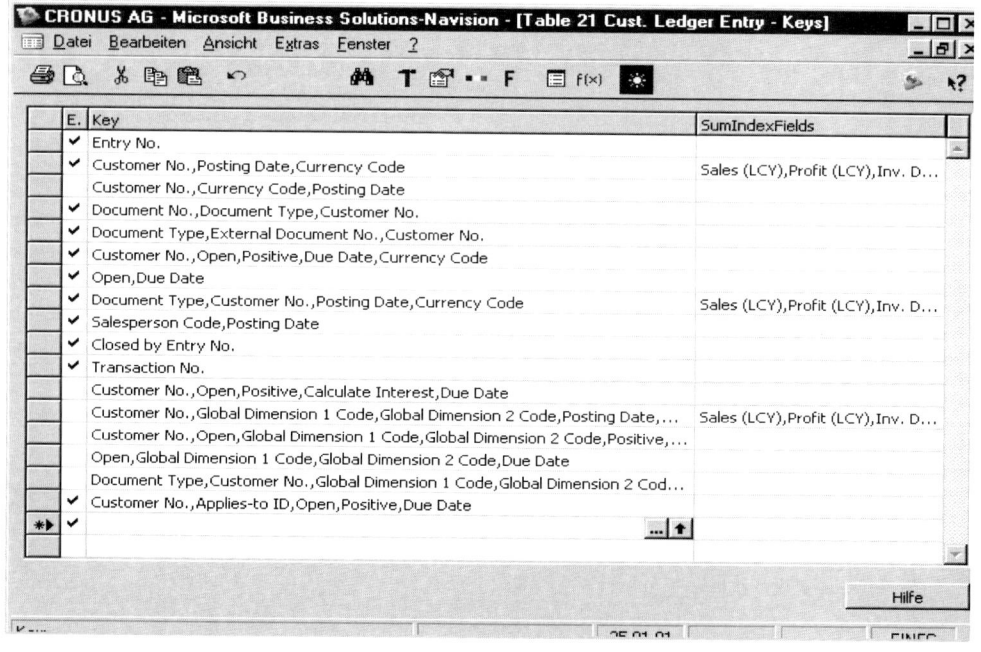

Abb. 5.14: Customer Ledger Entry Schlüssel

Der neue Schlüssel, den wir anlegen, muss mit dem Primärschlüssel unserer „FlowField"-Tabelle beginnen, damit Microsoft Navision die in dieser Tabelle enthaltenen Informationen entsprechend der Daten in unserer Stammdatentabelle ordnen kann. Für dieses Beispiel bedeutet dies, dass wir die „Debitorenposten" zunächst nach dem „Verkäufercode" sortieren wollen. Klicken Sie also auf die Spalte „Key" und dann auf das erste Hilfefeld. Das folgende Fenster erscheint:

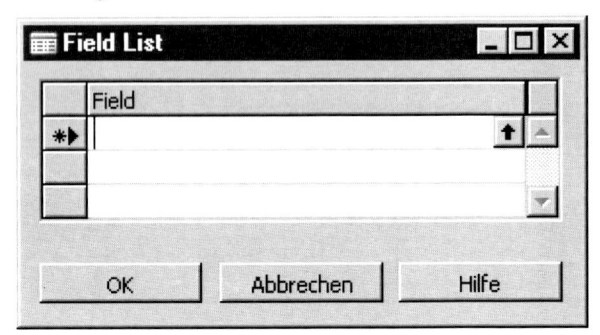

Abb. 5.15: Fenster FieldList

In diesem Fenster müssen wir die Variablen eingeben, die wir von Microsoft Navision für unser „FlowField" „Sales Total" organisiert haben wollen. Geben Sie entweder folgende Felder ein oder wählen sie diese aus der Feldliste aus, die durch Klicken auf das Hilfefeld erscheint: „Salesperson Code", „Document Type" und „Posting Date". Klicken Sie dann auf „OK". Ein weiteres Mal erscheint folgendes Fenster (seihe Abb. 5.16):

Geben Sie in der Spalte mit der Bezeichnung „SumIndexFields" die Feldbenennung „Sales (LCY)" ein. Dieser neue Schlüssel wird Microsoft Navision veranlassen, die „Debitorenposten" zunächst nach „Verkäufercode", dann nach „Belegart" und daraufhin nach „Buchungsdatum" zu sortieren und schließlich das Feld „Verkauf (MW)" innerhalb dieser Datensätze zu summieren. Drücken Sie jetzt zweimal „ESC" und beantworten Sie die Frage von Microsoft Navision bezüglich des Speicherns der Änderungen mit „Ja".

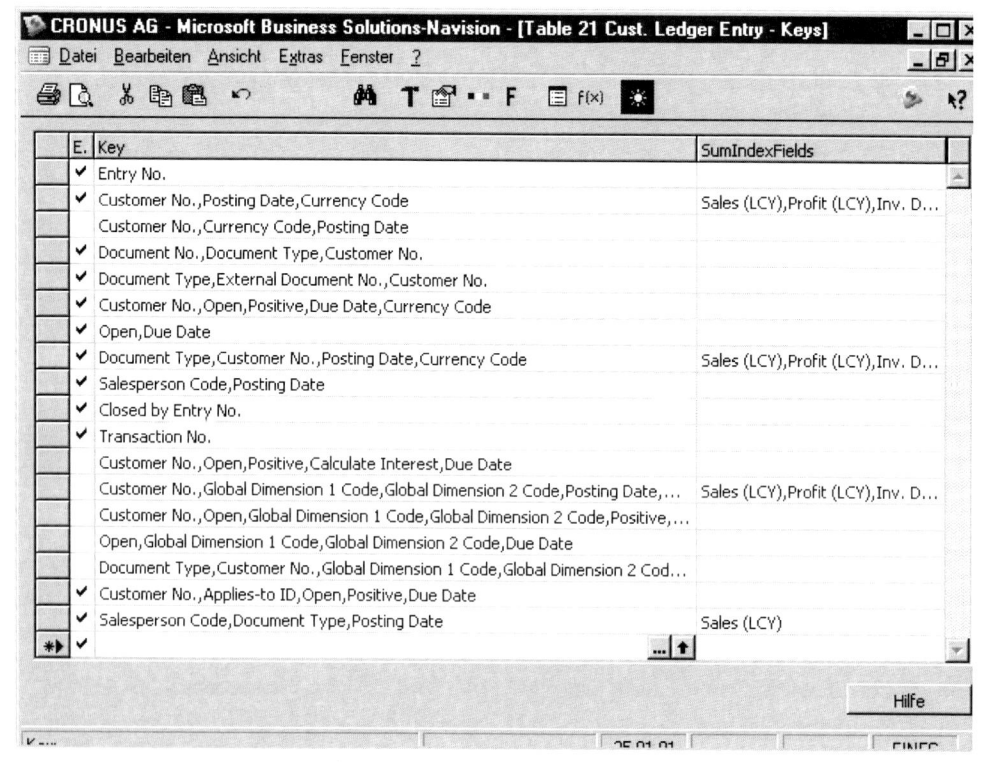

5.2 Die Verknüpfung aus Verkäufer und Verkäuferumsatz

Abb. 5.16: Customer Ledger Entry Schlüssel

5.2.6 Darstellung des neuen „FlowField"

Wir haben nun die Hauptarbeit bei der Erstellung unseres „Flow-Field" ausgeführt; es bleibt die Darstellung dieser neuen Information festzulegen. Zeigen wir unser neues „FlowField" in den Formularen mit den Bezeichnungen „Verkäufer-/Einkäuferkarte" und in der „Verkäufer/Einkäufer"-„Übersicht". Drücken Sie einmal „ESC", um in die Endanwenderumgebung zurückzukehren, und gehen dann auf „Verkauf & Marketing > Verkauf > Verkäufer".

Öffnen Sie als Nächstes die interne Struktur der „Verkäufer-/Einkäuferkarte", indem Sie „STRG + F2" drücken. Gehen Sie auf „Ansicht > Field Menu" und suchen Sie nach unserem neuen „FlowField" unter der Feldbenennung „Sales Total" oder unter der „Caption"-Bezeichnung „Umsatz". Doppelklicken Sie auf das Feld „Sales Total" und ziehen Sie dieses dann hinüber in die Karteikarte. Fügen Sie dieses Feld für unser Beispiel in die Registerkarte „Fakturierung" ein, dem zweiten Tabulatorsprung der Karteikarte. Drücken Sie dann „ESC“ und speichern Ihre Änderungen. Drücken Sie „ESC“ ein weiteres Mal und gehen dann wieder auf die „Verkäufer-/Einkäuferkarte“, um die Änderungen erneut zu laden.

Klicken Sie als Nächstes auf das Bildzeichen mit dem nach oben gerichteten Pfeil oder drücken „F5“, um die Verkäuferliste zu öffnen. Öffnen Sie die interne Struktur dieses Formulars, indem Sie „STRG + F2“ drücken, und fügen Sie dann „Sales Total“ aus dem „Field Menu“ in das Formular ein. Drücken Sie „ESC“, speichern Sie ihre Änderungen und öffnen Sie dann wieder die Verkäuferliste. Sie haben nun folgendes Fenster vor Augen:

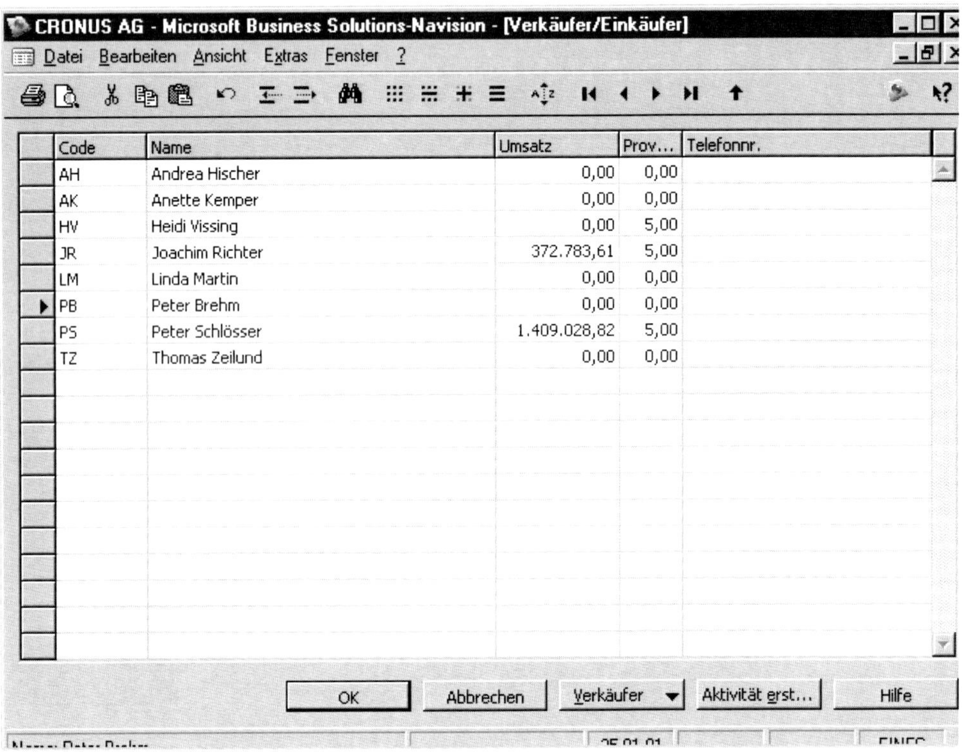
CRONUS AG - Microsoft Business Solutions-Navision - [Verkäufer/Einkäufer]
Datei Bearbeiten Ansicht Extras Fenster ?
Code Name Umsatz Prov... Telefonnr.
AH Andrea Hischer 0,00 0,00
AK Anette Kemper 0,00 0,00
HV Heidi Vissing 0,00 5,00
JR Joachim Richter 372.783,61 5,00
LM Linda Martin 0,00 0,00
PB Peter Brehm 0,00 0,00
PS Peter Schlösser 1.409.028,82 5,00
TZ Thomas Zeilund 0,00 0,00
OK
Abbrechen
Verkäufer
Aktivität erst...
Hilfe

Abb. 5.17: Tabelle Verkäufer/Einkäufer

Wenn Sie auf unser neues „FlowField“ „Umsatz“ klicken und dann auf das erscheinende Hilfefeld, dann werden die einzelnen Umsatzbewegungen angezeigt. Klicken Sie zum Beispiel in den Wert „Umsatz“ für den Verkäufer mit dem Namen „Peter Schlösser“. Das folgende Fenster erscheint:

5.2   *Die Verknüpfung aus Verkäufer und Verkäuferumsatz*

Buchung...	Belegart	Belegnr.	Debitore...	Beschreibung	Ursprungsbe...	Betrag
30.06.00	Rechnung	103022	10000	Rechnung SVR0000001	0,20	0,20
30.06.00	Rechnung	103023	10000	Rechnung SVR0000002	0,19	0,19
01.07.00	Rechnung	103027	10000	Rechnung SVR0000006	5,86	5,86
01.07.00	Rechnung	103034	10000	Rechnung SVR0000013	5,50	5,50
01.08.00	Rechnung	103028	10000	Rechnung SVR0000007	5,86	5,86
01.08.00	Rechnung	103035	10000	Rechnung SVR0000014	5,50	5,50
01.09.00	Rechnung	103029	10000	Rechnung SVR0000008	5,86	5,86
01.09.00	Rechnung	103036	10000	Rechnung SVR0000015	5,50	5,50
01.10.00	Rechnung	103030	10000	Rechnung SVR0000009	5,86	5,86
01.10.00	Rechnung	103037	10000	Rechnung SVR0000016	5,50	5,50
01.11.00	Rechnung	103031	10000	Rechnung SVR0000010	5,86	5,86
01.11.00	Rechnung	103038	10000	Rechnung SVR0000017	5,50	5,50
01.12.00	Rechnung	103032	10000	Rechnung SVR0000011	5,86	5,86
01.12.00	Rechnung	103039	10000	Rechnung SVR0000018	5,50	5,50
01.12.00	Rechnung	103041	40000	Rechnung SVR0000020	5,72	5,72
03.12.00	Rechnung	103020	50000	Rechnung 1002	958,28	958,28
11.12.00	Rechnung	103019	40000	Rechnung 1001	1.909,71	1.909,71
31.12.00	Rechnung	00-1	10000	Eröffnungsposten, Debitoren	39.322,91	39.322,91

Abb. 5.18: Debitorenposten

Wie Sie erkennen können, zeigt uns Microsoft Navision ausschließlich die Bewegungen für „Rechnungen" und „Gutschriften" an, genau so, wie wir es uns vorgestellt haben.

Sie und Ihre Chefin haben jetzt unverzüglich hundertprozentig aktuelle Informationen über den Umsatz aller Verkäufer Ihrer Firma zur Hand, dies auch immer jeweils mit den Details eines jeden Kundenauftrags verbunden.

6 Erstellen eines einfachen Berichts

In Kapitel 5 wird die innere Struktur eines Berichts behandelt. Dazu wird ein Beispielbericht erstellt. Weiterhin werden alle Konzepte der vorherigen Kapitel eingesetzt.

6.1 Bericht, um Umsatzinformationen als Druckausgabe zu erhalten

Das leistungsfähigste und flexibelste Werkzeug für die Bearbeitung und Darstellung von Daten in Microsoft Navision ist der Bericht. Das Berichtobjekt kann dazu verwendet werden, alles von einer automatisierten Preisänderung im Artikelkatalog bis hin zur Erstellung eines komplexen Finanzanalyse-Printouts durchzuführen. Von daher kann es sich bei Berichtprogrammen um sehr einfache bis hin zu sehr komplexen Programmen handeln. In dem folgenden Abschnitt werden wir einen einfachen Bericht anlegen, wobei wir einige Eigenschaften hinzufügen werden, um Ihnen den allgemeinen Aufbau des Berichts näher zu bringen.

Nehmen wir an, Ihre Chefin zeigt sich sehr zufrieden mit dem neuen von Ihnen angelegten „FlowField" „Umsatz". Sie möchte von Ihnen, dass Sie einen Bericht erstellen, der die Umsatzergebnisse produktgebunden anzeigt statt, wie es bei dem „FlowField" der Fall ist, mit den Kundenrechnungen verknüpft. Zusätzlich möchte sie in diesem Bericht den „Deckungsbeitrag" und den „Provisionsbetrag" pro Artikel angezeigt bekommen. Das Ganze wünscht sie in druckbarem Format, damit sie dieses den Verkäufern vorlegen und sie dazu anhalten kann, sich auf die Produkte mit hoher Gewinnspanne zu konzentrieren.

Wenn Sie eine gedruckte Analyse erstellen wollen, müssen Sie dazu ein Berichtobjekt verwenden. Wie bei fast allem innerhalb der Entwicklungsstrategie, baut unser Programm auch hier auf den Grundprinzipien der relationalen Datenorganisation auf. Daher müssen wir eine Hierarchie verknüpfter Tabellen erstellen sowie Filter auf die Datensätze innerhalb dieser Tabellen setzen, und schließlich müssen wir Entscheidungen über die aufgefundenen Informationen treffen.

6.2 Suche nach den Quelltabellen und -feldern für den Bericht

Beginnen wir damit, die notwendigen Tabellen, Tabellenbezeichnungen, Schlüssel, Felder und Feldbezeichnungen zusammenzusuchen.

6.2.1 Lokalisieren der Verkäufertabellen und -felder

Nachdem wir die Informationen zusammengetragen haben, erstellen wir ein Diagramm, welches das Datenmodell unserer gewünschten Tabellenbezüge darstellt.

Die Chefin möchte die Produktverkäufe nach Verkäufer geordnet dargestellt bekommen, daher müssen wir unser Programm ein weiteres Mal auf der Verkäufertabelle basieren lassen. Wir haben bereits im vorangegangenen Beispiel im Abschnitt „Erstellen neuer „FlowFields"" auf die Informationen über die Verkäufertabelle zurückgegriffen, von daher können wir einfach die Daten aus dem vorigen Abschnitt wieder verwenden.

Die Benennung der Tabelle, in der die Verkäufer gespeichert sind, ist die Tabelle „Salesperson/Purchaser". Die Feldbezeichnung des Primärschlüssels lautet „Code" und enthält den Verkäufercode. Außerdem benötigen wir für diese Aufgabe eine zusätzliche Variable aus der „Salesperson/Purchaser"-Tabelle. Diese Variable hat den Anwendungstitel „Provision %" und die Feldbezeichnung „Commission %". Wir benötigen diese Variable zur Berechnung der Provision, die der Verkäufer aus jedem Verkauf eines Produkts erhält. Beachten Sie, dass diese Provision in Prozent angegeben ist, das heißt, in einem Bereich von 1 bis 100. Daher müssen wir die „Commission %" zunächst durch 100 teilen, bevor wir sie mit dem Umsatz multiplizieren, um die korrekte Umsatzprovision zu erhalten.

6.2.2 Lokalisieren von Tabellen und Feldern mit Umsatzinformationen

Nun müssen wir eine Tabelle finden, die ein Feld für den Verkäufercode, die Produktdaten und schließlich für die Umsatzinformationen enthält. Es ist möglich, dass bisher keine einzelne Tabelle in Microsoft Navision existiert, die alle diese Daten gemeinsam speichert. Wenn die von uns benötigten Informationen sich nicht in einer einzelnen Tabelle befinden, muss der Bericht diese Daten indirekt miteinander verknüpfen. Solche indirekten Tabellenbezüge erhöhen die Komplexität eines Berichts erheblich. Die besondere Nützlichkeit eines Berichts liegt in seiner Funktion, Daten aus dem gesamten Programm zusammenzutra-

6.2 Suche nach den Quelltabellen und -feldern für den Bericht

gen, unabhängig von der Tatsache, dass diese sich in vielen unterschiedlichen Tabellen befinden können. Für unser Beispiel ist glücklicherweise bereits solch eine einzelne Tabelle in Microsoft Navision vorhanden, die alle für unsere Produktumsatzbewegungen benötigten Daten enthält.

Sehen wir zunächst einmal in der „Artikelkarte" nach, in der die Produktdaten höchstwahrscheinlich zu finden sind. Gehen Sie auf „Lager > Planung & Ausführung > Artikel". Wir benötigen die historischen Daten bezüglich der Produkte, schauen wir deshalb unter „Artikelposten" nach. Zu den „Artikelposten" gelangen Sie, indem Sie auf die Schaltfläche „Artikel" am unteren Ende des Bildschirms und dann auf „Posten > Posten" klicken. Das folgende Fenster erscheint:

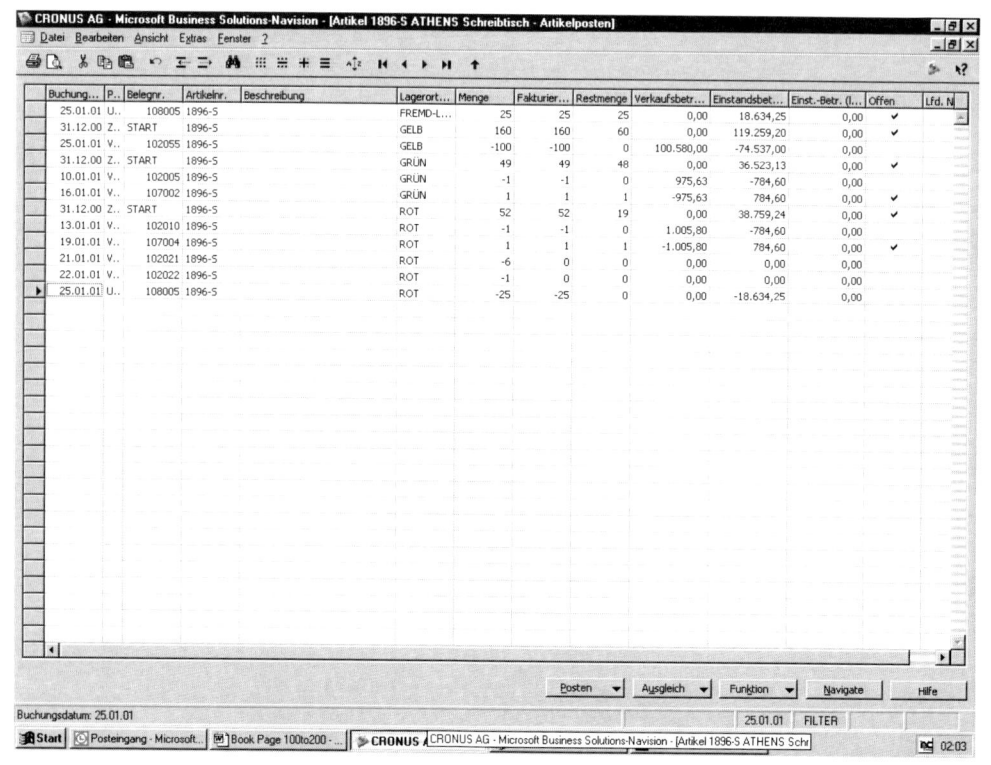

Abb. 6.1: Fenster Artikelposten

Sehen wir nach, ob das Feld, das wir mit unserer „Salesperson/Purchaser"-Tabelle verbinden müssen, hier zu finden ist. Verwenden wir dazu die „Zoom"-Funktion. Gehen Sie auf „Extras > Zoom". Wie Sie sehen, ist hier kein „Verkäufercode" angezeigt.

6   Erstellen eines einfachen Berichts

Das bedeutet, dass Sie die „Artikelposten" nicht direkt mit der Tabelle „Salesperson/Purchaser" verknüpfen können.

Sehen wir uns die „Artikelposten" etwas genauer an. Betrachten Sie die Spalte „Verkaufsbetrag (tatsächl.)" etwas näher. Wenn Sie auf einen Eintrag in dieser Spalte klicken, sehen Sie, dass ein Hilfepfeil erscheint. Das sollte Ihnen sofort verdeutlichen, dass die Variable „Verkaufsbetrag (tatsächl.)" ein „FlowField" ist und nur eine aus einer verknüpften Tabelle errechnete Summe anzeigt. Sehen wir uns an, was sich in der mit diesem „FlowField" verknüpften Tabelle befindet. Klicken Sie auf den Pfeil in der Spalte „Verkaufsbetrag (tatsächl.)". Entfernen Sie dort den vorhandenen „Tabellenfilter", indem Sie auf das Bildzeichen „Alle anzeigen" klicken. Das folgende Fenster erscheint:

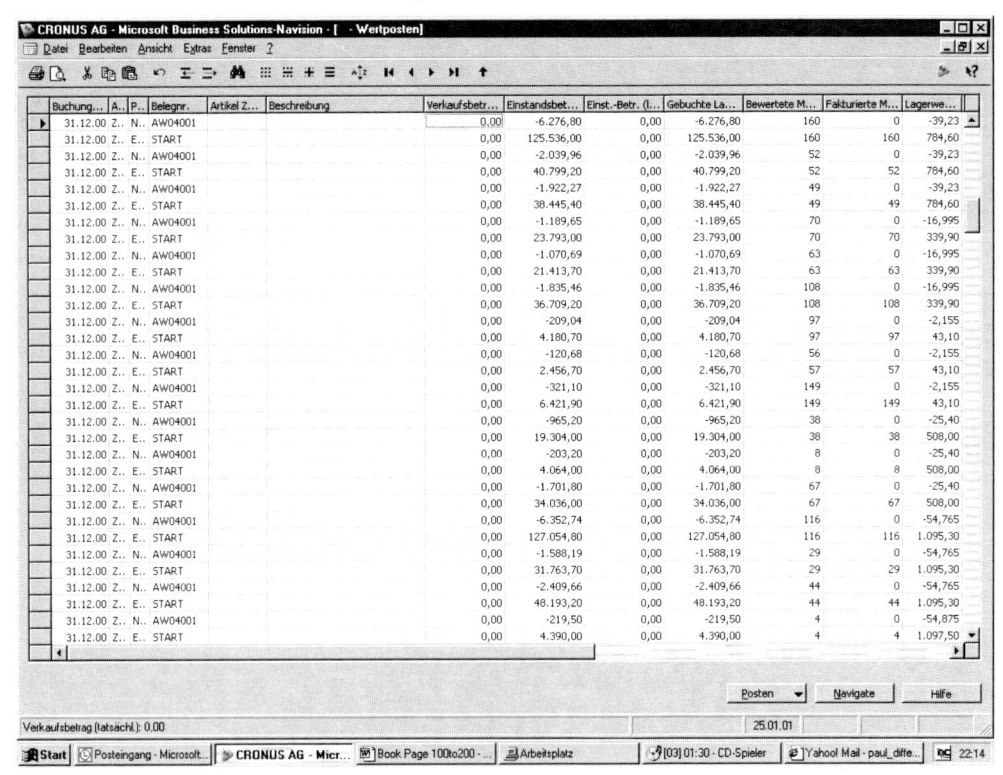

Abb. 6.2: Tabellenansicht Wertposten

Hier ist eine Tabellenansicht mit der Bezeichnung „Wertposten" angezeigt. In dieser Tabellenansicht ist die Variable „Verkaufsbetrag (tatsächl.)" kein „FlowField", sondern ein fester, in einer Tabelle eingeschriebener Betrag. Sehen wir nach, ob der Primär-

144

6.2 Suche nach den Quelltabellen und -feldern für den Bericht

schlüssel unserer „Salesperson/Purchaser"-Tabelle in der dieser Ansicht zu Grunde liegenden Tabelle enthalten ist. Gehen Sie auf „Extras > Zoom", um alle Variablen der der Tabellenansicht „Wertposten" zu Grunde liegenden Tabelle angezeigt zu bekommen. Das folgende Fenster erscheint:

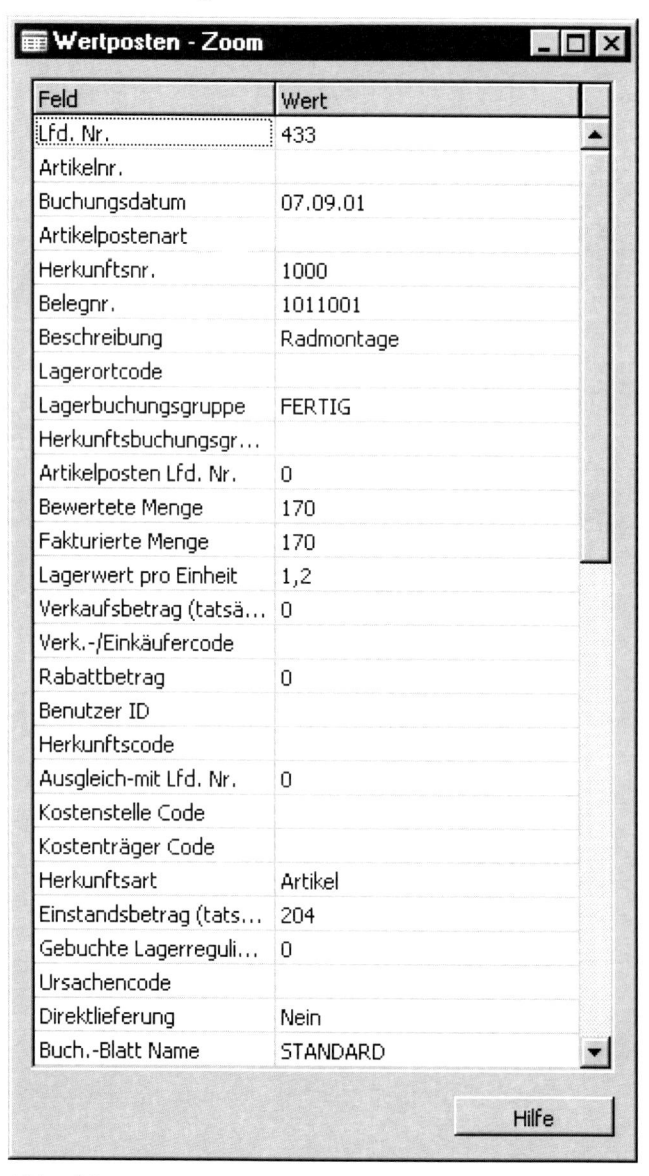

Feld	Wert
Lfd. Nr.	433
Artikelnr.	
Buchungsdatum	07.09.01
Artikelpostenart	
Herkunftsnr.	1000
Belegnr.	1011001
Beschreibung	Radmontage
Lagerortcode	
Lagerbuchungsgruppe	FERTIG
Herkunftsbuchungsgr...	
Artikelposten Lfd. Nr.	0
Bewertete Menge	170
Fakturierte Menge	170
Lagerwert pro Einheit	1,2
Verkaufsbetrag (tatsä...	0
Verk.-/Einkäufercode	
Rabattbetrag	0
Benutzer ID	
Herkunftscode	
Ausgleich-mit Lfd. Nr.	0
Kostenstelle Code	
Kostenträger Code	
Herkunftsart	Artikel
Einstandsbetrag (tats...	204
Gebuchte Lagerreguli...	0
Ursachencode	
Direktlieferung	Nein
Buch.-Blatt Name	STANDARD

Abb. 6.3: Wertposten in Zoom Ansicht

Hier sehen wir alle für unser gegenwärtiges Projekt notwendigen Variablen. Sie haben nicht exakt die gleichen Benennungen und sind sonderbar leer. Die Variable „Verk./Einkäufercode" entspricht dem Primärschlüsselfeld „Code" in der Verkäufertabelle. Durch das Feld „Verk./Einkäufercode" können wir eine Verknüpfung zu dem Primärschlüssel unserer Tabelle „Salesperson/Purchaser" schaffen.

Ebenfalls finden wir hier die Variable „Artikelnr." vor, die wir dazu verwenden können, das Produkt in jeder Bewegung zu verfolgen. Außerdem haben wir die Kostenvariable „Einstandsbetrag (tatsächl.)" zur Hand, die zur Berechnung des „Deckungsbeitrags" eines jeden verkauften Produkts notwendig ist. Beachten Sie, dass der Kostenwert „Einstandsbetrag (tatsächl.)" bereits mit einem negativen Vorzeichen erfasst ist. Gehen wir für dieses Beispiel davon aus, dass der „Deckungsbeitrag" dem Umsatzbetrag zuzüglich des negativen „Einstandsbetrags (tatsächl.)" entspricht. Schließlich können wir hier auch die Variable mit der Bezeichnung „Verkaufsbetrag (tatsächl.)" sehen, die die notwendigen Umsatzdaten enthält.

Die nächste Frage ist, wie kommt es, dass diese Variablen hier vollkommen leer sind? Wird dies Schwierigkeiten bei der Verknüpfung unserer beiden Tabellen verursachen? Die Antwort auf diese Frage ist Nein. Wir müssen darauf achten, dass wir die Tabellen nur dort miteinander verknüpfen, wo eine Übereinstimmung zwischen den Variablen „Verk./Einkäufercode" und „Code" innerhalb unserer Tabelle „Salesperson/Purchaser" besteht. Der Grund, warum diese Variablen hier leer sind, besteht darin, dass das „Zoom"-Fenster zur Zeit einen Datensatz anzeigt, der eine firmeninterne Produktbewegung betrifft. Die oben dargestellte Produktbewegung ist das Ergebnis einer Produktionsbewegung und involviert dementsprechend keinen Verkäufer. Entsteht allerdings eine Produktbewegung aufgrund eines Verkaufs, wird sie in dieser Tabelle festgehalten. Die Produktverkaufsdaten werden dann den Verkäufercode mit einbeziehen. Sie können sich davon überzeugen, indem Sie die „Zoom"-Funktion bei anderen „Wertposten" einsetzen, in denen eine Verkaufsbewegung Gegenstand ist.

Jetzt, da wir eine geeignete Bewegungstabelle gefunden haben, müssen wir deren Benennung und die Feldbezeichnungen der Variablen herausfinden, die wir aus der Tabelle benötigen. Drücken Sie „STRG + F2", um die interne Struktur des Formulars zu öffnen. Klicken Sie in den leeren grauen Bereich außerhalb des Formularobjekts und gehen dann auf „Ansicht > Properties". Sie

6.2 Suche nach den Quelltabellen und -feldern für den Bericht

werden entdecken, dass der Name der zu Grunde liegenden Tabelle „Value Entry" lautet, was aus der Eigenschaft „SourceTable" hervorgeht. Als Nächstes verlassen Sie die Eigenschaften, indem Sie „ESC" drücken und öffnen dann das „Field Menu", indem Sie auf „Ansicht > Field Menu" gehen. Das folgende Fenster erscheint:

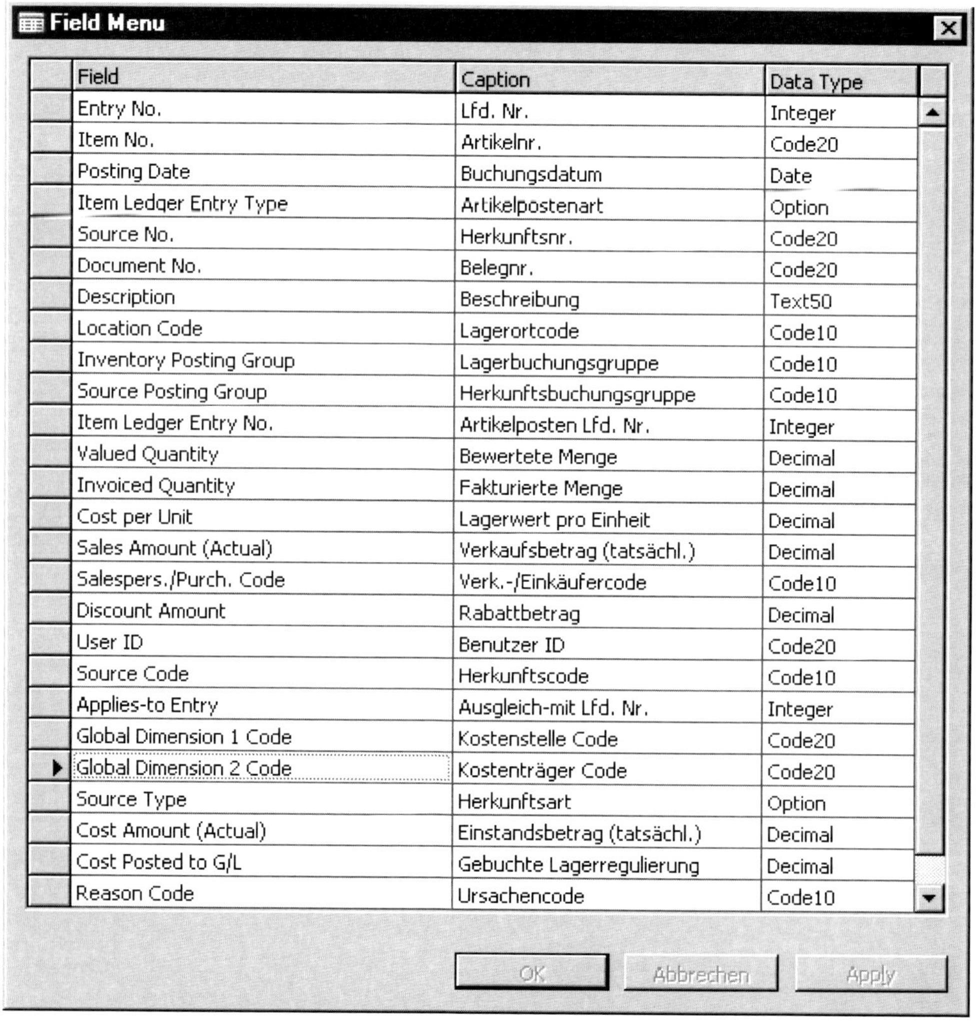

Field	Caption	Data Type
Entry No.	Lfd. Nr.	Integer
Item No.	Artikelnr.	Code20
Posting Date	Buchungsdatum	Date
Item Ledger Entry Type	Artikelpostenart	Option
Source No.	Herkunftsnr.	Code20
Document No.	Belegnr.	Code20
Description	Beschreibung	Text50
Location Code	Lagerortcode	Code10
Inventory Posting Group	Lagerbuchungsgruppe	Code10
Source Posting Group	Herkunftsbuchungsgruppe	Code10
Item Ledger Entry No.	Artikelposten Lfd. Nr.	Integer
Valued Quantity	Bewertete Menge	Decimal
Invoiced Quantity	Fakturierte Menge	Decimal
Cost per Unit	Lagerwert pro Einheit	Decimal
Sales Amount (Actual)	Verkaufsbetrag (tatsächl.)	Decimal
Salespers./Purch. Code	Verk.-/Einkäufercode	Code10
Discount Amount	Rabattbetrag	Decimal
User ID	Benutzer ID	Code20
Source Code	Herkunftscode	Code10
Applies-to Entry	Ausgleich-mit Lfd. Nr.	Integer
Global Dimension 1 Code	Kostenstelle Code	Code20
Global Dimension 2 Code	Kostenträger Code	Code20
Source Type	Herkunftsart	Option
Cost Amount (Actual)	Einstandsbetrag (tatsächl.)	Decimal
Cost Posted to G/L	Gebuchte Lagerregulierung	Decimal
Reason Code	Ursachencode	Code10

Abb. 6.4: Fenster FieldMenu

Hieraus ersehen Sie, dass die Anwendungstitel unserer wichtigen Variablen die Feldbezeichnungen „Salesper./Purch. Code" für

6   Erstellen eines einfachen Berichts

„Verk./Einkäufercode", „Item No." für „Artikelnr.", „Sales Amount (Actual)" für „Verkaufsbetrag (tatsächl.)" und „Cost Amount (Actual)" für „Einstandsbetrag (tatsächl.)" aufweisen.

6.3 Diagramm der Tabellenbezüge unseres Berichts

Legen wir jetzt ein kurzes Diagramm der Tabellen, Felder und Tabellenbezüge an, die wir für die Erstellung unseres Berichts benötigen. Geben wir dem Bericht die Bezeichnung „Salesperson Commission by Item". Beziehen wir in das Diagramm einige Werte rein aus Veranschaulichungszwecken mit ein. Verwenden wir die Benennungen der Variablen, Tabellen und Optionen so, wie sie innerhalb der Microsoft Navision-Standardentwicklungsumgebung erscheinen. Betrachten Sie folgendes Diagramm:

6.3 *Diagramm der Tabellenbezüge unseres Berichts*

"Verkäuferprovision nach Artikel" Tabellenbeziehungen

Stammdaten
Tabellenname = "Salesperson/Purchaser"
Primärschlüssel

Code	Name	Commission %
HK	Hans-Joachim Klee	23
JK	Jill L. Keehner	22
RS	Reiner Schulz	24

Bewegungsdaten
Tabellenname = "Value Entry"
Fremdschlüssel

Item No.	Salespers./Purch. Code	Sales Amount (Actual)	Cost Amount (Actual)
A16546	HK	1.000	750
A66646	HK	7.000	3.200
A45224	HK	3.000	1.500
A27336	JK	5.000	3.000
A34442	JK	2.000	900
A43585	JK	3.000	1.800
A55575	RS	485	235
A87954	RS	3.000	1.200
A01545	RS	10.000	7.500

Bewegungsdaten
Verkäuferprovision nach Artikel

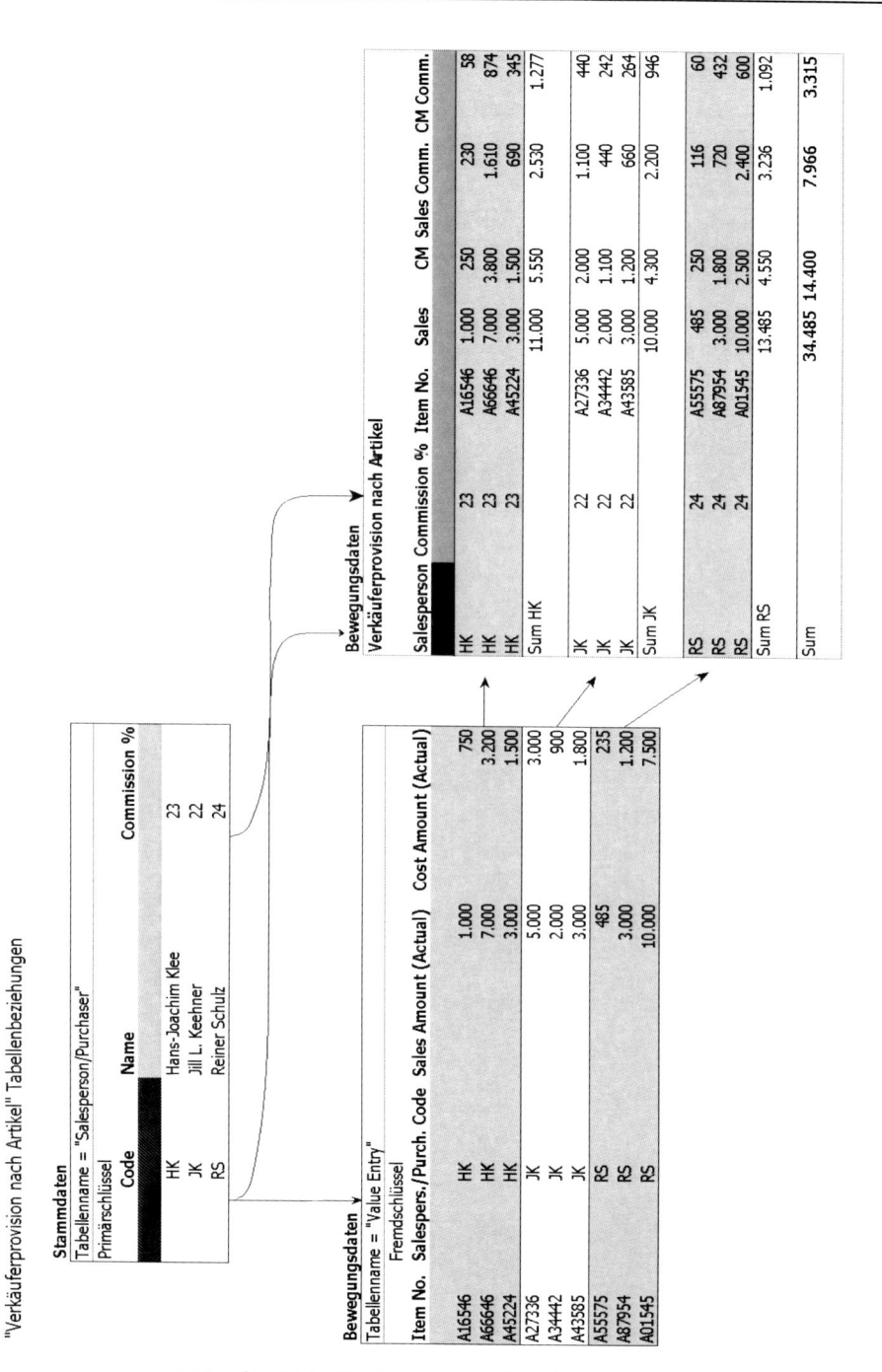

Salesperson	Commission %	Item No.	Sales	CM Sales	Sales Comm.	CM Comm.
HK	23	A16546	1.000	250	230	58
HK	23	A66646	7.000	3.800	1.610	874
HK	23	A45224	3.000	1.500	690	345
Sum HK			11.000	5.550	2.530	1.277
JK	22	A27336	5.000	2.000	1.100	440
JK	22	A34442	2.000	1.100	440	242
JK	22	A43585	3.000	1.200	660	264
Sum JK			10.000	4.300	2.200	946
RS	24	A55575	485	250	116	60
RS	24	A87954	3.000	1.800	720	432
RS	24	A01545	10.000	2.500	2.400	600
Sum RS			13.485	4.550	3.236	1.092
Sum			34.485	14.400	7.966	3.315

Abb. 6.5: Tabellenbezüge Verkäuferprovision nach Artikel

6.4 Diagramm über den Informationsfluss des Berichts

Gehen wir zügig die Informationen durch, die uns der Bericht anzeigen soll. Wir möchten eine Liste aller Verkäufer haben. Und für jeden Verkäufer wollen wir den Umsatz, die Deckungsbeiträge und Provisionen pro verkauftem Produkt, sowie die Summe aller verkauften Produkte angezeigt bekommen. Und schließlich möchten wir eine Summe dieser Variablen für alle Verkäufer zusammen sehen. Also müssen wir uns Gedanken über die Anordnung der Schritte machen, die Microsoft Navision durchführen muss, um uns die gewünschten Daten zu liefern. Dieses Informationsflussdiagramm ist sehr nützlich, um bildlich darzustellen, was das Berichtprogramm durchführen muss.

Dieser Informationsfluss stellt im Wesentlichen die folgenden drei Verfahren dar:

1. Die Bewegung durch Tabellen,
2. Die Durchführung von Berechnungen anhand von Daten bei Übereinstimmungen von Tabellenschlüsseln und
3. Shließlich Darstellung und Druck dieser Tabelle und berechneten Informationen.

Dies sind die Grundschritte, die unser Bericht durchführen muss, um den Produktumsatz und die Verkäuferprovision jedes Verkäufers zusammenzufügen und darzustellen. Dies mag komplex erscheinen, wir müssen jedoch bedenken, dass es sich hierbei um den Aufbau eines einfach strukturierten Berichts handelt. Mit ein wenig Übung wird dieses Datenverarbeitungsverfahren sehr einleuchtend und alltäglich erscheinen. Der Schlüssel liegt wie immer darin, Tabellen einfach mittels eines Primärschlüssels zu verknüpfen, die Datensätze der Tabellen nach übereinstimmenden Schlüsseln zu durchsuchen und schließlich aufgrund der gefundenen Werte Entscheidungen zu treffen.

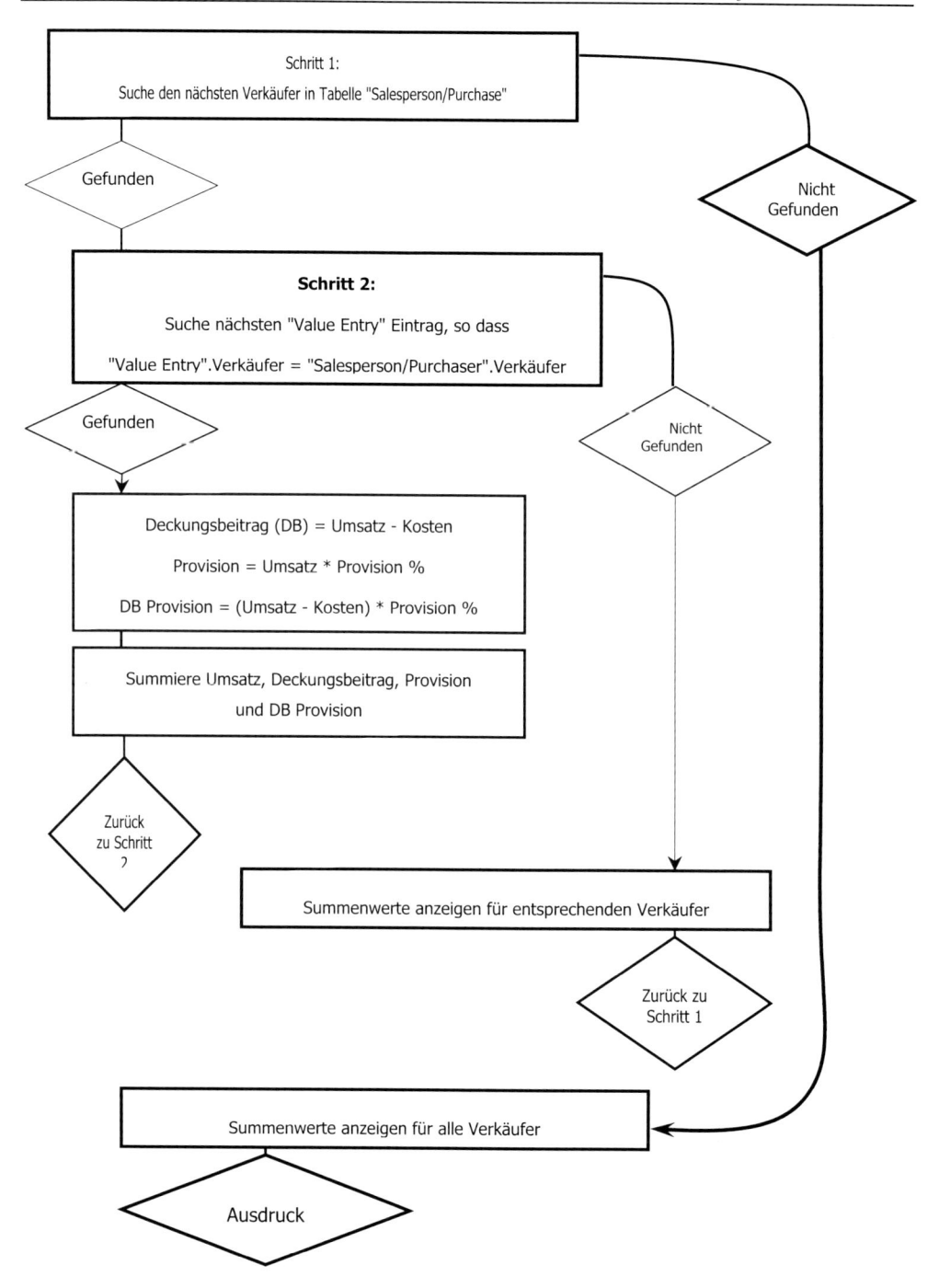

6.4 Diagramm über den Informationsfluss des Berichts

Schritt 1:
Suche den nächsten Verkäufer in Tabelle "Salesperson/Purchase"

- Gefunden
- Nicht Gefunden

Schritt 2:
Suche nächsten "Value Entry" Eintrag, so dass
"Value Entry".Verkäufer = "Salesperson/Purchaser".Verkäufer

- Gefunden
- Nicht Gefunden

Deckungsbeitrag (DB) = Umsatz - Kosten

Provision = Umsatz * Provision %

DB Provision = (Umsatz - Kosten) * Provision %

Summiere Umsatz, Deckungsbeitrag, Provision und DB Provision

Zurück zu Schritt 2

Summenwerte anzeigen für entsprechenden Verkäufer

Zurück zu Schritt 1

Summenwerte anzeigen für alle Verkäufer

Ausdruck

151

6.5 Einführung in den Report Designer

Jetzt sind wir soweit, dass wir uns einen Schritt tiefer in die Struktur der Berichtentwicklungsumgebung in Microsoft Navision begeben können, zu dem „Report Designer". Wir erkennen, dass die meisten Bestandteile der internen Berichtstruktur sich grob in die Teile einteilen lassen, die mit den drei im obigen Informationsflussdiagramm gesehenen Grundschritten übereinstimmen.

Gehen Sie in den „Object Designer", indem Sie „Extras > Object Designer" auswählen. Klicken Sie auf das Bildzeichen „Report" rechts von dem Fenster. Erstellen wir jetzt einen neuen Bericht. Dazu müssen wir eine „Object ID"-Nummer für den Bericht im Kopf haben. Wie immer, muss diese Kennung innerhalb der Berichte einmalig und durch Ihre Microsoft Navision-Lizenz genehmigt sein. Verwenden wir für dieses Beispiel die Berichtkennungsnummer 50000. Klicken Sie auf die Schaltfläche „New" am unteren Ende des Fensters. Das folgende Fenster erscheint:

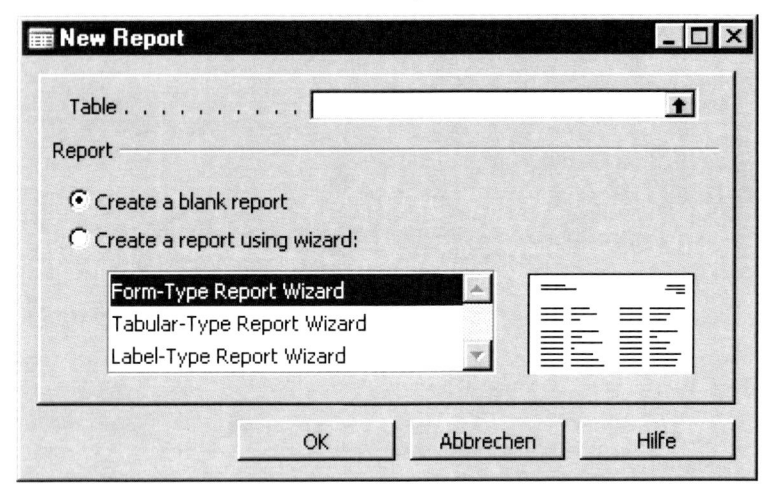

Abb. 6.6: Fenster zur Reporterstellung

Dies ist der „Report Wizard", der Ihnen dabei helfen kann, sehr einfache Berichte zu erstellen, die praktisch Auflistungen der Inhalte einer einzelnen Tabelle sind. Für gewöhnlich entsteht der Bedarf an einem Bericht dadurch, dass wir Daten zusammenbringen wollen, die in mehr als einer Tabelle gespeichert sind. Daher ist dieser „Report Wizard" generell nicht von großem Nutzen. Wir müssen uns die Verwendung der differenzierteren

6.5 Einführung in den Report Designer

Werkzeuge aneignen, wenn wir in der Lage sein wollen, die Bedürfnisse einer Microsoft Navision-Optimierung zu befriedigen.

6.5.1 „DataItem" Struktur

Wählen Sie die Schaltfläche „Create a blank report" aus und klicken dann auf „OK" am unteren Ende des Fensters. Das folgende Fenster erscheint:

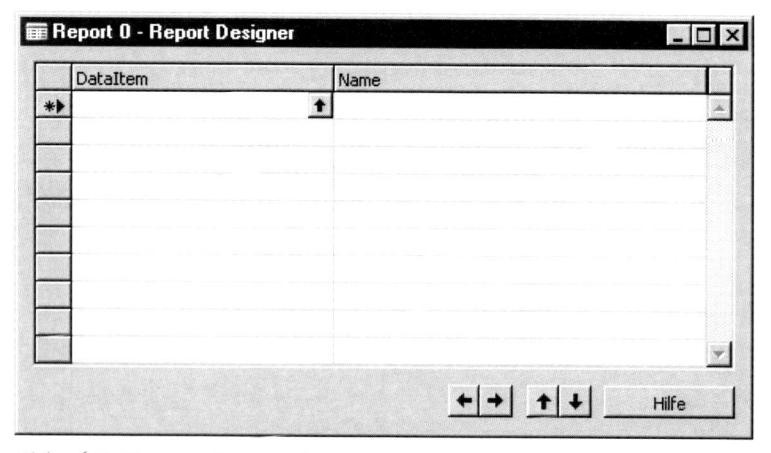

Abb. 6.7: Fenster Report Designer

Dies ist die erste und wichtigste Ebene der Berichtstruktur. Hier geben Sie die Tabellennamen in der Spalte mit der Bezeichnung „DataItem" ein und legen die Bezüge zwischen Ihren Tabellen fest. Von hier aus haben Sie außerdem Zugang zu den allgemeinen Eigenschaften des Berichts.

Gehen wir etwas mehr ins Detail bezüglich aller Schritte, die Microsoft Navision bei der Bewegung durch die Datensätze der verknüpften Tabellen durchführen muss. Danach zeigen wir, wie dieses Verfahren in unserem Bericht unter Verwendung der „DataItem"-Liste und der „DataItem"-Eigenschaften aufgebaut werden kann. Bewegt sich Microsoft Navision durch zwei miteinander verknüpfte Tabellen, geht es dabei folgende Schritte durch:

1. Microsoft Navision sortiert die Elterntabelle gemäß der Sortieranweisungen des Anwenders. Wenn der Anwender keine besonderen Sortierverfahren festlegt, sortiert Microsoft Navision eine Tabelle automatisch nach ihrem Primärschlüssel in aufsteigender Reihenfolge.

2. Wenn der Anwender einen Filter für die Elterntabelle festgelegt hat, schränkt Microsoft Navision nun die Da-

tensätze ein, zu denen die Datenbank gemäß des anwenderbestimmten Tabellenfilters Zugang erhält.

3. Es öffnet die Elterntabelle und sucht nach dem ersten Datensatz in dieser Tabelle. Wenn es den gefunden hat, liest es die Inhalte des/der Primärschlüsselfeldes/-felder dieses ersten Datensatzes.

4. Als Nächstes sortiert das Programm die verknüpfte Kindtabelle gemäß der Anwenderanweisungen oder, sollten diese nicht vorhanden sein, nach ihrem Primärschlüssel in aufsteigender Reihenfolge.

5. Es setzt in dem Fall, dass der Anwender einen solchen festgelegt hat, einen Tabellenfilter auf die Kindtabelle.

6. Nun öffnet Microsoft Navision die Kindtabelle und durchsucht das/die Feld/Felder der Kindtabelle, die mit dem/den Elternprimärschlüsselfeld/-feldern verknüpft wurde/n, bis es einen Datensatz findet, von dem die Inhalte des/der Schlüsselfeldes/-felder in beiden miteinander verknüpften Tabellen identisch sind.

7. Das Programm fährt fort, die Datensätze der Kindtabelle zu durchlaufen, wobei es jeden Datensatz liest, in dem es eine Übereinstimmung der Inhalte zwischen den verknüpften Feldern feststellt.

8. Wenn Microsoft Navision die letzte Übereinstimmung in der Kindtabelle bearbeitet hat, kehrt es zu der Elterntabelle zurück.

9. Dann liest es den Primärschlüssel des nachfolgenden Datensatzes in der Elterntabelle.

10. Microsoft Navision wiederholt dann die Schritte 7 bis 9, bis es die Primärschlüsselinhalte jedes aufgerufenen Datensatzes in der Elterntabelle mit den Inhalten aller in der Kindtabelle aufgefundenen Übereinstimmungen abgeglichen hat.

11. Findet Microsoft Navision keine Additionsdatensätze in der Elterntabelle, beendet das Programm den Bericht.

Bei der Erstellung eines Berichts geht es vor allem um das Öffnen, Sortieren, Filtern und Verknüpfen von Tabellen, so dass beim Auftreten von Übereinstimmungen zwischen Tabellen Daten berechnet und ausgegeben werden können. Dies ist das Verfahren, das wir innerhalb der Struktur des Berichtprogramms simulieren müssen.

Sehen wir uns nun das „Report Designer"-Fenster an und schauen nach, wie wir dieses Verfahren innerhalb Microsoft Navision durchführen können. Wenn wir es für einen Bericht aufbauen wollen, müssen wir in der „DataItem"-Liste ein Datenfeld eingeben und dann ein weiteres in der Liste darunter. Das „DataItem" wird wahrscheinlich eine Tabelle sein, die Sie verwenden möchten, es kann sich hier aber auch um eine virtuelle Tabelle handeln. Das „DataItem" an der untersten Stelle muss eine Stelle weiter nach rechts eingerückt werden als das „DataItem", mit dem wir es verknüpfen wollen. Mit Einrücken ist einfach gemeint, dass wir mindestens eine Leerstelle vor dem „DataItem" eingeben, das wir als Kindtabelle nutzen wollen. In dem Eigenschaftenfenster des eingerückten bzw. Kinddatenfeldes müssen wir die angemessenen Sortier-, Filter- und Verknüpfungsinformationen festlegen. Wenn wir zum Beispiel ein Verkäuferdatenfeld mit einem Kundenauftragsdatenfeld verknüpfen wollen, müssen wir zunächst das Verkäuferdatenfeld anführen, dann das eingerückte Kundenauftragsdatenfeld. Danach müssen wir in das Kundenauftragsfeld gehen und die Tabellenverknüpfungsbedingungen definieren. Microsoft Navision würde dann für jeden in der Verkäufer-Elterntabelle gefundenen Verkäufer jeden Datensatz in der Kundenauftragstabelle durchsuchen.

Die „DataItem"-Liste ist im Hochformat aufgebaut, damit diejenigen Datenfelder, die anderen folgen, auch denselben nachgeordnet werden können. Diese Struktur spiegelt die hierarchische Strategie der relationalen Datenorganisation wider. Das heißt, dass wir eine Elterntabelle mit der unter ihr aufgeführten Kindtabelle verknüpfen können. Mit Hilfe der Pfeilschaltflächen unten in dem Fenster kann man ein Tabellen-"DataItem" bewegen, um es einzurücken.

Geben Sie die Tabellenbezeichnung „Salesperson/Purchaser" in die Spalte „DataItem" ein oder klicken Sie auf den Hilfepfeil in dieser Spalte und wählen Sie diese Tabelle aus der daraufhin erscheinenden Liste. Fügen wir jetzt die Tabelle ein, die wir mit der Tabelle „Salesperson/Purchaser" verknüpft und von derselben gesteuert haben wollen. Geben Sie „Value Entry" in die zweite Zeile des „DataItem"-Fensters ein. Klicken Sie jetzt auf den nach rechts weisenden Pfeil, um das „DataItem" „Value Entry" eine Leerstelle weiter nach rechts zu bewegen. Dieser Einzug ordnet die „Value Entry"-Tabelle automatisch den Datensätzen in der Tabelle „Salesperson/Purchaser" nach. Für jeden Datensatz in der Tabelle „Salesperson/Purchaser" geht Microsoft Navision jetzt alle Datensätze in der Tabelle „Value Entry" durch und sucht nach Übereinstimmungen zwischen den miteinander verknüpften Feldern.

Wie Sie sehen, gibt Microsoft Navision automatisch die Tabellenbenennungen in die zweite Spalte mit der Bezeichnung „Name" ein. Innerhalb des Berichts müssen wir uns auf den in der mit „Name" betitelten Spalte für ein „DataItem" aufgezeigten Text beziehen, damit Microsoft Navision das richtige Datenfeld erkennen kann. Dies ist wichtig, da es ab und an vorkommen kann, dass wir ein und dieselbe Tabelle mehr als einmal innerhalb eines Berichts verwenden müssen und daher den „DataItem" „Name" umschreiben müssen, um zwischen den Tabellen zu unterscheiden. So können wir zum Beispiel dieselbe Tabelle in zwei „DataItem"-Stellen eingeben, die erste der beiden aber mit „Table Xa" und die zweite mit „Table Xb" benennen.

Speichern wir diesen Bericht jetzt, bevor wir die Berichtkennungsnummer vergessen, die wir für ihn vorgesehen haben. Drücken Sie „STRG + S" oder gehen Sie auf „Datei > Save", um den Bericht zu speichern. Geben Sie die Benennung „Salesperson Commission by Item" in das Berichtnamenfeld ein und teilen Sie dem Bericht die Kennungsnummer 50000 zu bzw. jedwede Nummer, die gemäß Ihres Systems und Ihrer Lizenz zur Verfügung steht. Belassen Sie außerdem das Häkchen in dem Feld „Compiled". Dies speichert den Bericht in einem interpretierten Format, das Microsoft Navision unverzüglich ausführen kann.

Als Nächstes müssen wir alle wesentlichen Tabellebezüge festlegen. Klicken Sie auf das „DataItem" „Value Entry" und gehen Sie dann auf „Ansicht > Properties". Das folgende Fenster erscheint:

6.5   Einführung in den Report Designer

```
Value Entry - Properties
Property                 Value
DataItemIndent                                          1
DataItemTable            Value Entry
DataItemTableView        <Undefined>
DataItemLinkReference    Salesperson/Purchaser
DataItemLink             <Undefined>
NewPagePerGroup          <Nein>
NewPagePerRecord         <Nein>
ReqFilterHeading         <>
ReqFilterHeadingML       <>
ReqFilterFields          <Undefined>
TotalFields              <Undefined>
GroupTotalFields         <Undefined>
CalcFields               <Undefined>
MaxIteration                                          <0>
DataItemVarName          <Value Entry>
PrintOnlyIfDetail        <Nein>
```

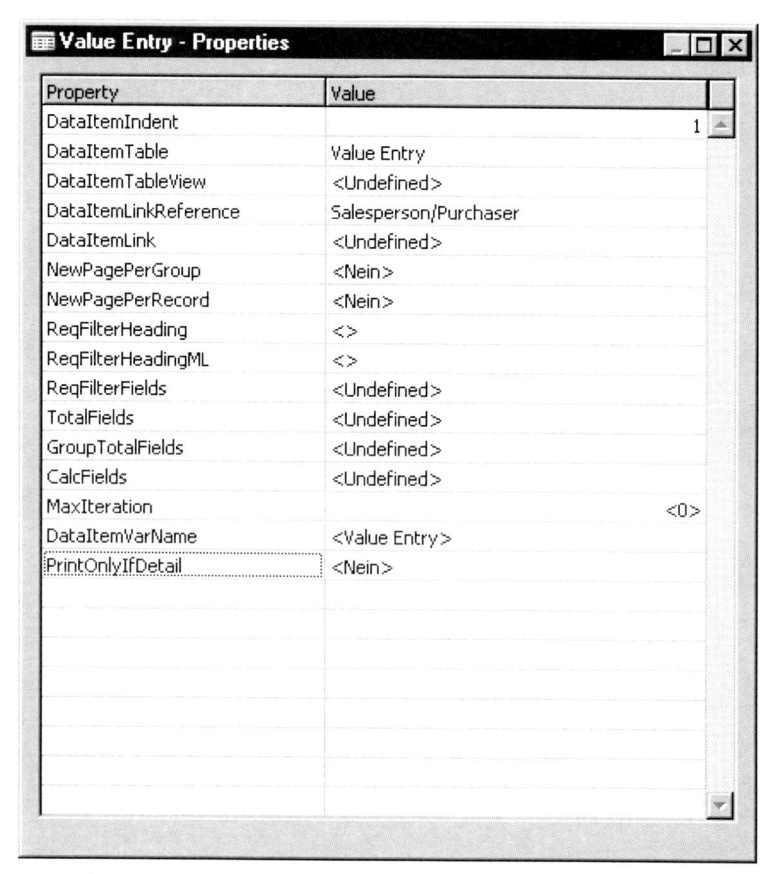

Abb. 6.8: Fenster ValueEntry Eigenschaften

Hier sind die wichtigsten Eigenschaften:

DataItemIndent — Das „DataItemIndent" sagt uns, ob diese Tabelle mit einer über ihr angeordneten Tabelle verknüpft ist. Die ganze Zahl besagt, auf wie vielen Verknüpfungsstufen diese Tabelle aufbaut. In diesem Beispiel sagt uns die Zahl eins, dass dieses gesamte „DataItem" für jeden einzelnen Datensatz des Original-"DataItem" in dem Bericht ausgeführt wird.

DataItemTable — Dies ist der Name der Tabelle, deren Datensätze in diesem „DataItem" durchsucht werden.

DataItemTable-View — Hier kann das Sortieren der Tabelle festgelegt werden. Außerdem können Filter auf die Tabelle gesetzt werden, um zu steuern, zu welchen Datensätzen Microsoft Navision bei der Suche innerhalb dieser Tabelle Zugang hat.

157

DataItemLink-Reference	Hier bestimmen wir die Elterntabelle, zu der wir eine Verknüpfung herstellen wollen. Wir müssen den Namen eines „DataItem" eingeben, das in der „DataItem"-Liste in unserem Bericht hierarchisch übergeordnet ist, d.h. es muss in der Liste weiter oben stehen und weniger nach rechts eingerückt erscheinen.
DataItemLink	Hier legen wir eine Verknüpfung zwischen dieser Tabelle und der in der Eigenschaft „DataItemLink" aufgeführten Tabelle an. Wir legen fest, welche Felder zwischen dieser und der „DataItemLink"-Tabelle übereinstimmen müssen.
TotalFields	Hier kann man die Felder eingeben, deren Werte Microsoft Navision summieren soll, während es durch die Datensätze der „DataItem"-Tabelle geht.
GroupTotalFields	Hier kann man Feldgesamtbeträge angeben, die jedes Mal in der Ausgabe angezeigt werden sollen, wenn sich der Feldwert verändert. Wenn man zum Beispiel hier einen Verkäufer eingibt, kann Microsoft Navision jedes Mal, wenn der Verkäufer sich ändert, einen Gesamtbetrag anzeigen. Es ist sehr wichtig, dass man das Sortierverfahren einer Tabelle festlegt, damit Microsoft Navision nicht zufällig eine Veränderung der Werte der „GroupTotalFields" auffindet, sondern vielmehr jedes Mal, wenn eine neue Gruppe von ihnen auftritt. Die Felder, die man hier in den „GroupTotalFields" eingibt, sollten daher in der Sortieroption „DataItemTableView" definiert sein. Man möchte zum Beispiel eine Verkäuferliste haben, in der diese nach ihrer Arbeitstätigkeit gruppiert sind, und für jede Arbeitstätigkeit soll ein Gruppengesamtbetrag ausgedruckt werden. Um dies zu erreichen, muss man als Sortieroption „Job Title" unter „DataItemTableView" und in der Eigenschaft „GroupTotalFields" eingeben. Microsoft Navision ist dann in der Lage, die Ausgaben aller Gruppen unter „Job Title" zu drucken. Microsoft Navision verwendet einen besonderen Ausgabeabschnitt mit den Bezeichnungen „GroupHeader" und „GroupFooter", die aktiviert werden, sobald sich der Wert in den Feldern „GroupTotalFields" ändert.

Die anderen Eigenschaften behandeln wir innerhalb von Beispielen, so wir sie dort benötigen.

Wir erkennen, dass Microsoft Navision automatisch die Benennung „Value Entry" in die Eigenschaft „DataItemTable" eingefügt hat, als Ergebnis unserer Eingabe desselben in der „DataItem"-Liste. Als Nächstes verknüpfen wir unsere beiden „DataItems" miteinander. Geben Sie „Salesperson/Purchaser" in die Eigenschaft „DataItemLinkReference" ein. Dies ist die Bezeichnung des „DataItem" für die „Salesperson/Purchaser"-Tabelle, wie wir sie

6.5   Einführung in den Report Designer

in die „DataItem"-Liste eingegeben haben. Jetzt, da Microsoft Navision weiß, welche zwei Objekte es miteinander verknüpfen muss, müssen wir die besonderen Bedingungen eingeben, nach denen sie verknüpft werden. Dies geben wir in der Eigenschaft „DataItemLink" ein. Klick en Sie auf diese Eigenschaft und dann auf den Hilfepfeil, der rechts in der Spalte „Value" erscheint. Sie haben dann folgendes Fenster vor sich:

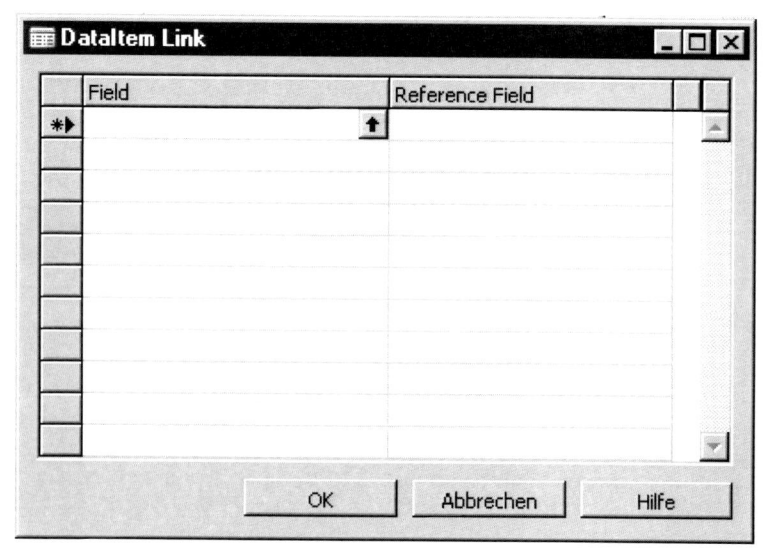

Abb. 6.9: Fenster DataItem Link

In dieser Liste müssen wir eingeben, welche Felder zwischen unseren zwei verknüpften Tabellen übereinstimmen müssen. In den von uns aufgebauten Tabellenbezügen stellt die linke Spalte die nachgeordnete bzw. Kindtabelle dar, während die rechte Spalte die übergeordnete bzw. Elterntabelle erfasst. Geben Sie also das Feld mit der Bezeichnung „Salespers./Purch. Code" aus der Tabelle „Value Entry" in die linke Spalte und das Feld mit der Bezeichnung „Code" aus der Tabelle „Salesperson/Purchaser" in die rechte Spalte ein. Sie können diese Feldbenennungen einfach eintippen oder sie aus den Feldlisten auswählen, die angezeigt werden, sobald Sie auf die jeweiligen Pfeile in den Spalten klicken. Nun sieht das Fenster „DataItem Link" wie folgt aus:

6   Erstellen eines einfachen Berichts

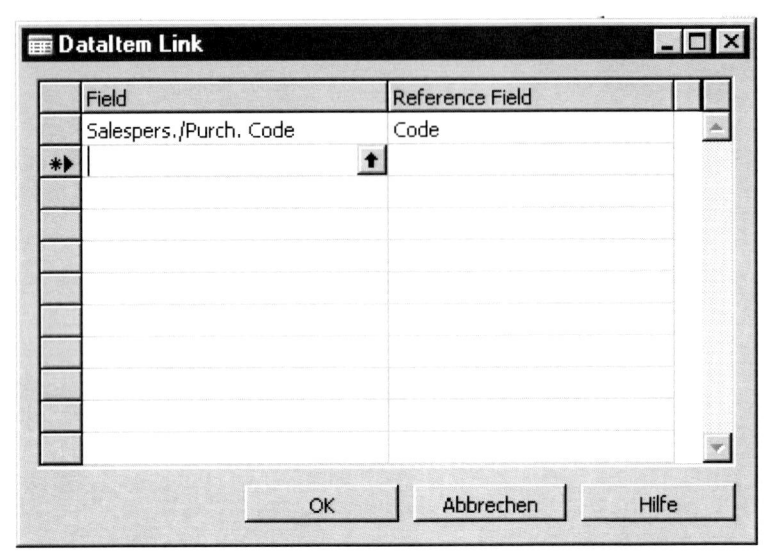

	Field	Reference Field
	Salespers./Purch. Code	Code

Abb. 6.10: Fenster DataItem Link Eintrag

Klicken Sie auf „OK", um zu dem Fenster „Value Entry - Properties" zurückzukehren. Das folgende Fenster erscheint:

Property	Value	
DataItemIndent		<0>
DataItemTable	Value Entry	
DataItemTableView	<Undefined>	
DataItemLinkReference	Salesperson/Purchaser	
DataItemLink	Salespers./Purch. Code=FIELD(Code)	
NewPagePerGroup	<Nein>	
NewPagePerRecord	<Nein>	
ReqFilterHeading	<>	
ReqFilterHeadingML	<>	
ReqFilterFields	<Undefined>	
TotalFields	<Undefined>	
GroupTotalFields	<Undefined>	
CalcFields	<Undefined>	
MaxIteration		<0>
DataItemVarName	<Value Entry>	
PrintOnlyIfDetail	<Nein>	

Abb. 6.11: Fenster ValueEntry Eigenschaften

Microsoft Navision hat automatisch die SQL-Syntax für Ihren Tabellenbezug angelegt und in die Eigenschaft „DataItemLink" eingefügt. Wie Sie sehen, teilt diese Syntax der Datenbank mit, dass ausschließlich die Datensätze, in denen die Verkäufer übereinstimmen, in der Tabellenverknüpfung Beachtung finden; alle weiteren werden nicht miteinbezogen.

Mit Hilfe dieser simplen, von uns eingefügten Information haben wir das Rückgrat des Informationsflusses in unserem gesamten Bericht erschaffen. Das Erstellen von Tabellenbezügen, wie wir es gerade in dem Bericht durchgeführt haben, richtet den Datenfluss ein, der stattfindet, sobald Microsoft Navision unser Berichtprogramm ausführt. Microsoft Navision öffnet jetzt jeden Datensatz in der Tabelle „Salesperson/Purchaser" und sucht und öffnet alle „Value Entry"-Datensätze, deren Verkäufer übereinstimmen. Alles, was jetzt noch zu tun bleibt, ist, Microsoft Navision mitzuteilen, was es tun soll, wenn es diese Daten findet und in welcher Form es seine Ergebnisse darstellen soll.

6.5.2 Allgemeine Berichteigenschaften

Sehen wir uns als Nächstes die Eigenschaften des Berichts als Ganzes an. Drücken Sie „ESC", um die „Value Entry - Properties" zu verlassen und zu der „DataItem"-Liste zurückzukehren. Führen Sie Ihren Cursor jetzt zu einer leeren Stelle hinter dem letzten Eintrag in der „DataItem"-Liste und gehen Sie dann auf „Ansicht > Properties". Das folgende Fenster erscheint: (siehe Abb. 7.12).

Hier sind die Eigenschaften angezeigt, die sich auf den Bericht als Ganzes beziehen. Wie Sie sehen können, wurden die Kennung und der Name bereits bestimmt, als wir den Bericht abgespeichert haben. Fügen wir jetzt eine deutsche Benennung in die Eigenschaft „Caption" ein. Geben Sie den Text „Verkaufsprovision nach Artikel" ein. Gehen wir nun kurze Beschreibungen der anderen wesentlichen Eigenschaften durch.

UseReqForm   Dies lässt eine Seite in einem Bericht zu bzw. deaktiviert sie, in die der Anwender besondere Optionen und Berichtfunktionen einfügen kann. Diese Dateneingabeseite für Anwender wird als „Request Form" bezeichnet und wird stets als letzter Tabulatorsprung mit der Benennung „Optionen" in dem vorausgeführten Bericht angezeigt.

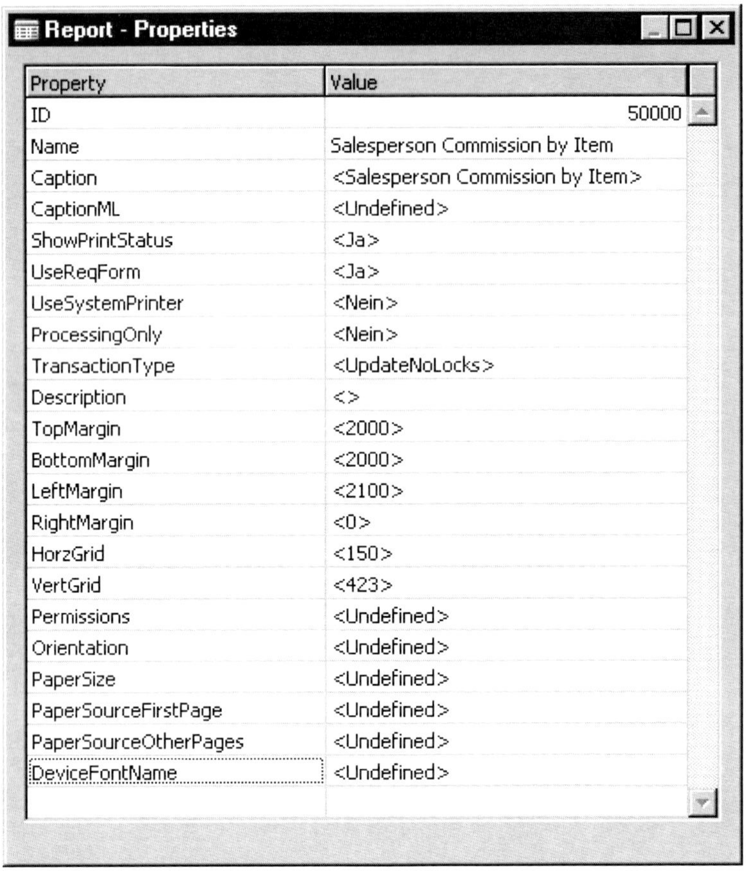

6   Erstellen eines einfachen Berichts

Property	Value
ID	50000
Name	Salesperson Commission by Item
Caption	<Salesperson Commission by Item>
CaptionML	<Undefined>
ShowPrintStatus	<Ja>
UseReqForm	<Ja>
UseSystemPrinter	<Nein>
ProcessingOnly	<Nein>
TransactionType	<UpdateNoLocks>
Description	<>
TopMargin	<2000>
BottomMargin	<2000>
LeftMargin	<2100>
RightMargin	<0>
HorzGrid	<150>
VertGrid	<423>
Permissions	<Undefined>
Orientation	<Undefined>
PaperSize	<Undefined>
PaperSourceFirstPage	<Undefined>
PaperSourceOtherPages	<Undefined>
DeviceFontName	<Undefined>

Abb. 6.12: Fenster Berichteigenschaften

ProcessingOnly   Dies lässt die Berichtausgabe zur Anzeige oder zur Druckausgabe zu bzw. deaktiviert die Anzeige oder Druckausgabe. Wenn diese Eigenschaft auf „Ja" eingestellt ist, zeigt Microsoft Navision ein Berichtansichtsfenster nicht an bzw. druckt keine Berichtergebnisse aus. Dies ist nützlich, wenn der Bericht zur reinen Dateneditierung vorgesehen ist und eine Anzeigeausgabe nur die Verarbeitung verlangsamen würde.

Weitere Eigenschaften werden im Folgenden je nach Notwendigkeit durch Kontext und Beispiel behandelt.

Da wir die Ausgabe dieses Berichts für unsere Chefin zur Verteilung an die Verkäufer ausdrucken möchten, müssen wir sichergehen, dass die Eigenschaft „ProcessingOnly" auf „Nein" gesetzt ist.

6.5 Einführung in den Report Designer

Kehren Sie zu Ihrer „DataItem"-Liste zurück. Diese wird nun wie folgt aussehen:

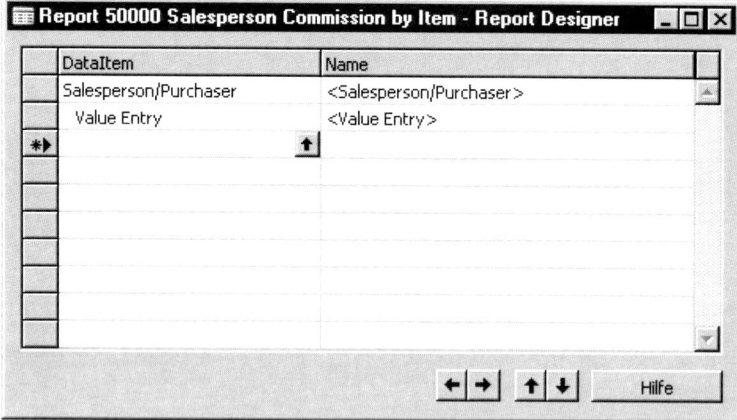

DataItem	Name
Salesperson/Purchaser	<Salesperson/Purchaser>
Value Entry	<Value Entry>

Abb. 6.13: „Data Item" Fenster

Es ist eine gute Praxisangewohnheit, Ihr Programm alle paar Minuten bzw. jedes Mal, wenn Sie von Ihnen erstellte Funktionen auf Fehler prüfen wollen, zu kompilieren. Dies können Sie tun, indem Sie auf „Extras > Compile" gehen bzw. „F11" drücken. Die Kompilierung Ihres Programms codiert Ihr Programm in ein Format um, das Microsoft Navision ausführen kann. Wenn Ihnen Syntax- oder Strukturfehler unterlaufen sind, unterbricht der Compiler und zeigt eine Fehlermeldung an. Dies ist die erste Stufe des Fehlerbeseitigung Ihres Programms. Es ist sinnvoll, dieses Kompilierverfahren häufig durchzuführen, da es verhindert, dass Sie einen Syntaxfehler auf den anderen aufbauen.

6.5.3 Druckausgabegestaltung

Der nächste Schritt in unserem Informationsfluss besteht darin, die für unsere Ausgabe notwendigen Berechnungen durchzuführen. Da wir mit einer relativ einfachen Ausgabe arbeiten, werden wir in der Lage sein, die meisten der Berechnungen innerhalb des Ausgabeanzeigedesigners durchzuführen. Gehen wir deshalb in den Bereich des Ausgabeanzeigedesigners. Gehen Sie auf „Ansicht > Sections". Das folgende Fenster erscheint:

6 Erstellen eines einfachen Berichts

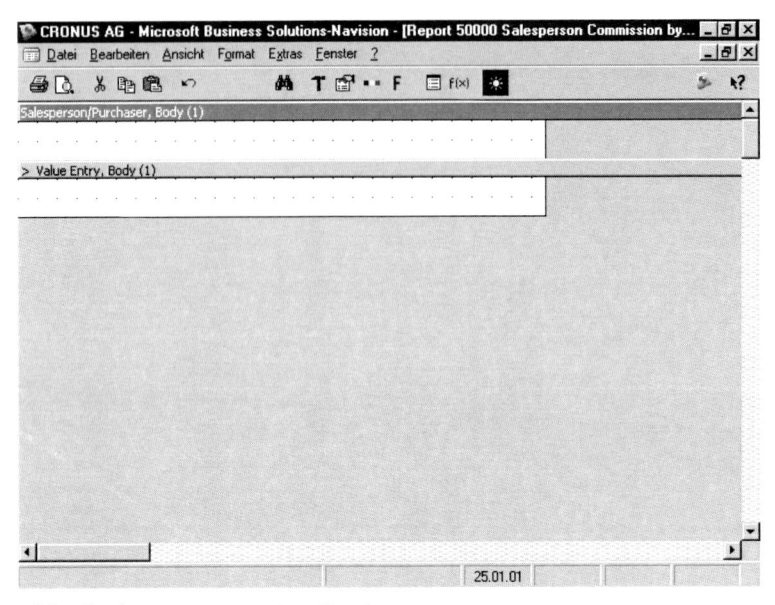

Abb. 6.14: Fenster Section Designer

In dieser Umgebung eignen wir uns die Fähigkeit zur Steuerung der Anzeige und der Druckausgabe unseres Berichts an. Jede waagerechte graue Leiste steht für einen Datenverarbeitungsschritt. Die diversen Schritte entsprechen den gleichen Schritten, die wir zuvor in dem Informationsflussdiagramm gesehen haben. Die waagerechten grauen Leisten sind als „Sections" bezeichnet, dementsprechend nennt sich die Anzeigedesignumgebung „Section Designer". Das Grundprinzip dieses Designeraufbaus besteht darin, dass wir einen Abschnitt erstellen können, der jedem Datensatz und Ereignis entspricht, die in den von uns bereits festgelegten „DataItems" auftauchen. Zum Beispiel können wir einen Abschnitt erstellen, in dem jedes Mal, wenn ein neuer Verkäufer in der Tabelle „Salesperson/Purchaser" gefunden wird, der Name dieses Verkäufers angezeigt wird. Der „Section Designer" ist so leistungsfähig, dass er Ihnen ermöglicht, genauestens zu steuern, was gedruckt wird und wann. All dies ist notwendig, um sich darüber im Klaren zu sein, welche Abschnittarten wann aktiv sind.

Behandeln wir kurz die verschiedenen Arten von Abschnitten, die wir verwenden können. Gehen Sie auf „Bearbeiten > Datensatz Einfügen", um das Abschnittseingabefenster vor Augen zu haben. Das folgende Fenster erscheint:

6.5 Einführung in den Report Designer

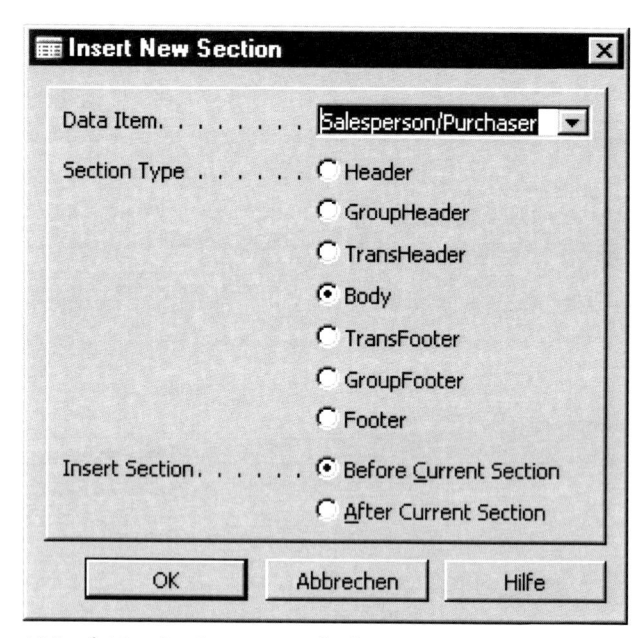

Abb. 6.15: Abschnittseingabefenster

Hier können wir zunächst die unterschiedlichen Abschnittstypen und die Tabelle oder das „DataItem" auswählen, durch die wir den Abschnitt aktiviert haben möchten. Die Abschnittstypen sind:

Header Dies ist ein Abschnitt, der jedes Mal angezeigt wird, wenn Microsoft Navision ein „DataItem" einfügt bzw. wiedereinfügt und einen Datensatz findet. Er wird aktiviert, bevor Microsoft Navision den ersten Datensatz in der neu eingefügten Tabelle liest und verarbeitet. Er kann auch derart definiert werden, dass er für jede neue Seite in dem Bericht angezeigt wird. Dieser Abschnitt würde zum Beispiel jedes Mal erscheinen, wenn Microsoft Navision eine Kindtabelle aus der Elterntabelle in einem hierarchischen Tabellenbezug wiedereinfügt.

GroupHeader Dies ist eine ganz besondere Art von Kopfzeile, die dann aktiviert wird, wenn Microsoft Navision feststellt, dass sich der Wert in einem vordefinierten Feld in einer Tabelle geändert hat. Das Feld, dessen Wert solch eine Kopfzeile aktiviert, muss in der Abschnitteigenschaft des „DataItem" mit der Bezeichnung „GroupTotalFields" angegeben werden.

TransHeader Dies ist eine temporäre Kopfzeile. Der Kopf kann so festgelegt werden, dass er oben auf den Seiten nach der ersten Seite gedruckt wird. Dies ist nützlich, wenn man die Kopfzeileninformation der ersten Seite nicht durch den gesamten Bericht hinweg

6   Erstellen eines einfachen Berichts

	wiederholt haben möchte. In dem „TransHeader" können Sie einen abweichenden Kopf durch den gesamten Bericht wiederholen lassen, der eventuell weniger Informationen enthält, als der „Header", den Sie auf die erste Seite setzen möchten.
Body	Dies ist ein sehr wichtiger Abschnitt, der jedes Mal aktiviert wird, wenn Microsoft Navision das Lesen und Verarbeiten eines Datensatzes innerhalb eines „DataItem" beendet hat.
TransFooter	Hierbei handelt es sich um eine temporäre Fußzeile. Sie kann dazu verwendet werden, um Informationen auf dem unteren Ende einer Seite zu drucken, bevor das Ende eines „DataItem" erreicht ist. Dies ist nützlich für den Druck einer Zwischensumme unten auf jeder Seite, bevor die Endsumme auf der letzten Seite angezeigt wird.
GroupFooter	Dieser besondere Abschnitt wird aktiviert, wenn Microsoft Navision feststellt, dass eine Gruppe in einem „DataItem" abgeschlossen ist. Es ist sinnvoll, die Gesamtbeträge für eine Gruppe von Datensätzen in einem „DataItem" wie dem Gesamtumsatz von Verkäufern aus jeder „Job Title"-Gruppe auszudrucken. (Siehe auch „GroupTotalFields" und „GroupHeader".) Er wird durch eine Wertänderung in dem/den Feld/Feldern aktiviert, die in der „DataItem"-Eigenschaft „GroupTotalFields" eingeschrieben sind. Achten Sie darauf, dass Sie das „DataItem" in der „DataItem-TableView" entsprechend demselben/derselben Feld/Felder sortieren, die Sie in der Eigenschaft „GroupTotalFields" gruppieren wollen.
Footer	Dies ist ein sehr wesentlicher Abschnitt, der aktiviert wird, nachdem der letzte Datensatz eines „DataItem" verarbeitet wurde. Er ist zum Beispiel nützlich für das Drucken der Berichtgesamtbeträge.

Für unser vorliegendes Beispiel benötigen wir nicht alle diese Abschnittarten. Wir brauchen eine Kopfzeile, die die Berichtbezeichnung, Datum, Anwenderkennung und Seitenzahl anzeigt. Wählen Sie „Salesperson/Purchase" als „DataItem" und daraufhin „Header" aus. Klicken Sie dann auf „OK".

Microsoft Navision hat bereits zwei „Body"-Abschnitte eingefügt, einen für jede Tabelle in der „DataItem"-Liste. Microsoft Navision macht dies automatisch, das bedeutet aber nicht, dass jeder Bericht „Body"-Abschnitte benötigt. Es ist möglich, dass wir nur den Berichttitel und die vollständigen Gesamtbeträge aus einem Bericht benötigen. In solch einem Fall brauchen wir für unsere Ausgabe nur die Abschnitte „Header" und „Footer" mit einzubeziehen, der andere Abschnitt kann gelöscht werden.

6.5 Einführung in den Report Designer

Wir benötigen ebenfalls Fußzeilen für unsere beiden Tabellen in diesem Beispiel. Die erste Fußzeile ist notwendig, um die Gesamtbeträge für jeden Verkäufer anzuzeigen. Jedes Mal, wenn Microsoft Navision bei dem letzten Datensatz für einen vorgegebenen Verkäufer in der Tabelle „Value Entry" angelangt ist, wird ein „Value Entry, Footer" aktiviert. „Value Entry, Footer (2)" ist daher der angemessene Abschnitt für einen Verkäufergesamtbetrag. Gehen Sie zu dem Abschnitteingabefenster, indem Sie auf „Bearbeiten > Datensatz Einfügen" gehen und dort „Value Entry" aus der Liste in der Option „DataItem" auswählen. Wählen Sie jetzt „Footer" und klicken Sie auf „OK".

Eine zweite Fußzeile ist für die Anzeige des Gesamtbetrags der gesamten Verkaufsabteilung notwendig. Wählen Sie das „DataItem" „Salesperson/Purchaser" und dann die Abschnittsart „Footer" aus. Klicken Sie dann auf „OK".

Ihr „Section Designer"-Fenster sieht nun wie folgt aus:

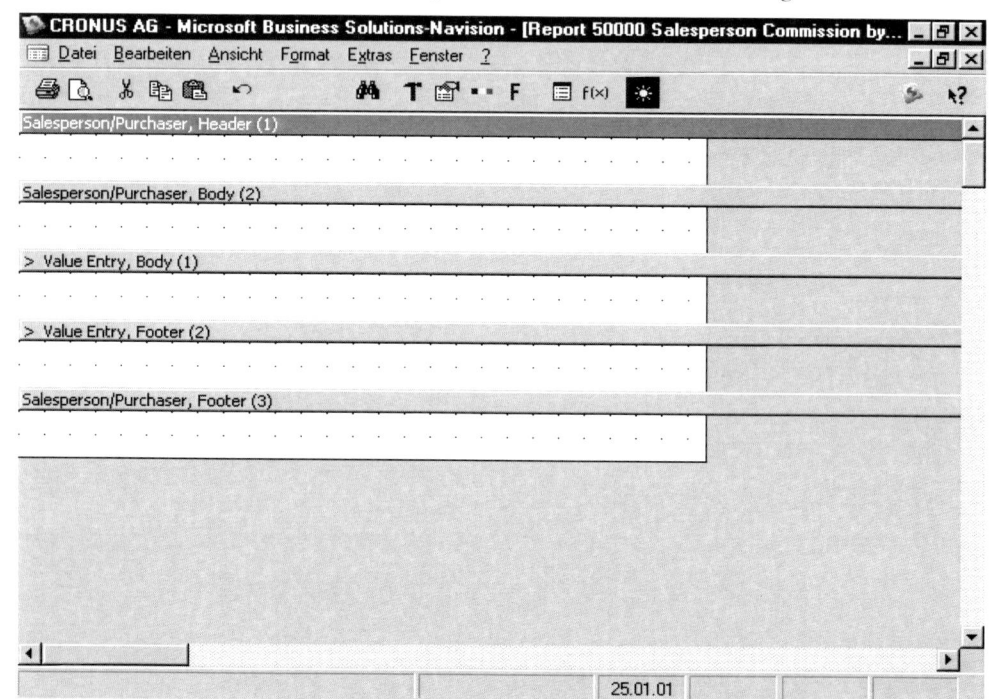

Abb. 6.16: Fenster Section Designer

Jeder Abschnitt wird durch einen Arbeitsschritt in dem Datenflussdiagramm aktiviert. Versuchen Sie, sich jeden Abschnitt als eine von einem Ereignis ausgelöste Ausgabe vorzustellen. Mit

Hilfe dieser Abschnitte können Sie die Druckausgabe bei jedem Arbeitsschritt in der Berichtverarbeitung steuern.

Um ein Gefühl dafür zu bekommen, was Microsoft Navision tut, müssen wir uns immer die Fragen „Wenn, Was..." und umgekehrt „Was, Wenn..." stellen, wenn wir programmieren. Dies ist die Grundlogik, die Microsoft Navision stets anwendet. Auf die eine oder andere Weise läuft alles in der Computerumgebung auf die Frage hinaus „Wenn dies passiert, muss dann das passieren". Wenn wir zum Beispiel die folgende Frage beantworten können: Wenn eine „Value Entry"-Fußzeile aktiviert wurde, was ist dann zuvor geschehen? Wenn Sie diese Frage für jeden Abschnitt in dem „Section Designer" beantworten können, dann haben Sie die Ergebnisse verstanden, die Ihnen die Abschnitte in der abschließenden Berichtdruckausgabe liefern. (Antwort: Eine „Value Entry"-Kopfzeile wird aktiviert, nachdem die letzte Übereinstimmung zwischen einem vorgegebenen „Salesperson/Purchaser"-Schlüssel und jedweder entsprechender Datensätze in der Tabelle „Value Entry" verarbeitet wurde.)

6.5.4 Vergleich des „Section Designer" mit unserem Flussdiagramm

Wenn wir uns über das oben gezeigte Informationsflussdiagramm im Klaren sind, sollten wir zu diesem Zeitpunkt eine auffallende Ähnlichkeit zwischen dessen Grundaufbau und -Logik und dem Aufbau, den wir nun in dem „Section Designer" definiert haben. Vergleichen wir diese zwei Entwürfe, fällt uns auf, dass sie denselben grundlegenden Ereignisfluss aufweisen.

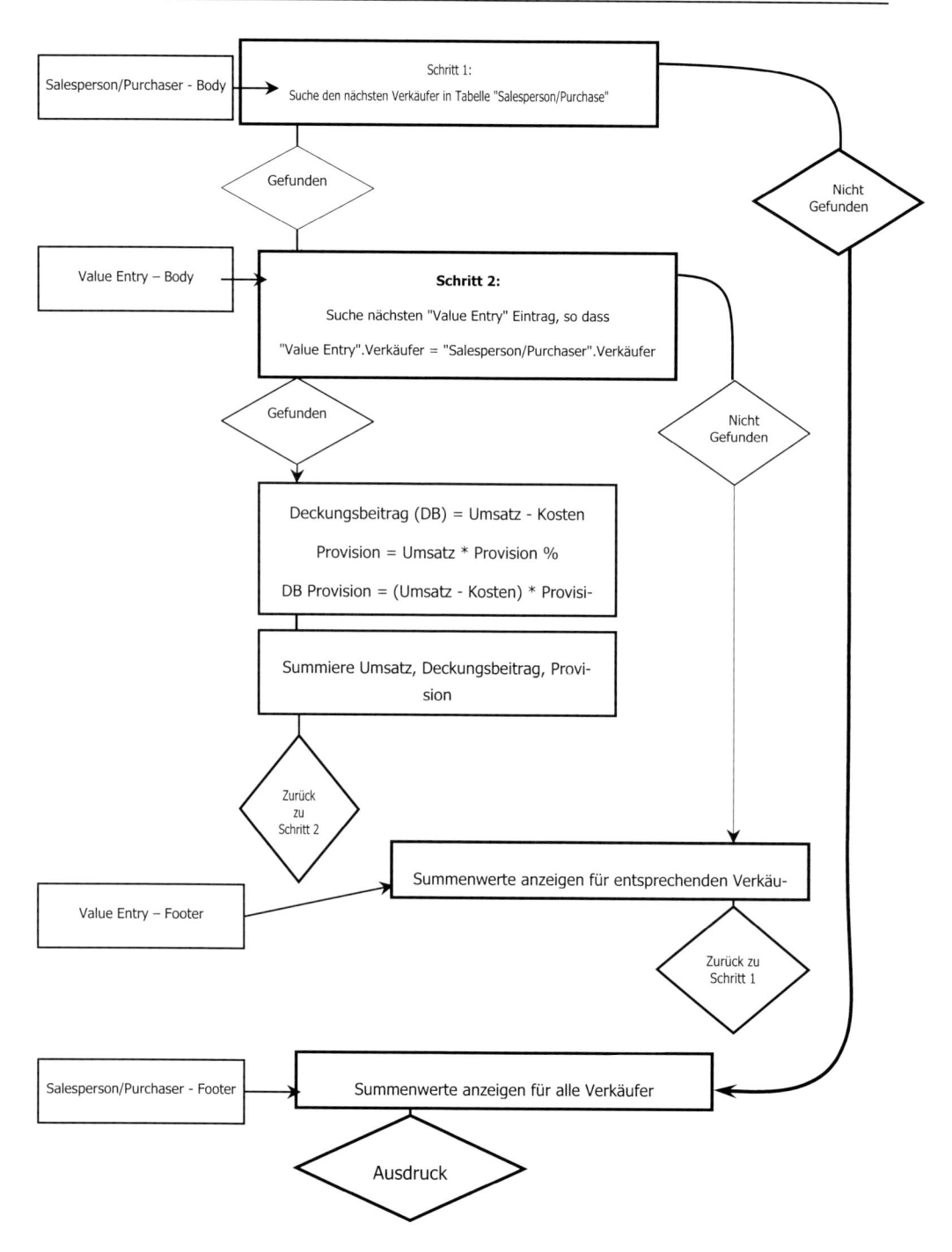

6.5 Einführung in den Report Designer

Salesperson/Purchaser - Body → **Schritt 1:** Suche den nächsten Verkäufer in Tabelle "Salesperson/Purchase"

- Gefunden ↓
- Nicht Gefunden →

Value Entry – Body → **Schritt 2:** Suche nächsten "Value Entry" Eintrag, so dass "Value Entry".Verkäufer = "Salesperson/Purchaser".Verkäufer

- Gefunden ↓
- Nicht Gefunden ↓

Deckungsbeitrag (DB) = Umsatz - Kosten

Provision = Umsatz * Provision %

DB Provision = (Umsatz - Kosten) * Provisi-

Summiere Umsatz, Deckungsbeitrag, Provision

Zurück zu Schritt 2

Value Entry – Footer → Summenwerte anzeigen für entsprechenden Verkäu-

Zurück zu Schritt 1

Salesperson/Purchaser - Footer → Summenwerte anzeigen für alle Verkäufer

Ausdruck

Was aus dem Aufbau des „Section Designer" ausgelassen ist, sind die Ereignisse „gefunden" und „nicht gefunden", sowie das Ereignis „zurück". Diese Ereignisse beziehen sich darauf, ob eine Übereinstimmung zwischen den Schlüsseln unserer beiden miteinander verknüpften Tabellen gefunden wurde oder nicht. Diese Ereignisse werden bei der Bewegung durch Tabellenereignisse automatisch von Microsoft Navision gemäß der Tabellenbezüge verwaltet, die wir bereits in der „DataItem"-Liste und in dem „DataItem"-Eigenschaftenfenster aufgestellt haben. Das Schöne an dem Microsoft Navision-"Report Designer" ist, dass, wenn man sich darüber im Klaren ist, wie man Tabellen in den „DataItem"-Fenstern verknüpft, Microsoft Navision automatisch den Datenfluss zwischen den Tabellen verwaltet.

6.5.5 Gestaltung der Druckausgabeabschnitte

Lassen Sie uns in diesem Abschnitt dazu übergehen alle Komponenten des „Section Designer" auszufüllen

6.5.5.1 Verkäufer Kopf

Beginnen wir nun damit, einige Felder und Texte einzufügen, die wir von Microsoft Navision angezeigt bekommen wollen. In dem „Section Designer" ist jeder Abschnitt mit einem „DataItem" verbunden und kann alle Daten anzeigen, die innerhalb der Datensätze seines „DataItem" oder eines mit ihm verknüpften Eltern-"DataItem" vorhanden sind. Innerhalb des Abschnitts „Body" des „DataItem" „Value Entry" können wir zum Beispiel das Feld „Sales Amount (actual)" anzeigen, das Teil des Datenfeldes ist; wir können ebenfalls das Feld mit der Bezeichnung „Name" aus dem „DataItem" „Salesperson/Purchaser" anzeigen. Wir können allerdings nicht das Gegenteil bewerkstelligen, das heißt, wir können innerhalb eines „Salesperson/Purchaser"-Abschnitts kein Feld aus der Tabelle „Value Entry" anzeigen. Das liegt daran, dass die Tabelle „Salesperson/Purchaser" nicht Teil des „DataItem" „Value Entry" ist. Mit etwas Übung und systematischem Probieren werden Sie schnell ein Gefühl für diese Zusammenhänge bekommen.

In dem „Section Designer" haben wir Zugang zu den gleichen Entwicklungswerkzeugen, die wir bereits im Abschnitt „Erstellen eines Formularobjekts" behandelt haben. Gehen Sie noch einmal zu diesem früheren Abschnitt zurück, um die Auflistung aller Werkzeuge zu betrachten, die in der „Toolbox" zur Verfügung stehen. Bedenken Sie, dass zu jedem Objekttyp, den man in ein Formular oder einen Bericht einfügen kann, eine besondere

Gruppe von Eigenschaften gehört. Diese Eigenschaften können immer dadurch eingesehen werden, indem man das Objekt auswählt und dann auf „Ansicht > Properties" geht.

Füllen wir zunächst den Abschnitt „Salesperson/Purchaser, Header (1)" aus. Fangen wir mit einem Berichttitel an. Der Berichttitel kann aus einer statischen Textanzeige bestehen. Öffnen wir die „Toolbox", indem wir auf „Ansicht > Toolbox" gehen. Suchen Sie das Bildzeichen mit der Bezeichnung „Label" und klicken Sie darauf. Bewegen Sie jetzt Ihren Cursor in den oberen linken Bereich des Abschnitts „Salesperson/Purchaser, Header (1)" und doppelklicken Sie die linke Maustaste, um das Objekt in den Berichtabschnitt hinüberzuziehen. Klicken Sie jetzt auf das Objekt „Label" und gehen Sie dann auf „Ansicht > Properties". In der „Label"-Objekteigenschaftenliste geben Sie folgende Werte in die folgenden Eigenschaften ein:

Xpos	0
Ypos	0
Width	6000
Height	1692
...	
Caption	Verkaufsprovision nach Artikel
...	
HorzAlign	Left
VertAlign	Center
...	
FontName	Tahoma
FontSize	12

Erstellen wir als Nächstes Felder in der Kopfzeile, die einen variablen Inhalt haben werden. Erstellen wir Felder, die die Kennung des Anwenders anzeigen, der in dem Microsoft Navision-Programm angemeldet ist, das den Bericht erstellt hat. Zeigen wir außerdem das Datum an, an dem der Bericht bearbeitet wird, und schließlich die Seitenzahl des Berichts. Zur Erstellung von Feldern, die einen variablen Inhalt haben können, müssen wir das Spezialobjekt mit der Bezeichnung „Text Box" verwenden.

Drücken Sie „ESC", um zu dem „Section Designer" zurückzukehren. Klicken Sie auf das Bildzeichen mit der Benennung „Text

6   Erstellen eines einfachen Berichts

Box" aus dem „Toolbox"-Menü. Klicken Sie in den Abschnitt „Salesperson/Purchaser, Header (1)" und fügen Sie dort die „Text Box" ein. Klicken Sie auf die erste „Text Box" und öffnen ihre Eigenschaften, indem Sie auf „Ansicht > Properties" gehen. Bewegen Sie sich durch die Liste und geben die folgenden Werte in die folgenden unten aufgeführten Eigenschaften ein:

Xpos	12900
Ypos	1269
Width	1200
Height	423
...	
HorzAlign	Left
VertAlign	Top
...	
FontName	Tahoma
FontSize	7
...	
SourceExpr	USERID

Dieses Objekt zeigt nun die Kennung des Anwenders an, der sich bei Microsoft Navision angemeldet und den Bericht gedruckt hat.

Die oben aufgeführten Werte bestimmen Folgendes:

Stelle	„Xpos" und „Ypos"
Objektgröße	„Width" und „Height"
Datenposition innerhalb des Objekts	„HorzAlign" & „VertAlign"
Schriftmerkmale	„FontName" & „FontSize"
Anzuzeigende Variable oder Formel	„SourceExpr„

Die Werte innerhalb der Eigenschaften Stelle und Objektgröße sind Abmessungen mit dem Inkrement von 1/100 eines Millimeters.

Fügen Sie jetzt ein weiteres „Text Box"-Objekt ein. Geben Sie in der „Text Box"-Objekteigenschaftenliste folgende Werte ein:

6.5 Einführung in den Report Designer

Xpos	14100
Ypos	1269
Width	1800
Height	423
...	
HorzAlign	Center
VertAlign	Top
...	
FontName	Tahoma
FontSize	7
...	
SourceExpr	TODAY

Dieses Objekt zeigt nun das Systemdatum, an dem der Bericht gedruckt wird.

Fügen Sie jetzt ein drittes „Text Box"-Objekt hinzu. Geben Sie in der „Text Box"-Objekteigenschaftenliste folgende Werte ein:

Xpos	16650
Ypos	1269
Width	600
Height	423
...	
HorzAlign	Right
VertAlign	Top
...	
FontName	Tahoma
FontSize	7
...	
SourceExpr	CurrReport.PAGENO

Dieses Objekt zeigt die Seitenzahl auf jeder Seite der Berichtdruckausgabe an. Für dieses Objekt benötigen wir eine Bezeichnung, um diese Seitenzahl näher zu beschreiben. Gehen Sie deshalb zu dem Bildzeichen „Toolbox", „Ansicht > Toolbox", und

6   Erstellen eines einfachen Berichts

klicken auf das Tool mit der Bezeichnung „Label". Geben Sie dann die folgenden Werte in die Auflistung der „Label"-Eigenschaften ein:

Xpos	15900
Ypos	1269
Width	750
Height	423
...	
HorzAlign	Right
VertAlign	Top
...	
Caption	Seite
...	
FontName	Tahoma
FontSize	7

Dadurch wird das Wort „Seite" vor jeder Seitenzahl angezeigt.

Fügen wir jetzt ein Unternehmenslogo in unseren Berichtkopf ein. Öffnen Sie ein weiteres Mal die „Toolbox" und wählen diesmal das Werkzeug „Image". Klicken Sie in den Kopfzeilenbereich. Öffnen Sie die Eigenschaften dieses Objekts. Das folgende Fenster erscheint: (siehe Abb. 6.17).

Dies sind die Eigenschaften für das graphische Anzeigeobjekt. Die wichtigste Eigenschaft ist die mit der Bezeichnung „Bitmap". Hier können Sie die Speicherstelle einer Bitmuster-Datei eingeben. Sobald Sie einen Dateispeicherplatz schreiben und auf Enter drücken, versucht Microsoft Navision ein Bitmuster aus der von Ihnen angegebenen Speicherstelle zu laden. Die Größe der Graphikdatei darf 32 Kilobytes nicht überschreiten und muss in dem Bitmuster-Datenformat abgespeichert werden. 32 Kilobytes ist kein sehr großer Speicherplatz, daher müssen Sie sich entweder für eine kleine Version Ihres Logos entscheiden oder mehrere „Image"-Objekte gemeinsam verwenden, um eine zusammen gesetzte Anzeige zu erhalten. Für gewöhnlich sollten Sie in der Lage sein, ein Bitmuster-Objekt zu laden, dass unter der Maximalgröße von 750 Quadratmillimeter bleibt.

6.5 Einführung in den Report Designer

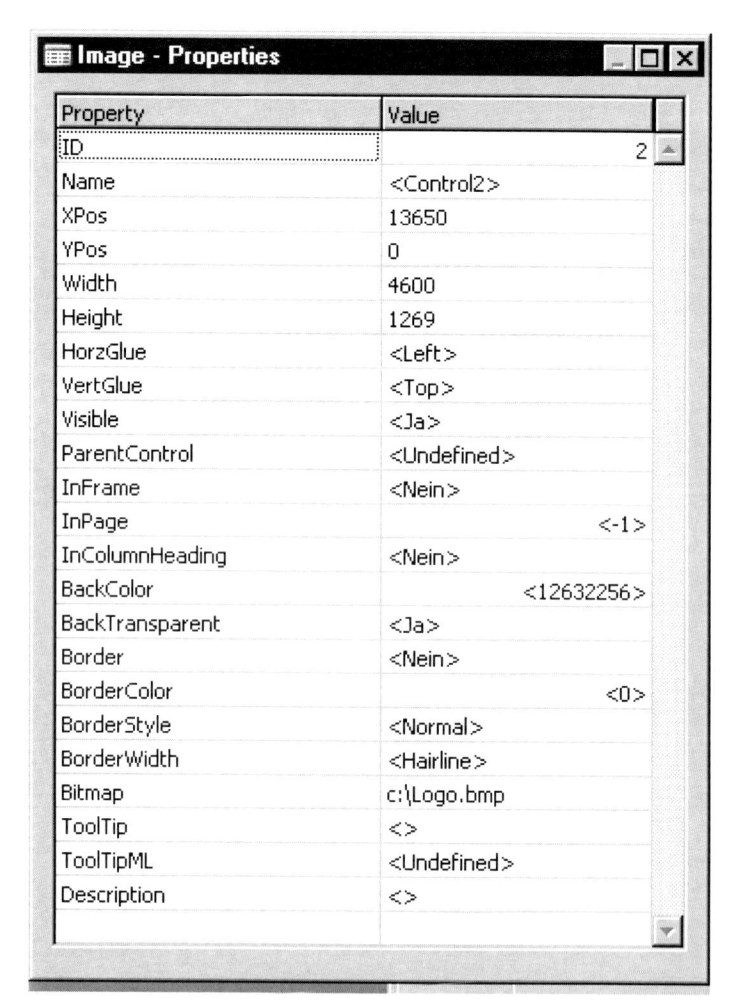

Property	Value
ID	2
Name	<Control2>
XPos	13650
YPos	0
Width	4600
Height	1269
HorzGlue	<Left>
VertGlue	<Top>
Visible	<Ja>
ParentControl	<Undefined>
InFrame	<Nein>
InPage	<-1>
InColumnHeading	<Nein>
BackColor	<12632256>
BackTransparent	<Ja>
Border	<Nein>
BorderColor	<0>
BorderStyle	<Normal>
BorderWidth	<Hairline>
Bitmap	c:\Logo.bmp
ToolTip	<>
ToolTipML	<Undefined>
Description	<>

Abb. 6.17: Fenster Image Eigenschaften

Für unser Beispiel geben wir ein schwarzweißes Logo von 584 Quadratmillimetern ein. Folgende Werte und Speicherstelle werden für dieses Beispiel in die folgenden Eigenschaften eingegeben:

Xpos	12600
Ypos	0
Width	4600
Height	1269
...	
Bitmap	C:\Logo.bmp

6   Erstellen eines einfachen Berichts

Drücken Sie nun einmal „ESC", um zu dem Fenster „Section Designer" zurückzukehren. Fügen wir eine waagerechte Linie ein, die die Kopfzeile sichtbar von dem restlichen Bericht trennt. Öffnen Sie die „Toolbox" und klicken auf das Tool mit der Bezeichnung „Shape". Klicken Sie in den Kopfzeilenabschnitt, um dort das Objekt „Shape" einzufügen. Öffnen Sie nun die Objekteigenschaften von „Shape", indem Sie auf „Ansicht > Properties" gehen. Geben Sie die folgenden Werte als Eigenschaften ein:

Xpos	0
Ypos	2115
Width	17250
Height	423
...	
BorderWidth	Hairline
ShapeStyle	Horzline

Das letzte, was wir in diesem Beispiel einer Berichtkopfzeile durchführen wollen, ist die Anweisung an Microsoft Navision, diese Kopfzeile oben auf jeder Zeile zu drucken. Um dies zu tun, klicken Sie auf die waagerechte graue Leiste mit dem Text „Salesperson/Purchaser, Header (1)". Dadurch wird der Abschnitt im Ganzen ausgewählt. Gehen Sie nun auf „Ansicht > Properties". Geben Sie die folgenden Werte als Eigenschaften ein:

Property	Value
PrintOnEveryPage	Ja
SectionWidth	17250
SectionHeight	2538
KeepWithNext	<Ja>

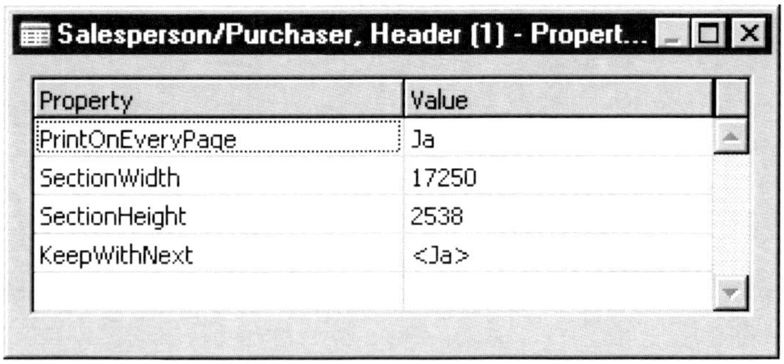

Abb. 6.18: Salesperson/Purchaser Kopf

Drücken Sie „ESC", um zu dem Fenster „Section Designer" zurückzukehren. Sie haben jetzt folgendes Fenster vor Augen:

6.5 Einführung in den Report Designer

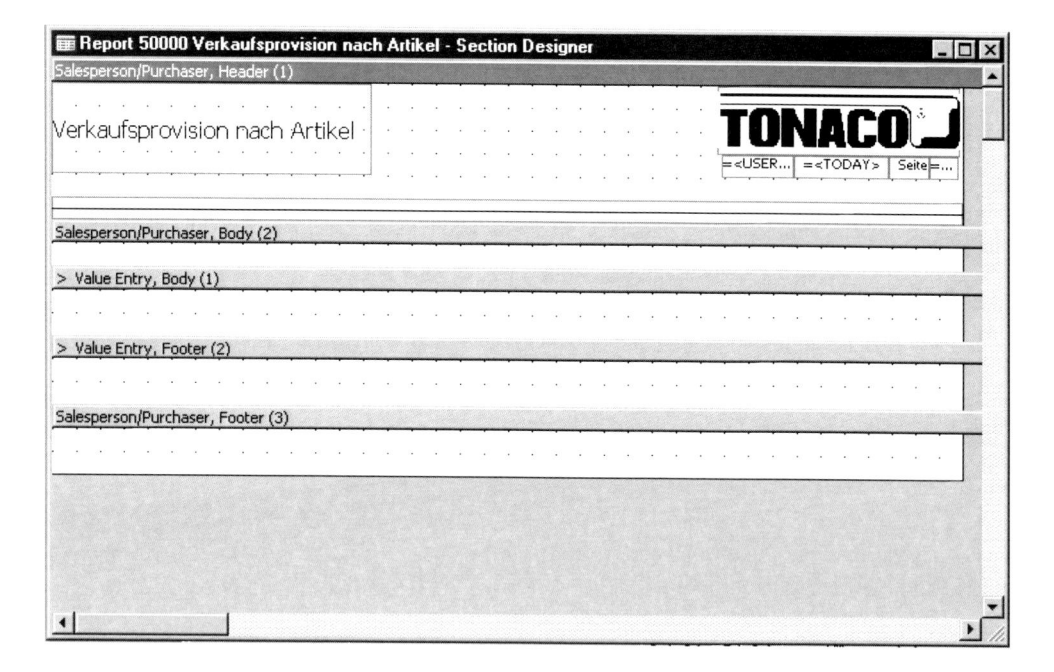

Abb. 6.19: Fenster Section Designer

Testen wir nun die Kopfzeile. Drücken Sie zweimal „ESC" und antworten Sie mit „Ja" auf die Frage, ob Sie den Bericht speichern und kompilieren möchten.

Jetzt befinden Sie sich wieder in dem „Object Designer"-Fenster. Klicken Sie auf den Bericht „Salesperson Commission by Item" und dann auf die Schaltfläche „Run" am Seitenende. Klicken Sie nun auf die Schaltfläche „Seitenansicht" am unteren Ende des Fensters. Der Bericht beginnt nun, Seiten zu erstellen. Wenn der Bericht dies beendet hat und am unteren Ende des Fensters „Berichtserstellung ist abgeschlossen" erscheint, blättern Sie durch die verschiedenen Seiten des Berichts. Sie haben nun folgende Berichtansicht vor Augen:

6 Erstellen eines einfachen Berichts

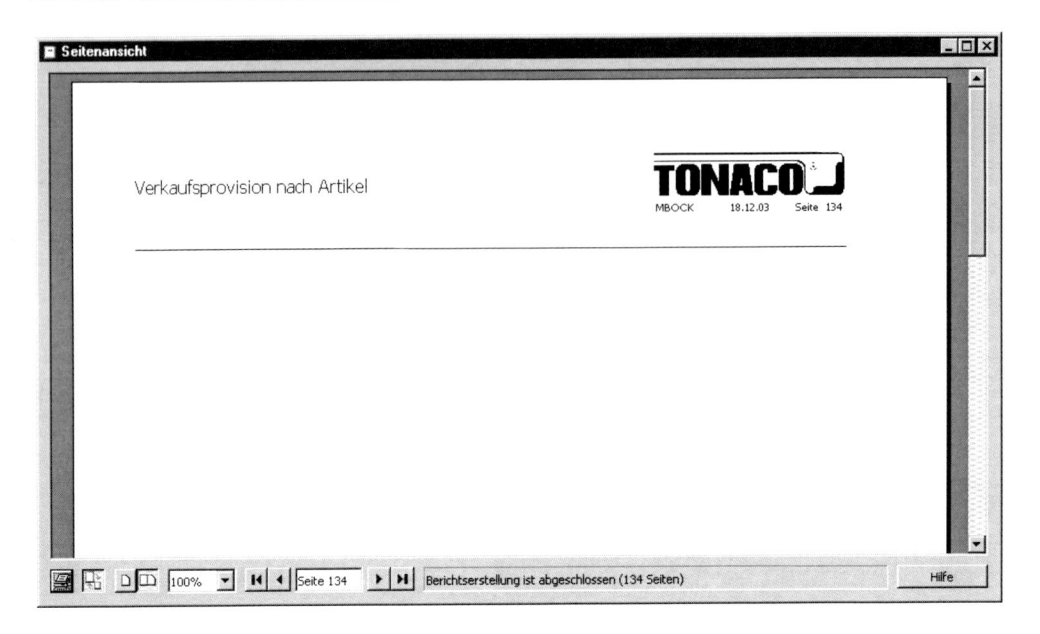

Abb. 6.20: Bericht Verkaufsprovision nach Artikel

Beachten Sie, dass dieser Kopf oben auf jeder Seite erscheint. Jede Seite enthält die von uns definierten Informationen und Seitenzahl.

6.5.5.2 Verkäufer Hauptteil

Fügen wir jetzt die Informationen über jeden Verkäufer in den Bericht ein. Dies können wir erreichen, indem wir Variablen in den Abschnitt „Salesperson/Purchaser" einfügen, der jedes Mal aktiviert wird, wenn das Lesen eines neuen Verkäuferdatensatzes abgeschlossen ist.

Drücken Sie „ESC", um die Berichtansicht zu verlassen und klicken dann auf die Schaltfläche „Design" für den Bericht „Salesperson Commission by Item". Gehen Sie nun über „Ansicht > Sections" in den „Section Designer". Wir müssen jetzt Felder einfügen, die die relevanten Informationen über den Verkäufer anzeigen. Diese Daten können entweder in einem Abschnitt, der Teil des „DataItem" „Salesperson/Purchaser" ist, angezeigt werden oder in einem Abschnitt, der Teil von verknüpften „DataItems" ist, die in einem Kindbezug zu dem „DataItem" „Salesperson/Purchaser" stehen.

Wenn wir Variablen aus dem „DataItem" „Salesperson/Purchaser" in einen „Body"-Abschnitt „Value Entry" einfügen, werden diese

Verkäuferdaten sich in jeder Zeile in dem „DataItem" „Value Entry" wiederholen. Diese Wiederholung wäre wahrscheinlich nicht sehr sinnvoll, benutzen wir also lieber den „Body"-Abschnitt „Salesperson/Purchaser", um Verkäuferdaten anzuzeigen.

Öffnen Sie jetzt das „Field Menu", indem Sie auf „Ansicht > Field Menu" gehen. Dieses Fenster enthält alle Felder, die in der Tabelle des „DataItem" vorhanden sind, dessen Abschnitt in dem Augenblick gerade ausgewählt ist. Klicken Sie also in den Abschnitt mit der Bezeichnung „Salesperson/Purchaser, Body (2)" und doppelklicken dann in dem „Field Menu" auf die folgenden Variablen mit Feldbenennungen: „Code, Name, Commission %". Wenn Sie in den Abschnitt doppelklicken, stellt Microsoft Navision automatisch zwei Objekte in den Abschnitt ein. Das oberste Objekt ist ein „Label"-Objekt, das den Namen des von Ihnen ausgewählten Feldes anzeigt. Das zweite Objekt ist ein „Text Box"-Objekt, das die von Ihnen ausgewählte Variable enthält. Das „Text Box"-Objekt und sein „Label"-Objekt sind miteinander verbunden, so dass, wenn Sie die „Text Box" bewegen, das „Label" automatisch mitgezogen wird.

Zeigen wir die „Label"-Objekte in dem Abschnitt „Header" an, da es mehr Sinn macht, diese nur einmal pro Seite zu wiederholen statt jedes Mal, wenn ein neuer Verkäufer erscheint. Stellen Sie die „Label"-Objekte in den Kopfzeilenabschnitt mit der Bezeichnung „Salesperson/Purchaser, Header (1)" ein. Löschen Sie das „Label" mit der Bezeichnung „Name". Ein Titel, der den Text „Verkäufer" enthält, wird genügend Klarheit schaffen, um sowohl „Code" als auch „Name" verständlich zu machen.

Öffnen Sie die Eigenschaften des „Text Box"-Objekts „Code" und ändern Sie die folgenden Eigenschaften zu den folgenden Werten:

Xpos	0
Ypos	0
Width	1200
Height	423
...	
Caption	Verkäufer
...	
HorzAlign	Left

6   Erstellen eines einfachen Berichts

...	
FontName	Tahoma
FontSize	7
FontBold	Ja

Öffnen Sie als Nächstes die Eigenschaftenliste für die „Text Box" „Name" und fügen Sie die folgenden Werte als Eigenschaften ein:

Xpos	0
Ypos	1692
Width	2850
Height	423
...	
HorzAlign	Left
...	
FontName	Tahoma
FontSize	7
FontBold	Ja

Öffnen Sie nun die Eigenschaftenliste für die „Text Box" „Commission %" und geben Sie die folgenden Werte als Eigenschaften ein:

Xpos	4350
Ypos	0
Width	1800
Height	423
...	
Caption	Provision %
...	
HorzAlign	Center
...	
FontName	Tahoma
FontSize	7
FontBold	Ja
...	
DecimalPlaces	0:2

Die Eigenschaft mit der Bezeichnung „DecimalPlaces" steuert das Format des Wertes. Die erste Zahl teilt Microsoft Navision mit, wie viele Stellen nach dem Dezimalkomma gezeigt werden müssen, während die zweite Zahl nach dem Doppelpunkt besagt, wie viele Stellen nach dem Dezimalkomma erlaubt sind, wenn der Wert sich über das Dezimalkomma hinaus erstreckt. Bei der Anzeige von Geldbeträgen ist es zum Beispiel wohl am sinnvollsten, diese Eigenschaft auf „2:2" zu setzen. Auf diese Weise zeigt Microsoft Navision immer genau zwei Stellen nach dem Dezimalkomma an, selbst wenn der Geldbetrag keine Cents mit einbezieht.

Die Erstellung eines Berichts hat ihre Bedeutung darin, dass der Bericht es leicht macht, Informationen darzustellen, aufgrund derer auch Entscheidungen getroffen werden können. Dies bedeutet, dass Einfachheit und Klarheit oberstes Gebot bei der Entwicklung eines Berichts sind. Wenn ein Informationsanteil nicht absolut notwendig ist, sollte er ausgelassen werden. „Weniger ist mehr" sollte die Devise eines jeden Berichtentwicklers sein. Bedenken Sie, dass Ihr Bericht eher Fragen beantworten denn aufwerfen soll. Ihr Bericht sollte den Leser dazu ermutigen, tätig zu werden und Entscheidungen zu treffen. Die Kunst der Unternehmensdatenentwicklung ist keine Kunst, für die Programmierer berühmt sind; der beste Entwickler ist jedoch der, der die Bedürfnisse seiner Zielgruppe kennt.

Klicken Sie nun auf das Bildzeichen „Font" bzw. gehen Sie auf „Ansicht > Font". Klicken Sie auf jede dieser „Label"- und „Text Box"-Objekte und ändern Sie die Schriftart um in „Tahoma". Dann richten Sie sie aus, so dass sie wie in unten gezeigtem Fenster erscheinen:

6   Erstellen eines einfachen Berichts

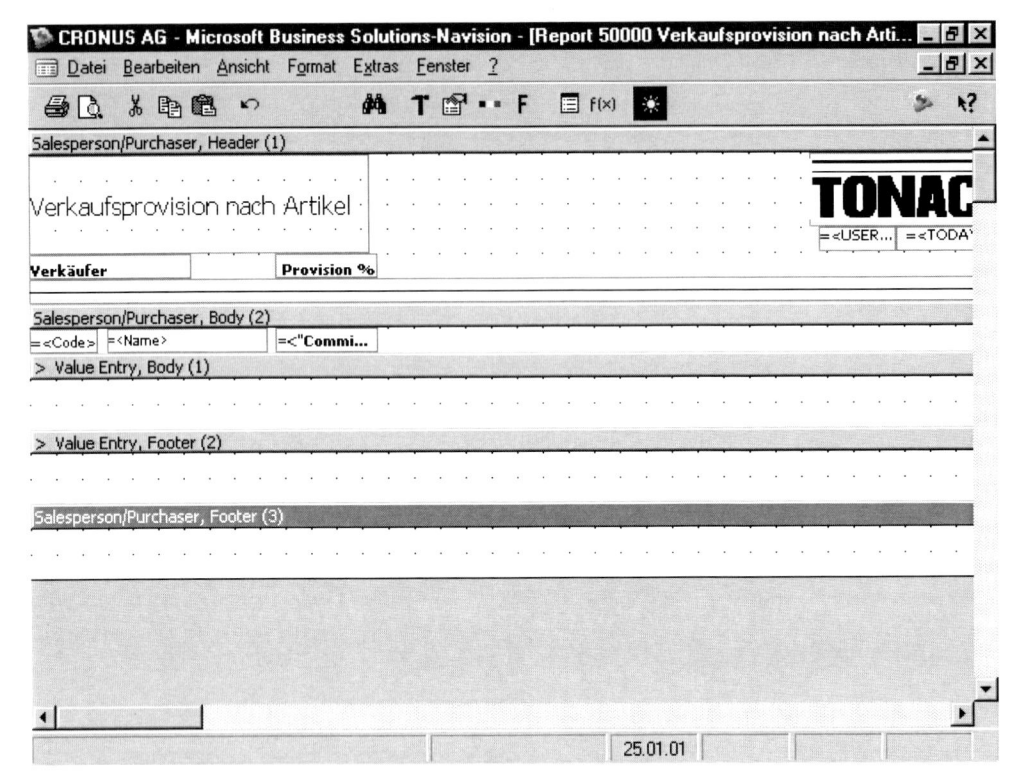

Abb. 6.21: Section Designer

Kompilieren, speichern und testen wir nun unseren Bericht. Kehren Sie zu der Seite „DataItem" zurück, indem Sie „ESC" und dann „F11" drücken. Wenn keine Fehlermeldung erscheint, bedeutet das, dass das Berichtprogramm keine Syntaxfehler enthält. Speichern Sie jetzt den Bericht, indem Sie „STRG + S" drücken. Klicken Sie auf die Schaltfläche „Run" und dann auf „Seitenansicht". Das folgende Berichtansichtsfenster erscheint: (siehe Abb. 6.22).

Was wir hier vor uns haben, ist die Anzeige der Informationen aus dem ersten „DataItem" in dem Bericht. Diese Daten werden ausgedruckt, nachdem Microsoft Navision jeden Datensatz in diesem „DataItem" verarbeitet hat.

6.5 Einführung in den Report Designer

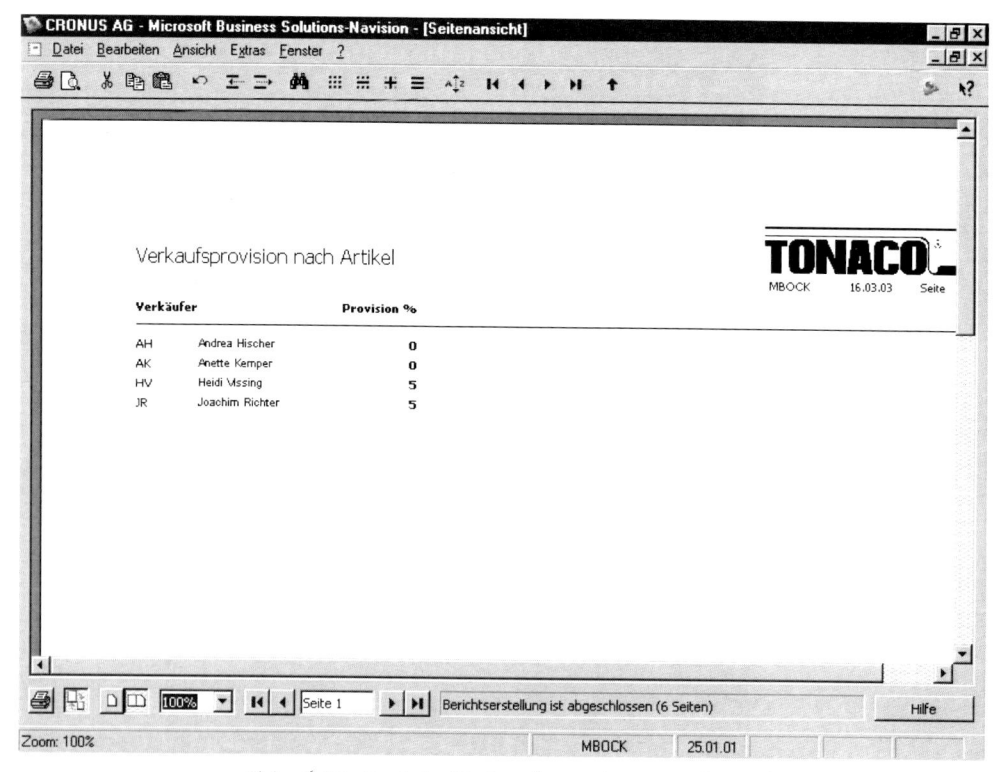

Abb. 6.22: Bericht Verkaufsprovision nach Artikel

6.5.5.3 Wertposten Hauptteil

Erstellen wir nun eine Ausgabe, die Microsoft Navision jedes Mal druckt, wenn es Daten über einen dieser Verkäufer innerhalb unseres zweiten „DataItem" mit der Bezeichnung „Value Entry" auffindet, das in einem nachgeordneten Bezug zu dem „DataItem" „Salesperson/Purchaser" steht.

Drücken Sie „ESC" und klicken Sie dann auf die Schaltfläche „Design", um wieder die interne Struktur des Berichts zu betreten. Gehen Sie auf „Ansicht > Sections", um den „Section Designer" des Berichts zu öffnen. Öffnen Sie das „Field Menu", indem Sie auf „Ansicht > Field Menu" gehen, und klicken Sie dann auf den Abschnitt mit der Bezeichnung „Value Entry, Body (1)". Wählen Sie die Felder „Item No." und „Sales Amount (Actual)" aus dem „Field Menu" aus. Ziehen Sie diese Felder in den „Value Entry"-Abschnitt hinüber und platzieren Sie sie genau rechts und unter den Feldern, die sich in dem Abschnitt „Salesperson/Purchaser, Body (2)" befinden. Doppelklicken Sie, um die

6   Erstellen eines einfachen Berichts

Objekte einzufügen. Bewegen Sie jetzt die „Label"-Objekte nach oben in dem Abschnitt „Salesperson/Purchaser, Header (1)".

Öffnen Sie jetzt die Eigenschaftenliste für die „Text Box" „Item No." und geben Sie die folgenden Werte in die folgenden Eigenschaften ein:

Xpos	6300
Ypos	0
Width	1500
Height	423
...	
Caption	Artikelnr.
...	
HorzAlign	Right
...	
FontName	Tahoma
FontSize	7
FontBold	Nein

Öffnen Sie nun das „Label"-Objekt „Artikelnr." und stellen Sie die folgenden Werte als Eigenschaften ein:

Xpos	6300
Ypos	1269
Width	1500
Height	846
...	
HorzAlign	Right
...	
FontName	Tahoma
FontSize	7
FontBold	Ja

Öffnen Sie als Nächstes die „Text Box" „Sales Amount (Actual)" und geben Sie folgende Werte als Eigenschaften ein:

6.5 Einführung in den Report Designer

Xpos	7950
Ypos	0
Width	1800
Height	423
...	
Caption	Umsatz
...	
HorzAlign	Right
...	
FontName	Tahoma
FontSize	7
FontBold	Nein
...	
DecimalPlaces	2:2

Öffnen Sie jetzt die Eigenschaftenliste des „Label"-Objekts „Umsatz" und ändern Sie die Eigenschaften wie folgt:

Xpos	7950
Ypos	1269
Width	1800
Height	846
...	
HorzAlign	Right
...	
FontName	Tahoma
FontSize	7
FontBold	Ja

Öffnen Sie als Nächstes die „Text Box" „Cost Amount (Actual)" und geben Sie folgende Werte als Eigenschaften ein:

Xpos	9900
Ypos	0
Width	1800

185

6 Erstellen eines einfachen Berichts

Height	423
...	
Caption	Einstandsb.
...	
HorzAlign	Right
...	
FontName	Tahoma
FontSize	7
FontBold	Nein
...	
DecimalPlaces	2:2

Öffnen Sie jetzt die Eigenschaftenliste des „Label"-Objekts „Einstandsbetrag" und ändern Sie die Eigenschaften wie folgt:

Xpos	9900
Ypos	1269
Width	1800
Height	846
...	
HorzAlign	Right
...	
FontName	Tahoma
FontSize	7
FontBold	Ja

Drücken Sie „ESC", um zu dem „Section Designer" zurückzukehren. Das „Section Designer"-Fenster sollte nun wie folgt aussehen:

6.5   Einführung in den Report Designer

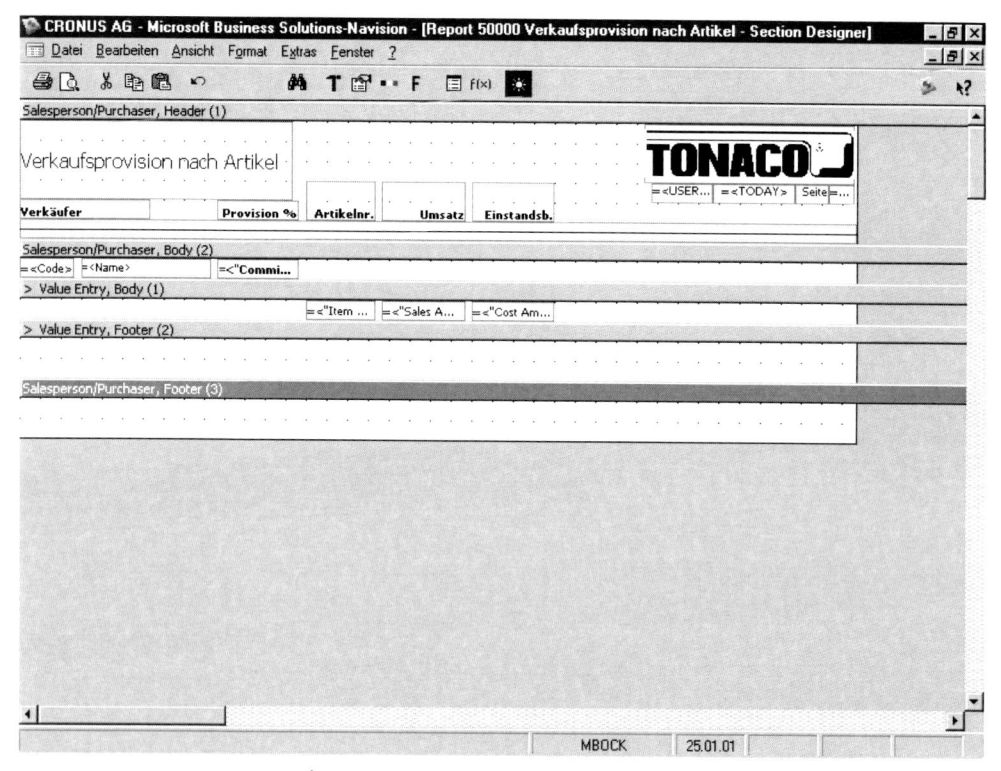

Abb. 6.23: Section Designer

Klicken Sie als Nächstes auf die graue Leiste mit der Bezeichnung „Value Entry, Body (1)" und gehen Sie dann auf „Ansicht > Properties". Setzen Sie hier die Eigenschaft „SectionHeight" auf den Wert 423. Sie können auch einfach auf den Abschnitt nach „Value Entry, Body (1)" klicken und es nach oben bewegen, bis kein Zwischenraum mehr unterhalb der „Text Box"-Objekte in dem Abschnitt vorhanden ist. Wir sollten solche Zwischenräume eliminieren, damit wir in der Berichtausgabe keine leeren Zeilen ohne Bedeutung zwischen allen „Value Entry"-Datensätzen angezeigt bekommen.

Kompilieren, speichern und testen wir an diesem Punkt unseren Bericht. Achten Sie darauf, Ihren Bericht nicht zu kompilieren, während Sie sich in dem Fenster „Section Designer" befinden, da dies einen Ausfall des „Report Designer" auslösen kann, was wiederum den Verlust der seit der letzten Speicherung von Ihnen in dem Bericht durchgeführten Änderungen zur Folge hätte. Verlassen Sie daher das „Section Designer"-Fenster und kehren Sie

6 Erstellen eines einfachen Berichts

zu dem „DataItem"-Fenster zurück, bevor Sie „F11" zum Kompilieren bzw. Speichern drücken.

Drücken Sie also zweimal „ESC", um zu dem „DataItem"-Fenster zurückzukehren, und antworten Sie mit „Ja", um den Bericht zu kompilieren und zu speichern. Klicken Sie jetzt auf die Schaltfläche „Run" in dem Fenster „Object Designer", nachdem Sie den Bericht „Salesperson Commission by Item" ausgewählt haben. Klicken Sie dann auf die Schaltfläche „Seitenansicht". Das folgende Berichtansichtsfenster erscheint:

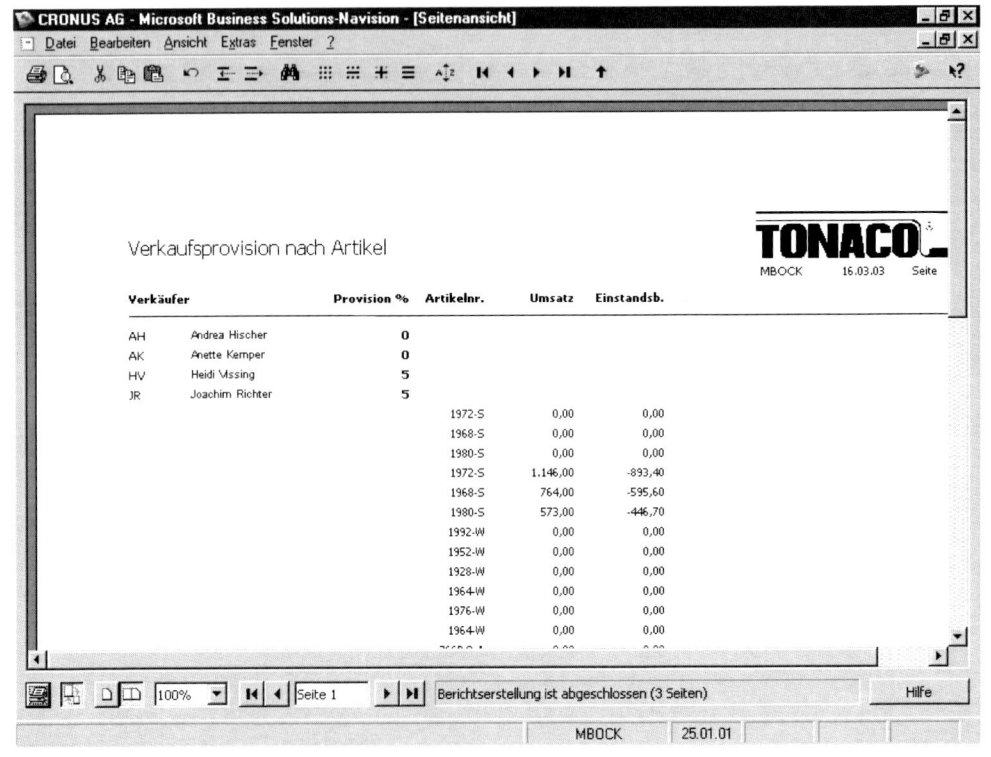

Abb. 6.24: Berichtansichtsfenster

Wie Sie sehen können, bezieht der Bericht viele Informationen mit ein, die für die Zwecke des Berichts nicht notwendig sind. Zum Beispiel ist es nicht nötig, Verkäufer anzuzeigen, die keinen Umsatz hatten, genauso unnötig wie das Anzeigen von Produktbewegungen, die keinen Umsatz aufweisen oder bei denen der Umsatz gleich null ist. Solche Positionen lösen niemals eine Provision aus, demnach sollten wir gemäß der Devise „weniger ist mehr" diese Daten aus der Ausgabe eliminieren.

6.5.5.4 Eliminieren von ungewünschten Berichtszeilen

Um irrelevante Daten zu eliminieren, müssen wir steuern, auf welche Datensätze Microsoft Navision in den „DataItems" Zugriff hat. Wenn wir einen Filter auf die Produktbewegungen in dem „DataItem" „Value Entry" setzen, damit Microsoft Navision ausschließlich zu den Positionen Zugang erhält, die vom Typ her Umsatz und nicht gleich null sind, erhalten wir eine verbesserte Version des Berichts. Wir könnten Microsoft Navision auch anweisen, dass es, wenn keine Daten in der Kindtabelle gefunden wurden, nicht die Daten aus der Elterntabelle drucken soll. Diese zwei Steuerelemente sollten in dem Bericht beträchtlich mehr Ordnung schaffen.

Drücken Sie also „ESC", um die Berichtansicht zu verlassen, und klicken Sie dann auf die Schaltfläche „Design", um die interne Struktur des Berichts wieder zu betreten. Wählen Sie nun unser erstes „DataItem" mit der Benennung „Salesperson/Purchaser" aus, und öffnen Sie seine Eigenschaften, indem Sie auf „Ansicht > Properties" gehen. Geben Sie jetzt den folgenden Wert in die folgende Eigenschaft ein:

...	
PrintOnlyIfDetail	Ja

Drücken Sie als Nächstes „ESC" und öffnen Sie die Eigenschaften unseres zweiten „DataItem" mit der Bezeichnung „Value Entry". Klicken Sie auf die Eigenschaft „DataItemTableView" und dann auf das Hilfesymbol, das rechts in der Spalte erscheint. Klicken Sie nun auf den Hilfepfeil in der Variablen „Table Filter". Das Fenster „Table Filter" öffnet sich. Geben Sie die folgenden Filter in die Felder, wie in unterem Fenster gezeigt, ein: (siehe Abb. 6.25).

Diese Tabellenfilter halten Microsoft Navision davon ab, auf Datensätze zuzugreifen, die keine Umsatzbewegungen und gleich null sind. Klicken Sie auf „OK" und dann ein weiteres Mal auf „OK". Das Fenster „Value Entry - Properties" sieht nun wie folgt aus: (siehe Abb. 6.26).

6   Erstellen eines einfachen Berichts

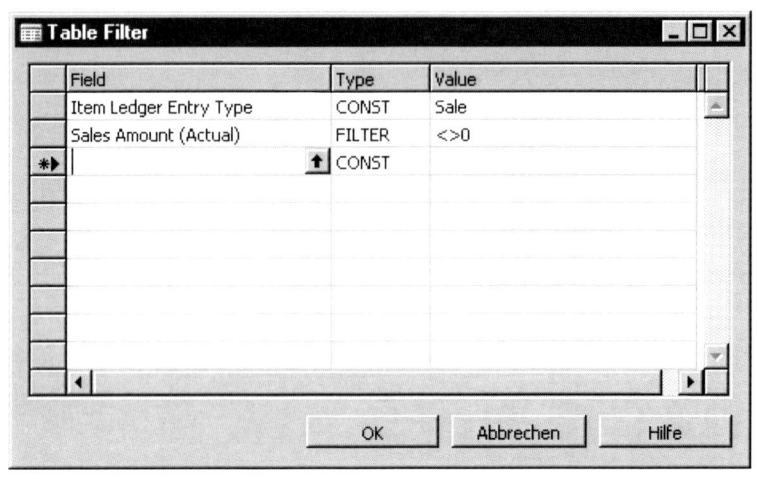

Abb. 6.25: Tabellenfilter

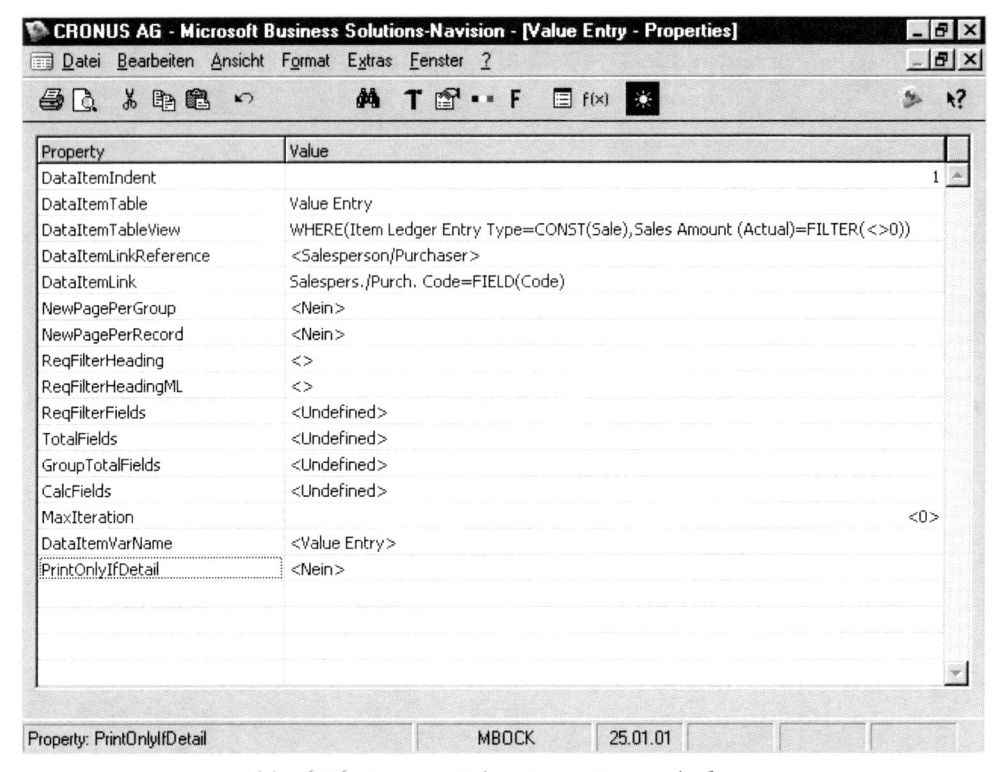

Abb. 6.26: Fenster Value Entry Eigenschaften

Drücken Sie zweimal „ESC", um den Bericht zu speichern und zu verlassen. Klicken Sie jetzt auf die Schaltfläche „Run" in dem

6.5 Einführung in den Report Designer

„Object Designer", nachdem Sie den Bericht „Salesperson Commission by Item" ausgewählt haben. Dann klicken Sie auf die Schaltfläche „Seitenansicht". Das folgende Berichtansichtsfenster erscheint:

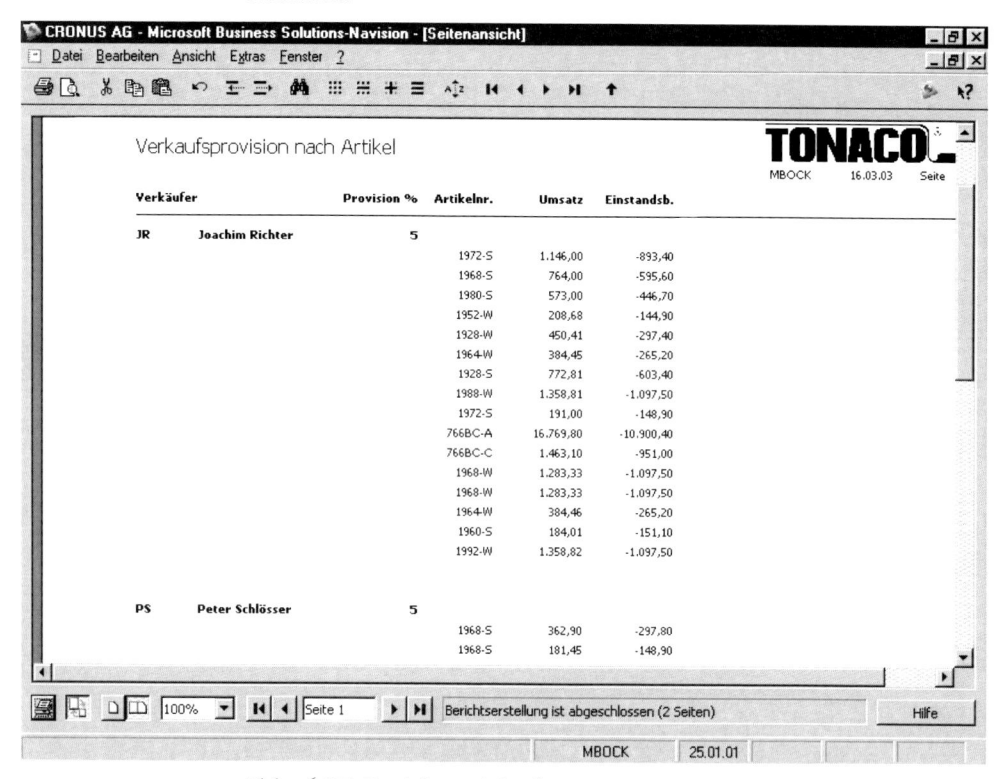

Verkäufer		Provision %	Artikelnr.	Umsatz	Einstandsb.
JR	Joachim Richter	5			
			1972-S	1.146,00	-893,40
			1968-S	764,00	-595,60
			1980-S	573,00	-446,70
			1952-W	208,68	-144,90
			1928-W	450,41	-297,40
			1964-W	384,45	-265,20
			1928-S	772,81	-603,40
			1988-W	1.358,81	-1.097,50
			1972-S	191,00	-148,90
			766BC-A	16.769,80	-10.900,40
			766BC-C	1.463,10	-951,00
			1968-W	1.283,33	-1.097,50
			1968-W	1.283,33	-1.097,50
			1964-W	384,46	-265,20
			1960-S	184,01	-151,10
			1992-W	1.358,82	-1.097,50
PS	Peter Schlösser	5			
			1968-S	362,90	-297,80
			1968-S	181,45	-148,90

Abb. 6.27: Berichtansichtsfenster

Wie Sie sehen, hat der Bericht eine Verbesserung in der Hinsicht erfahren, dass er nur Daten anzeigt, die relevant für den Umsatz sind.

Ein zusätzlicher Vorteil dieses Verfahrens ist, dass es die Wahrscheinlichkeit von Programmstörungen verringert bis eliminiert, da wir den Zugriff von Microsoft Navision auf Datensätze versperrt haben, deren Umsatzbetrag gleich null ist. Dadurch verschwindet die Möglichkeit, dass ein Fehler aufgrund einer Division durch Null in irgendeiner Formel auftreten kann, in der der Umsatz als Divisor verwendet wird.

6.5.6 Ausgabeberechnungen, die nicht aus den Tabellen stammen

Als Nächstes müssen wir uns mit der Ausgabe befassen, die nicht in Tabellendaten zu finden ist, sondern innerhalb des Berichts berechnet werden muss.

6.5.6.1 Berechnungen von Verkaufstransaktionen durchführen und anzeigen

Die erste berechnete Variable, die wir aufstellen sollten, ist der „Deckungsbeitrag". Für unseren Bericht haben wir ihn als Umsatzbetrag plus negativem „Einstandsbetrag" definiert. Nun müssen wir diese Berechnung für jede Zeile des „DataItem" „Value Entry" durchführen.

Microsoft Navision erlaubt uns nicht nur, eine Variable oder ein Feld in die Eigenschaft „SourceExpr" eines „Text Box"-Objekts einzuschreiben, es lässt außerdem hier auch die Definition einer einfachen Formel zu. Verwenden wir also ein „Text Box"-Objekt und schreiben die Formel Umsatz plus negative Kosten darin ein. Klicken Sie auf die „Text Box" mit der Bezeichnung „Einstandsbetrag (tatsächl.)" und gehen Sie in sein Eigenschaftenfenster, indem Sie den Pfad „Ansicht > Properties" benutzen. Gehen Sie nun zu der Eigenschaft „SourceExpr"; Sie haben folgendes Fenster vor sich: (siehe Abb. 6.28).

Geben Sie innerhalb der folgenden Eigenschaften die folgenden Werte ein:

Xpos	9900
Ypos	0
Width	1800
Height	423
...	
Caption	DB
...	
HorzAlign	Right
...	
FontName	Tahoma
...	
FontSize	7
FontBold	Nein

6.5 Einführung in den Report Designer

...	
DecimalPlaces	2:2
...	
SourceExpr	„Sales Amount (Actual)" + „Cost Amount (Actual)"

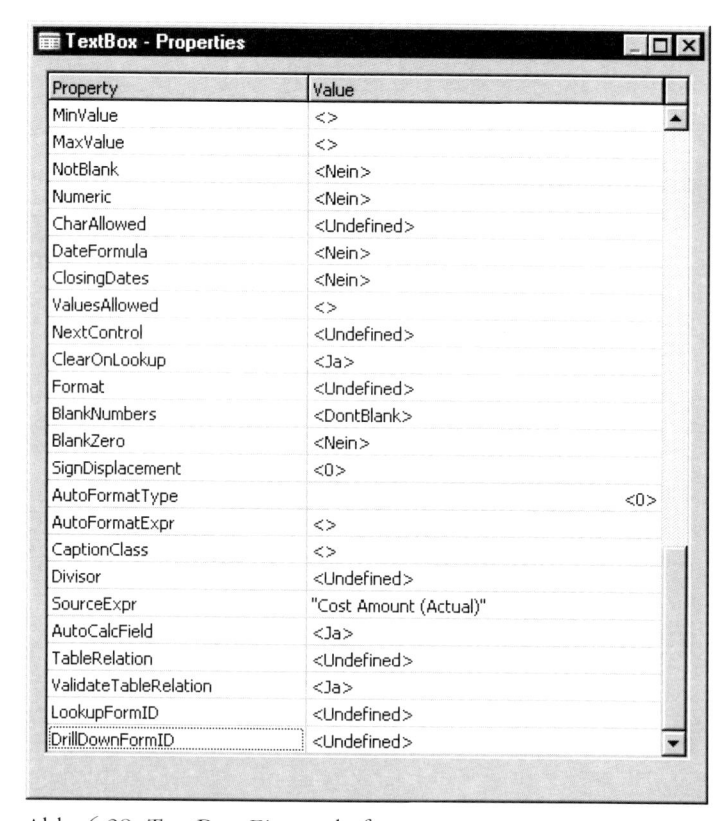

```
TextBox - Properties
Property                    Value
MinValue                    <>
MaxValue                    <>
NotBlank                    <Nein>
Numeric                     <Nein>
CharAllowed                 <Undefined>
DateFormula                 <Nein>
ClosingDates                <Nein>
ValuesAllowed               <>
NextControl                 <Undefined>
ClearOnLookup               <Ja>
Format                      <Undefined>
BlankNumbers                <DontBlank>
BlankZero                   <Nein>
SignDisplacement            <0>
AutoFormatType                                  <0>
AutoFormatExpr              <>
CaptionClass                <>
Divisor                     <Undefined>
SourceExpr                  "Cost Amount (Actual)"
AutoCalcField               <Ja>
TableRelation               <Undefined>
ValidateTableRelation       <Ja>
LookupFormID                <Undefined>
DrillDownFormID             <Undefined>
```

Abb. 6.28: TextBox Eigenschaften

Öffnen Sie als Nächstes die Eigenschaftenliste des „Label"-Objekts „DB" und geben Sie die folgenden Werte als Eigenschaften ein:

Xpos	9900
Ypos	1269
Width	1800
Height	846

6   Erstellen eines einfachen Berichts

...	
Caption	DB
HorzAlign	Right
...	
FontName	Tahoma
FontSize	7
FontBold	Ja

Drücken Sie Enter und daraufhin „ESC". Ihr „Section Designer"-Fenster sieht nun wie folgt aus:

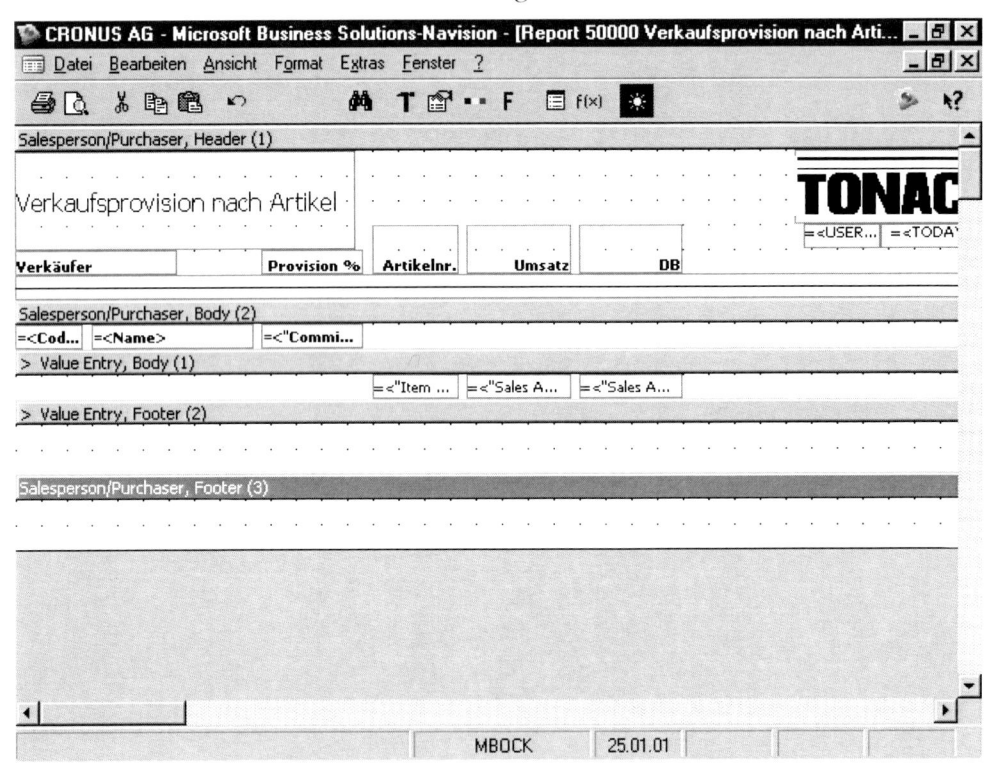

Abb. 6.29: Section Designer

Getreu dem Prinzip, dass ein Bericht gestaltet sein soll, dass er Fragen beantwortet statt sie zu stellen, sollten wir eine besondere Information für den Leser erstellen. Da dieser Bericht Verkäufern die Motivation geben soll, Entscheidungen über die am besten zu verkaufenden Produkte zu treffen, sollten wir einen Faktor miteinbeziehen, der den Erfolg der verschiedenen Produkte miteinander vergleicht. Erstellen wir eine Spalte, die den geleisteten Prozentsatz des Deckungsbeitrags jedes einzelnen Produkts anzeigt. Dies können wir bewerkstelligen, indem wir eine neue „Text Box" einfügen, die die folgende Formel in ihrer Eigenschaft „SourceExpr" enthält:

...	
SourceExpr	(„Sales Amount (Actual)" + „Cost Amount (Actual)") / „Sales Amount (Actual)" * 100

Diese Formel teilt uns mit, welcher Prozentsatz des Umsatzes zum Bruttogewinn beiträgt.

Öffnen Sie also die „Toolbox", indem Sie auf „Ansicht > Toolbox" gehen und dann auf das Tool „Text Box" klicken sowie unmittelbar danach auf „Add Label". Fügen Sie diese Objekte mit einem Doppelklickin den Abschnitt „Value Entry, Body (1)" ein. Bewegen Sie das „Label"-Objekt nach oben in den Abschnitt „Salesperson/Purchaser, Header (1)". Öffnen Sie nun die Eigenschaftenliste der neuen „Text Box" und geben Sie die folgenden Werte als Eigenschaften ein:

Xpos	11850
Ypos	0
Width	1500
Height	423
...	
Caption	DB %
...	
HorzAlign	Center
...	
FontName	Tahoma
...	
FontSize	7
FontBold	Nein
...	
DecimalPlaces	0:0
...	
SourceExpr	(„Sales Amount (Actual)" + „Cost Amount (Actual)") / „Sales Amount (Actual)" * 100

6 Erstellen eines einfachen Berichts

Öffnen Sie die Eigenschaftenliste des „Label"-Objekts „DB %" und stellen Sie die folgenden Eigenschaften ein:

Xpos	11850
Ypos	1269
Width	1500
Height	846
...	
HorzAlign	Center
...	
FontName	Tahoma
FontSize	7
FontBold	Ja

Drücken Sie dreimal „ESC", um zu dem Fenster „DataItem" zurückzukehren und das Speicherfenster zu aktivieren. Klicken Sie „Ja", um den Bericht zu kompilieren und zu speichern. Klicken Sie nun auf die Schaltfläche „Run" und dann auf die Schaltfläche „Seitenansicht", um die Berichtausgabe anzusehen. Vor sich haben Sie dann folgendes Berichtansichtsfenster: (siehe Abb. 6.30).

Fügen wir nun weitere dieser berechneten „Text Box"-Objekte mit anhängenden „Label"-Objekten hinzu. Diese Variablen, die wir als Nächstes erstellen möchten, sollen mit „Umsatz Prov." und „DB Prov." bezeichnet werden. Sie existieren in keiner Tabelle innerhalb von Microsoft Navision, daher können wir sie nicht aus dem „Field Menu" heraus hinzufügen. Wir müssen sie deshalb von Grund auf erstellen.

6.5 Einführung in den Report Designer

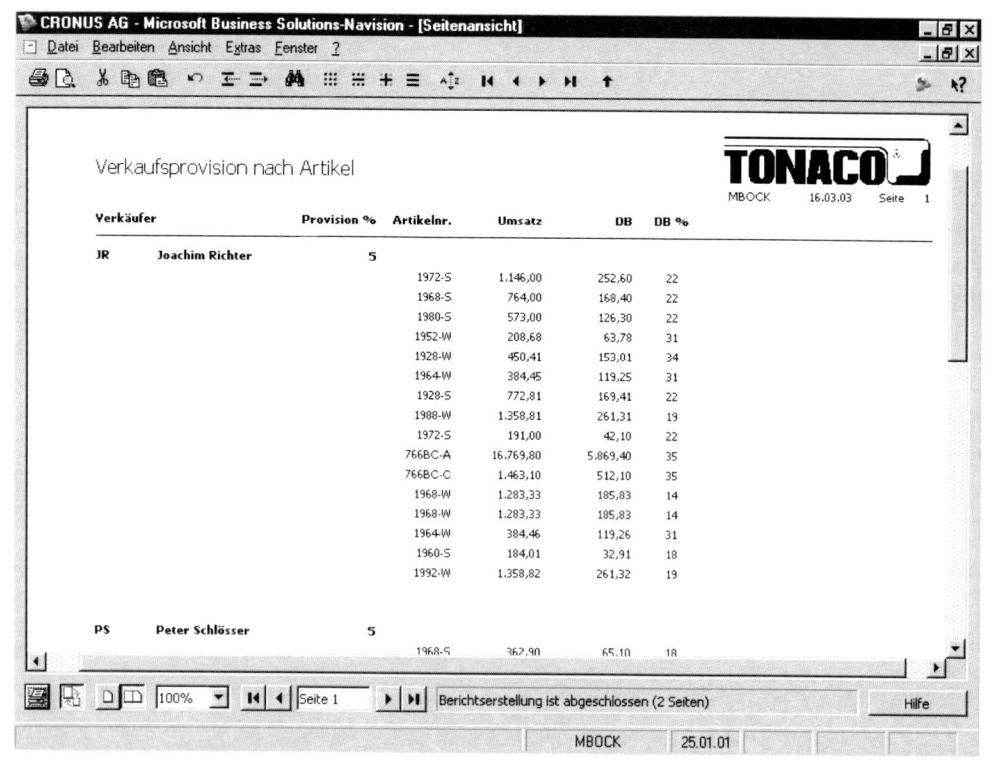

Abb. 6.30: Berichtansichtsfenster

Öffnen Sie die „Toolbox" mit Hilfe des Pfades „Ansicht > Toolbox" und klicken Sie zunächst auf „Text Box" und unmittelbar danach auf „Add Label". Dadurch wird ein leeres, aber verknüpftes „Text Box"- und „Label"-Objekt erstellt. Platzieren Sie diese in dem Abschnitt „Value Entry, Body (1)" und doppelklicken Sie. Bewegen Sie das „Label"-Objekt jetzt nach oben in den Abschnitt „Salesperson/Purchaser, Header (1)". Öffnen Sie als Nächstes die Eigenschaften der neuen aber leeren „Text Box". Geben Sie die folgenden Werte als Eigenschaften ein:

Xpos	13500
Ypos	0
Width	1800
Height	423
...	
Caption	Umsatz Prov.

6 Erstellen eines einfachen Berichts

...	
HorzAlign	Right
...	
FontName	Tahoma
...	
SourceExpr	„Sales Amount (Actual)" * („Salesperson/Purchaser"."Commission %"/100)

Gehen Sie in die Eigenschaften des „Label"-Objekts dieser „Text Box" und geben Sie die folgenden Werte als Eigenschaften ein:

Xpos	13500
Ypos	1269
Width	1800
Height	423
...	
Caption	Umsatz Prov.
...	
HorzAlign	Right
...	
FontName	Tahoma
FontSize	7
FontBold	Ja

Nun müssen wir eine weitere, mit einem „Label" verbundene „Text Box" für die Variable „DB Prov." erstellen. Klicken Sie wieder auf die Werkzeuge „Text Box" und dann „Add Label" aus der „Toolbox" heraus und stellen diese in den Abschnitt „Value Entry, Body (1)" ein. Öffnen Sie jetzt die Eigenschaften der „Text Box" und geben Sie die folgenden Werte als Eigenschaften ein:

Xpos	15450
Ypos	0
Width	1800
Height	423
...	

6.5 Einführung in den Report Designer

Caption	DB Prov.
...	
HorzAlign	Right
...	
FontName	Tahoma
...	
SourceExpr	(„Sales Amount (Actual)" + „Cost Amount (Actual)") * („Salesperson/Purchaser"."Commission %"/100)

Öffnen Sie jetzt die Eigenschaften des „Label"-Objekts und geben Sie dort folgende Werte ein:

Xpos	15450
Ypos	0
Width	1800
Height	423
...	
Caption	DB Provision
...	
HorzAlign	Right
...	
FontName	Tahoma
FontSize	7
FontBold	Ja

Verlassen Sie jetzt die Objekteigenschaften von „Label". Das Fenster „Section Designer" sieht nun wie folgt aus:

6   Erstellen eines einfachen Berichts

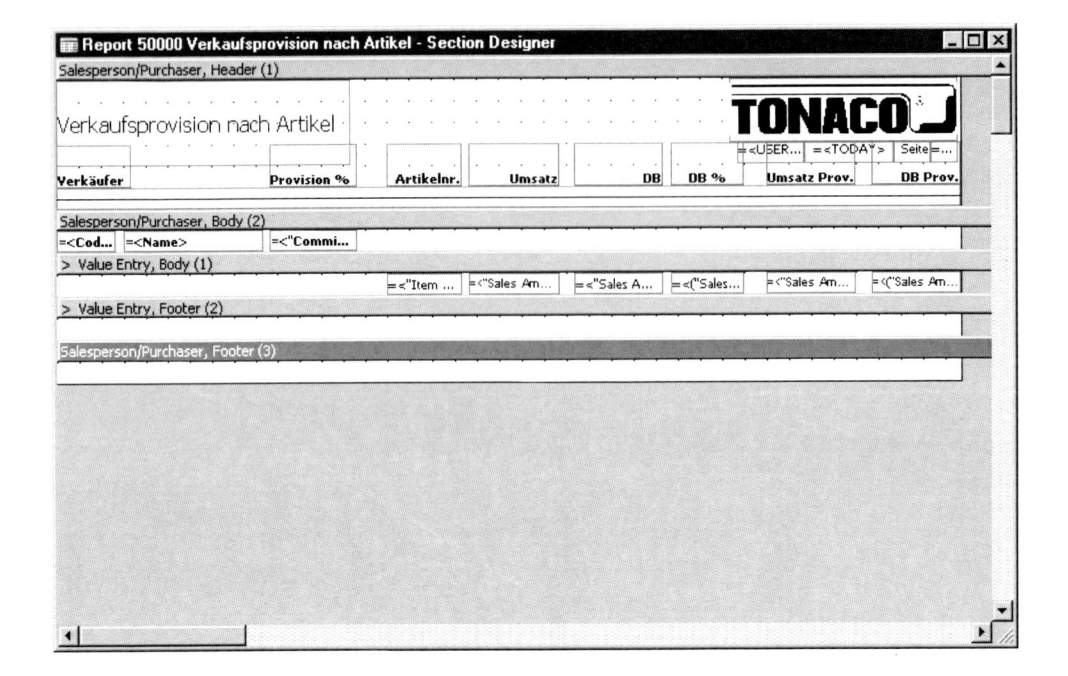

Abb. 6.31: Fenster Section Designer

Wie Sie sehen, ist es möglich, komplexe Ausdrücke in der Eigenschaft „SourceExpr" zu definieren. Für gewöhnlich werden Sie nur ein „Text Box"-Objekt zur Anzeige einer Variablen oder eines Tabellenfeldes verwenden müssen, es kann aber vorkommen, dass Sie hier Berechnungen durchführen oder Formatierungen einfügen müssen. Komplexe Ausdrücke wie die im obigen Abschnitt betrachteten müssen sich an die Syntaxkonventionen dessen, was als „C/AL Code" bezeichnet wird, halten. „C/AL Code" ist die Entwicklungsprogrammiersprache für Microsoft Navision. Die Sprache ist Gegenstand unseres nächsten Abschnitts. Betrachten wir für den Moment einige Punkte, die in direktem Zusammenhang mit der Verwendung des „C/AL Code" in der Eigenschaft „SourceExpr" stehen.

Bei der Definition eines komplexen Ausdrucks innerhalb der Eigenschaft „SourceExpr" eines „Text Box"-Objekts muss man sich an folgende Konventionen halten:

1) Variablenbezeichnungen sollten innerhalb Anführungsstriche aufgeführt werden, so sie Sonderzeichen oder Leerstellen enthalten. So zum Beispiel:

6.5 Einführung in den Report Designer

...	
SoucreExpr	„Strange Amount (Actual)"

2) „Text Box"-Objekte können statischen Text anzeigen. Den anzuzeigenden Text muss man beim Schreiben innerhalb Apostrophe setzen. Möchte man mehrere voneinander getrennte Textelemente anzeigen, muss jedes Element mit einem Plussymbol, also „+", vom anderen getrennt werden, zum Beispiel:

...	
SoucreExpr	'Gewinn ' + 'oder' + ' Verlust'

3) Mathematische Operationen können auf Variablen und Konstanten durchgeführt werden. Verwenden Sie bei Ihren Berechnungen die folgenden Operatoren:

* Multiplikation

/ Division

- Substraktion

+ Addition

( ) Gruppierung

Achten Sie bei der Division darauf, dass der Dividend auf keinen Fall Null sein kann. Eine Teilung durch Null verursacht stets einen Programmausfall. Beachten Sie folgendes Beispiel:

...	
SoucreExpr	(„Sales Amount" + Cost) * („Commission %" / 100)

4) Wenn Sie in Ihrem „SourceExpr" Felder benutzen, die nicht innerhalb des „DataItem" des Abschnitts vorhanden sind, müssen Sie immer neben der Feldbenennung zusätzlich dessen „DataItem"-Bezeichnung, gefolgt von einem Punkt, aufführen. So zum Beispiel:

...	
SoucreExpr	„Salesperson/Purchaser"."Name"

Sie werden nur in der Lage sein, Felder zu verwenden, die entweder innerhalb des „DataItem" des Abschnitts zu finden sind, die einen Teil eines elternverknüpften „DataItem" darstellen oder sogenannte „Global"-Variablen sind, die wir später noch behandeln werden.

5) Der „Data Type" von Ausdruckskomponenten muss untereinander kompatibel sein. Ein Ausdruck wie zum Beispiel „Sales + TODAY" erzeugt eine Fehlermeldung, da Microsoft Navision einen Dezimalwert nicht mit einem Datum addieren kann. Wenn Sie einen Dezimalwert, einen Ganzzahlwert oder ein Datum mit Text verbinden möchten, müssen Sie alle Bestandteile in Text umwandeln. Sie können dies ganz einfach erreichen, indem Sie jeden Ausdrucksbestandteil in runde Klammern setzen und vor die Klammern jeweils den Code „FORMAT" einfügen. Die Komponenten müssen Sie dann mit einem Pluszeichen verbinden, siehe zum Beispiel:

...	
SoucreExpr	'Umsatz ist ' + FORMAT(„Sales Amount") + ' am ' + FORMAT(TODAY)

6.5.6.2 Endsummen erstellen und anzeigen

Als Nächstes müssen wir die Abschnitts- und Berichtsendsummen erstellen und anzeigen. Die Endsummen für jeden Verkäufer werden die Anweisung an Microsoft Navision mit einbeziehen, jedes Mal, wenn es Werte aus dem „DataItem" „Value Entry" liest, diese zu summieren. Das bedeutet, dass wir die Summierung innerhalb des „DataItem"-Objekts „Value Entry" selbst definieren müssen.

Das Aufstellen von Endsummen für den gesamten Bericht wird nicht ganz leicht sein, da diese Information nicht als bloße Summierung der Felder der jeweiligen „DataItems" existiert. Um Endsummen für den gesamten Bericht zu erstellen, müssen wir die fortgeschritteneren und leistungsstärkeren Tools des „C/AL Code" und der „Global"-Variablen verwenden.

6.5.6.2.1 Endsummen pro Verkäufer

Erstellen und zeigen wir zuerst die Endsummen für jeden einzelnen Verkäufer an. Drücken Sie „ESC", um den „Section Designer" zu verlassen, und öffnen Sie dann die Eigenschaften des „DataI-

6.5 Einführung in den Report Designer

tem" „Value Entry". Die folgende Liste der „DataItem"-Eigenschaften erscheint:

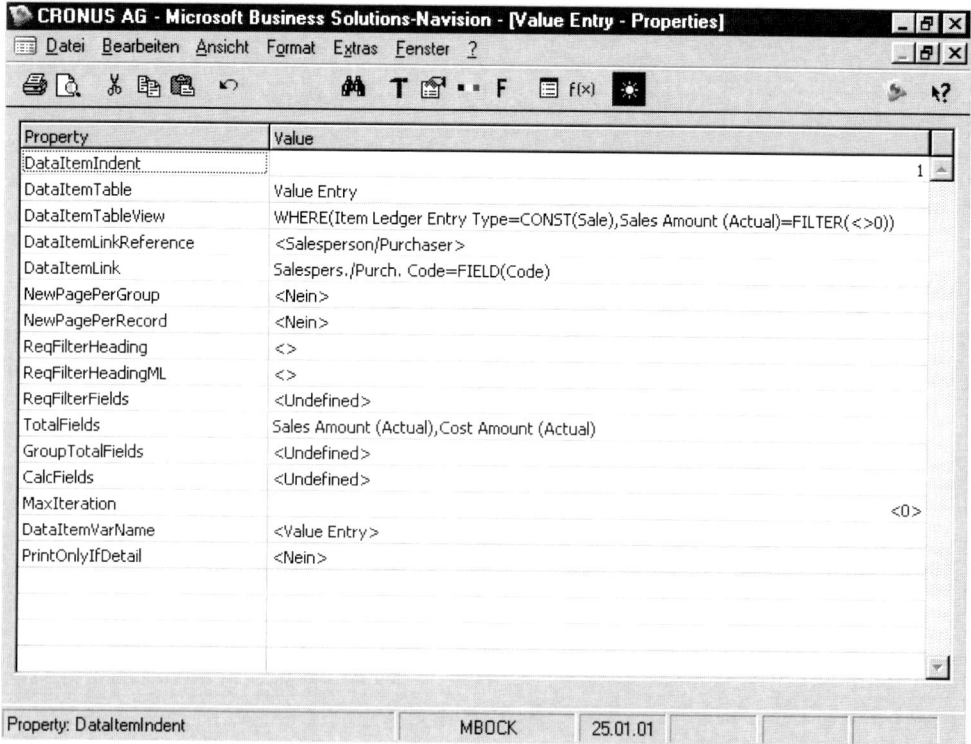

Property	Value
DataItemIndent	1
DataItemTable	Value Entry
DataItemTableView	WHERE(Item Ledger Entry Type=CONST(Sale),Sales Amount (Actual)=FILTER(<>0))
DataItemLinkReference	<Salesperson/Purchaser>
DataItemLink	Salespers./Purch. Code=FIELD(Code)
NewPagePerGroup	<Nein>
NewPagePerRecord	<Nein>
ReqFilterHeading	<>
ReqFilterHeadingML	<>
ReqFilterFields	<Undefined>
TotalFields	Sales Amount (Actual),Cost Amount (Actual)
GroupTotalFields	<Undefined>
CalcFields	<Undefined>
MaxIteration	<0>
DataItemVarName	<Value Entry>
PrintOnlyIfDetail	<Nein>

Abb. 6.32: Fenster „DataItem"-Eigenschaften

Wählen Sie die Eigenschaft mit der Bezeichnung „TotalFields" aus. Hier können Sie das Feld eingeben, das Sie von Microsoft Navision für das „DataItem" summiert haben möchten. Wenn Sie erst einmal ein Feld oder Felder hier eingegeben haben, wird der Wert dieses Feldes bzw. dieser Felder jedes Mal summiert werden, wenn Microsoft Navision einen Datensatz in dem „DataItem" gelesen hat. Geben wir daher die Felder „Sales Amount (Actual)" und „Cost Amount (Actual)" in die Eigenschaft „TotalFields" des „DataItem" „Value Entry" ein.

Nun, da wir Microsoft Navision angewiesen haben, diese Felder in diesem „DataItem" zu summieren, können wir uns in den „Section Designer" begeben und festlegen, wie diese neue Information in der Berichtausgabe angezeigt wird. Drücken Sie „ESC", um die Eigenschaften des „DataItem" zu verlassen und gehen dann auf „Ansicht > Sections".

6   Erstellen eines einfachen Berichts

Als Nächstes können Sie alle „Text Box"-Objekte in dem Abschnitt „Value Entry, Body (1)" außer dem Objekt „Item No." auswählen. Markieren Sie sie alle auf einmal, indem Sie Ihre linke Maustaste gedrückt halten, während Sie um die gewünschten Objekte einen Kreis ziehen. Wenn sie markiert sind, drücken Sie Ihre rechte Maustaste und wählen Sie aus dem Menü „Kopieren" aus. Fügen Sie die Objekte nun in den Abschnitt „Value Entry, Footer (2)" ein, indem Sie die rechte Maustaste drücken und aus dem Menü „Einfügen" auswählen.

Öffnen Sie jetzt die „Toolbox", indem Sie auf „Ansicht > Toolbox" gehen und wählen Sie das Werkzeug mit der Bezeichnung „Shape" aus. Fügen Sie zwei „Shape"-Objekte in den Abschnitt „Value Entry, Footer (2)" ein und gehen Sie in deren Eigenschaftenlisten. Geben Sie „HorzLine" in die Eigenschaft „ShapeStyle" ein. Fügen Sie eine waagerechte Linie über und eine unter den „Text Box"-Objekten ein. Verkürzen Sie die Linie über den „Text Box"-Objekten. Drücken Sie nun „ESC". Ihr „Section Designer"-Fenster sieht jetzt wie folgt aus:

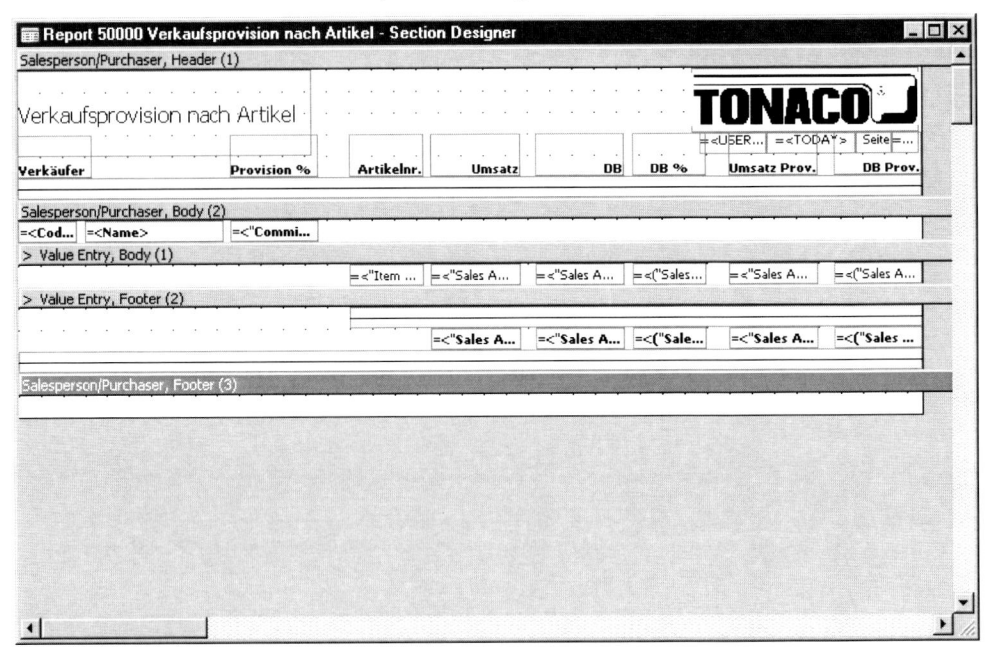

Abb. 6.33: Fenster Section Designer

Drücken Sie zweimal „ESC" und kompilieren und speichern den Bericht. Klicken Sie auf die Schaltfläche „Run" und dann auf die

6.5 Einführung in den Report Designer

Schaltfläche „Seitenansicht". Sie haben jetzt folgendes Berichtansichtsfenster vor sich:

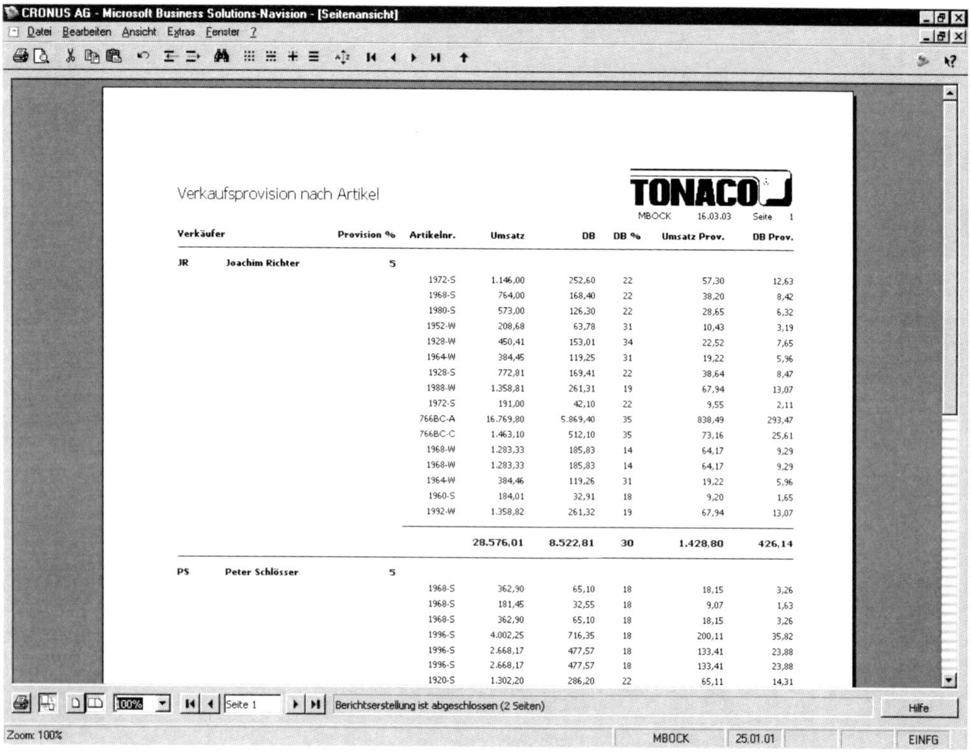

Abb. 6.34: Berichtansichtsfenster

6.5.6.2.2 Berichtendsummen

Unser Bericht nimmt langsam Gestalt an. Es bleibt noch ein schwieriger Schritt zu tun, dann ist die Berichtserstellung abgeschlossen. Dieser Schritt besteht darin, die Summen für den gesamten Bericht aufzustellen. Das ist mit Schwierigkeiten verbunden, da einige dieser Daten weder in einer der Tabellen, noch als Summierung der Werte irgendwelcher „DataItems" existieren.

Die Endsummen für jeden Verkäufer waren eher einfach aufzustellen, da es sich bei diesen lediglich um Summen von Feldern in dem „DataItem" „Value Entry" handelte, die mit einem einzelnen Faktor multipliziert wurden. Die Berichtendsummen für „Umsatz Prov." und „DB Prov." hingegen verlangen eine Summe, die mit verschieden Faktoren multipliziert werden muss. Die Summierung der Variablen „Umsatz Prov." kann zum Beispiel nicht für den gesamten Bericht berechnet werden, wie es für einen bestimmten Verkäufer möglich ist. Der Grund für diese Komplexität ist darin zu suchen, dass die Provision für den Gesamtumsatz weder eine Summe aller Provisionsraten noch ein Mittelwert dieser ist. Vielmehr müssen wir zur Berechnung der „Umsatz Prov." des Gesamtberichts das Umsatzprodukt mit der Provision für jede einzelne Position multiplizieren.

Solche Berechnungsschwierigkeiten sind tatsächlich schwer vorherzusehen. In der Praxis müssen selbst die besten Entwickler solche Notwendigkeiten durch systematisches Probieren herausfinden. Es werden nur wenige Programme geschrieben, die vollkommen fehlerfrei sind, bevor sie einer gründlichen Prüfung unterzogen wurden.

Der Versuch, die Berichtendsumme für die Variable „Umsatz Prov." zu berechnen, indem man die Formel „Sales Amount (Actual)" * „Commission %" in „Salesperson/Purchaser, Footer (3)" eingibt, würde nur ein Ergebnis gleich Null auswerfen. Microsoft Navision würde nicht wissen, welchen Verkäuferprovisionssatz es in der letzten Fußzeile des Berichts verwenden soll. Um diese Probleme zu lösen, müssen wir an dieser Stelle die Tools des „C/AL Code" und der „Global"-Variablen einführen.

Erstellen wir zunächst die Berichtendsummen für die Variable „Sales Amount (Actual)", die Variable „DB" und die Variable „DB %". Diese Berichtendsummen verlangen nicht den Gebrauch der „Global"-Variablen. Allerdings setzen sie die Verwendung des „C/AL Code" voraus.

Wir werden für die Steuerung der „DataItem"-Objekte für die Berichtendsummen ein leistungsstärkeres Werkzeug als die „DataItem"-Eigenschaft „TotalFields" verwenden müssen. Das liegt daran, dass eine Berichtendsumme wie „Sales Amount (Actual)" eine Summierung eines Feldes darstellt, das sich nicht in dem „DataItem" „Salesperson" befindet. Daher müssen wir diese Feldwertsummierung innerhalb der „DataItem"-Objekte mit Hilfe eines komplexen „C/AL Editor"-Fensters definieren. Das Fenster gibt uns die letzte Kontrolle darüber, mit welchen Feldern wir arbeiten möchten.

Klicken Sie auf das erste „DataItem" und drücken dann „F9", um den „C/AL Editor" zu öffnen. Das folgende Fenster erscheint:

6.5 Einführung in den Report Designer

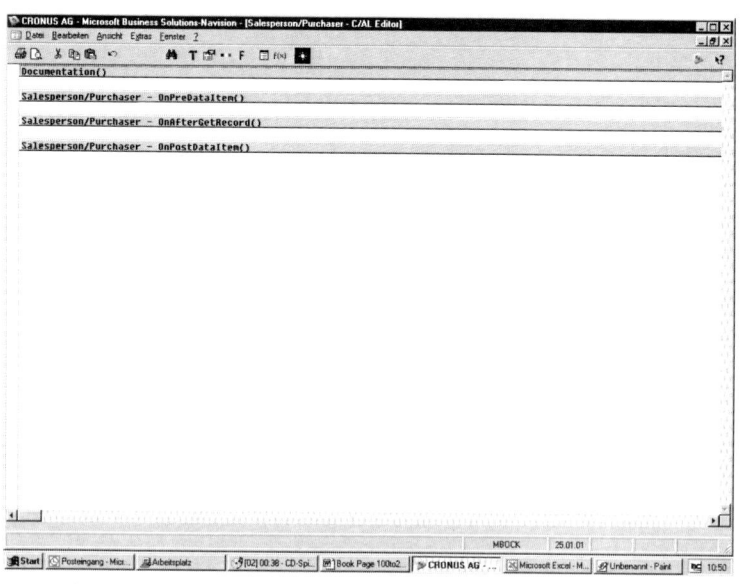

Abb. 6.35: Fenster C/AL Editor

Wir müssen Microsoft Navision in diesem Fenster anweisen, ein Summierungsverfahren für unsere zwei „Value Entry"-Felder zu entwerfen. Tippen Sie innerhalb des Abschnitts mit der Bezeichnung „Salesperson/Purchaser - OnPreDataItem()" den in folgendem Fenster angezeigten Code ein:

```
Salesperson/Purchaser - OnPreDataItem()
CurrReport.CREATETOTALS("Value Entry"."Sales Amount (Actual)","Value Entry"."Cost Amount (Actual)");
```

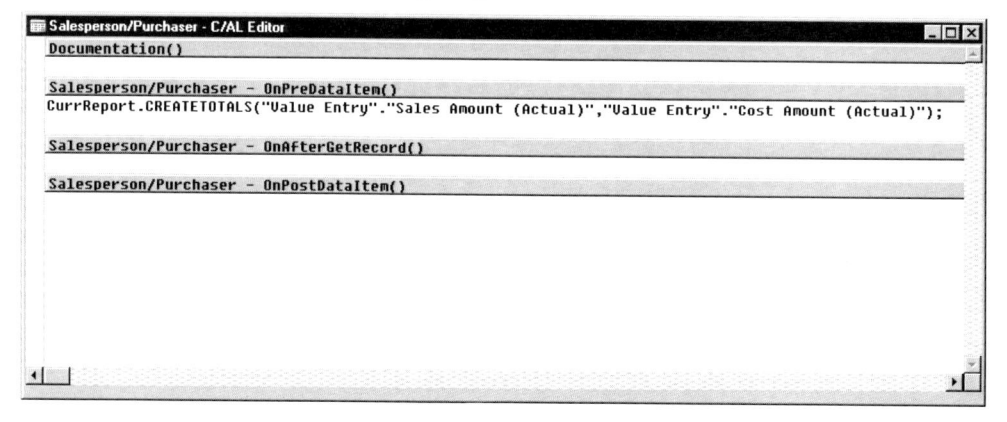

Abb. 6.36: Code in C/AL Editor Fenster

Dieser Code teilt Microsoft Navision mit, dass es Endsummen innerhalb des aktuellen Berichts aus den Feldern „Sales Amount

(Actual)" und „Cost Amount (Actual)" aus dem „DataItem" mit der Benennung „Value Entry" aufstellen soll.

Als Nächstes müssen Sie diesen „C/AL Code" kopieren und in den „C/AL Editor" unseres zweiten „DataItem" mit der Bezeichnung „Value Entry" einfügen. Drücken Sie also „ESC", um den „Salesperson/Purchaser - C/AL Editor" zu verlassen, und öffnen Sie daraufhin den „Value Entry - C/AL Editor", indem Sie zuerst auf das „DataItem" „Value Entry" klicken und dann „F9" drücken. Der „Value Entry - C/AL Editor" sollte wie folgt aussehen:

```
Value Entry - C/AL Editor
Documentation()

Value Entry - OnPreDataItem()
CurrReport.CREATETOTALS("Value Entry"."Sales Amount (Actual)","Value Entry"."Cost Amount (Actual)");

Value Entry - OnAfterGetRecord()

Value Entry - OnPostDataItem()
```

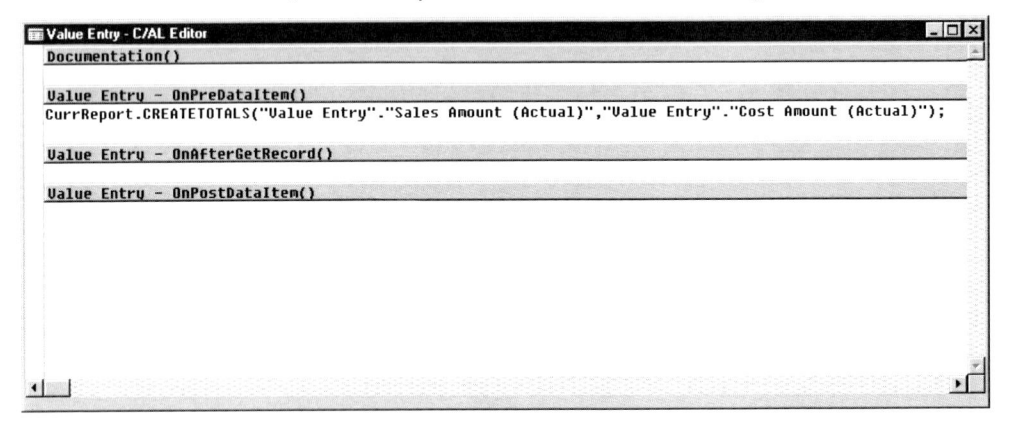

Abb. 6.37: C/AL Editor

Jetzt, da wir die „DataItem"-Objekte so definiert haben, dass sie Informationen über die Berichtendsummen enthalten, können wir uns wieder in den „Section Designer" begeben, um Microsoft Navision zu instruieren, wie wir die Daten angezeigt bekommen möchten.

Öffnen Sie den „Section Designer", indem Sie den Pfad „Ansicht > Sections" verwenden. Wir haben bereits den Abschnitt mit der Benennung „Salesperson/Purchaser, Footer (3)" eingefügt, jetzt bleibt uns noch die Erstellung drei neuer „Text Box"-Objekte ohne „Labels", die wir dann in den besagten Abschnitten einfügen müssen.

Bitte achten Sie darauf, dass Sie den Namen des „DataItem" „Value Entry" von einem Punkt gefolgt eingeben müssen, wenn Sie sich auf ein Feld aus dem „DataItem" „Value Entry" innerhalb des Abschnitts „Salesperson/Purchaser, Footer (3)" beziehen, da dieser Abschnitt aus einem anderen „DataItem" stammt als das, das diese Felder enthält (siehe obigen Punkt 4 über die Eigenschaft „SourceExpr").

6.5 Einführung in den Report Designer

Wählen Sie das erste „Text Box"-Objekt aus und geben Sie die folgenden Werte als Eigenschaften ein:

Xpos	7950
Ypos	0
Width	1800
Height	423
...	
Caption	Umsatz
...	
HorzAlign	Right
...	
FontName	Tahoma
...	
FontBold	Ja
...	
SourceExpr	„Value Entry"."Sales Amount (Actual)"

In der nächsten „Text Box" geben Sie folgende Werte als Eigenschaften ein:

Xpos	9900
Ypos	0
Width	1800
Height	423
...	
Caption	DB
...	
HorzAlign	Right
...	
FontName	Tahoma
...	
FontBold	Ja
...	
SourceExpr	„Value Entry"."Sales Amount (Actual)" + „Value Entry"."Cost Amount (Actual)"

6 Erstellen eines einfachen Berichts

In der dritten neuen „Text Box" geben Sie folgende Werte als Eigenschaften ein:

Xpos	11850
Ypos	0
Width	1800
Height	423
...	
Caption	DB %
...	
HorzAlign	Center
...	
FontName	Tahoma
...	
FontBold	Ja
...	
SourceExpr	(„Value Entry"."Sales Amount (Actual)" + „Value Entry"."Cost Amount (Actual)") / „Value Entry"."Sales Amount (Actual)" * 100

Außerdem sollten wir für die Übersichtlichkeit eine waagerechte Linie einfügen. Bearbeiten Sie Ihren „Section Designer" dergestalt, dass er dem folgenden Fenster gleicht:

6.5   Einführung in den Report Designer

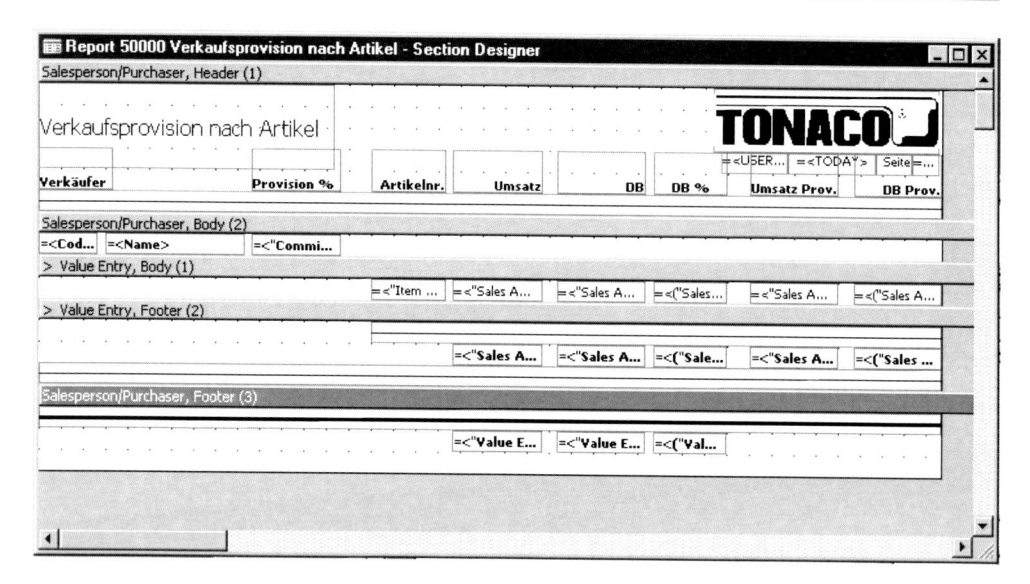

Abb. 6.38: Section Designer

Als Nächstes müssen wir die etwas komplexeren Berichtendsummen für „Umsatz Prov." und „DB Prov." aufstellen. Beide haben die komplexe Beschaffenheit, dass sie im Verlauf des Berichts als Einzelwerte summiert werden müssen. Der einzige Weg, diese Daten erfassen zu können, ist, eine neue Variable zu erstellen, die innerhalb des Berichts existiert. Diese neue Variable sollte für jeden Teil des Berichts zugänglich sein. Exisitiert diese als eine Berichtvariable, so ist sie nicht einem einzelnen „DataItem" fest zuzuordnen, wie es bei den Tabellenfeldern des „DataItem" der Fall ist. Solch eine Variable bezeichnet man als eine „Global"-Variable, und Sie können von diesen so viele anlegen, wie Sie in dem Bericht benötigen. Sie können verschiedener Art und von unterschiedlicher Verwendung sein.

Um uns anzusehen, wo wir diese „Global"-Variablen erstellen, gehen wir auf „Ansicht > Globals". Das folgende Fenster erscheint:

6 Erstellen eines einfachen Berichts

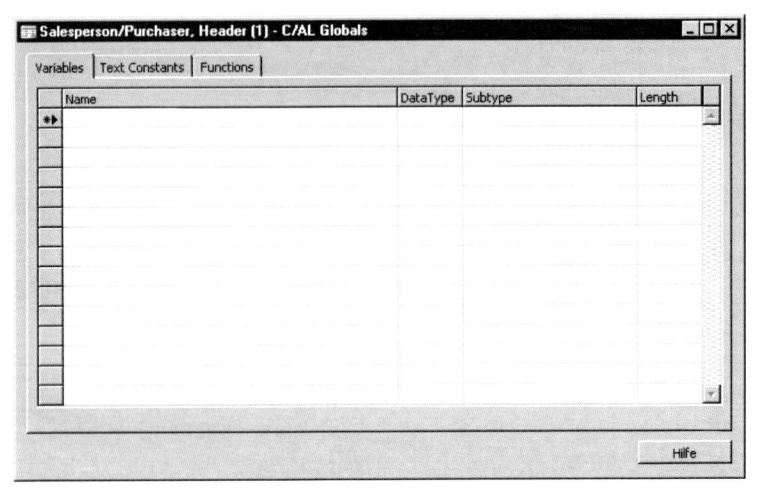

Abb. 6.39: Fenster C/AL Globals

In diesem Fenster können Sie eine Variable erstellen, in der sie Daten speichern können, die im gesamten Bericht zu verwenden sind.

Die „Global"-Variablen sind ein sehr leistungsstarkes Werkzeug bei der Erstellung von Berichten. Wenn Sie die Menüliste durchgehen, die erscheint, sobald Sie auf die Spalte „DataType" klicken, sehen Sie, dass es viele neue „DataType"-Kategorien gibt, die in den „DataType"-Kategorien in den Tabellenfeldern nicht möglich waren. Viele der Bericht-"DataTypes" sind von sehr komplexer und spezieller Art. Einige werden dazu verwendet, Informationen aus bzw. in andere Programme wie zum Beispiel Microsoft Excel zu exportieren bzw. zu importieren. Andere „DataType"-Kategorien wie „CodeUnit", „Form", „Record", „Report" und „Dataport" werden zum Öffnen anderer Objekte und Teile Ihres Microsoft Navision-Systems benutzt.

Der „DataType" „Record" erlaubt Ihnen zum Beispiel, eine „Global"-Variable zu erstellen, die Daten aus jeder Tabelle in Microsoft Navision speichern und diese Tabelleninformationen überall in dem gesamten Bericht verfügbar machen kann. Sie funktioniert wie ein virtuelles „DataItem". Mit Fortschreiten dieses Buchs werden Ihnen weitere Beispiele der Verwendung einige dieser leistungsstarken „Global"-Variablen begegnen.

Für die Zwecke unseres Berichts benötigen wir nur die Erstellung einer Variablen, die einen Wert, den wir in sie einsetzen wollen, für die Dauer des Berichts speichert. Der Wert, den sie unseren Vorstellungen gemäß speichern soll, ist ein Geldbetrag,

6.5 Einführung in den Report Designer

daher müssen wir den „DataType" „Decimal" auswählen. Geben Sie also in die erste Spalte mit der Bezeichnung „Name" den Titel „AkUmsatzProvDEC" ein. In die zweite Spalte tippen Sie „Decimal" ein. Die dritte und die vierte Spalte sind für die Verwendung des „DataType" „Decimal" nicht von Bedeutung. In dieser „Global"-Variablen vom Datentyp „Decimal" können wir den Wert der „Umsatz Prov." speichern und summieren. Fügen Sie eine zweite „Global"-Variable mit der Benennung „AkDBProvDEC" ein und teilen Sie dieser ebenfalls den „DataType" „Decimal" zu. In dieser Variablen können wir den Wert der „DB Prov." speichern und summieren. Ihr Fenster „C/AL Globals" sieht nun wie folgt aus:

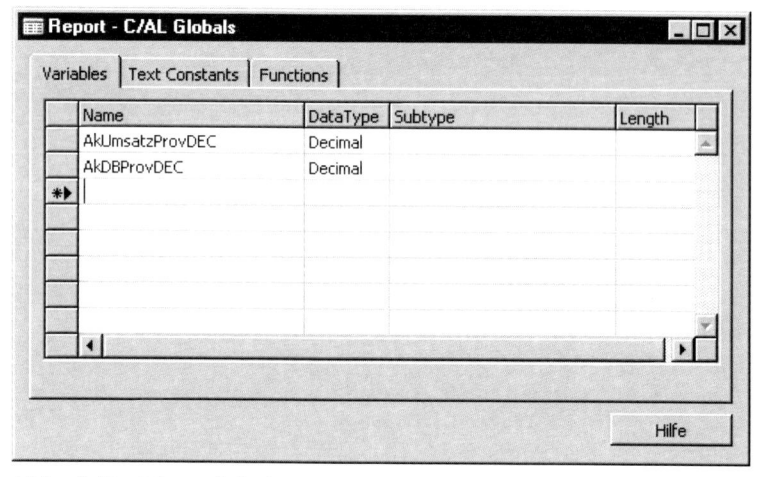

Name	DataType	Subtype	Length
AkUmsatzProvDEC	Decimal		
AkDBProvDEC	Decimal		

Abb. 6.40: C/AL Globals Einträge

Die Autoren empfehlen hier, dass Sie einer einheitlichen Namensgebung bei der Erstellung von „Global"-Variablen folgen. Wir legen Ihnen nahe, die folgenden Punkte dabei zu beachten:

1) Keine Leerstellen oder Sonderzeichen innerhalb der Benennung.

2) Leicht wiedererkennbarer Name analog zu der Funktion der Variablen.

3) Drei Buchstaben für die Bezeichnung des „Data Type" am Ende der Benennung der Variablen. Dies ist aus verschiedenen Gründen sinnvoll. Erstens, um Sie daran zu erinnern, dass Sie nicht unterschiedliche „Data Types" in Ihrer Berechnung oder in „Text Box"-Objekten vermischen, ohne Sie zunächst zu konvertieren. Zweitens wird Ihnen dies helfen, die „DataItem"-Felder

6   Erstellen eines einfachen Berichts

ohne Schwierigkeiten von den „Global"-Variablen zu unterscheiden.

Nun, da wir Variablen erstellt haben, mit denen wir Dezimalwerte speichern können, müssen wir ihnen auch dementsprechende Werte zuordnen.

Gehen Sie zu dem „DataItem" mit der Bezeichnung „Value Entry" aus dem Fenster „DataItem". Öffnen Sie dann dessen „C/AL Editor", indem Sie auf „Ansicht > C/AL Code" gehen. Das folgende Fenster erscheint:

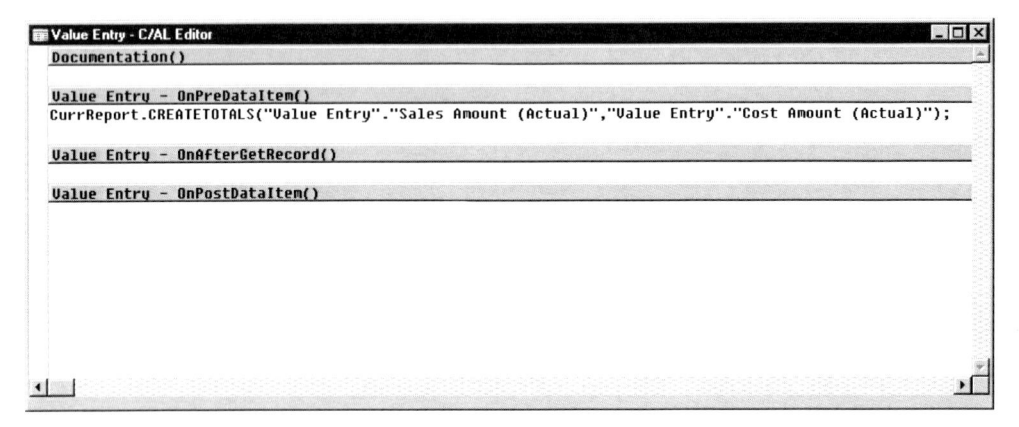

```
Value Entry - C/AL Editor                                          _ □ ×
Documentation()

Value Entry - OnPreDataItem()
CurrReport.CREATETOTALS("Value Entry"."Sales Amount (Actual)","Value Entry"."Cost Amount (Actual)");

Value Entry - OnAfterGetRecord()

Value Entry - OnPostDataItem()
```

Abb. 6.41: C/AL Editor

In dem Fenster „C/AL Editor" sehen wir waagerechte graue Leisten ähnlich denen, die in dem „Section Designer" erscheinen. Die grauen Leisten hier funktionieren auch auf ähnliche Weise. Sie kennzeichnen Abschnitte, die durch verschiedene Ereignisse aktiviert werden, so wie es bei den verschiedenen Abschnitten des „Section Designer" der Fall ist. Diese „C/AL Code"-Abschnitte werden in der Microsoft Navision-Literatur als „Triggers" bezeichnet.

Der erste Abschnitt in dem Fenster „C/AL Editor" lautet auf den Namen „Documentation()". Dieser Abschnitt ist inaktiv und existiert nur als ein Ort für Sie, den Entwickler, um dort Anmerkungen bezüglich der Historie und der Funktion Ihres Programmcodes zu hinterlassen.

Der zweite Abschnitt mit der Bezeichnung „OnPreDataItem()" wird jedes Mal aktiviert, wenn Microsoft Navision dieses „DataItem" öffnet, jedoch bevor es einen der Datensätze innerhalb des „DataItem" gelesen oder bearbeitet hat. In diesen Abschnitt sollten Sie die Funktionen eingeben, von denen Sie möchten, dass sie dem „DataItem" im Ganzen zuzuordnen sind, zum Beispiel die Erstellung der Endsummen für jede Instanz eines spezifischen Feldes. Dieser Abschnitt ist analog zu dem Abschnitt „Header" des „Section Designer". Microsoft Navision bearbeitet ihn direkt vor der Bearbeitung eines „Header" desselben „DataItem" in dem „Section Designer".

Der dritte Abschnitt lautet auf den Namen „OnAfterGetRecord". Er wird aktiviert, wenn Microsoft Navision einen Datensatz innerhalb des „DataItem" gelesen hat. Hier können wir uns mit den einzelnen Berichtwerten befassen. Dieser Abschnitt verhält sich analog zu dem Abschnitt „Body" des „Section Designer". Microsoft Navision bearbeitet ihn direkt vor der Bearbeitung eines „Body" desselben „DataItem" in dem „Section Designer".

Der vierte Abschnitt heißt „OnPostDataItem". Er wird aktiviert, kurz bevor Microsoft Navision dieses „DataItem" verlässt. Dieser Abschnitt verhält sich analog zu dem Abschnitt „Footer" des „Section Designer". Microsoft Navision bearbeitet ihn direkt vor der Bearbeitung eines „Footer" desselben „DataItem" in dem „Section Designer".

Da wir die Summierung der Variablen „Umsatz Prov." und „DB Prov." für jede Position benötigen, müssen wir unsere Summierung innerhalb des Abschnitts „OnAfterGetRecord" durchführen, der für jeden Datensatz innerhalb des „DataItem" „Value Entry" aktiviert wird.

Geben Sie diese Zeilen des „C/AL Code" in den Abschnitt „Value Entry - OnAfterGetRecord()" innerhalb des „C/AL Editor" ein:

```
AkUmsatzProvDEC := AkUmsatzProvDEC +
        („Value Entry"."Sales Amount (Actual)" *
        „Salesperson/Purchaser"."Commission %" / 100);

AkDBProvDEC := AkDBProvDEC +
        ((„Value Entry"."Sales Amount (Actual)" +
        „Value Entry"."Cost Amount (Actual)") *
        „Salesperson/Purchaser"."Commission %" / 100);
```

In diesem Fall haben wir die „C/AL Code"-Sprache verwendet, um anzugeben, dass die Variablen mit ihrem Ursprungswert plus dem Ergebnis einer neuen Berechnung zu bewerten sind. Das Ergebnis ist dann die Summierung des Ergebnisses dieser Berechnung, das innerhalb der Variablen „AkUmsatzProvDEC" und „AkDBProvDEC" abgespeichert ist. Da es sich bei diesen um „Global"-Variablen handelt, können wir sie innerhalb des Be-

6 Erstellen eines einfachen Berichts

richts überall gleich gut verwenden. Für unsere Zwecke möchten wir sie hier einfügen, wo sie das Ergebnis dieser Berechnungen für den gesamten Bericht speichern und am Berichtende angezeigt wird. Der geeignete Ort dafür ist der Abschnitt „Salesperson/Purchaser, Footer (3)" innerhalb des „Section Designer".

Ihr „C/AL Editor" sieht nun wie folgt aus:

```
Documentation()

Value Entry - OnPreDataItem()
CurrReport.CREATETOTALS("Value Entry"."Sales Amount (Actual)","Value Entry".

Value Entry - OnAfterGetRecord()
AkUmsatzProvDEC := AkUmsatzProvDEC +
           ("Value Entry"."Sales Amount (Actual)" *
           "Salesperson/Purchaser"."Commission %" / 100);

AkDBProvDEC := AkDBProvDEC +
           (("Value Entry"."Sales Amount (Actual)" +
           "Value Entry"."Cost Amount (Actual)") *
           "Salesperson/Purchaser"."Commission %" / 100);

Value Entry - OnPostDataItem()
```

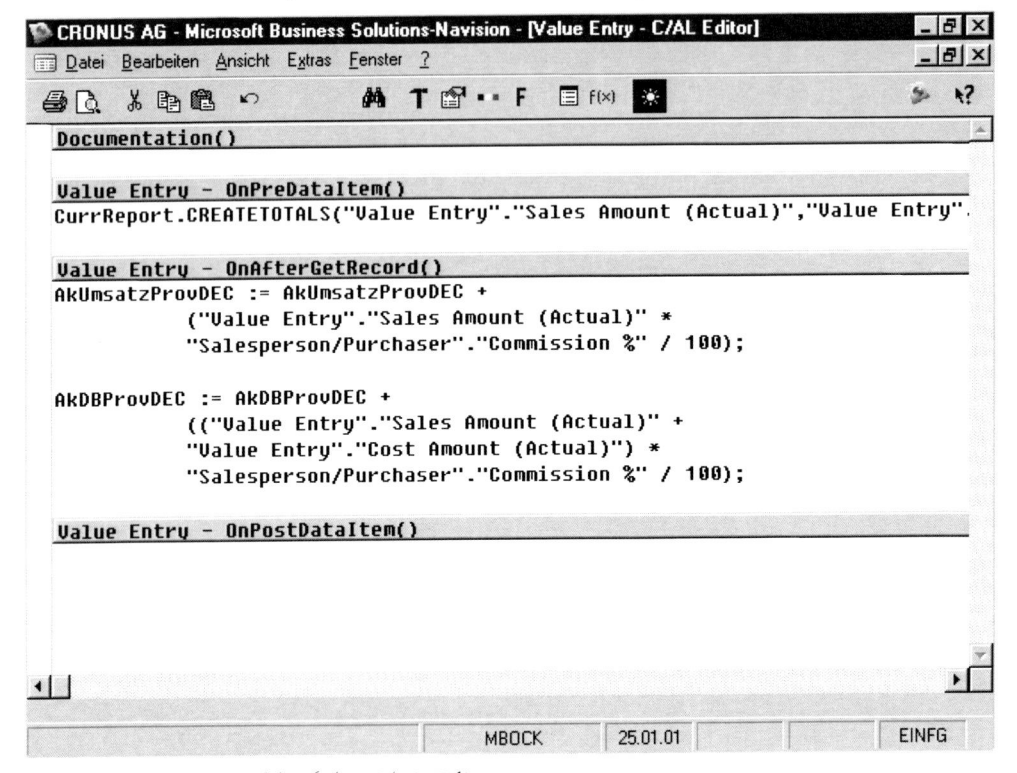

Abb. 6.42: C/AL Editor

Beachten Sie hier, dass wir den Namen des „DataItem" gefolgt von einem Punkt und dem Feldnamen angegeben haben. Dies ist hier ebenso vonnöten wie in der Eigenschaft „SourceExpr" eines „Text Box"-Objekts, sobald sich das Feld auf ein Feld aus einem andern „DataItem" bezieht. Es ist hier notwendig, da das Feld „Commission %" nicht Teil der Tabelle „Value Entry", sondern vielmehr Teil der Tabelle „Salesperson/Purchaser" ist. Wir sind auf die gleiche Weise mit den „Value Entry"-Feldern verfahren, obwohl dies nicht nötig ist. Es ist eine gute Praxisangewohnheit, alles wie oben in der langen Form auszuschreiben, wenn Sie zum ersten Mal die Verwendung des „C/AL Code" erlernen, um Unklarheiten zu vermeiden.

6.5 Einführung in den Report Designer

Nun können wir zwei neue „Text Box"-Objekte in den Abschnitt „Salesperson/Purchaser, Footer (3)" in dem „Section Designer" hinzufügen und diese zwei neuen „Global"-Variablen in der „Text Box"-Eigenschaft „SourceExpr" verwenden. Microsoft Navision zeigt dann die summierten Werte für die Variablen „Umsatz Prov." und „DB Prov." innerhalb des Abschnitts „Salesperson/Purchaser, Footer (3)" an.

Drücken Sie „ESC" und gehen Sie auf „Ansicht > Sections", um das Fenster „Section Designer" zu öffnen. Öffnen Sie nun das Menü „Toolbox", indem Sie den Pfad „Ansicht > Toolbox" verwenden und wählen Sie das Werkzeug „Text Box" aus. Fügen Sie zwei „Text Box"-Objekte in den Abschnitt „Salesperson/Purchaser, Footer (3)" ein und geben Sie dann die folgenden Werte als Eigenschaften ein:

Xpos	13500
Ypos	423
Width	1800
Height	423
...	
Caption	Umsatz Prov.
...	
HorzAlign	Right
...	
FontName	Tahoma
...	
FontBold	Ja
...	
SourceExpr	AkUmsatzProvDEC

In die Eigenschaften der zweiten neuen „Text Box" geben Sie die folgenden Werte ein:

Xpos	15450
Ypos	423
Width	1800
Height	423

6 Erstellen eines einfachen Berichts

...	
Caption	DB Prov.
...	
HorzAlign	Right
...	
FontName	Tahoma
...	
FontBold	Ja
...	
SourceExpr	AkDBProvDEC

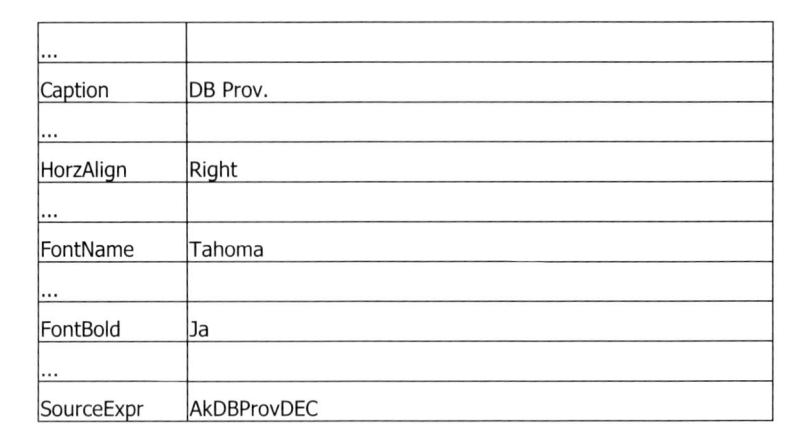

Ihr Fenster „Section Designer" sieht nun wie folgt aus:

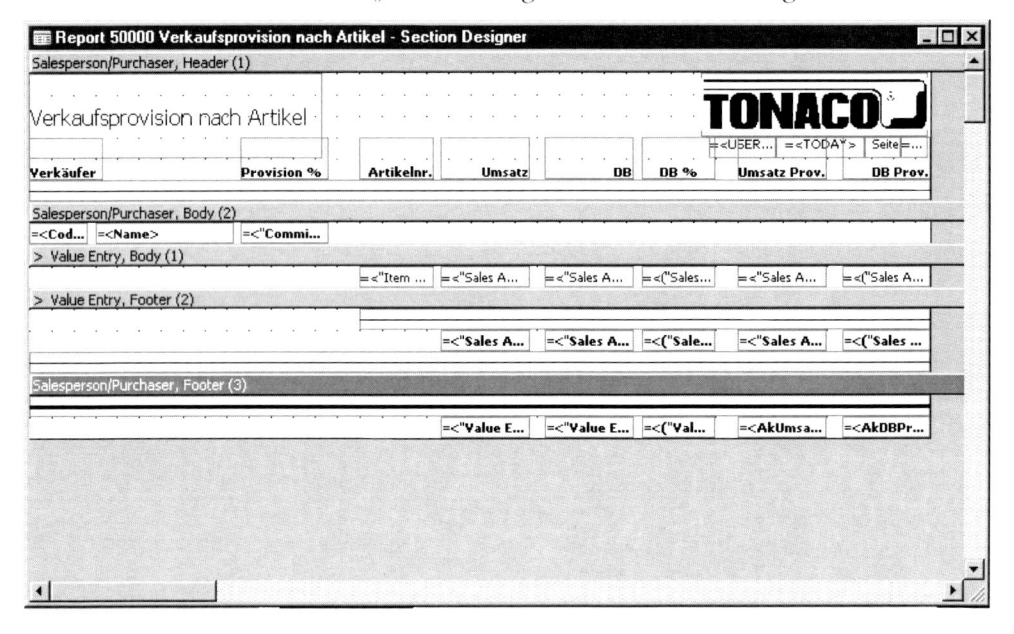

Abb. 6.43: Section Designer

Drücken Sie als Nächstes zweimal „ESC", kompilieren und speichern Sie den Bericht.

Fügen wir nun diesen Bericht in die Anwenderumgebung ein, damit Ihre Chefin ihn auffinden und selbst verwenden kann. Drücken Sie zweimal „ESC", um in die Endanwenderumgebung und zu dem „Hauptmenü" zurückzukehren.

6.5.7 Ansicht des fertigen Berichts

Klicken Sie auf unseren neuen Bericht und dann auf die Schaltfläche „Drucken". Klicken Sie als Nächstes auf die Schaltfläche „Seitenansicht". Das folgende Berichtansichtsfenster erscheint:

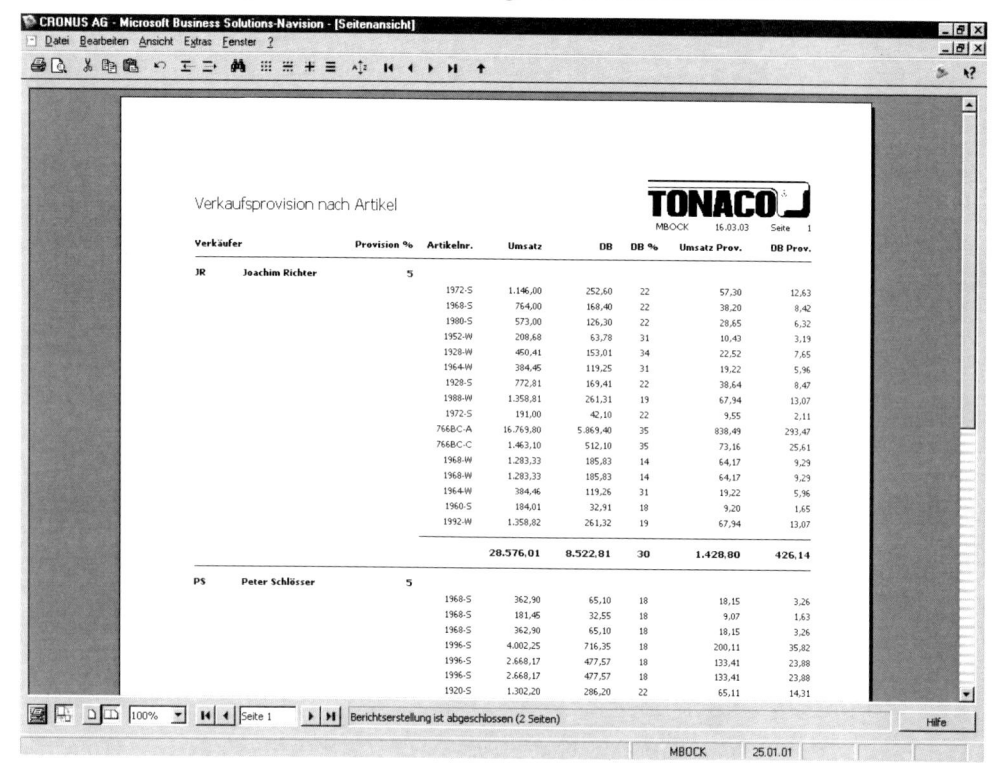

Abb. 6.44: Bericht in Seitenansicht

Die letzte, die Endsummen anzeigende Seite sieht dann wie folgt aus:

6   Erstellen eines einfachen Berichts

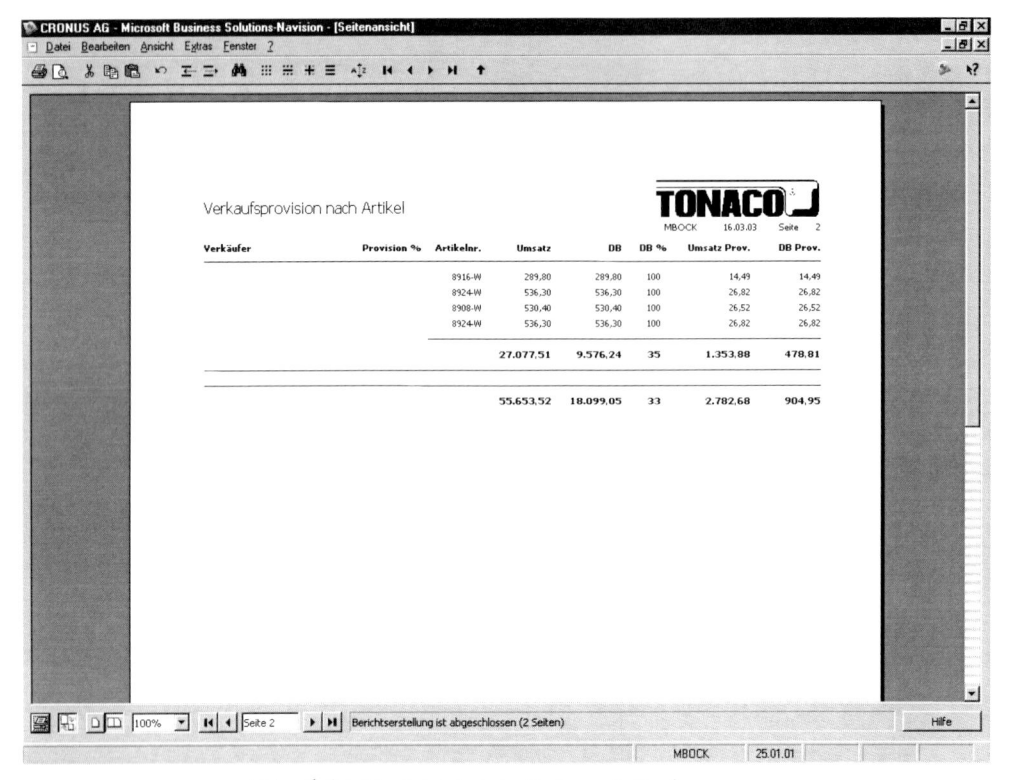

Abb. 6.45: Bericht Letzte Seite mit Endsummen

Es ist immer gut, den Taschenrechner zu zücken und die Summen alle zu überprüfen, um sicherzugehen, dass alles korrekt berechnet wurde. Ihre Anwender werden für gewöhnlich nicht die Ergebnisse dieser Berichte überprüfen, daher liegt es an Ihnen, zu gewährleisten, dass sich in diesen Informationen keine Fehler befinden. Ihre Chefin hat nun eine Analyse zur Hand, mit deren Hilfe sie die Verkäufer praktisch auf Knopfdruck motivieren kann.

7

Einführung in die C/AL „Code"-Funktionen

Im letzten Kapitel wird das umfangreichste und gleichzeitig vielseitigste aller Microsoft Navision-Werkzeuge vorgestellt: der „C/AL Code". Wir werden sehr praktisch an die Entwicklung mit der „C/AL Code" Sprache herangehen, indem wir zunächst die wichtigsten Funktionen erklären und anschließend Beispiele aufführen, die für jeden von Nutzen sein können.

7.1 Der unkomplizierte Einstieg in die Programmierung

Viele Neueinsteiger mögen sich von der bloßen Erscheinung des Programmiercodes und der Entwicklungsumgebung abschrecken lassen. Um aber die Wahrheit zu sagen, kaum ein professioneller Programmierexperte kennt die Syntax oder Funktionen der Programmiersprache ganz genau und dann noch richtig. In der Praxis hat man eine Handvoll leistungsstarker Methoden zur Verfügung, die einem vertraut sind und die man wieder und wieder anwendet. Das Verwenden von Bezugsmaterial und systematisches Probieren sind die Hauptwerkzeuge in jedem Gewerbe, machen Sie sich also keine Sorgen, dass auch Sie auf diese Weise vorgehen. Denken Sie daran, eine neue Methode zunächst in Ihrer Microsoft Navision-Testdatenbank zu testen und sie dann, wenn Sie sich von ihrer korrekten Funktion überzeugt haben, zu kopieren und in die offizielle Microsoft Navision-Datenbank Ihrer Firma einzufügen.

In der Regel ist es besser, viel über wenig zu wissen als wenig über viel. Dies lässt sich sowohl auf das Unternehmen anwenden als auch auf Handwerkskunst, und das Programmieren ist Handwerkskunst. Der Schlüssel besteht darin, eine übersichtliche Sammlung von Werkzeugen zu beherrschen, die Ihnen die größte Kontrollmöglichkeit liefern. Herauszufinden, um welche Werkzeuge es sich dabei genau handelt, ist der Sinn dieses Buches.

Der beste und schnellste Weg, um etwas zu lernen, besteht darin, es mit etwas in Verbindung zu bringen, das Sie bereits kennen. Sie erweitern Ihr Wissen durch das Bauen von Brücken. Um dies auf das Erlernen der Entwicklung in Microsoft Navision anzuwenden, sollten Sie zunächst die Endanwenderumgebung gut kennen lernen und sich stets die Neugier bewahren, in die Codes dahinter zu schauen. Halten Sie stets die Augen auf für besondere Funktionen in Microsoft Navision und öffnen Sie sie, um zu sehen, welche Art von Objekten sich dahinter verbergen, welche Tabellen und Felder und, schließlich, welcher Code. Dies wird Ihnen eine große Hilfe sein, wenn Sie sich etwas für Ihre eigenen Zwecke entwickeln müssen. Mit solch einem Wissen könnte Ihnen dann klar sein, wo sich in Microsoft Navision etwas Ähnliches wie das, was sie zu erstellen wünschen, befindet. Dadurch wäre die halbe Arbeit bereits getan, da Sie wahrscheinlich die Möglichkeit haben, Teile des Codes direkt aus der Standardanwendung herauszukopieren und sie in Ihrer eigenen zu verwenden. Auf diese Weise erlernen Sie auch das Programmieren im Standardstil von Microsoft Navision, was es für Sie leichter macht, später dann auch mit Ihrer Entwicklung zu arbeiten.

Wenn Sie nachvollziehen können, wie Sie etwas per Hand in Microsoft Navision bewerkstelligen können, dann sind Sie auch in der Lage zu erkennen, wie Sie genau das Gleiche innerhalb eines Microsoft Navision-Programms mit Hilfe des „C/AL Code" durchführen können. Alles, was Sie benötigen, ist eine Vorstellung davon, welche Codeteile auf die gleiche Weise funktionieren wie die Ihnen bereits bekannten und in der Endanwenderumgebung benutzten manuellen Methoden. Den Sprung von einem sehr guten Microsoft Navision-Anwender zu einem guten Microsoft Navision-Entwickler zu schaffen, ist wirklich nicht so schwierig. Alles, was manuell durchgeführt werden kann, ist auch programmatisch zu machen, wobei beim programmatischen Vorgehen der deutliche Vorteil liegt, dass Sie menschliche Fehler reduzieren, Aufgaben tausendmal schneller durchführen und Verfahren automatisieren können.

Die wichtigsten Dinge, die Sie zur Beherrschung des Systems benötigen, sind die gleichen sowohl für den Anwender als auch für den Entwickler. Diese reduzieren sich auf wenige Schritte, die da wären:

1) das Öffnen von Tabellen,

2) das Sortieren dieser Tabellen,

3) das Durchsuchen dieser Tabellen,

4) und schließlich die Anweisung an das System, wie es vorgehen soll, wenn es eine bestimmte Bedingung vorfindet.

Die Schritte eins bis drei können mit den „C/AL Code"-Funktionen „SETCURRENTKEY", „SETFILTER" und „FIND" durchgeführt werden. Der letzte Schritt, in dem das System eine Entscheidung aufgrund eines von ihm gefundenen Wertes treffen muss, kann durch Funktionen wie „IF, THEN" und „ELSE" bewerkstelligt werden. Fast jede von Ihnen durchzuführende Aktion, jeder Vorgang, kann mittels einer Wiederholung dieser vier Schritte zusammengefasst werden. Man kann diese Schritte mit einer nur geringen Anzahl von „C/AL Code"-Funktionen durchgehen.

Der größte Anteil darin, die von Ihnen benötigte Lösung zu entwickeln, besteht im Begreifen der Logik, die diesen vier Schritten innewohnt. Das Wissen, welche Tabellen man auswählt, verknüpft und durchsucht und was man macht, wenn man gefunden hat, wonach man suchte, erfordert eine gewisse Menge an Kenntnissen und Kreativität. Beides wächst, wenn man in der Lage ist, sich die Tabellenbezüge bildlich vorzustellen und die Ebenen, aus denen ein fertiges Objekt besteht, nachzuvollziehen.

Entwicklung und Programmierung mögen als trockene und festgelegte Gebiete erscheinen, in Wirklichkeit gibt es jedoch immer mehrere Wege, ein und dasselbe Ziel zu erreichen. Einige Wege unterliegen anderen, einige sind schneller als andere. Letztendlich zählt, dass Sie die neue Lösung schnell genug aufbauen, damit Ihr Unternehmen davon profitieren kann, und ohne ein Problem für die Zukunft zu schaffen. Wenn Sie einige leistungsstarke Methoden beherrschen, können Sie diese wieder und wieder mit vollster Zuversicht und Schnelligkeit bei Ihrer Entwicklungsarbeit anwenden. Dies ist die Strecke, die dieses Buch nehmen wird, um Ihnen nahe zu bringen, wie Sie die Programmierwerkzeuge für die Bedürfnisse Ihrer Firma einsetzen können. Sorgen Sie sich nicht, dass Sie die gesamten Funktionen und Syntax des „C/AL Code" auswendig lernen müssen, dafür sind schließlich die umfangreichen Hilfedateien und Compiler da. Sie sollten sich auf das konzentrieren, was Ihr Unternehmen braucht, wo sich die Informationen befinden, die es benötigt, und welche Entscheidungen getroffen werden müssen, wenn bestimmte Bedingungen in diesen Informationen erfüllt sind. Dies erreichen Sie dadurch, dass Sie Ihr Untenehmen verstehen, wissen, wie Sie das Bezugsmaterial von Microsoft Navision benutzen, und schließlich, indem Sie die vier oben genannten grundlegenden Schritte nachvollziehen können.

7.2 Syntax und Stil

Nun werden wir die erforderliche Syntax und den Stil beim Einsatz von „C/AL Code" kennenlernen und auf die einzelnen Funktionen eingehen, die die Architektur des „C/AL Code" ausmachen.

7.2.1 Umgang mit der Strenge einer Programmiersprache

Für den Neueinsteiger liegt der seltsamste Umstand des Programmierens wahrscheinlich in der Strenge der Syntax der Programmiersprache. Der Gedanke, dass Sie ein Tausendzeilenprogramm schreiben könnten, das versagt, weil ein Punkt irgendwo in dem ansonsten perfekten Code fehlt, ist fast zu frustrierend, um ihn auszusprechen. Aber keine Sorge. Obwohl dies ein Fakt des Programmierens ist, erhalten Sie jedoch genügend Hilfe auf dem Weg, um es nicht zu diesem syntaktischen Fiasko kommen zu lassen.

In Microsoft Navision brauchen Sie nur die Taste „F11" drücken, nachdem Sie einen Absatz beendet haben, oder wenn Sie etwas geschrieben haben, das Ihnen schwierig erschien. Microsoft Navision zeigt Ihnen unverzüglich an, ob und welche Syntaxfehler Ihnen unterlaufen sind. Zudem wird es automatisch den Cursor an den Punkt setzen, an dem es nicht mehr in der Lage war, Ihren Code zu interpretieren.

Bedenken Sie, dass die beste Anleitung für den Microsoft Navision-Code der Code innerhalb der Standardversion von Microsoft Navision selbst ist. Wenn Sie etwas finden können, das dieselbe Funktion ausführt wie die, die Sie gerade entwickeln, imitieren Sie deren Syntax, bis Sie Ihnen vertraut ist.

Eine Sache, die Ihnen auch sehr behilflich bei der Vermeidung von Syntaxfehlern ist, ist das Üben von einem guten Codeschreibstil und klarformulierter Dokumentation. Jedes Programmierbuch und jeder Programmierausbilder wird Ihnen sagen, wie wichtig die Dokumentation ist; in der Praxis beherzigen jedoch nur wenige diesen Ratschlag. In der Geschäftswelt steht einfach nicht genügend Zeit zur Verfügung, um immer gut zu dokumentieren. Sie sollten dieses Ziel zumindest ernsthaft angehen, damit Sie in Zukunft leichter die von Ihnen vorgenommenen Änderungen isolieren, die Teile Ihres Programms für die Vervollständigung des Programms ordnen können, und damit andere nachvollziehen können, was Sie warum getan haben.

In Bezug auf einen klaren Schreibstil gilt wieder einmal die Empfehlung, dem Beispiel des Microsoft Navision-Standardcodes zu folgen. Sie können auch Ihren eigenen Stil entwickeln, solange dieser es anderen leicht macht, die Struktur Ihres Programms nachzuvollziehen. Sie sollten sicher sein, dass Ihr Stil nicht dem der Norm widerspricht.

Behandeln wir nun einige der wichtigsten „C/AL Code"-Funktionen und Funktionen, die die syntaktische Struktur des „C/AL Code" beispielhaft aufzeigen. Während wir diese Funktionen durchgehen, behandeln wir auch einige dazugehörige Schreibstilkonventionen.

Wie wir bereits gesehen haben, kann der „C/AL Code" in der Eigenschaft „SourceExp" in „Text Box"-Objekten innerhalb von Berichten und Formularen verwendet werden. An diesen Stellen sind Sie ausschließlich in der Lage, einen einzigen Satz in „C/AL Code" zu schreiben. Damit ist die Eigenschaft „SourceExpr" nicht leistungsstark genug, um komplexeren Bedürfnissen gerecht werden zu können; wir sollten demnach anfangen, den „C/AL Code" in der „C/AL Editor"-Umgebung zu benutzen. Zur Übung gehen wir in diesem Abschnitt in die „C/AL Editor"-Umgebung des Berichts, den wir in obigem Kapitel „Erstellen eines einfachen Berichts" eingerichtet haben. Gehen Sie also über den Pfad „Extras > Object Designer" in den „Object Designer". Klicken Sie nun auf die Schaltfläche „Report" und suchen Sie den von uns erstellten Bericht mit der Bezeichnung „Salesperson Commission by Item". Klicken Sie auf die Schaltfläche „Design" und dann auf das „DataItem" „Value Entry". Drücken Sie nun „F9". Das folgende Fenster erscheint: (siehe Abb. 8.1).

Üben wir unsere Syntax in dem Abschnitt mit der Bezeichnung „Value Entry - OnAfterGetRecord( )". Erstellen wir eine „Global"-Variable, um diese in den folgenden Beispielen zu verwenden. Gehen Sie auf „Ansicht > Globals" und geben Sie neue „Global"-Variablen gemäß dem folgenden Fenster „C/AL Globals" ein: (siehe Abb. 8.2).

7 Einführung in die C/AL „Code"-Funktionen

```
Documentation()

Value Entry - OnPreDataItem()
CurrReport.CREATETOTALS("Value Entry"."Sales Amount (Actual)","Value Entry".

Value Entry - OnAfterGetRecord()
AkUmsatzProvDEC := AkUmsatzProvDEC +
        ("Value Entry"."Sales Amount (Actual)" *
        "Salesperson/Purchaser"."Commission %" / 100);

AkDBProvDEC := AkDBProvDEC +
        (("Value Entry"."Sales Amount (Actual)" +
        "Value Entry"."Cost Amount (Actual)") *
        "Salesperson/Purchaser"."Commission %" / 100);

Value Entry - OnPostDataItem()
```

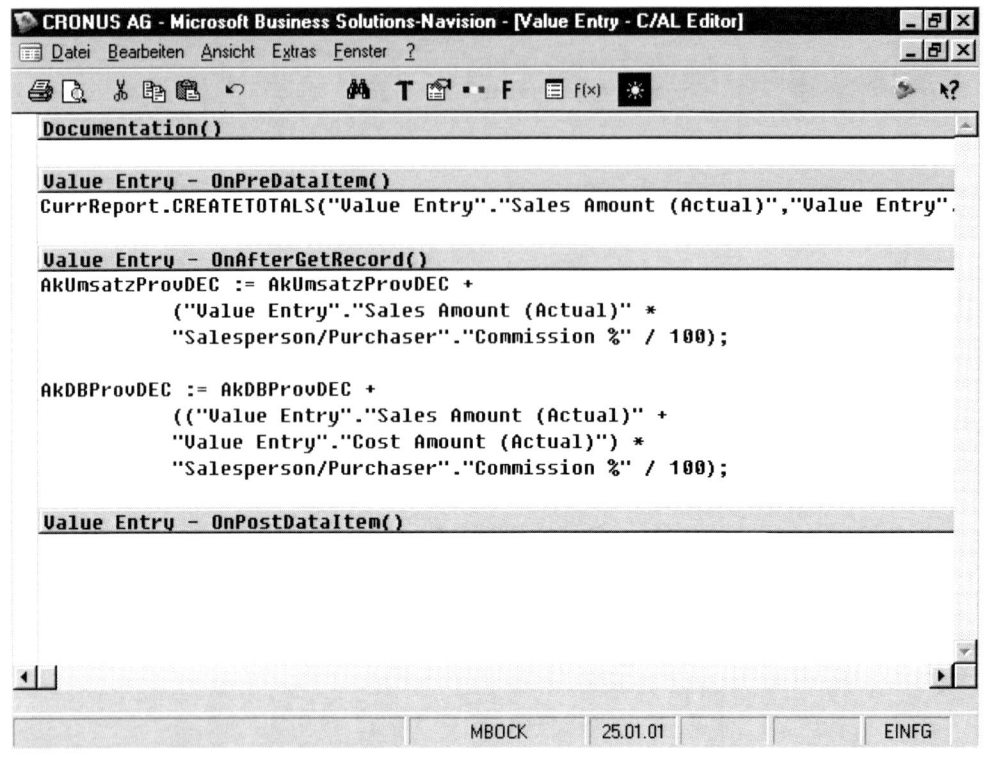

Abb. 7.1: Fenster Value Entry C/AL Editor

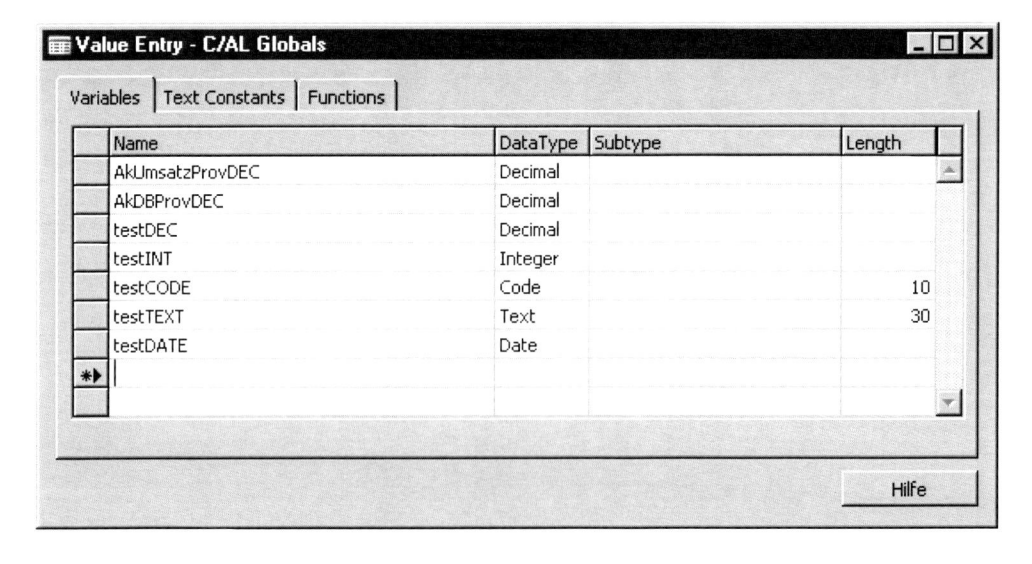

Name	DataType	Subtype	Length
AkUmsatzProvDEC	Decimal		
AkDBProvDEC	Decimal		
testDEC	Decimal		
testINT	Integer		
testCODE	Code		10
testTEXT	Text		30
testDATE	Date		

Abb. 7.2: Fenster C/AL Globals

Drücken Sie „ESC", um zu dem „C/AL Editor" zurückzukehren. Wenn Sie „C/AL Code" in den „C/AL Editor" eingeben, ignoriert Microsoft Navision alles, was Sie nach zwei Schrägstrichen, also //, schreiben. Dies ist nützlich, um zu dokumentieren und innerhalb Ihres Codes Notizen zu vermerken, um das genaue Geschehen in dem Code zu verdeutlichen. Die folgenden Codereihen enthalten Beispiele einer solchen Dokumentierung.

7.3 Der Satz als die grundlegende Einheit der Syntax

Unser Code muss in Sätzen geschrieben werden. Ein Satz ist eine Einheit, in der Microsoft Navision mindestens eine Aktion durchführen muss. Die Aktion kann aus allem bestehen, vom Zuordnen eines Formelwertes zu einer Variablen bis hin zum Filtersetzen auf eine Tabelle.

Ein Satz kann weitere Sätze in sich mit einschließen. Sie können Microsoft Navision zum Beispiel anweisen, in einer Tabelle nach einer bestimmten Reihe von Datensätzen zu suchen, und noch vor Beenden des Aktionssatzes teilen Sie Microsoft Navision mit, die aufgefundenen Werte einer anderen Variablen zuzuordnen. Um einen Satz beenden zu können, müssen Sie ein Semikolon tippen. Das Semikolon ist ein Signal für Microsoft Navision, dass ein Satz beendet wurde und eine Aktion durchgeführt werden muss. Im Folgenden wird ein Beispiel eines Satzes innerhalb eines Satzes aufgezeigt. Beachten Sie, dass das Semikolon den inneren Satz vor dem äußeren beendet.

```
//SATZ EINS: Durchsehen einer Tabelle.
IF „Value Entry".FIND('-') THEN BEGIN

//SATZ ZWEI & DREI: Einstellen der aufgefun-
//denen Werte auf globale Variablen.
  testCODE := „Value Entry"."Item No.";
  testTEXT := „Value Entry".Description;

//SATZ EINS mit Semikolon beenden.
END;
```

Die Semikolonfunktion ist sehr nützlich, da sie Ihnen erlaubt, Ihren Satz auch über mehrere Zeilen zu schreiben, wenn Sie das wünschen. Wie in dem Beispiel aus unserem Bericht haben wir den „C/AL Code"-Satz zur Summierung der „DB Prov." über drei Zeilen gespannt. Dadurch ist der Code leichter zu lesen. Eine sinnvolle Stilregel ist es, den Code zwei Leerstellen weiter nach rechts oder direkt unter dem Hauptoperator des Satzes zu beginnen, wenn Sie einen Satz auf der nächsten Zeile fortführen wollen. Genau das haben wir in unserem Berichtbeispiel getan, wie Sie hier unten noch einmal sehen können:

```
AkDBProvDEC := AkDBProvDEC +
  („Value Entry"."Sales Amount (Actual)" +
  „Value Entry"."Cost Amount (Actual)") *
  „Salesperson/Purchaser"."Commission %" / 100;
```

7.4 Verweisen auf Variablen

Wenn Sie auf eine Variable verweisen, die Leerzeichen oder Sonderzeichen innerhalb ihrer Benennung enthält, müssen Sie diese Bezeichnung immer in Anführungsstriche einschließen. Wenn Sie nicht genau wissen, ob die Benennung Sonderzeichen enthält oder nicht, sind Sie immer auf der sichereren Seite, wenn Sie den Namen innerhalb von Anführungsstrichen aufführen. Denken Sie daran, „F11" zur Kompilierung zu drücken, wenn Sie sich nicht sicher sind, ob Microsoft Navision in der Lage ist, Ihren Eintrag interpretieren zu können. Im Folgenden werden einige Beispiele von Variablenbezeichnungen innerhalb von Anführungsstrichen aufgeführt.

Wie bereits zuvor bei dem Verweisen auf Variablen in der Eigenschaft „SourceExpr" des „Text Box"-Objekts erwähnt, müssen Sie manchmal den Namen des „DataItem" oder der Tabelle mit einbeziehen, der dann samt einem Punkt vor die Bezeichnung der Variable kommt. Dies ist notwendig, wenn auf eine Variable aus einem anderen „DataItem" als dem, in dem Sie sich befinden, verwiesen wird.

Wenn Sie zum ersten Mal programmieren, schadet es nicht, wenn Sie die Benennung des „DataItem" oder der Tabelle vor der Variablen aufführen, einfach, um den Code leichter lesbar zu machen. Es kann vorkommen, dass zwei verschiedene Tabellen eine Variable mit derselben Bezeichnung enthalten, was den Code für einen unerfahrenen Programmierer schwerer lesbar macht oder wenn das Programm sehr lang ist. So kann der folgende Code zum Beispiel recht verwirrend wirken:

```
„Salesperson/Purchaser".SETFILTER
  („Salesperson/Purchaser".Code, „Salespers./Purch. Code");

IF „Salesperson/Purchaser".FIND('-') THEN
  TestTEXT :=Code;
```

Man mag sich hier fragen, ob die Variable „Code" eine Beschreibung des Verkäufers oder des Umsatzes ist. Es könnte sein, dass der Programmierer ganz einfach vergessen hat, den „DataItem"-Namen vor der Variablen aufzuführen. Dies würde dann zur Folge haben, dass Microsoft Navision den Wert dieser Variablen aus dem gegenwärtigen „DataItem" nehmen würde, welches in diesem Beispiel das „DataItem" „Value Entry" ist. Es wäre vielleicht besser, wenn dies deutlich auch mit Dokumentation ausgedrückt würde. So zum Beispiel:

```
//Durchsuchen der Tabelle „Salespeson/Purchaser"
//nach Verkäufer des aktuellen „Value Entry"-//Datensatzes.

//Tabelle „Salesperson/Purchaser" nach atuellem
//Verkäufer des „Value Entry"-Datensatzes filtern.
„Salesperson/Purchaser".SETFILTER
  („Salesperson/Purchaser".Code,
   „Value Entry"."Salespers./Purch. Code");

//Wenn Verkäufer gefunden, dann „Value Entry" Code
//in TestTEXT-Variable eingeben.
IF „Salesperson/Purchaser".FIND('-') THEN
  TestTEXT := „Value Entry".Code;
```

7.5 Einfügen eines Wertes in eine Variable

In Microsoft Navision ist es notwendig, einen Doppelpunkt gefolgt von einem Gleichzeichen nach einer Variable zu setzen, um einen neuen Wert in diese einzugeben. Zum Beispiel:

```
TestTEXT := „Value Entry".Description;
```

Wenn Sie nur ein Gleichzeichen setzen, führt Microsoft Navision nur einen Vergleich zwischen den Variablen durch, statt einen Wert zu übertragen. Es ist möglich, einen Variablenwert innerhalb des bereits existierenden einzufügen. Dies ist für die Durchführung einer Summierung sehr nützlich. In unserem oben aufgeführten Berichtcode haben wir dies ebenfalls angewandt. Zum Beispiel:

```
AkUmsatzProvDEC := AkUmsatzProvDEC +
    („Value Entry"."Sales Amount (Actual)" *
     „Salesperson/Purchaser"."Commission %" /
     100);
```

7.6 Implikationen

Die nächstwichtige Struktur beim Programmieren bildet die logische Implikation „IF, THEN". Mit dieser Funktion können Sie Microsoft Navision veranlassen, eine Entscheidung zu treffen, die auf einem logischen Vergleich zwischen einer Reihe von Variablen basiert. Diese Funktion kann in sich andere Funktionen oder sogar eine andere Implikation mit einschließen. Es kommt vor, dass ein ganzes Programm aus Hunderten von Zeilen innerhalb einer einzelnen „IF, THEN"-Entscheidung enthalten ist. Dies ist manchmal schwierig zu handhaben, da das Semikolon, das den „IF, THEN"-Satz beendet, sich viele Zeilen hinter dem Beginn der Funktion befindet. Dies macht es manchmal schwer, noch folgen zu können, welche Entscheidung auf welcher Bedingung basieren soll. Was hier besondere Bedeutung bekommt, ist ein guter Schreibstil. Ein guter Stil kann immer Klarheit in einen komplexen Code bringen.

Die elementarste „IF, THEN" - Implikationsstruktur ist die folgende:

```
IF x = y THEN z := x;
```

Sie können nun zwischen dem „IF" und dem „THEN" jede logische Relation oder Funktion setzen, die entweder ein Falsch oder ein Richtig ermittelt. Die logischen Operatoren, die Sie verwenden können, sind folgende:

C/AL Code Logische Operatoren		
Einfache binäre Operatoren		
=	(x + y) = (y + z)	Wahr, wenn die Ausdrücke links und rechts der Gleichung den gleichen Wert haben.
<>	(x + y) <> (x - y)	Wahr, wenn die Ausdrücke links und rechts der Gleichung unterschiedliche Werte haben.
>	(x + y) > (x - y)	Wahr, wenn der Ausdruck links von der Ungleichung größer ist als rechts.
<	(x - y) < (x + y)	Wahr, wenn der Ausdruck links von der Ungleichung kleiner ist als rechts.
Komplexe binäre Operatoren		
AND	(x = y) AND (x < Z)	Wahr, wenn beide Gleichungen / Ungleichungen wahr sind.
OR	(x = y) OR (x < Z)	Falsch, wenn beide Gleichungen / Ungleichungen falsch sind.
Komplexe unäre Operatoren		
NOT	NOT (x = y)	Wahr, wenn die Gleichung falsch ist.

Abb. 7.3: C/AL Code Logische Operatoren

Mit den logischen Relationen können Sie sehr komplexe Bedingungen aufbauen, aufgrund derer Microsoft Navision entscheiden wird, das nach dem Schlüsselwort „THEN" Folgende auszuführen.

Sie können auch andere „C/AL Code"-Funktionen als die Bedingung verwenden, aufgrund derer Microsoft Navision die „THEN"-Funktion ausführt. Nehmen Sie zum Beispiel an, Sie möchten, dass Microsoft Navision den Text in einer Variable nur dann ändert, wenn es einen Verkäufer in der Tabelle „Value Entry" gefunden hat. Sie könnten das wie folgt schreiben:

```
//Wenn VerkäuferX gefunden, dann „Description" in
//Variable TestTEXT eingeben.
IF „Value Entry".FIND('-') THEN
  TestTEXT := „Value Entry"."Description";
```

Hier ist die „C/AL Code"-Funktion mit der Bezeichnung „FIND" die Bedingung, aufgrund derer Microsoft Navision entscheidet, die „Description"-Daten in die Variable „TestTEXT" einzufügen.

Es besteht die Möglichkeit, Microsoft Navision eine Gegenoption vorzugeben, die es ausführt, wenn es die Bedingung nach dem „IF" als falsch erkennt. Dies können Sie bewerkstelligen, indem Sie nach den „THEN"-Aktionen ein „ELSE" einfügen. Die Komponente „ELSE" setzt den Satz „IF, THEN" fort und weitet daher den Gebrauch des Semikolons aus, das den Satz „IF, THEN" beendet. Zum Beispiel:

```
//Wenn VerkäuferX gefunden, dann"Description"
//in Variable TestTEXT eingeben.
IF „Value Entry".FIND('-') THEN
  TestTEXT := „Value Entry"."Description"
  ELSE
  TestTEXT := 'Note: Salesperson has no positions ' +
      'in the Value Entry table.';
```

Direkt nach der „THEN"-Aussage müssen Sie nun entweder einen Satz gefolgt von einem Semikolon oder einem „ELSE" eingeben, oder, wenn Sie mehr als einen Satz eingeben möchten, „BEGIN" tippen. Das „BEGIN" eröffnet in der „IF, THEN"-Funktion die Möglichkeit, mehrere Aktionen aufgrund einer „IF"-Bedingung durchzuführen. Nachdem Sie „BEGIN" geschrieben haben, können Sie so viele Sätze eingeben, wie Sie benötigen.

Jeder dieser Sätze muss in sich selbst geschlossen sein und daher ein Semikolon am Ende aufweisen. Microsoft Navision betrachtet alles nach dem Schlüsselwort „BEGIN" Folgende als von der „IF"-Bedingung abhängend, bis es das Schlüsselwort „END" erkennt. So zum Beispiel:

```
//SATZ EINS: Durchsehen einer Tabelle.
IF „Value Entry".FIND('-') THEN
 BEGIN
  //SATZ ZWEI & DREI: Einstellen der aufgefundenen
  //Werte auf globale Variablen.
  testCODE := „Value Entry"."Item No.";
  testTEXT := „Value Entry".Description;
  //SATZ EINS mit Semikolon beenden.
 END;
```

Sie müssen darauf achten, dass Ihr Schreibstil deutlich ausdrückt, welche Aktionen von welchen Bedingungen abhängen. Als allgemeine Regel sollte das, was von etwas anderem abhängt, eingerückt dargestellt werden. Auf diese Weise haben Sie bildlich vor sich, dass ein Codeteil in einen anderen eingebettet ist.

Es ist manchmal vonnöten, eine Frage von einer anderen abhängig zu machen. In einem solchen Fall müssen Sie „IF, THEN"-Aussagen innerhalb von „IF, THEN"-Aussagen einfügen. Zum Beispiel:

```
IF „Salesperson/Purchaser".FIND('-') THEN
 IF „Value Entry".FIND('-') THEN
  BEGIN
   testCODE := „Value Entry"."Item No.";
   testTEXT := „Value Entry".Description;
  END;
```

Wie Sie sehen, beendet das Semikolon nach dem Schlüsselwort „END" beide „IF, THEN"-Aussagen. Sie können sich sicher vorstellen, dass wir sehr komplexe „IF, THEN"-Konstruktionen aufbauen können, wenn wir alle zur Verfügung stehenden Möglichkeiten miteinander verbinden würden. Denken Sie daran, immer das Kompilierungswerkzeug „F11" zu benutzen, um zu prüfen, ob Sie Ihre Semikola und Schlüsselworte korrekt und lesbar gesetzt haben.

Die Beherrschung des Aufbaus der „IF, THEN"-Funktionen eröffnet Ihnen enorme Möglichkeiten, die Entscheidungsfindung von Microsoft Navision in Ihrem Programm zu steuern.

7.7 Schleifen

Es ist oft notwendig, einen Codeabschnitt zu erstellen, der sich wiederholen muss. Die Funktion „REPEAT, UNTIL" ermöglicht es Ihnen, dies durchzuführen. Sie können eine „REPEAT, UNTIL"-Funktion so erstellen, dass es einen Codeabschnitt so lange wiederholt, bis eine bestimmte Bedingung erreicht ist. In dem folgenden Beispiel verwenden wir die „REPEAT, UNTIL"-Funktion, um eine tägliche Ausgabe zu summieren.

```
//Rücksetzen der Werte der globalen Variablen.
AccChargeDEC := 0;
DailyChargeDEC := 5.25;
MovingDATE := StartDATE;

//Beginnen, die tägliche Ausgabe für jeden Tag vom
//StartDATE bis zum EndDATE hinzuzufügen.
REPEAT

  AccChargeDEC := AccChargeDEC + DailyChargeDEC;

  //MovingDATE ist jedes Mal einen Tag näher am
  //EndDATE, wenn diese Zeile sich wiederholt.
  MovingDATE := CALCDATE('+1D',StartDATE);

//Schleife verlassen, wenn sie einmal für
//jeden Tag in diesem Zeitraum wiederholt wurde.
UNTIL NewDATE = EndDATE;
```

Die Schleife „REPEAT, UNTIL" kann auch dazu verwendet werden, die Datensätze einer Tabelle durchzugehen. Dies kann nützlich sein, wenn Sie eine Berechnung für jeden Datensatz, den Sie in einer Tabelle auffinden, durchführen wollen. Um Microsoft Navision anzuweisen, die Datensätze Ihrer Tabelle durchzugehen, müssen Sie das Schlüsselwort „NEXT" am Ende Ihrer „REPEAT, UNTIL"-Schleife einsetzen. Berechnen wir nun in dem folgenden Beispiel die durchschnittliche Provision der Verkäufer, indem wir die Tabelle „Salesperson/Purchaser" in einer „REPEAT, UNTIL"-Schleife durchlaufen.

```
//Ersten Verkäufer in der Tabelle
//"Salesperson/Purchaser" suchen.
IF „Salesperson/Purchaser".FIND('-') THEN
  //Wenn gefunden, dann durch Datensätze jedes
  //Verkäufers gehen.
  REPEAT
    CommisSumDEC := CommisSumDEC +
      „Salesperson/Purchaser"."Commission %";
```

7 Einführung in die C/AL „Code"-Funktionen

```
        RecordCountINT := RecordCountINT + 1;
        //Schleife verlassen, wenn 0
        //weitere Datensätze vorhanden.
        UNTIL "Salesperson/Purchaser".Next = 0;
        //Durchschnittliche Verkäuferprovision
        //berechnen.
        AveCommisDEC := CommisSumDEC /
            RecordCountINT;
```

Wenn Sie die Datensätze einer Tabelle durchgehen, die nicht mit dem „DataItem" übereinstimmt, in dem Sie den Code eingeben, müssen Sie den Namen des „DataItem" gefolgt von einem Punkt und dem Schlüsselwort „NEXT" eingeben. Dadurch wird Microsoft Navision mitgeteilt, welches „DataItem" es nach dem nachfolgenden Datensatz durchsuchen soll. Nach dem Schlüsselwort „NEXT" folgt die Beschreibung der Art und Weise, wie Microsoft Navision Ihren Vorstellungen nach die Tabelle durchgehen soll. Wenn Sie schreiben

```
        UNTIL "Salesperson/Purchaser".Next = 2;
```

geht Microsoft Navision immer zwei Datensätze in der Tabelle „Salesperson/Purchaser" gleichzeitig durch und beendet die Schleife, sobald sich nur noch zwei verbleibende Datensätze in der Tabelle befinden. Für die meisten Zwecke werden wir durch jeden in der Tabelle verfügbaren Datensatz gehen wollen, daher geben wir in unserem Code gemäß obigem Beispiel „NEXT = 0;" ein. Auf diese Weise geht Microsoft Navision so lange die Tabelle durch, bis dort keine Datensätze mehr zu finden sind.

7.8 „Global"-Variablen und „C/AL Code"-Funktionen

In diesem Abschnitt werden wir kennenlernen, wie man eine Variable mit einer Tabelle verknüpft. Mit Hilfe dieser Technik zeigen wir, wie man Informationen aus jeder Tabelle in ein beliebiges Objekt integrieren kann. Zu guter letzt werden wir das veranschaulichen, indem wir einen Bericht nach unseren Wünschen optimieren.

7.8.1 Einbeziehung des „Artikelname" in den „Verkaufsprovision nach Artikel"-Bericht

Schauen wir uns noch einmal den Bericht an, den wir in obigem Kapitel erstellt haben, und berücksichtigen dabei das Prinzips, dass ein Bericht immer eher Fragen beantworten als welche

7.8 „Global"-Variablen und „C/AL Code"-Funktionen

aufwerfen sollte. Uns mag nun auffallen, dass, obwohl der von uns erstellte Bericht die Bezeichnung „Verkaufsprovision nach Artikel" trägt, wir in diesen nicht tatsächlich den Namen des Produktpostens mit einbezogen haben. Sehen Sie sich noch einmal unsere Berichtausgabe in dem folgenden Berichtansichtsfenster an: (siehe Abb. 7.4).

Es kann nicht davon ausgegangen werden, dass die Verkäufer die Produkte nach Artikelnummer auswendig im Kopf haben. Wir haben nicht nur die Kennungen der Verkäufer mit einbezogen, sondern auch deren Namen. Warum waren wir nicht so konsequent und haben auch die Artikelnamen mit aufgeführt?

Suchen wir einen Weg, die Artikelbezeichnungen in diesen Bericht mit einzubeziehen. Auf diese Weise können wir nicht nur den Bericht verbessern, sondern erfahren auch noch Wissenswertes über die tabellenverknüpfenden „C/AL Code"-Funktionen.

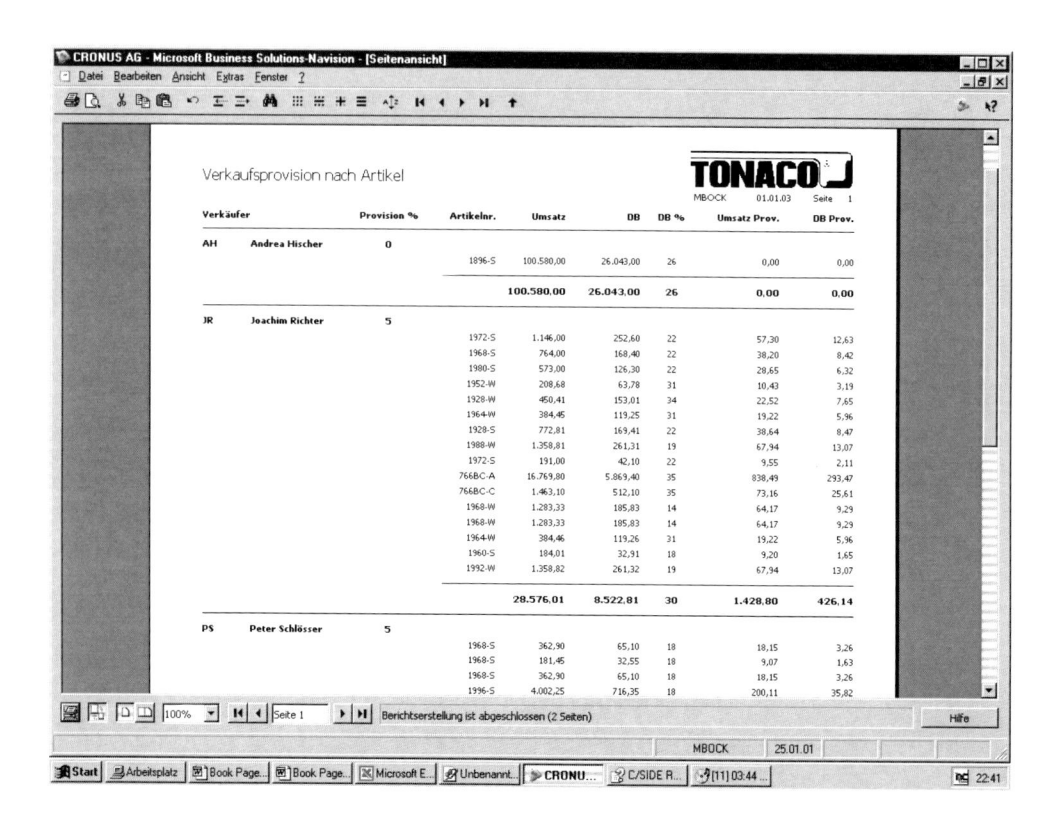

Abb. 7.4: Bericht Verkaufsprovisionen nach Artikel

Werfen Sie noch einmal einen Blick auf die Berichtausgabe. Es wäre sinnvoll, wenn die Artikelbezeichnung neben der Artikelnummer in jeder Zeile des Berichts erscheinen würde, die den Verkauf eines Artikels anzeigt. Öffnen wir ein weiteres Mal die interne Struktur unseres Berichts und versuchen, die uns gesetzte Aufgabe durchzuführen.

Gehen Sie in das Fenster „Object Designer", indem Sie den Pfad „Extras > Object Designer" benutzen, und klicken Sie dann auf die Schaltfläche mit der Bezeichnung „Report". Wählen Sie als Nächstes den zuvor von uns erstellten Bericht mit der Benennung „Sales Commission by Item" aus. Da wir den Artikelnamen in der Berichtausgabe angezeigt bekommen wollen, sollten wir uns in den „Section Designer" begeben, in dem das Drucklayout des Berichts gestaltet wird. Gehen Sie also auf „Ansicht > Sections". Wir möchten, dass die Bezeichnung des Artikels jedes Mal erscheint, wenn der Artikel verkauft wird und die Information mit jedem „Value Entry"-"DataItem" ausgegeben wird. Klicken Sie also auf den Abschnitt „Value Entry – Body (1)" und gehen dann auf „Ansicht > Field Menu", um die Felder, die in diesem „DataItem" möglich sind, auszuwählen. Wenn Sie durch diese Liste gehen, wird Ihnen auffallen, dass dort kein Feld zu finden ist, das die Artikelbezeichnung enthält, nur eines, das die Artikelnummer zum Inhalt hat. Dies liegt daran, dass in der Tabelle „Value Entry" (die Tabelle, auf der dieses „DataItem" aufbaut) keine Artikelbezeichnungen zu finden sind. Was können wir tun, wenn die Tabellen, auf denen unser Bericht aufbaut, nicht alle für unseren Bericht notwendigen Daten enthält? Was wir benötigen, ist die Erstellung eines virtuellen „DataItem". Damit können wir Informationen aus anderen Microsoft Navision-Tabellen importieren, die nicht in den Haupt-"DataItems" enthalten sind.

Wir haben nun gesehen, wie wir eine Verbindung zwischen zwei oder mehr Tabellen in Berichten herstellen können, indem wir „DataItem"-Objekte miteinander verknüpfen. Es gibt allerdings noch einen anderen Weg, um innerhalb von Programmen Tabellenverknüpfungen herzustellen. Dies kann mit Hilfe der Erstellung von besonderen, auf eine Tabelle verweisenden „Global"-Variablen durchgeführt werden. Diese besonderen „Global"-Variablen verhalten sich in dem Fall wie virtuelle „DataItems". Wir können diese „Global"-Variable aufrufen und sie bearbeiten, als wäre sie eines unserer „DataItem"-Objekte. Demnach kann eine „Global"-Variable dazu verwendet werden, Informationen aus jeder Tabelle in Ihr Programm zu importieren. Die hier behandelten Methoden können überall in Microsoft Navision in jeder Art von Objekt, in Formularen, Berichten, „Dataports" etc. angewandt werden.

Gehen wir nun unsere Standardmethode zur Erstellung von Tabellenbezügen zwischen unserem Bericht und den Artikelnamensdaten durch. Zunächst müssen wir die Tabellen suchen, in denen sich alle von uns benötigten Daten befinden. Dann sollten wir prüfen, ob die Möglichkeit besteht, diese zwei Tabellen miteinander zu verknüpfen, indem wir den Primärschlüssel einer der Tabellen auf ein Feld in der zweiten Tabelle abbilden. Schließlich müssen wir die Verknüpfungs- und Bearbeitungsmethode ausarbeiten.

Zur Bearbeitung des ersten Schritts müssen wir herausfinden, wo sich unsere Informationen befinden. Wir möchten die Bezeichnung für jeden Artikel erhalten, dessen Artikelnummer innerhalb der „Value Entry"-Zeilen unseres Berichts erscheint. Die erste Hälfte der von uns gewünschten Informationen, das heißt die Artikelnummer, befindet sich ja bereits innerhalb unseres Berichts in dem „DataItem" „Value Entry".

Als Nächstes benötigen wir die Informationen bezüglich der Bezeichnung des Artikels. Der offensichtlichste Ort, an dem man diese Daten finden könnte, wäre die „Artikelkarte". Gehen Sie auf „Lager > Planung & Ausführung > Artikel". Hier wird Ihnen die „Artikelkarte" angezeigt. Die Tabelle, auf der dieses Formular aufbaut, enthält zwangsläufig sowohl die Artikelnummer als auch dessen Bezeichnung. Öffnen Sie die interne Struktur der „Artikelkarte", um nachzusehen, auf welcher Tabelle diese basiert. Drücken Sie „Strg + F2" und gehen Sie dann auf „Ansicht > Properties". Aus der Eigenschaft „SourceTable" können wir den Tabellennamen „Item" ersehen. Dies ist die Bezeichnung der Tabelle, deren Informationen wir innerhalb unseres Berichts vorfinden möchten.

Nun müssen wir uns um die Verknüpfung der „Item"-Tabelle und der „Value Entry"-Tabelle kümmern. Nun ist es so, dass die Artikelnummer innerhalb der Tabelle „Value Entry" den Primärschlüssel innerhalb der „Item"-Tabelle ausmacht. Wir können eine Verknüpfung zwischen diesen beiden Tabellen einfach herstellen, indem wir Microsoft Navision mitteilen, dass es für jede Artikelnummer, die es in der Tabelle „Value Entry" findet, ausschließlich einen Artikel in der „Item"-Tabelle suchen muss. Da die Artikelnummer der Primärschlüssel in der „Item"-Tabelle ist, können wir sichergehen, dass Microsoft Navision in dieser Tabelle einen Artikel für jeden in der Tabelle „Value Entry" aufgelisteten Artikel findet. Damit ist die zweite Zielsetzung der Verknüpfungserarbeitung von Tabellen durch Schlüssel erfüllt.

Unsere dritte Betrachtung gilt nun der eigentlichen Methode, die wir anwenden werden, um diese zwei Informationsquellen miteinander zu verknüpfen. Wir haben bisher einige Techniken kennengelernt, um Verbindungen zwischen Tabellen innerhalb von Microsoft Navision herzustellen. In Formularen und Tabellen haben wir zum Beispiel gesehen, dass man ganz einfach die Eigenschaft „SourceTable" verwenden kann, um eine Verknüpfung zu einer Tabelle aufzubauen. Bei der Berichterstellung haben wir erkannt, dass wir zur Verknüpfung von Tabellen mit unseren Berichten die „DataItem"-Objekte verwenden können. Wir betrachten nun eine dritte, äußerst leistungsstarke und flexible Methode der Tabellenverknüpfung unter der Verwendung von „C/AL Code" und „Global"-Variablen.

Erstellen wir nun in unserem Bericht eine neue besondere „Global"-Variable. Diese „Global"-Variable selbst wird die Verknüpfung zu einer Tabelle darstellen. Bezeichnen wir solch eine besondere „Global"-Variable als „Record Global".

Gehen Sie auf „Ansicht > C/AL Globals". Geben Sie hier „ItemREC" als die Benennung unserer neuen Variablen. Geben Sie „Record" in der Spalte „Data Type" ein oder wählen Sie die Bezeichnung aus der in dieser Spalte erscheinenden Liste aus. Dieser „Data Type" teilt Microsoft Navision mit, dass diese „Global"-Variable die Verknüpfung zu einer Tabelle darstellt. Wenn Sie auf die Spalte mit der Bezeichnung „Subtype" und dann auf den in dieser Spalte erscheinenden Hilfepfeil klicken, sehen Sie eine Liste der innerhalb von Microsoft Navision existierenden Tabellen. Geben Sie „Item" ein oder wählen Sie die Benennung aus der in dieser Spalte erscheinenden Tabellenliste. Jedes Mal, wenn Sie nun auf diese besondere „Global"-Variable in Ihrem Programm verweisen, ob nun in Ihrem „C/AL Code Editor" oder in der Eigenschaft „SourceExpr" einer „Text Box", ruft Microsoft Navision einen Datensatz in der „Item"-Tabelle auf.

Alles, was jetzt noch zu tun bleibt, ist die Festlegung, welchen Datensatz es in der „Item"-Tabelle aufruft. Dies erfordert die Anwendung der „C/AL Code„Funktionen, um einen Tabellenbezug zwischen einem unserer „DataItem"-Objekte und unserer neuen „Global"-Variable „ItemREC" herzustellen. Für jede Zeile des „DataItem" „Value Entry" müssen wir den entsprechenden Datensatz innerhalb der „Item"-Tabelle aufrufen, in der der Artikelname abgelegt ist. Diese Information muss dann zur Verwendung innerhalb der „Section"-Teile des Berichts zur Verfügung stehen, um in der Ausgabe angezeigt werden zu können.

Der Ort, an dem wir diese Tabellenverknüpfung durchführen müssen, ist daher innerhalb des „DataItem" „Value Entry" selbst. Der einzige Ort innerhalb des „DataItem" „Value Entry", der für die Verknüpfungserstellung mit einer „Record Global"-Variable flexibel genug ist, ist innerhalb des Fensters „C/AL Editor" des Datenfeldes. Öffnen Sie also das „Value Entry"-Fenster „C/AL Code Editor", indem Sie auf das „DataItem" „Value Entry" klicken und dann auf „Ansicht > C/AL Code" gehen.

Wir müssen zunächst herausfinden, ob ein Schlüssel der Tabelle auch als Primärschlüssel der anderen Tabelle existiert. In diesem Fall wissen wir, dass der Primärschlüssel der „Item"-Tabelle die Artikelnummer ist. Der Feldname der Artikelnummer lautet einfach „No.". Uns ist bekannt, dass die Artikelnummer auch in der Tabelle „Value Entry" existiert, und zwar unter der Feldbezeichnung „Item No.". Diese beiden Felder müssen wir miteinander verbinden.

Beschäftigen wir uns nun mit den „C/AL Code"-Funktionen, die es uns ermöglichen, die Daten der „Item"-Tabelle in den richtigen Bezug zu dem Feld „Item No." des „DataItem" „Value Entry" bringen.

Wenn eine als „Data Type" „Record" definierte „Global"-Variable in einem Programm verwendet wird, belässt Microsoft Navision die Variable entweder auf dem Datensatz, der zuerst in der Tabelle gemäß deren Sortierung und jeglicher auf die Tabelle gesetzter Filter erscheint, oder dem Datensatz, der zuletzt in der Tabelle aufgerufenen wurde. Wenn wir also eine „Global"-Datensatzvariable benutzen, sollten wir sichergehen, dass nicht bereits ein Filter darauf oder auf eine vorangegangene Verwendung gesetzt ist, der das, was wir von der Variablen abverlangen, beeinträchtigen könnte.

Um zuvor auf der Variablen verwendete Filter und/oder Sortierungen zu entfernen, können wir die „C/AL Code"-Funktion „RESET" benutzen, bevor wir mit der Variablen „Record Global" arbeiten. Obwohl wir uns sicher sind, dass unsere neue Variable mit der Bezeichnung „ItemREC" nicht anderswo in unserem Bericht verwendet wurde, können wir diese Funktion einsetzen, nur um die Möglichkeit auszuschließen, dass später jemand Code vor unserem Code hinzufügen wird, was sich auf diese Variable auswirken könnte. Schreiben Sie folgenden Code in den Abschnitt „OnAfterGetRecord" innerhalb des Fensters „C/AL Code Editor" des „DataItem" „Value Entry".

```
//Löschen aller vorangegangenen Anwendungen
//auf der Variablen.
ItemREC.RESET;
```

Wie immer, wenn wir auf einen Datensatz außerhalb unseres gegenwärtigen „DataItem" verweisen, müssen wir die Benennung des fremden „DataItem" verwenden. In diesem Fall schreiben wir Code in dem „DataItem" „Value Entry", verweisen aber auf die „Record Global"-Variable mit der Bezeichnung „ItemREC", daher müssen wir „ItemREC" gefolgt von einem Punkt eingeben, bevor wir die Funktion „RESET" darauf anwenden können.

Legen wir nun fest, auf welche Weise Microsoft Navision die Datensätze innerhalb unserer „Global"-Datensatzvariable „ItemREC" sortieren soll. Das ist sehr wichtig, da wir, abhängig von der Datensatzsortierung in dieser Variablen, unterschiedliche Informationen vorfinden werden, wenn wir in deren Tabelle schauen. Es ist zum Beispiel möglich, die Tabelle hinter dieser „Record Global"-Variable nach Artikelnummer in absteigender Reihenfolge zu sortieren. Wenn wir dies durchführen und dann von Microsoft Navision verlangen, uns den ersten in der Tabelle aufgeführten Datensatz zu nennen, gibt Microsoft Navision aufgrund der absteigenden Reihenfolge die höchste Artikelnummer zuerst an. In dem „C/AL Code" können wir die Sortierung eines „DataItem" oder einer „Record Global"-Variable mit der Funktion „SETCURRENTKEY" steuern. Sie sollten das „DataItem", das Sie sortieren wollen, zuerst angeben, gefolgt von einem Punkt und der Bezeichnung der Funktion, dann den Feldern in der Reihenfolge, in der Sie sie sortiert haben möchten, mit Kommata getrennt und in Klammern eingeschlossen. Zum Beispiel:

```
//Festlegen der Sortierung der Datensatzvariable
//"ItemREC".
ItemREC.SETCURRENTKEY(ItemREC."No.");
```

In unserem Beispiel ist es nicht nötig, diese Funktion anzuwenden, da wir die Variable „ItemREC" nach „No." geordnet haben möchten, das Feld, das den Primärschlüssel der Tabelle darstellt. Die Standardsortierung aller Tabellen besteht immer in der Anordnung nach deren Primärschlüssel, es sei denn, wir geben Microsoft Navision mit Hilfe der Funktion „SETCURRENTKEY"

7.8 „Global"-Variablen und „C/AL Code"-Funktionen

eine andere Sortierweise vor. Zu Übungszwecken sollten wir jedoch alle Schritte durchlaufen, um uns diese zu verdeutlichen.

Als Nächstes müssen wir bestimmen, welchen Datensatz Microsoft Navision in der „Item"-Tabelle vorfinden wird, wenn es die Variable „ItemREC" öffnet. Um dies durchzuführen, setzen wir einen Filter auf diese „Record Global"-Variable, so dass der einzige Datensatz, auf den Microsoft Navision zugreifen kann, derjenige ist, der die Artikelnummer des aktuellen „Value Entry"-Datensatzes enthält. Dies gleicht dem Setzen eines „Tabellenfilters" auf die „Item"-Tabelle innerhalb der Endanwenderumgebung, nur dass wir dies hier mit reinem Code innerhalb des Programms bewerkstelligen.

Wir setzen den „Tabellenfilter" auf die „Record Global"-Variable mit der Bezeichnung „ItemREC", indem wir die „C/AL Code"-Funktion „SETFILTER" verwenden. Eine Zeile unterhalb der, in die wir die Funktion „SETCURRENTKEY" eingegeben haben, tippen Sie folgenden Code:

```
//Filtern der „Item"-Tabelle nach dem Artikel, auf
//den in diesem „Value Entry"-Datensatz verwiesen wird.
ItemREC.SETFILTER(ItemREC."No.",
        „Value Entry"."Item No.");
```

Sie müssen den Namen des „DataItem" oder der „Global"-Datensatzvariable gefolgt von einem Punkt eingeben, bevor Sie die Funktion „SETFILTER" anwenden können. Der Filter wird von zwei Bedingungen bestimmt. Sie müssen von Klammern umschlossen und durch ein Komma getrennt sein. Die erste Bedingung muss aus dem Namen des Feldes bestehen, auf das Sie einen Filter setzen wollen. In diesem Beispiel wollen unseren Filter auf das Feld „No." innerhalb der „Global"-Variable „ItemREC" anwenden, schreiben wir also: ItemRec."No.".

Die zweite Bedingung besteht aus dem Filter, den wir setzen wollen. Dies kann eine Variable sein, ein Datensatz oder selbst statischer Text, wie wir ihn bei dem Setzen von „Tabellenfiltern" in der Endanwenderumgebung verwenden. Hier möchten wir unseren Filter gleich aller Artikelnummern in dem Datensatz „Value Entry" setzen; geben Sie also „DataItem" und die Feldbezeichnung der „Value Entry"-Artikelnummer als unseren Filter ein. Dieser lautet demnach wie folgt: „Value Entry"."Item No.". Auf diese Weise wird das Feld „No." in der Variablen „ItemREC" gefiltert, so dass Microsoft Navision nur auf die Artikelnummer des Feldes „Item No." des „DataItem" „Value Entry" zugreifen kann.

Sollten Sie jemals statischen Text als Ihren Filter benutzen, müssen Sie den Text in Apostrophe einschließen. Der von Ihnen geschriebene Text muss denselben Gesetzen gehorchen, die für alle Filter innerhalb von Microsoft Navision gelten. Diese Regeln wurden bereits in dem Kapitel über das „Filtern in Microsoft Navision" behandelt. Nehmen wir an, wir möchten „C/AL Code" verwenden, um einen solchen statischen Textfilter einzurichten. Nehmen wir weiter an, dass wir von Microsoft Navision verlangen, einen Filter auf der „Global"-Datensatzvariable „ItemREC" festzulegen, in der nur auf Artikel mit einer Artikelnummer, die mit der Zahl 1 beginnt, zugegriffen werden kann. Wir würden dann folgenden Code schreiben, um diesen Tabellenfilter einzurichten:

```
//ItemREC so filtern, dass Microsoft Navision nur
//auf Artikel zugreift, die mit der Zahl 1 beginnen.
ItemREC.SETFILTER(ItemREC."No.",'1*');
```

Hier haben wir den „Tabellenfilter" „1*" auf die „Item"-Tabelle gesetzt. Dies hat genau die gleichen Auswirkungen, als wenn wir in die „Artikelkarte" oder „Artikelübersicht" gehen würden und dort auf das Tool „Tabellenfilter" klicken und in der Filterspalte gegenüber dem Feld „No." den Text „1*" eingeben würden. Es ist, als ob wir simulierten, was ein Endanwender durchführen würde, allerdings innerhalb eines Programms unter Verwendung des „C/AL Code". Denken Sie beim Erlernen des Programmierens immer daran, welches die Parallelhandlung des Endanwenders für den von Ihnen mit Code ausgeführten Vorgang wäre. Dies wird Ihnen helfen, schneller zu begreifen, was in beiden Umgebungen zur Steuerung von Microsoft Navision notwendig ist. Außerdem haben Sie so zwei Methoden statt einer zur Hand, um Ihre Ergebnisse zu überprüfen.

Als Nächstes müssen wir Microsoft Navision anweisen, die „Global"-Datensatzvariable zu öffnen. Dies können wir innerhalb der „C/AL Code"-Funktion mit der Bezeichnung „FIND" durchführen. Diese Funktion ist Ihnen bereits einige Male in vorangegangenen Beispielen begegnet. Sie ist eine äußerst flexible Funktion, die zudem die Fehler umgeht, die andere „C/AL Code"-Funktionen von Zeit zu Zeit erzeugen, wenn der Zieldatensatz nicht vorhanden ist.

7.8.2 „FIND": Datensätze in der Artikeltabelle suchen

Sie können die Funktion „FIND" benutzen, um eine Tabelle zu öffnen und auf Daten innerhalb dieser zuzugreifen. Durch die Verwendung von Sortierfunktionen und das Setzen von „Tabellenfiltern" können Sie bestimmen, auf welche Datensätze Microsoft Navision in Ihrer Tabelle Zugriff hat. Die Funktion „FIND" sucht in einer Tabelle nur jeweils einen Datensatz auf. Sie müssen zunächst eine „Record Global"-Variable erstellen, die mit einer Tabelle verknüpft ist. Sie können dann die Funktion „FIND" benutzen, um die mit der „Record Global"-Variable verknüpfte Tabelle zu öffnen.

In unserem vorliegenden Beispiel ist „ItemREC" eine „Record Global"-Variable, die mit der „Item"-Tabelle verknüpft. Aus der „Item"-Tabelle möchten wir die Artikelbezeichnung ziehen. Wir haben bereits festgelegt, dass die Variable „ItemREC" nach ihrem Primärschlüssel „No." sortiert ist und nach der Artikelnummer gefiltert wird, die sich in dem „DataItem" „Value Entry" befindet. Wenn wir nun Microsoft Navision anweisen, die Variable „ItemREC" mit der Funktion „FIND" zu öffnen, wird es nur in der Lage sein, einen Artikel aufzurufen, dessen Artikelnummer mit der Artikelnummer innerhalb des „DataItem" „Value Entry" übereinstimmt. Schreiben wir nun den Code, der zu der Herstellung der Tabellenverknüpfung benötigt wird. Microsoft Navision führt diese Anweisungen jedes Mal innerhalb des Abschnitts „OnAfterGetRecord( )" des „Value Entry – C/AL Editor" aus, wenn es einen Artikelverkauf in der Tabelle „Value Entry" registriert. Wir müssen Microsoft Navision veranlassen, außerdem noch eine Artikelbezeichnung zu jedem verkauften Artikel zu finden; dementsprechend müssen wir innerhalb desselben Abschnitts Code einfügen, der Microsoft Navision anweist, einen neuen Artikelnamen bei jedem Verkauf aufzufinden. Sehen wir uns den „C/AL Code" an, der dazu benötigt wird, das Auffinden der Artikelbezeichnung zu jedem verkauften Artikel durchzuführen.

```
//Löschen aller vorangegangenen Anwendungen auf
//der Variablen.
ItemREC.RESET;

//Einstellen der Sortierung der
//"ItemREC"-Datensatzvariable.
ItemREC.SETCURRENTKEY(ItemREC."No.");

//Filtern der „Item"-Tabelle nach dem Artikel, auf
//den in diesem „Value Entry"-Datensatz verwiesen wird.
```

7 Einführung in die C/AL „Code"-Funktionen

```
ItemREC.SETFILTER(ItemREC."No.","Value Entry"."Item No.");

//Öffnen der „Item"-Tabelle. Suchen des ersten von
//Filtern und Sortierung zugelassenen Datensatzes.
ItemREC.FIND('-');
```

Wenn wir jetzt Microsoft Navision anweisen, einen Datensatz in einer Tabelle zu suchen, ist es möglich, dass es unter den Filterbedingungen keinen Datensatz findet. Dies könnte passieren, wenn es sich um den Verkauf eines Artikels handelt, der aus der Artikeltabelle gelöscht wurde. So, wie der Code oben erstellt ist, versagt das Programm, wenn kein Datensatz gefunden wird, und Sie erhalten folgende Fehlermeldung:

Abb. 7.5: Fehlermeldung

Um diese Fehlermöglichkeit zu unterbinden, sollten wir die Funktion „FIND" immer auf folgende Weise verwenden:

```
//Öffnen der „Item"-Tabelle und Suchen des ersten
//von Filtern und Sortierung zugelassenen Datensatzes.
IF ItemREC.FIND('-') THEN;
```

Indem wir die Funktion „FIND" in eine Implikation einbinden, müssen wir uns keine Gedanken mehr darüber machen, dass das Programm zusammenbrechen könnte. Microsoft Navision öffnet die Tabelle, erzeugt aber keinen Fehler, sollte es ihm nicht gelingen, etwas in der Tabelle zu finden. Wenn Sie möchten, können Sie eine automatische Meldung mit einschließen, die dem Anwender mitteilt, dass keine Übereinstimmung durch die Funktion „FIND" gefunden wurde. Auf diese Weise bricht das Programm nicht zusammen, der Anwender wird dennoch informiert, dass es in der Tabelle „Value Entry" Artikel gibt, die nicht in der „Item"-Tabelle gefunden werden konnten. Fügen Sie einfach eine „MESSAGE"-Funktion als alternative Bedingung in die Implikation ein. So zum Beispiel:

7.8 „Global"-Variablen und „C/AL Code"-Funktionen

```
//Öffnen der „Item"-Tabelle und Suchen des ersten
//von Filtern und Sortierung zugelassenen Datensatzes.
//Wenn Microsoft Navision keine Übereinstimmung für
//einen Artikel findet, teilt es dies dem Anwender mit.
IF ItemREC.FIND('-') THEN
 BEGIN END
   ELSE
 MESSAGE('Artikel ' + „Value Entry"."Item No." +
    ' nicht gefunden.');
```

Auf diese Weise erzeugt Microsoft Navision keinen Fehler in Ihrem Programm, und der Anwender erhält eine Nachricht, welcher Artikel aus der Tabelle „Value Entry" („Value Entry"."Item No.") nicht in der Tabelle „Item" gefunden werden konnte. Bedauerlicherweise ist es notwendig, „BEGIN" und „END" zwischen die Schlüsselwörter „THEN" und „ELSE" einzugeben. Dies ist nötig, da Microsoft Navision zwischen den Schlüsselwörtern „THEN" und „ELSE" einen Befehl erwartet. Sie können den Code auch wie folgt abfassen:

```
//Öffnen der „Item"-Tabelle, wenn
//"Value Entry"-Artikel nicht gefunden wurde, dann
//dem Anwender mitteilen, welcher Artikel nicht
//gefunden werden konnte.
IF NOT ItemREC.FIND('-') THEN
 MESSAGE('Artikel ' + „Value Entry"."Item No." +
    ' nicht gefunden.');
```

Diese zweite Methode verwendet weniger Code, läuft schneller und benötigt geringeren Speicherplatz. Der Nachteil der Methode liegt darin, dass es besser ist, das wahrscheinlichste Ergebnis an erster Stelle in der Implikation „IF, THEN" zu nennen. Wenn Sie zu einem späteren Zeitpunkt einen Satz hinzufügen möchten, der beendet ist, wenn der Artikel gefunden wurde, müssen Sie diesen Satz nach einem „ELSE" einfügen. Dadurch wird der Code langsamer in der Ausführung, weil Microsoft Navision die weniger wahrscheinlichen Fälle zuerst behandeln muss.

Die Funktion „FIND" sollte der Bezeichnung des von ihr zu öffnenden „DataItem" folgen. Zwischen der Bezeichnung des „DataItem" und dem Schlüsselwort „FIND" muss außerdem ein Punkt stehen.

Sie werden auch feststellen, dass der Funktion „FIND" in diesem Fall ein in Klammern eingeschlossenes Minuszeichen innerhalb Anführungsstrichen folgt. Mit dem Minuszeichen und anderen Zeichen haben Sie die Möglichkeit auszuwählen, ob die Funktion „FIND" den letzten oder den ersten Datensatz in einer Tabelle zuerst öffnet. Diese Option wird durch die Verwendung entweder eines Minuszeichens oder Pluszeichens gesteuert, das in Anführungsstrichen und Klammern eingeschlossen wird. Ein Minuszeichen verwenden Sie, wenn Sie möchten, dass Microsoft Navision den ersten Datensatz auswählt, den es beim Öffnen der Tabelle findet. Wenn Sie möchten, dass Microsoft Navision den letzten Datensatz sucht, geben Sie ein Pluszeichen ein.

Das Öffnen des letzten in einer Tabelle aufzufindenden Datensatzes ist dann sinnvoll, wenn Sie zum Beispiel den letzten Zeitpunkt herausfinden wollen, zu dem Sie einen Artikel gekauft haben. Nehmen wir an, Sie erstellen eine „Record Global"-Variable mit der Bezeichnung „ArtikelpostenREC", die mit der Tabelle „Item Ledger Entry" verknüpft ist. Sie können folgenden Code schreiben, um das Datum des letzten Artikelkaufs herauszufinden:

```
//Ausschließlich nach Artikelkäufen filtern.
ArtikelpostenREC.setfilter(„Entry Type",'Purchase');

//Nach aktuellem Artikel in „Value Entry" filtern.
ArtikelpostenREC.setfilter(„Item No.",
           „Value Entry"."Item No.");

//Datum des letztes Kaufs des Artikels in
//globale Variable „testDATE" eingeben.
IF ArtikelpostenREC.FIND('+') THEN
 testDATE := ArtikelpostenREC."Posting Date";
```

In unserem Bericht filtern wir die „Item"-Tabelle nach den Eingaben in ihrem Primärschlüssel. Jede Eingabe in einen Primärschlüssel muss einmalig sein, so findet Microsoft Navision für jeden Datensatz in der Tabelle „Value Entry" nur einen Datensatz in der „Item"-Tabelle. Daher macht es keinen Unterschied, ob wir Microsoft Navision anweisen, den ersten oder den letzten Datensatz zu suchen.

Wir benötigen nun eine neue „Global"-Textvariable, in der wir die Namen des Artikels speichern können, nachdem Microsoft Navision ihn gefunden hat. Gehen Sie auf „Ansicht > C/AL Globals". Geben Sie die Bezeichnung „ArtikelnameTEXT" in die

7.8 „Global"-Variablen und „C/AL Code"-Funktionen

Spalte ganz links ein. Wählen Sie als „Data Type" „Text" aus und geben Sie 30 in die vierte Spalte mit dem Titel „Length" ein. In dieser neuen „Global"-Variable können wir die Artikelbezeichnung speichern und diese Variable dann in das Berichtlayout einfügen, so dass sie auf dem Ausdruck erscheint.

Der Name des Feldes in der „Item"-Tabelle, in dem die Artikelbezeichnung gespeichert ist, lautet „Description". Wir müssen auf dieses Feld unter „ItemREC. Description" in dem Code verweisen, damit Microsoft Navision weiß, welche „Global"-Variable es öffnen muss, um die „Description" zu finden.

Geben wir in dem „Value Entry – C/AL Editor" unseres Berichts nun den folgenden Code in den Abschnitt mit der Bezeichnung „OnAfterGetRecord( )" ein:

```
//Löschen aller vorangegangenen Anwendungen auf
//der Variablen.
ItemREC.RESET;

//Einstellen der Sortierung
//der „ItemREC"-Datensatzvariable.
ItemREC.SETCURRENTKEY(ItemREC."No.");

//Filtern der „Item"-Tabelle nach dem Artikel, auf
//den in diesem „Value Entry"-Datensatz verwiesen wird.
ItemREC.SETFILTER(ItemREC."No.","Value Entry"."Item No.");

//Öffnen der „Item"-Tabelle und Suchen des ersten
//von Filtern und Sortierung zugelassenen Datensatzes.
//Wenn ein Artikel gefunden wurde, Eingabe des
//Namens in die Variable „ArtikelnameTEXT".
//Wenn Microsoft Navision keine Übereinstimmung für
//einen Artikel findet, teilt es dies dem Anwender mit.
IF ItemREC.FIND('-') THEN
  ArtikelnameTEXT := ItemREC. Description
    ELSE
  MESSAGE('Artikel ' + „Value Entry"."Item No." +
     ' nicht gefunden.');
```

Nach der Eingabe dieses Codes sollte Ihr „C/AL Editor" wie folgt aussehen: (siehe Abb. 8.6).

Bitte beachten Sie, dass wir diese Aufgabe für unseren Bericht mit sehr viel weniger Code hätten lösen können, und zwar unter Verwendung der Funktion „GET". Dies wäre in diesem besonderen Fall möglich gewesen, da wir nach dem Primärschlüssel unserer „Record Global"-Variable filtern. Wir umgehen die Verwendung der Funktion „GET", da wir uns zunächst die flexibelste

247

7 Einführung in die C/AL „Code"-Funktionen

und leistungsstärkste Methode aneignen wollen. Die Codeerstellung nach perfektionierter Effizienz kann dann angestrebt werden, wenn erst einmal eine Verständnisgrundlage geschaffen wurde und Sie sich ausreichend bemüßigt fühlen, Ihr Schreiben in Code zu perfektionieren.

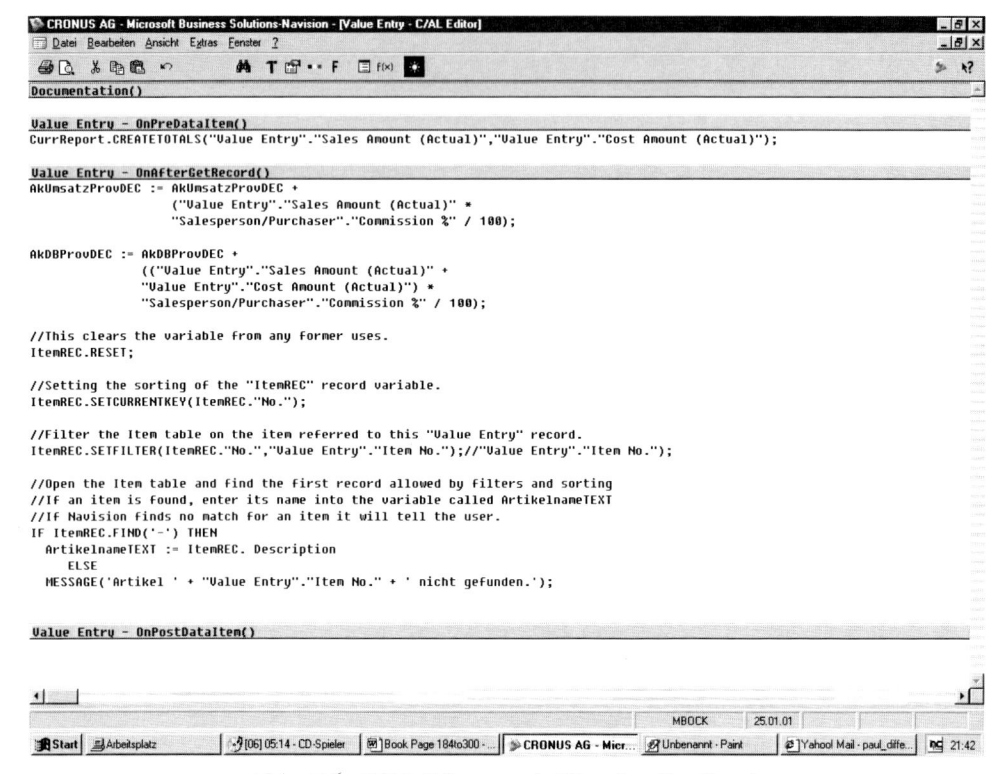

```
Documentation()

Value Entry - OnPreDataItem()
CurrReport.CREATETOTALS("Value Entry"."Sales Amount (Actual)","Value Entry"."Cost Amount (Actual)");

Value Entry - OnAfterGetRecord()
AkUmsatzProvDEC := AkUmsatzProvDEC +
              ("Value Entry"."Sales Amount (Actual)" *
              "Salesperson/Purchaser"."Commission %" / 100);

AkDBProvDEC := AkDBProvDEC +
              (("Value Entry"."Sales Amount (Actual)" +
              "Value Entry"."Cost Amount (Actual)") *
              "Salesperson/Purchaser"."Commission %" / 100);

//This clears the variable from any former uses.
ItemREC.RESET;

//Setting the sorting of the "ItemREC" record variable.
ItemREC.SETCURRENTKEY(ItemREC."No.");

//Filter the Item table on the item referred to this "Value Entry" record.
ItemREC.SETFILTER(ItemREC."No.","Value Entry"."Item No.");//"Value Entry"."Item No.");

//Open the Item table and find the first record allowed by filters and sorting
//If an item is Found, enter its name into the variable called ArtikelnameTEXT
//If Navision finds no match for an item it will tell the user.
IF ItemREC.FIND('-') THEN
  ArtikelnameTEXT := ItemREC. Description
    ELSE
  MESSAGE('Artikel ' + "Value Entry"."Item No." + ' nicht gefunden.');

Value Entry - OnPostDataItem()
```

Abb. 7.6: C/AL Editor nach Eingabe Quellcode

Drücken Sie „F11", um sicherzugehen, dass Sie keine Syntaxfehler eingebaut haben oder vergessen haben, eine der „Global"-Variablen zu erstellen, auf die Sie in Ihrem Code verweisen. Drücken Sie nun auch „STRG + S", um den Bericht zu speichern.

7.8.3 Darstellung der Artikelbezeichnung

Als Nächstes müssen wir unsere neuen Informationen in dem Berichtausdruck eingeben. Drücken Sie also „ESC", um zu dem Fenster des Haupt-„DataItem" des Berichts zurückzukehren. Gehen Sie dann auf „Ansicht > Sections". Das folgende Fenster erscheint: (siehe Abb. 7.7).

7.8 „Global"-Variablen und „C/AL Code"-Funktionen

Wir müssen jetzt einen Freiraum in dem Layout schaffen, in dem der Artikelname ausgedruckt werden soll. Verschieben Sie alle „Text Box"-Felder so, dass die Bezeichnungen innerhalb der vorhandenen Ränder Platz finden. Passen Sie dementsprechend die Kopfzeile sowie die Länge der waagerechten Linien an.

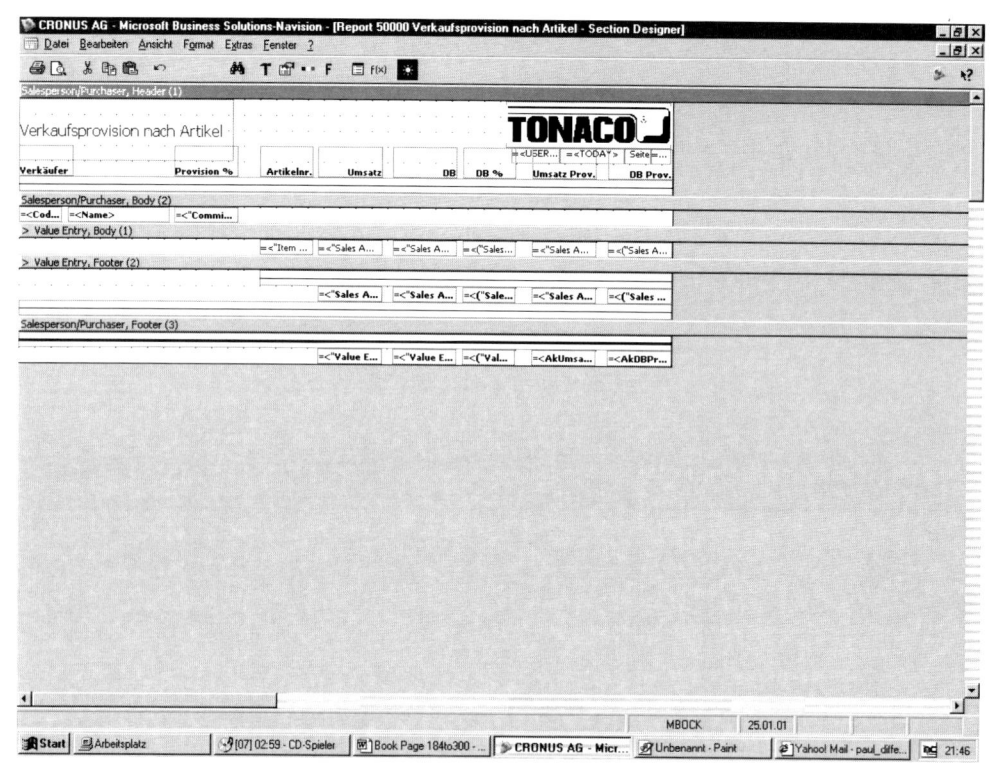

Abb. 7.7: Section Designer

Öffnen Sie jetzt die „ToolBox", indem Sie den Pfad „Ansicht > Toolbox" benutzen. Fügen Sie ein neues „Text Box"-Objekt ein. Öffnen Sie die Eigenschaftenliste des „Text Box"-Objekts und geben Sie die folgenden Werte als Eigenschaften ein:

Xpos	6150
Ypos	0
Width	2550
Height	423
...	

7 Einführung in die C/AL „Code"-Funktionen

Caption	Artikelname
...	
HorzAlign	Left
...	
FontName	Tahoma
...	
FontBold	Nein
...	
SourceExpr	ArtikelnameTEXT

Sie müssen die anderen Felder nun auf die Weise verschieben, dass sie in dieselben waagerechten Zwischenräume passen wie zuvor. Passen Sie die Objektpositionen an, bis Ihr „Section Designer"-Fenster wie folgt aussieht:

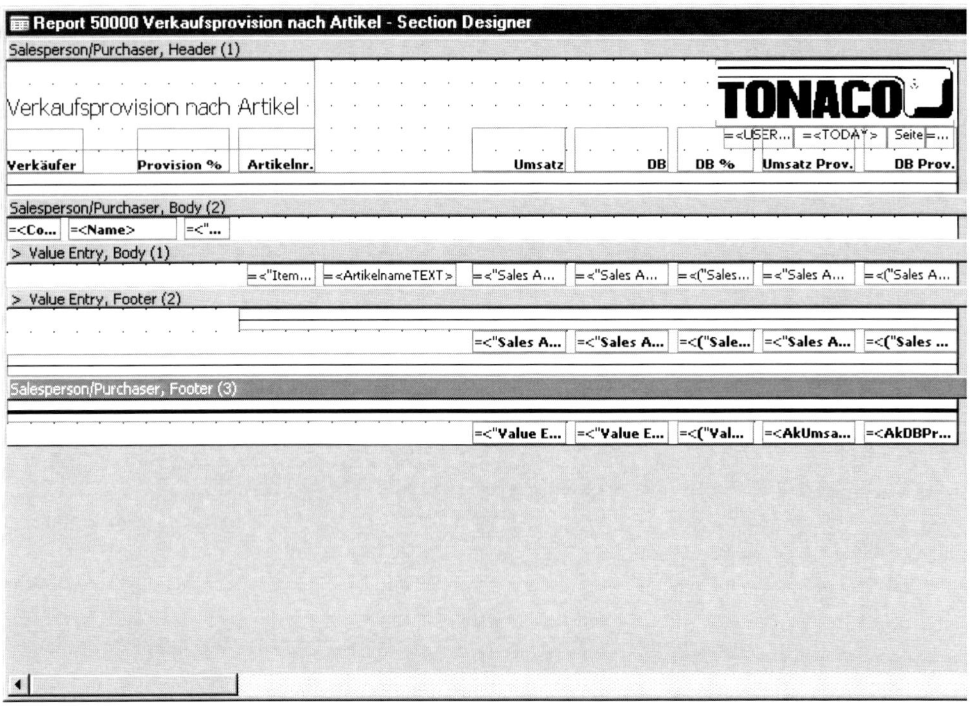

Abb. 7.8: Section Designer

Drücken Sie „ESC", bis Microsoft Navision Sie fragt, ob Sie Ihre Änderungen an dem Bericht speichern möchten. Antworten Sie mit „Ja", wählen Sie dann den Bericht aus der „Object Designer"-Liste aus und klicken Sie auf die Schaltfläche „Run". Klicken Sie als Nächstes auf „Seitenansicht". Das folgende Berichtansichtsfenster erscheint:

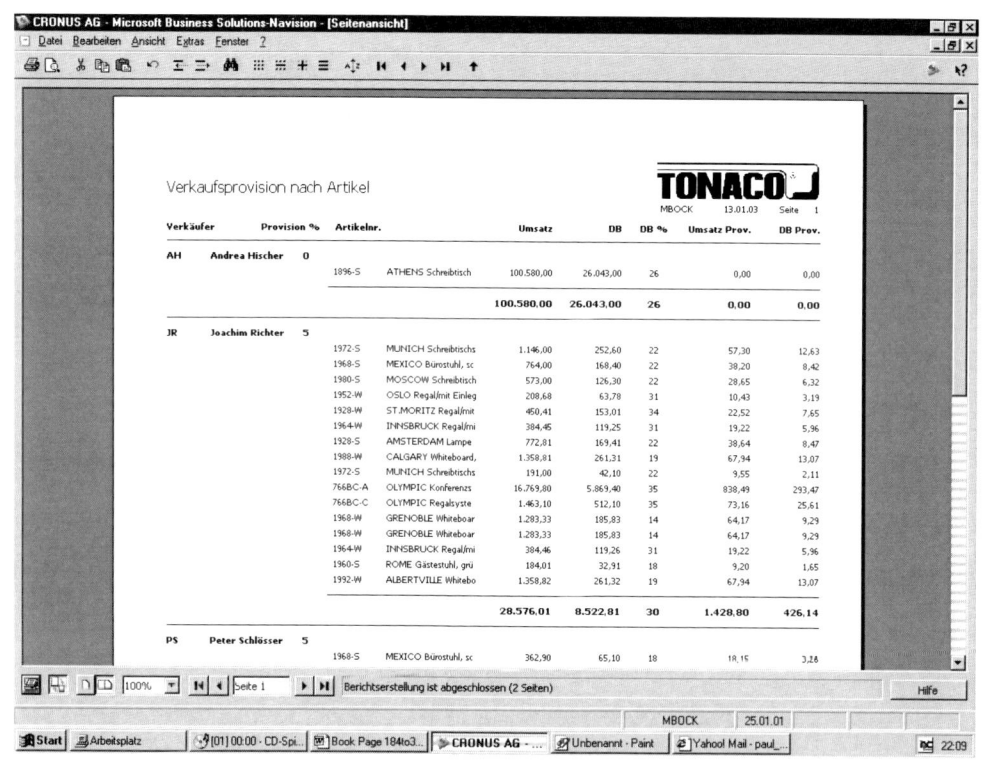

Abb. 7.9: Bericht mit Artikelbezeichnung

Sie haben nun einen Bericht zur Hand, der dem Anwender bequem die vollständigen Informationen zu der „Verkaufsprovision nach Artikel" liefert.

7.9 „C/AL Code"-Berechnungsfunktionen

Decken wir nun die Funktionen ab, die man zur mathematischen Berechnung, Datums- und Textberechnung verwenden kann.

7.9.1 Elementare Operatoren

Im Folgenden sind die elementaren Rechenoperatoren aufgeführt, die Sie in „C/AL Code" verwenden müssen:

Operator	Funktion
+	Addition
-	Subtraktion
*	Multiplikation
/	Division

Diese Operatoren können dazu benutzt werden, Werte zu berechnen oder zu vergleichen. Sie können zwischen allen quantitativen Ausdrücken oder Werten eingesetzt werden.

7.9.2 „Data Type" Inkompatibilitätsprobleme

Achten Sie darauf, dass Sie die „Data Types" nicht so vermischen, dass ein Laufzeitfehler ausgelöst wird. Wenn zum Beispiel die „Global"-Variable „testINT" als „Data Type" „Integer" definiert ist und Sie in den „C/AL Code Editor" Folgendes einfügen:

```
testINT := testINT + 0.5;
```

wird Microsoft Navision, wenn Sie mit „F11" die Kompilierung und Prüfung Ihrer Programmsyntax aktivieren, keinen Fehler melden. Wenn Sie aber dieses Programm ausführen, wird es zusammenbrechen; Sie erhalten dann folgende Fehlermeldung:

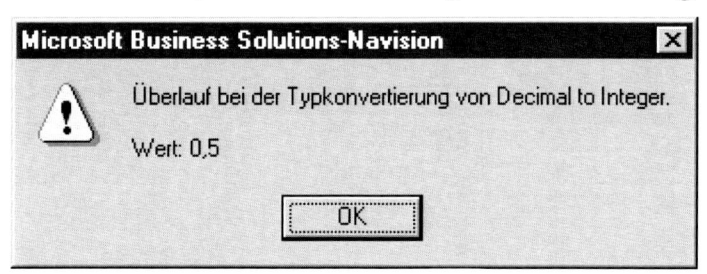

Abb. 7.10: Fehlermeldung

Jedes Mal, wenn Sie die Fehlermeldung „Typkonvertierung" erhalten, können Sie sich sicher sein, dass eine Inkompatibilität zwischen dem „Data Type" einer Variable und den Daten besteht, die das Programm in die Variable einzufügen versucht. Dies kann auch bei Textvariablen vorkommen, wenn Sie versuchen, Text in eine Textvariable einzufügen, dessen Länge die in der Spalte „Length" des „Global"-Editor für die Variable definierte Länge überschreitet. Wenn die „Global"-Variable „testTEXT" in

7.9 „C/AL Code"-Berechnungsfunktionen

dem „C/AL Global"-Fenster mit einer „Length" gleich 30 festgelegt ist und Sie folgenden Code tippen:

```
testTEXT := 'abcdefghijklmnopqrstuvwxyz1234567890';
```

wird folgende Fehlermeldung angezeigt:

Abb. 7.11: Fehlermeldung

7.9.3 „POWER": Exponentialberechnungen

Einige besondere mathematischen Operationen können mit den Funktionen „POWER" und „ABS" durchgeführt werden. Mit der Funktion „POWER" können Sie Exponentialberechnungen ausführen. Wenn Sie zum Beispiel das Ergebnis aus der Berechnung von der Zahl 2 hoch 3 erhalten möchten, müssen Sie Folgendes schreiben:

```
//Zwei hoch drei = 8
testDEC := 2;
testDEC := POWER(testDEC,3);
```

Um die Funktion „POWER" zu verwenden, müssen Sie die Zahl, die Variable oder den Ausdruck, die als Basis verwendet werden soll, gefolgt von einem Komma und dann dem Exponenten aufführen, all dies mit Klammern umschlossen. Der Exponent muss größer als Null sein. Wenn Sie die Wurzel einer Zahl ziehen wollen, müssen Sie den Kehrwert der Wurzel als Dezimalwert berechnen. Sie können dann diesen Dezimalwert in die „C/AL Code"-Funktion einfügen. Wenn Sie zum Beispiel die zweite Wurzel von der Zahl vier berechnen wollen, müssen Sie in „C/AL Code" Folgendes schreiben:

```
//Die Wurzel aus vier = 2
testDEC := 4;
testDEC := POWER(testDEC,0.5);
```

7.9.4 „ABS": Brechnung des Absolutwertes

Mit der Funktion „ABS" können Sie jeden Wert in einen positiven Wert umwandeln. Um die Funktion „ABS" zu verwenden, müssen Sie nur Ihre Zahl, Ihre Variable oder Ihren Ausdruck in Klammern einschließen und hinter das Schlüsselwort „ABS" setzen. Zum Beispiel:

```
testDEC := ABS(100 - testDEC);
```

Microsoft Navision gibt stets ein positives Ergebnis in der Variable „testDEC" wieder.

7.9.5 „ROUND": Runden

Eine weitere elementare mathematische Funktion mit großer Bedeutung ist die Funktion „ROUND". Mit Hilfe dieser Funktion können Sie steuern, wie viele Stellen um das Dezimalkomma herum in eine Variable eingegeben werden. Nehmen wir an, Sie möchten, dass Microsoft Navision zehn Euro durch drei teilt und das Ergebnis als einen Geldbetrag speichert. Das Ergebnis muss gerundet werden, sonst speichert Microsoft Navision einen unendlichen periodischen Dezimalwert. Um unsere Berechnung auf Cent zu runden, können Sie folgende Formel anlegen:

```
//10€ / 3€ = 3.33€
TestDEC := ROUND( 10/3 , 0.01 , '=' ) ;
```

Dem Schlüsselwort „ROUND" müssen Klammern folgen. Innerhalb dieser Klammern befinden sich drei durch Kommata getrennte Teile. Der erste Teil ist der Wert, die Variable oder der Ausdruck, der zu runden ist, der zweite besteht aus der Wiederholungsgenauigkeit, die Microsoft Navision bei der Rundung des Wertes anwenden sollte, der dritte Teil schließlich teilt Microsoft Navision mit, ob es ab-, auf- oder bis zu der naheliegendsten Einheit runden soll.

Die Wiederholungsgenauigkeit können Sie steuern, indem Sie die Zahl Eins eingeben und so viele Nullen zwischen der Eins und dem Dezimalkomma, wie Sie sie in dem Ergebniswert nach Stellen vorfinden wollen. In unserem vorliegenden Beispiel haben wir „0.01" eingegeben, welches den Wert eines Cent darstellt. Auf diese Weise rundet Microsoft Navision immer bis zu dem naheliegendsten Cent.

7.9 „C/AL Code"-Berechnungsfunktionen

Im dritten Teil können Sie das Gleichheitszeichen innerhalb von Apostrophen eingeben, wenn Sie möchten, dass Microsoft Navision bis zu der naheliegendsten Einheit der Wiederholungsgenauigkeit rundet. Wir haben dieses Symbol in unserem Beispiel angeführt, daher rundet Microsoft Navision zu dem naheliegendsten Cent. Ein Größer-als-Symbol in Apostrophe eingeschlossen ('>') in dem dritten Teil wird Microsoft Navision veranlassen, aufzurunden; ein Kleiner-als-Symbol innerhalb von Apostrophen ('<') hingegen weist Microsoft Navision an, abzurunden.

7.9.6 „CALCDATE": Berechnung des Datums

Betrachten wir nun eine Funktion, die zur Berechnung von Daten verwendet werden kann. Gehen wir noch einmal ein vorangegangenes Beispiel durch, in dem wir Microsoft Navision anweisen wollten, die Tage zwischen bestimmten Daten durchzugehen und jeden Tag eine Aktion durchzuführen. Um dies zu erreichen, haben wir die Funktion „CALCDATE" verwendet:

```
//Rücksetzen der Werte der globalen Variable.
AccChargeDEC := 0;
DailyChargeDEC := 5.25;
MovingDATE := StartDATE;

//Beginnen, die tägliche Ausgabe für jeden Tag
//vom StartDATE bis zum EndDATE hinzuzufügen.
REPEAT
 AccChargeDEC := AccChargeDEC + DailyChargeDEC;
 //MovingDATE ist jedes Mal einen Tag näher
 //am EndDATE, wenn diese Zeile sich wiederholt.
 MovingDATE := CALCDATE('+1T',StartDATE);
//Schleife verlassen, wenn sie einmal für jeden Tag
//in diesem Zeitraum wiederholt wurde.
UNTIL NewDATE = EndDATE;
```

Hier wird die „Global"-Datumsvariable mit der Bezeichnung „MovingDATE" jedes Mal mit einem neuen Datum befüllt, wenn Microsoft Navision die Funktion „CALCDATE" ausführt. Der Code zwischen „REPEAT" und „UNTIL" wiederholt sich, bis das Ergebnis der Funktion „CALDATE" gleich dem Datum innerhalb des „EndDATE" ist.

Die „CALCDATE"-Funktion muss vor Klammern stehen, die zwei Komponenten einschließen. Diese Komponenten werden durch ein Komma getrennt. Der erste Teil besteht aus einer Formel, die

Microsoft Navision anweist, welche Änderung es an dem als zweiter Teil aufgeführten Datum durchführen soll. Bezeichnen wir die in der Funktion „CALCDATE" verwendete Funktion als Datenausdruck. Das als zweite Komponente in der „CALCDATE"-Funktion verwendete Datum bezeichnen wir als Basisdatum.

Der Datenausdruck muss innerhalb von Apostrophen eingeschlossen dargestellt werden. Sie müssen innerhalb des Datenausdrucks auf Zeiträume verweisen, indem Sie den ersten Buchstaben der Zeitraumbezeichnung anführen. Die Komponenten des Datenausdrucks sind außerdem durch die Standardsprache der Microsoft Navision-Datenbank festgelegt, innerhalb derer Sie arbeiten. Wenn Sie zum Beispiel dem Basisdatum einen Tag hinzufügen möchten und eine Microsoft Navision-Datenbank mit Standardsprache Englisch benutzen, dann müssen Sie den Buchstaben D schreiben, um die Zeiteinheit eines Tages anzudeuten. Wenn Sie hingegen eine Microsoft Navision-Datenbank verwenden, deren Standardsprache Deutsch ist, benutzen Sie den Buchstaben T für Tag. In einer deutschsprachigen Datenbank kann man folgende Buchstaben für folgende Zeiteinheiten verwenden:

T = Day (Tag)

M = Month (Monat)

J = Year (Jahr)

W = Week (Woche)

Q = Quarter (Quartal)

Diese Datenformeleinheiten können dann mit Werten und elementaren Rechenoperatoren verwendet werden. Im Folgenden sind einige Beispiele ihrer Verwendung in Code aufgeführt:

```
//Ein Tag plus eine Woche nach StartDATE
MovingDATE := CALCDATE('+1T+1W',StartDATE);

//Zwei Monate minus einen Tag nach StartDATE
MovingDATE := CALCDATE('+2M-1T',StartDATE);

//Ein Jahr vor StartDATE plus einen Tag
MovingDATE := CALCDATE('-1J+1T',StartDATE);
```

7.9.7 „CALCFIELDS": „FlowFields" mit „C/AL Code" steuern

Nehmen wir an, wir möchten ein „FlowField" wie zum Beispiel „Lagerbestand" oder „Umsatz" in einem Bericht, Formular oder anderem Objekt verwenden; außerdem wollen wir, dass das „FlowField" von einer Variablen innerhalb des Programms gesteuert wird. Bisher haben wir „FlowFields" ausschließlich durch die Eingabe statischer Textfilter gesteuert. Um in der Lage zu sein, das „FlowField" mit einer Variablen in unserem Programm zu steuern, müssen wir auf die Verwendung von „C/AL Code" zurückgreifen. Dies können wir mit der „C/AL Code"-Funktion „CALCFIELDS" bewerkstelligen. Wir müssen Microsoft Navision lediglich mitteilen, welchen Datensatz aus welchem „DataItem" oder welcher „Record Global"-Variable es berechnen soll. Sie erinnern sich, dass „FlowFields" von besonderen Filtern mit der Bezeichnung „FlowFilter" gesteuert werden.

Gehen wir nun zügig die manuelle Verwendung eines „FlowField" durch. Nehmen wir an, wir möchten das von uns zuvor erstellte „FlowField" mit der Bezeichnung „Umsatz" verwenden. Gehen Sie auf „Verkauf & Marketing > Verkauf > Verkäufer". Gehen Sie zu dem Verkäufer mit dem Code „JR" und klicken Sie dann auf die zweite Registerkarte mit dem Titel „Fakturierung". Sie haben dann folgendes Fenster vor Augen:

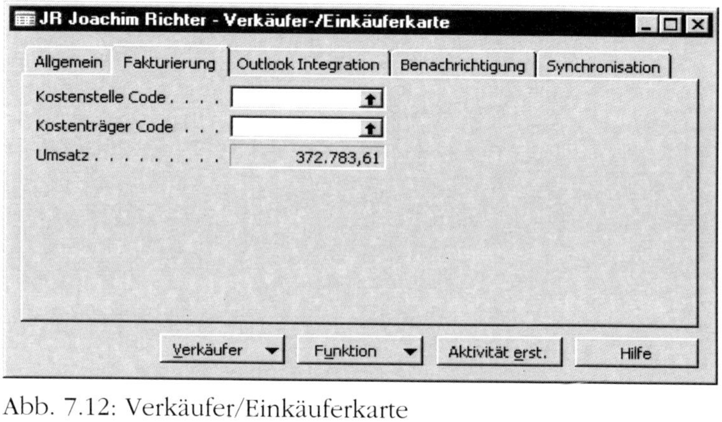

Abb. 7.12: Verkäufer/Einkäuferkarte

Nehmen wir an, dass wir Microsoft Navision anweisen wollen, das „Umsatz"-"FlowField" ausschließlich für den Umsatz innerhalb des Monats Januar 2001 zu berechnen (die CRONUS-Testdatenbank enthält ausschließlich Daten aus den Zeiträumen 2000 und 2001). Um diese Umsatzzeiträume, die Microsoft Navision in dem „FlowField" „Umsatz" steuert, müssen wir einen Filter in dem „FlowFilter" mit der Benennung „Datumsfilter" setzen. Klicken Sie also auf das Werkzeug „FlowFilter" und geben dann den Text „01.01.01..31.01.01" in den „Datumsfilter" ein und klicken dann auf „OK". Microsoft Navision zeigt in der „Verkäuferkarte" nun ausschließlich die Januarumsätze des Verkäufers an. Sie haben folgendes Fenster und den entsprechenden „Umsatz" vor Augen:

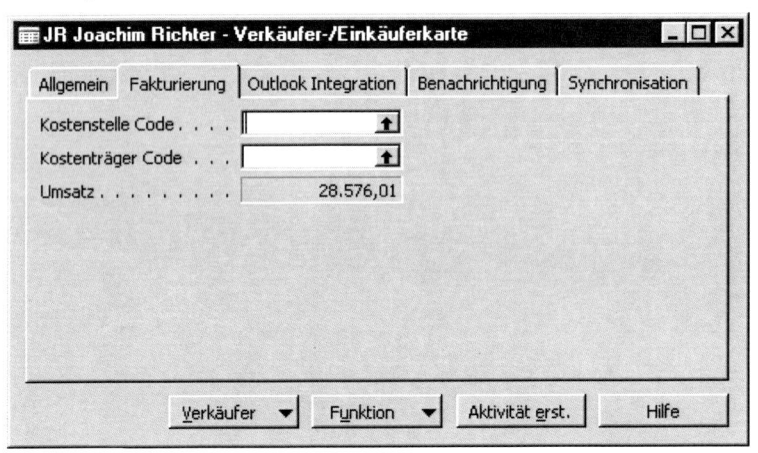

Abb. 7.13: Verkäufer/Einkäuferkarte

Beschäftigen wir uns nun damit, wie wir „FlowFilter" mit Hilfe von „C/AL Code" aus einem Bericht heraus steuern können.

Nehmen wir an, Ihre Chefin ist mit dem von Ihnen erstellten Bericht zufrieden, hätte nur gerne noch einen Zusatzpunkt darin erfasst. Sinn und Zweck des Berichts liegt darin, die Verkäufer zu ermutigen, verstärkt Artikel mit hohem Bruttoumsatzerlös zu verkaufen. Aus dem Bericht kann Ihre Chefin ersehen, welche Artikel jeder Verkäufer verkauft hat, sie kann daraus aber nicht schließen, welche Artikel noch zum Verkauf zur Verfügung stehen. Sie möchte die Verkäufer nicht zum Verkauf von Artikeln aufrufen, die nicht im Lagerbestand vorhanden sind. Was sie benötigt, ist eine Bestandsmeldung, die in dem Bericht neben der Artikelbezeichnung erscheint. Die den „Lagerbestand" anzeigende Variable in der „Item"-Tabelle hat den Feldnamen „Inventory". Bei diesem Feld handelt es sich um ein „FlowField", das sich in der Tabelle „Item" befindet. Die Berechnung und Anzeige im Bericht der Artikelanzahl im Lagerbestand wird Ihre Chefin darin unterstützen, den Verkäufern genauere Angaben dazu machen zu können, auf welche Artikel diese sich konzentrieren sollen.

7.9 „C/AL Code"-Berechnungsfunktionen

Der Lagerbestand sollte in dem Bericht in jeder Zeile angezeigt werden, in der ein Artikel aufgeführt wird, und zwar auf der Position rechts von der Artikelbezeichnung. Die Informationen bezüglich jedes verkauften Artikels stammt aus einem Datensatz aus dem „DataItem" „Value Entry". Wir verlangen demnach von Microsoft Navision, dass es den Bestand eines Artikels für jeden Datensatz in dem „DataItem" „Value Entry" berechnet. Öffnen wir daher den „C/AL Code Editor" des „DataItem" „Value Entry". Vergewissern Sie sich, dass Sie jeglichen anderen Code, den Sie hier zur Übung der Syntax abgefasst haben, löschen. Fassen Sie Ihr „C/AL Code Editor"-Fenster so ab, dass es nur noch folgenden Code enthält:

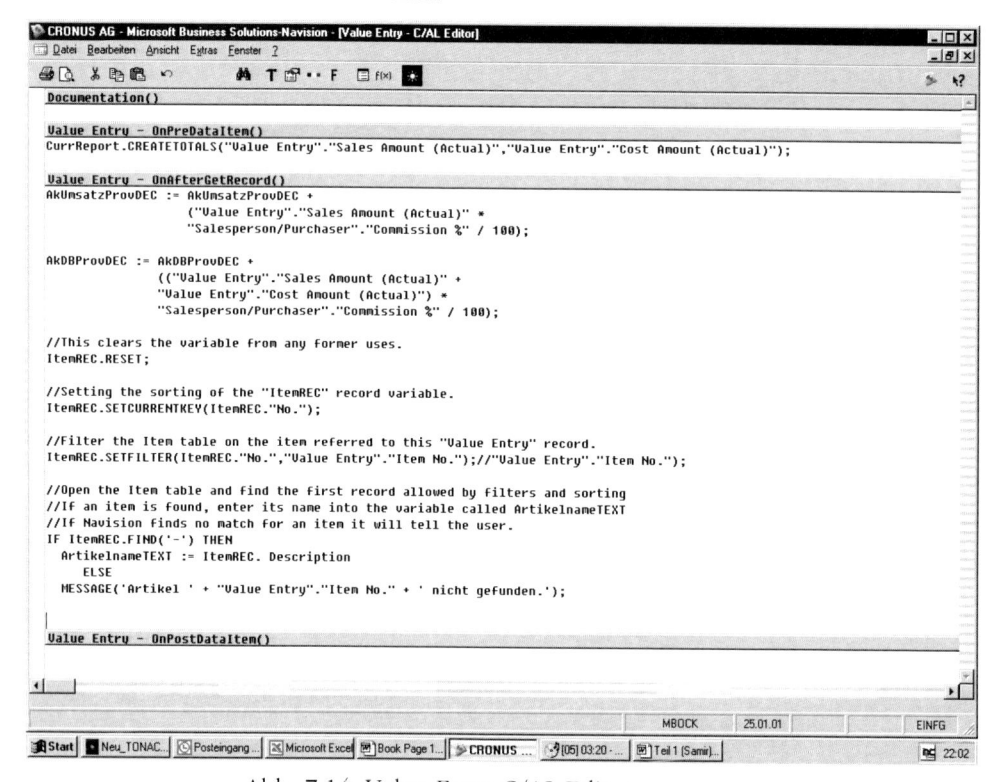

```
Documentation()

Value Entry - OnPreDataItem()
CurrReport.CREATETOTALS("Value Entry"."Sales Amount (Actual)","Value Entry"."Cost Amount (Actual)");

Value Entry - OnAfterGetRecord()
AkUmsatzProvDEC := AkUmsatzProvDEC +
                ("Value Entry"."Sales Amount (Actual)" *
                "Salesperson/Purchaser"."Commission %" / 100);

AkDBProvDEC := AkDBProvDEC +
                (("Value Entry"."Sales Amount (Actual)" +
                "Value Entry"."Cost Amount (Actual)") *
                "Salesperson/Purchaser"."Commission %" / 100);

//This clears the variable from any former uses.
ItemREC.RESET;

//Setting the sorting of the "ItemREC" record variable.
ItemREC.SETCURRENTKEY(ItemREC."No.");

//Filter the Item table on the item referred to this "Value Entry" record.
ItemREC.SETFILTER(ItemREC."No.","Value Entry"."Item No.");//"Value Entry"."Item No.";

//Open the Item table and find the first record allowed by filters and sorting
//If an item is found, enter its name into the variable called ArtikelnameTEXT
//If Navision finds no match for an item it will tell the user.
IF ItemREC.FIND('-') THEN
  ArtikelnameTEXT := ItemREC.Description
  ELSE
  MESSAGE('Artikel ' + "Value Entry"."Item No." + ' nicht gefunden.');

Value Entry - OnPostDataItem()
```

Abb. 7.14: Value Entry C/AL Editor

Da sich das „FlowField" „Inventory" in der „Item"-Tabelle befindet, müssen wir diese Tabelle mit dem „DataItem" verknüpfen. Dies können wir bewerkstelligen, indem wir eine Übereinstimmung zwischen dem Feld „Item No." aus dem „DataItem" „Value Entry" und dem Feld „No." aus der „Item"-Tabelle herstellen.

Wenn Sie sich obigen Code ansehen, werden Sie feststellen, dass wir die „Item"-Tabelle bereits erfolgreich mit dem „DataItem" „Value Entry" verknüpft haben. Wir haben diese Verknüpfung angelegt, um die Daten bezüglich der Artikelbezeichnung aus der „Item"-Tabelle zu erhalten. Alles, was demnach nun noch zu tun bleibt, ist, Microsoft Navision anzuweisen, das „FlowField" „Inventory" aus der „Item"-Tabelle zu berechnen. Bedenken Sie, dass die „Item"-Tabelle hier als „ItemREC", also als „Record Global"-Variable dargestellt ist. Diese „Record Global"-Variable ist bereits in den „C/AL Globals" mit der „Item"-Tabelle verknüpft worden.

Ändern Sie den Code, der die Funktion „ItemREC" „FIND" enthält, in folgenden Code um:

```
//Öffnen der „Item"-Tabelle und Suchen des ersten
//von Filtern und Sortierung zugelassenen Datensatzes.
//Wenn ein Artikel gefunden wurde, Eingabe des Namens
//in die Variable „ArtikelnameTEXT".
//Wenn Microsoft Navision keine Übereinstimmung für
//einen Artikel findet, teilt es dies dem Anwender mit.
IF ItemREC.FIND('-') THEN
 BEGIN
   ArtikelnameTEXT := ItemREC. Description;
   //Berechnen des Lagerbestands dieses Artikels.
   ItemREC.CALCFIELDS(Inventory);
 END ELSE
 MESSAGE('Artikel ' + „Value Entry"."Item No." +
     ' nicht gefunden.');
```

Wir haben hier die Bezeichnung des „DataItem" bzw. der „Record Global"-Variable gefolgt von einem Punkt eingegeben, dann die Funktion „CALCFIELDS" und den Namen des zu berechnenden „FlowField" hinzugefügt. Diese Feldbezeichnung muss innerhalb von Klammern stehen. Sie können die Namen von mehr als einem „FlowField" in Klammern hinzufügen, nur müssen Sie sie dann mit Kommata trennen. Microsoft Navision zählt nun den Bestand eines jeden Artikels. Das Lagerbestand-"FlowField" wird durch jegliche „FlowFilter" ausgeführt, die auf die Variable „ItemREC" gesetzt wurden. Wenn wir das Lagerbestand-"FlowField" steuern wollen, müssen wir nur einen weiteren Filter auf die Variable „ItemREC" setzen, und zwar mit Hilfe der Funktion „SETFILTER".

Drücken Sie nun „F11", um den Bericht zu kompilieren und sicherzugehen, dass dieser keine Kompilierungsfehler enthält. Drücken Sie als Nächstes „ESC" und klicken dann auf die Leer-

7.9 „C/AL Code"-Berechnungsfunktionen

zeile nach dem „DataItem" „Value Entry" in der „DataItem"-Liste Ihres Berichts. Gehen Sie jetzt auf „Ansicht > Properties". Die folgende Liste der allgemeinen Eigenschaften für diesen Bericht wird angezeigt:

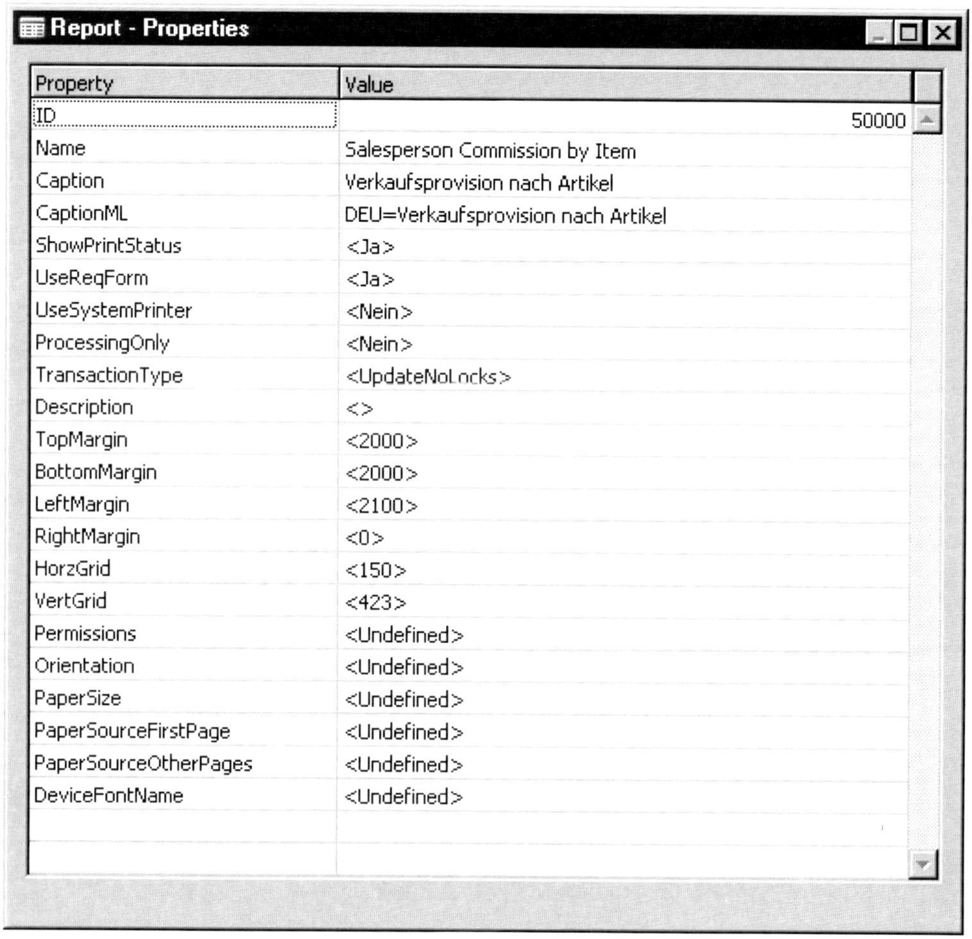

Property	Value
ID	50000
Name	Salesperson Commission by Item
Caption	Verkaufsprovision nach Artikel
CaptionML	DEU=Verkaufsprovision nach Artikel
ShowPrintStatus	<Ja>
UseReqForm	<Ja>
UseSystemPrinter	<Nein>
ProcessingOnly	<Nein>
TransactionType	<UpdateNoLocks>
Description	<>
TopMargin	<2000>
BottomMargin	<2000>
LeftMargin	<2100>
RightMargin	<0>
HorzGrid	<150>
VertGrid	<423>
Permissions	<Undefined>
Orientation	<Undefined>
PaperSize	<Undefined>
PaperSourceFirstPage	<Undefined>
PaperSourceOtherPages	<Undefined>
DeviceFontName	<Undefined>

Abb. 7.15: Berichteigenschaften

Da wir die Lagerbestandsdaten in unserem Bericht hinzufügen wollen, müssen wir die Breite unseres Berichtausdrucks vergrößern. Ändern wir den Wert in der Eigenschaft „Orientation" auf „Landscape" um. Dadurch ändert sich die Ausrichtung des Berichtausdrucks, was uns sehr viel mehr Raum für die in ihm enthaltenen Informationen ermöglicht.

7   Einführung in die C/AL „Code"-Funktionen

Drücken Sie nun „ESC" und gehen Sie dann auf „Ansicht > Sections". Fügen Sie nun ein „Text Box"-Objekt hinzu und fügen Sie dieses in den Abschnitt „Value Entry – Body (1)" ein. Öffnen Sie die Eigenschaftenliste dieses neuen „Text Box"-Objekts. Geben Sie folgende Werte als Eigenschaften ein:

DecimalPlaces	0:3
SourceExpr	ItemREC.Inventory

Fügen Sie außerdem ein „Label"-Objekt hinzu und geben den Text „Lagerbestand" in dessen Eigenschaft „Caption" ein. Formatieren Sie nun Ihre beiden neuen Objekte so, dass sie im Aufbau den anderen Objekten in den Berichtabschnitten gleichen.

Gestalten Sie jetzt das Layout all Ihrer Objekte in dem Bericht so, dass sie visuell ansprechend sind und etwa den anderthalbfachen Raum der horizontalen Fläche im Vergleich zu vorher einnehmen. Gestalten Sie Ihr Layout nach dem folgenden Fenster: (siehe Abb 7.16).

Drücken Sie nun „ESC", bis Microsoft Navision Sie fragt, ob Sie die Berichtänderungen kompilieren und speichern wollen. Antworten Sie mit „Ja" und führen Sie dann den Bericht aus, indem Sie auf die Schaltfläche „Run" am unteren Ende des Fensters „Object Designer" klicken. Klicken Sie dann auf „Seitenansicht". Das folgende Berichtansichtsfenster erscheint: (siehe Abb. 7.17).

Der Bericht ist nun recht leistungsstark geworden. Auf Knopfdruck zeigt er für Ihre Chefin sehr nützliche Informationen an, für deren manuelle Ausarbeitung man Stunden gebraucht hätte.

7.9 „C/AL Code"-Berechnungsfunktionen

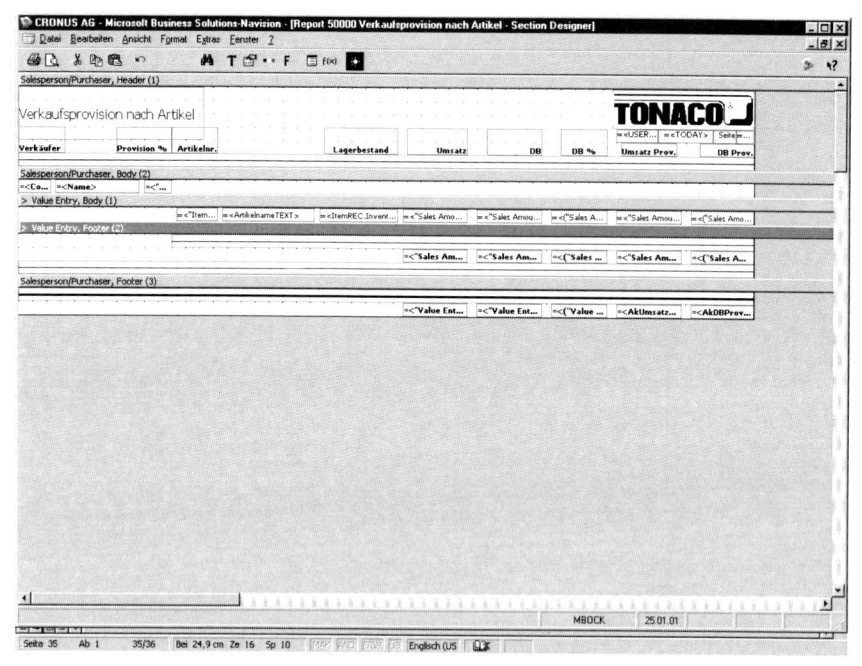

Abb. 7.16: Section Designer

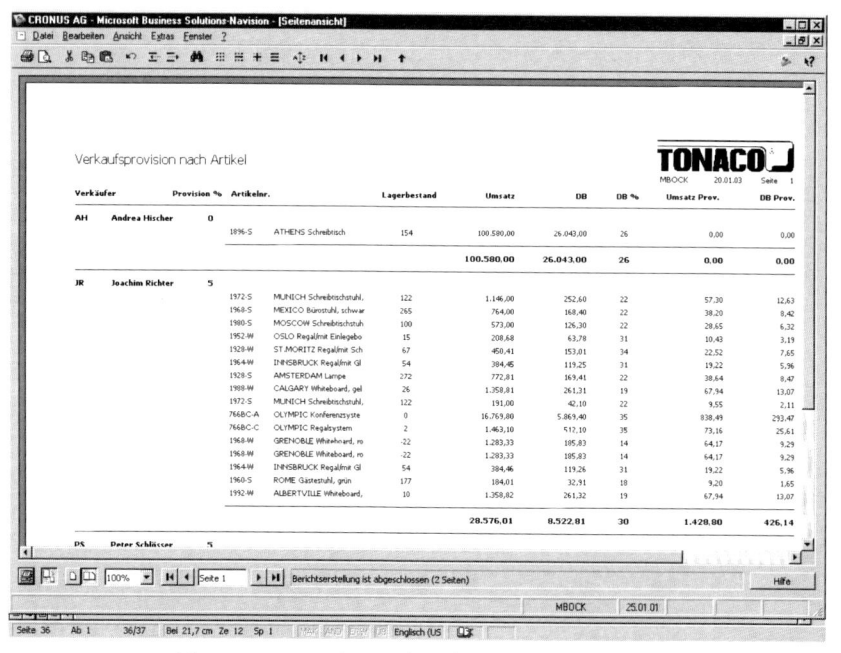

Abb. 7.17: Bericht Verkaufsprovision nach Artikel

7.10 Datentyp „Option"

Variablen vom „Data Type" „Option" haben eine besondere Syntax. Sie werden in der Datenbank als Zahl gespeichert und nur dann in Text umgewandelt, wenn sie im Zusammenhang mit ihrer Felddefinition aufgerufen werden. Dies bedeutet, dass, wenn Sie zum Beispiel in den „Debitorenposten" auf ein Optionsfeld wie zum Beispiel „Belegart" verweisen, müssen Sie explizit den Feldnamen und die Optionsbezeichnung aufführen. Der Feldname der Variablen „Belegart" mit dem „Data Type" „Option" lautet „Document Type". Betrachten Sie folgenden Code:

```
//Zu nächstem Datensatz gehen, wenn dieser
//keine Rechnung ist.
IF „Document Type" <> „Document Type"::Invoice THEN
  CurrReport.SKIP;
```

Hier haben wir auf die „Option" „Document Type" verwiesen, indem wir den Feldnamen gefolgt von zwei Doppelpunkten und dann der Bezeichnung der Option aufgeführt haben.

7.11 „MESSAGE" und „ERROR": Informationen für den Anwender

Die Funktion „MESSAGE" haben wir bereits einige Male verwendet. Sie können diese Funktion benutzen, um Informationen an den Anwender zu senden. Durch diese Funktion wird ein Fenster mit einer „OK"-Schaltfläche und dem von Ihnen vorgegebenen Text angezeigt. Der Anwender kann dann auf „OK" klicken und Ihr Programm läuft weiter.

Die Funktion „ERROR" arbeitet wie die Funktion „MESSAGE", mit dem Unterschied, dass sie das verwendete Programm beendet. Sie können eine „ERROR"-Funktion benutzen, um einen Bericht zu beenden, wenn das Programm feststellt, dass ein notwendiger Datensatz in einer Tabelle nicht aufzufinden ist. Wir hätten in unserem Bericht zum Beispiel entscheiden können, dass, wenn Microsoft Navision in der „Item"-Tabelle nicht für jeden Artikel in der „Value Entry"-Tabelle einen Artikel findet, unser Programm eine Fehlermeldung anzeigt und dann abbricht. Um dies zu tun, hätten wir innerhalb des „C/AL Code Editor" unseres Berichts in dem „Value Entry"-Abschnitt „OnAfterGetRecord()" folgenden Code eingegeben:

```
//Öffnen der „Item"-Tabelle und Suchen des ersten
//von Filtern und Sortierung zugelassenen Datensatzes.
//Wenn ein Artikel gefunden wurde, Eingabe des Namens
//in die Variable „ArtikelnameTEXT".
//Wenn Microsoft Navision keine Übereinstimmung für
//einen Artikel findet, teilt es dies dem Anwender mit.
IF ItemREC.FIND('-') THEN
 ArtikelnameTEXT := ItemREC. Description
   ELSE
 ERROR('Artikel ' + „Value Entry"."Item No." +
    ' nicht gefunden.');
```

Wenn nun kein Artikel in der Variable „ItemREC" gefunden wurde, zeigt Microsoft Navision dem Anwender eine Fehlermeldung an und bricht die Ausführung des Berichts ab.

Die Syntax der Funktionen „MESSAGE" und „ERROR" besteht ganz einfach aus Klammern gefolgt von der Funktionsbezeichnung, wobei innerhalb der Klammern der gesamte Text in Apostrophe eingefasst sein muss. Variablen und Textfragmente müssen ein Pluszeichen zwischen sich aufweisen.

7.12 Datenaufbereitungsfunktionen

Sie haben die Möglichkeit, Datenaufbereitungsfunktionen in „C/AL Code" zu verwenden, um Datenänderungen in Tabellen zu automatisieren. Hierbei handelt es sich um eine Reihe extrem leistungsstarker, aber auch sehr risikobehafteter „C/AL Code"-Funktionen. Wenn Sie nicht aufpassen, können Sie aus Versehen die gesamten Daten in einer Tabelle verlieren oder diese unwiederbringlich und verheerend verändern.

Fangen wir mit den etwas weniger riskanten Funktionen an, die Sie zur Erstellung neuer Datensätze verwenden können, bevor wir uns den Funktionen zuwenden, die Daten löschen oder ändern. Nehmen wir an, Ihr Unternehmen hat aus Versehen eine ganze Woche fehlerhafte „Einkaufslieferungen" verbucht und damit ein Chaos in dem Lagerbestand hinterlassen. Nehmen wir weiter an, die Daten dieser Woche gehen vom 01.01.01 bis zum 07.01.01.

Wenn Sie etwas direkt in einen Artikel-"Posten" eingeben möchten, müssen Sie auf „Lager > Lager > Artikel Buch.-Blätter" gehen. Sie haben dann folgendes Fenster vor Augen:

7 Einführung in die C/AL „Code"-Funktionen

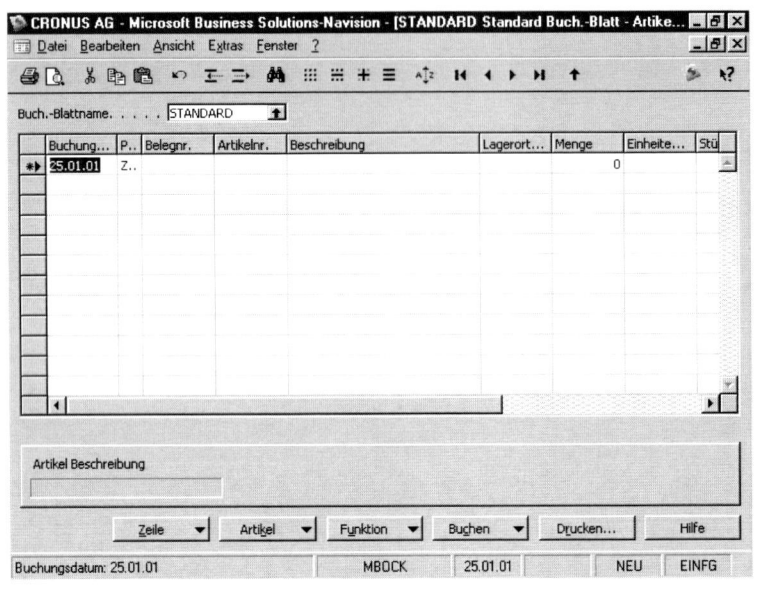

Abb. 7.18: „Artikel Buch.-Blätter"

Hier können Sie Korrekturen in den Artikelbewegungen und in dem Artikelbestand vornehmen. Sie fügen hier Daten in zahlreiche Spalten ein, um Microsoft Navision zum Beispiel anzuweisen, welchen Artikel es bewegen soll, wann, wohin, wie etc. Und wenn Sie diese Bewegungen in die Tabelle eingegeben haben, die Sie von Microsoft Navision gebucht haben wollen, müssen Sie auf die Schaltfläche „Buchen" klicken und dann wieder auf die Option „Buchen".

Manchmal ist es nötig, wortwörtlich Hunderte von Buchungen einzugeben, angenommen, ein neuer Lagerbestand wird erstellt oder eine umfassende Korrektur muss, wie in unserem gegenwärtigen Beispiel, durchgeführt werden. Die Vorteile eines Eingaben erstellenden Berichts sind in der Vermeidung von häufig in der manuellen Dateneingabe vorkommenden Fehlern und in der Beschleunigung des gesamten Verfahrens zu finden.

Um einen Bericht zu erstellen, der neue Zeilen in den „Artikel Buch.-Blättern" anlegt, müssen wir einige neue „C/AL Code"-Funktionen benutzen. Solch ein Bericht wird beim ersten Versuch für gewöhnlich nicht richtig erstellt, da jedes „Buchungsblatt" komplex aufgebaut ist und seine eigenen besonderen Schlüssel und Optionen besitzt, die für die Buchung der Zeilen erforderlich sind.

Lösen wir also unser Bestandsproblem aus obigem Beispiel, indem wir einen Bericht erstellen, der für jede Zeile der „Einkaufslieferungen", die Sie annullieren möchten, eine Buchungseingabe in die „Artikel Buch.-Blätter" einfügt. Sie können Microsoft Navision anweisen, die Bewegungen eines jeden Artikels einzusehen, nur die Zeilen herauszufiltern, deren „Belegart" gleich „Einkauf" ist und die innerhalb der Daten der problematischen Woche liegen. Dann fügt es für jede zu korrigierende Zeile, die es findet, eine Korrekturbuchung in die „Artikel Buch.-Blätter" ein. Wenn der Bericht fertiggestellt ist, gehen Sie in die „Artikel Buch.-Blätter" und buchen dann alles, was Microsoft Navision dort von Ihrem Bericht aus eingefügt hat. Auf diese Weise können Sie die gesamte Woche der Fehldaten automatisch korrigieren.

Verschaffen wir uns zunächst die nötigen Informationen über die Struktur der „Artikel Buch.-Blätter". Klicken Sie auf das Werkzeug „Sorting" oder gehen Sie auf „Ansicht > Sortierung". Das folgende Fenster erscheint:

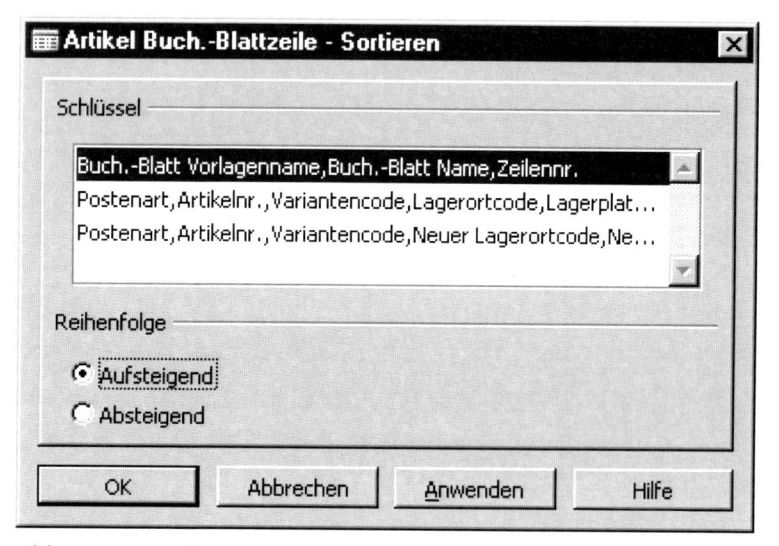

Abb. 7.19: „Artikel Buch.-Blätter" Schlüssel

Der Primärschlüssel erscheint hier als Erstes in der Liste der Sortieroptionen. Wie Sie sehen, besteht der Primärschlüssel für die „Artikel Buch.-Blätter" aus drei Feldern. Öffnen wir als Nächstes die interne Struktur dieses Formulars, um nach der Tabelle, auf der es aufbaut, sowie die Bezeichnungen der Felder, mit denen wir später arbeiten müssen, zu suchen. Drücken Sie also „STRG + F2". Gehen Sie dann auf „Ansicht > Properties" und suchen Sie die Eigenschaft „SourceTable". Hieraus entnehmen Sie, dass die zu Grunde liegende Tabelle die Bezeichnung „Item Journal Line" hat. Drücken Sie „ESC" und öffnen dann das „Field Menu". Notieren Sie sich die Feldnamen der in dem Tabellenprimärschlüssel enthaltenen Variablen sowie anderer Variablen, die wir in unserer Korrekturbuchung benötigen, wie zum Beispiel „Item No.". Im folgenden Fenster erscheint das „Field Menu":

Field	Caption	Data Type
Journal Template Name	Buch.-Blatt Vorlagenname	Code10
Line No.	Zeilennr.	Integer
Item No.	Artikelnr.	Code20
Posting Date	Buchungsdatum	Date
Entry Type	Postenart	Option
Source No.	Herkunftsnr.	Code20
Document No.	Belegnr.	Code20
Description	Beschreibung	Text50
Location Code	Lagerortcode	Code10
Inventory Posting Group	Lagerbuchungsgruppe	Code10
Source Posting Group	Herkunftsbuchungsgruppe	Code10
Quantity	Menge	Decimal
Invoiced Quantity	Fakturierte Menge	Decimal
Unit Amount	Stückpreis	Decimal
Unit Cost	Einstandspreis	Decimal
Amount	Betrag	Decimal
Discount Amount	Rabattbetrag	Decimal

Abb. 7.20: „Artikel Buch.-Blätter" Field Menu

Als Nächstes brauchen wir den Namen der Tabelle, die die Bewegungen aller Artikel speichert. Der geeignetste Ort, um danach zu suchen, ist in der „Artikelkarte"; gehen Sie also auf „Lager > Planung & Ausführung > Artikel". Klicken Sie dann auf die Schaltfläche am unteren Ende mit der Bezeichnung „Artikel", dann auf „Posten", daraufhin ein weiteres Mal auf „Posten". Drücken Sie nun „F2" und gehen Sie auf „Ansicht > Properties". Aus der Eigenschaft „SourceTable" können Sie die Bezeichnung „Item Ledger Entry" als die Tabelle entnehmen, die die Artikelbewegungen enthält.

Drücken Sie als Nächstes zweimal „ESC", speichern Sie das Objekt aber nicht. Gehen Sie zu dem „Object Designer" und klicken Sie auf die Schaltfläche „Report". Klicken Sie nun zur Erstellung eines neuen Berichts am unteren Ende der Seite auf „New". Kli-

7.12 Datenaufbereitungsfunktionen

cken Sie auf „Create a blank report" und dann auf „OK". Geben Sie in der ersten Spalte des ersten „DataItem" des Berichts den Tabellenname „Item Ledger Entry" ein. Klicken Sie nun auf das „DataItem" „Item Ledger Entry" und gehen dann auf „Ansicht > Properties". Klicken Sie auf die Eigenschaft mit der Bezeichnung „DataItemTableView" und dann auf den rechts erscheinenden Pfeil. Hier können wir die Anzahl der Datensätze eingrenzen, auf die Microsoft Navision in den Bewegungen jedes Artikels Zugriff erhält. Klicken Sie als Nächstes auf das Hilfefeld, das rechts in dem Feld „Table Filter" erscheint. Das Fenster mit der Bezeichnung „Table Filter" erscheint. Geben Sie die folgenden Felder und Filter in das Fenster „Table Filter" ein:

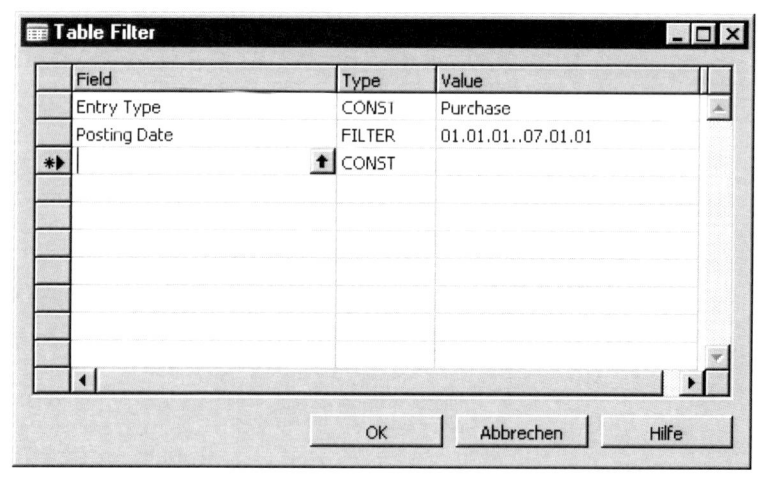

Field	Type	Value
Entry Type	CONST	Purchase
Posting Date	FILTER	01.01.01..07.01.01
	CONST	

Abb. 7.21: „DataItemTableView" Tabellenfilter

Das Feld „Entry Type" beschreibt den Typ der Artikelbewegung. Hier haben wir festgelegt, dass nur „Purchases", das heißt Käufe, zugelassen sind. Wir haben außerdem das „Posting Date" gesteuert, das heißt das Datum, an dem die Bewegung stattgefunden hat, und zwar so, dass nur der Zugriff auf den Zeitraum der problematischen Woche ermöglicht ist.

Klicken Sie auf „OK", dann ein weiteres Mal auf „OK". Drücken Sie „STRG + S", um den Bericht zu benennen, zu nummerieren und zu speichern. Teilen Sie dem Bericht die Bezeichnung „Temp. Lagerbestand Korrektur" und die Nummer 50001 (wenn diese Zahl innerhalb Ihrer Microsoft Navision-Lizenz zugänglich ist) zu.

Drücken Sie als Nächstes „ESC" und gehen Sie dann auf „Ansicht > C/AL Globals". Hier müssen wir eine Verknüpfung mit der Tabelle herstellen, in die wir von Microsoft Navision unsere Korrekturbuchungen eingestellt haben möchten. Tippen Sie in die erste Spalte des „C/AL Globals"-Fensters den Namen „ArtikelBuchBLREC". In die zweite Spalte fügen Sie „Record" und in die dritte Spalte die Tabellenbezeichnung des „Buchungsblattes", also „Item Journal Line", ein. Als Nächstes benötigen wir eine Zählvariable, die Microsoft Navision dazu verwendet, die Datensätze in der Tabelle „Item Ledger Entry" zu sortieren. Geben Sie also „INT" in die erste Spalte und dann „Integer" in die zweite Spalte ein.

Drücken Sie nun „ESC" und klicken dann auf das „DataItem" „Item Ledger Entry" in der „DataItem"-Liste des Berichts. Benutzen Sie nun den Pfad „Ansicht > C/AL Code". In dem „C/AL Editor"-Abschnitt mit der Bezeichnung „Item Ledger Entry – OnAfterGetRecord()" tippen Sie folgenden „C/AL Code":

```
//Versperren des Datensatzzugangs durch andere
//Programme.
ArtikelBuchBlREC.LOCKTABLE;
```

Die Funktion „LOCKTABLE" veranlasst Microsoft Navision, den Datensatz in einer Tabelle vor Änderungen anderer Anwender oder eines anderen Programms zu schützen, während Sie diesen editieren. Geben Sie einfach den Namen des „DataItem" oder der „Record Global"-Variablen aus der zu schützenden Tabelle ein, gefolgt von einem Punkt und dem Schlüsselwort „LOCKTABLE".

```
//Zähler zur Sortierung der neuen Datensätze
//in dem Buchungsjournal.
INT := INT + 1;
```

Diese Zeile erlaubt der Ganzzahl-"Global"-Variablen mit jedem neuen Datensatz in dem „DataItem" zu wachsen. Solch ein Zähler ist sinnvoll, um den Primärschlüssel der „Buchungsblätter", einer anwachsenden ganzen Zahl, zu füllen.

```
//Öffnen eines neuen Datensatzes in der Buchungstabelle.
ArtikelBuchBlREC.INIT;
```

In diesem „C/AL Code" wird die Funktion „INIT" verwendet. Wir möchten die Erstellung eines neuen Datensatzes in der „Buchungsblatt"-Tabelle beginnen, müssen demnach zunächst Microsoft Navision anweisen, einen neuen Datensatz zu öffnen, dessen wesentliche Felder mit Daten zu befüllen und schließlich diesen neuen Datensatz in die Tabelle einzufügen. Das Öffnen eines neuen Datensatzes wird bewerkstelligt, indem das „DataItem" oder die „Record Global"-Variable, gefolgt von einem Punkt, genannt werden und dann das Schlüsselwort „INIT" eingegeben wird.

```
//Füllen der Primärschlüsselfelder des neuen
//Datensatzes.
ArtikelBuchBlREC.VALIDATE(„Journal Template Name",
          'ARTIKEL');
ArtikelBuchBlREC.VALIDATE(„Journal Batch Name",
          'STANDARD');
ArtikelBuchBlREC.VALIDATE(„Line No.",INT);
```

Hier füllen wir die Werte des Primärschlüssels unseres neuen Datensatzes. Die verwendete Funktion „VALIDATE" stellt eine besondere Art dar, Informationen in eine Tabelle einzugeben. Sie führt alle „C/AL Code"-Anweisungen aus, die sich in dem „C/AL Code"-Abschnitt mit der Bezeichnung „OnValidate( )" innerhalb des Feldes befinden.

Tabellenfelder bestehen aus zwei „C/AL Code"-Abschnitten. Diese werden als „OnValidate( )"-Abschnitt und „OnLookup( )"-Abschnitt bezeichnet. Wenn Sie den „C/AL Code" eines Feldes einsehen möchten, können Sie die Tabelle einfach öffnen, auf das zu untersuchende Feld klicken und dann auf „Ansicht > C/AL Code" gehen.

Wenn Sie die Funktion „VALIDATE" verwenden, benutzt Microsoft Navision die gerade von Ihnen in das Feld eingegebenen Informationen, um seinen „OnValidate"-„C/AL Code" auszuführen. Dies ist nützlich, da, wenn Sie zum Beispiel eine Artikelnummer in eine Tabelle eingeben, Microsoft Navision automatisch ein Feld mit der Bezeichnung des Artikels füllen kann. Diese automatisierte Eingabe der Artikelbezeichnung kann innerhalb des Artikelnummernfeldes in den „C/AL Code"-Abschnitt „OnValidate( )" eingetragen werden. Solch eine automatische Funktion, die an zahlreichen Stellen in Microsoft Navision stattfindet, wird durch die Eingabe von „C/AL Code" in den „OnValidate"-"C/AL Code"-Abschnitt der Felder selbst durchgeführt. Sie sollten stets den „C/AL Code", der sich hinter den Feldern verbirgt, einsehen, wenn Sie nachvollziehen möchten, wie diese auf eingegebene Daten reagieren.

In einem „Buchungsblatt" existieren viele Schlüssel und verknüpfte Daten zwischen den unterschiedlichen Feldern. In der Endanwendermaske können viele dieser Schlüssel und Verknüpfungen verborgen sein. Wenn man Daten manuell in ein Feld eingibt, führt Microsoft Navision automatisch jeden „C/AL Code" aus, der in dem Abschnitt „OnValidate( )" zu finden ist. Daher müssen wir auch den „OnValidate( )"-Abschnitt jedes Mal ausführen, wenn wir Informationen in ein Feld eingeben. Die Funktion „VALIDATE" führt ganz einfach das durch, was der Anwender mit dem Drücken von Enter nach einer Dateneingabe in ein Feld tun würde.

Die Syntax dieser Funktion besteht aus der Bezeichnung des „DataItem" oder der „Record Global"-Variablen Ihrer Tabelle, gefolgt von einem Punkt und dem Schlüsselwort „VALIDATE". Nach dem Schlüsselwort folgen Klammern, die den Feldnamen und dann nach einem Komma die Daten, die Sie in das Feld eingeben möchten, einschließen. Wenn Sie in ein Feld Text eingeben wollen, müssen Sie diesen in Apostrophe einschließen. Geben Sie eine Option in ein Feld des „Data Type" „Option" ein, dann müssen Sie den Feldnamen, zwei Doppelpunkte und darauffolgend die Option anführen. Vergleichen Sie mit folgendem Beispiel:

```
//Definition des Artikelbewegungtyps als
//Entfernung aus Lagerbestand.
ArtikelBuchBlREC.VALIDATE("Entry Type",
   ArtikelBuchBlREC."Entry Type"::"Negative Adjmt.");
```

Hier haben wir den Bewegungstyp festgelegt, indem wir die Bezeichnung des Optionsfeldes, gefolgt von zwei Doppelpunkten und der Option eingegeben haben. Wir haben „Negative Adjmt." aufgeführt, was bedeutet, dass etwas aus dem Lagerbestand genommen wurde.

```
//Eingabe neuer Journalzeile, Artikelnummer und Datum.
ArtikelBuchBlREC.VALIDATE("Item No.",
   "Item Ledger Entry"."Item No.");
ArtikelBuchBlREC.VALIDATE("Posting Date",
   "Item Ledger Entry"."Posting Date");
```

Hier haben wir ganz einfach die Artikelnummer und das Buchungsdatum aus der Tabelle „Item Ledger Entry" kopiert und in

7.12 Datenaufbereitungsfunktionen

unseren neuen Datensatz in den „Artikel Buch.-Blättern" eingefügt.

```
//Eingabe einer Belegnummer als LBKORR + die
//Journalzeilennummer und beschreibung.
ArtikelBuchBlREC.VALIDATE("Document No.",
         'LBKORR' + FORMAT(INT));
ArtikelBuchBlREC.VALIDATE(Description,
         'Lagerbestand Korrektur');
```

Hier haben wir eine Belegnummer aufgestellt, die für die Beschreibung „Lagerbestand Korrektur" steht, und haben ihr die in der „Global"-Variable „INT" enthaltene Zeilennummer nachgesetzt.

```
//Falsche Menge aus Lagerbestand entfernen.
ArtikelBuchBlREC.VALIDATE(ArtikelBuchBlREC.Quantity,
         "Item Ledger Entry".Quantity);
```

Dies ist die Zeile, in die wir die Menge der Fehlbuchung eingeben, die wir aus dem Lagerbestand entfernen möchten.

```
//Verknüpfen der Korrekturjournalzeile mit
//der Fehlbuchung.
ArtikelBuchBlREC.VALIDATE("Applies-to Entry",
    "Item Ledger Entry"."Entry No.");
```

Jede Buchung innerhalb der „Artikelposten" weist eine Zeilennummer mit der Bezeichnung „Entry No." auf. Wenn die Möglichkeit besteht, ist es sinnvoll, Microsoft Navision mitzuteilen, welche Zeile Sie in den „Artikelposten" korrigieren möchten. Dies ist eine trickreiche Funktion, die aber hilft, Ihr Journal in Ordnung zu halten, indem sie alte korrigierte oder erledigte Buchungen schließt.

```
ArtikelBuchBlREC.INSERT;
```

Schließlich müssen wir noch die Bezeichnung des „DataItem" oder der „Record Global"-Variablen eingeben, in die Microsoft Navision den neuen Datensatz einfügen soll. Tippen Sie dann einen Punkt und das Schlüsselwort „INSERT". Die Funktion „INSERT" beendet den von der Funktion „INIT" in Gang gesetzten

Prozess und fügt den neu erstellten Datensatz in die mit „ArtikelBuchBlREC" verknüpfte Tabelle ein.

Der „C/AL Code Editor" des „DataItem" „Item Ledger Entry" sieht wie folgt aus:

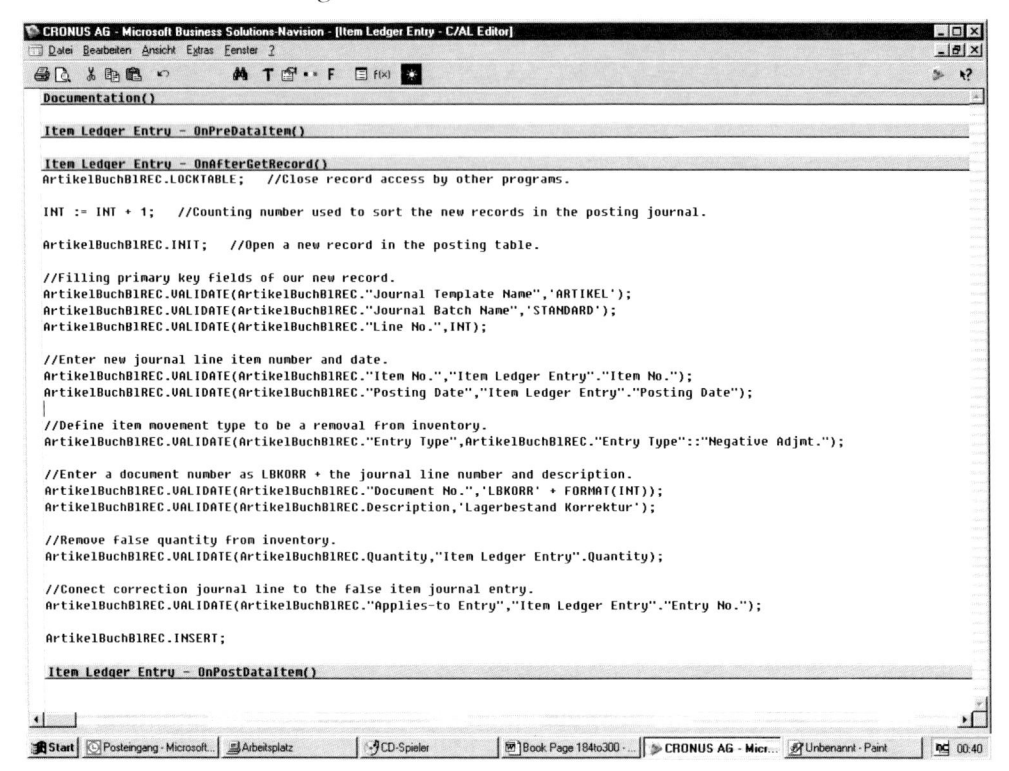

```
Documentation()

Item Ledger Entry - OnPreDataItem()

Item Ledger Entry - OnAfterGetRecord()
ArtikelBuchBlREC.LOCKTABLE;   //Close record access by other programs.

INT := INT + 1;   //Counting number used to sort the new records in the posting journal.

ArtikelBuchBlREC.INIT;   //Open a new record in the posting table.

//Filling primary key fields of our new record.
ArtikelBuchBlREC.VALIDATE(ArtikelBuchBlREC."Journal Template Name",'ARTIKEL');
ArtikelBuchBlREC.VALIDATE(ArtikelBuchBlREC."Journal Batch Name",'STANDARD');
ArtikelBuchBlREC.VALIDATE(ArtikelBuchBlREC."Line No.",INT);

//Enter new journal line item number and date.
ArtikelBuchBlREC.VALIDATE(ArtikelBuchBlREC."Item No.","Item Ledger Entry"."Item No.");
ArtikelBuchBlREC.VALIDATE(ArtikelBuchBlREC."Posting Date","Item Ledger Entry"."Posting Date");

//Define item movement type to be a removal from inventory.
ArtikelBuchBlREC.VALIDATE(ArtikelBuchBlREC."Entry Type",ArtikelBuchBlREC."Entry Type"::"Negative Adjmt.");

//Enter a document number as LBKORR + the journal line number and description.
ArtikelBuchBlREC.VALIDATE(ArtikelBuchBlREC."Document No.",'LBKORR' + FORMAT(INT));
ArtikelBuchBlREC.VALIDATE(ArtikelBuchBlREC.Description,'Lagerbestand Korrektur');

//Remove false quantity from inventory.
ArtikelBuchBlREC.VALIDATE(ArtikelBuchBlREC.Quantity,"Item Ledger Entry".Quantity);

//Conect correction journal line to the false item journal entry.
ArtikelBuchBlREC.VALIDATE(ArtikelBuchBlREC."Applies-to Entry","Item Ledger Entry"."Entry No.");

ArtikelBuchBlREC.INSERT;

Item Ledger Entry - OnPostDataItem()
```

Abb. 7.22: „Item Entry Ledger – C/AL Editor"

Drücken Sie „STRG + S", um Ihre Arbeit zu kompilieren und zu speichern. Als Nächstes ändern wir die allgemeinen Eigenschaften des Berichts. Drücken Sie „ESC", klicken Sie dann auf die leere Zeile unter dem letzten „DataItem" in der „DataItem"-Liste und gehen Sie auf „Ansicht > Properties". Ändern Sie in dem Fenster „Report – Properties" die Eigenschaft mit der Bezeichnung „ProcessingOnly" auf „Ja" um, da wir von diesem Datenverarbeitungsbericht keine gedruckte Ausgabe wünschen.

Kompilieren, speichern und verlassen Sie den Bericht. Führen Sie nun den Bericht aus und gehen Sie auf „Lager > Lager > Artikel Buch.-Blätter", um die neuen von unserem Bericht eingesetzten Zeilen einzusehen. Sie haben folgendes Fenster vor Augen:

7.12 Datenaufbereitungsfunktionen

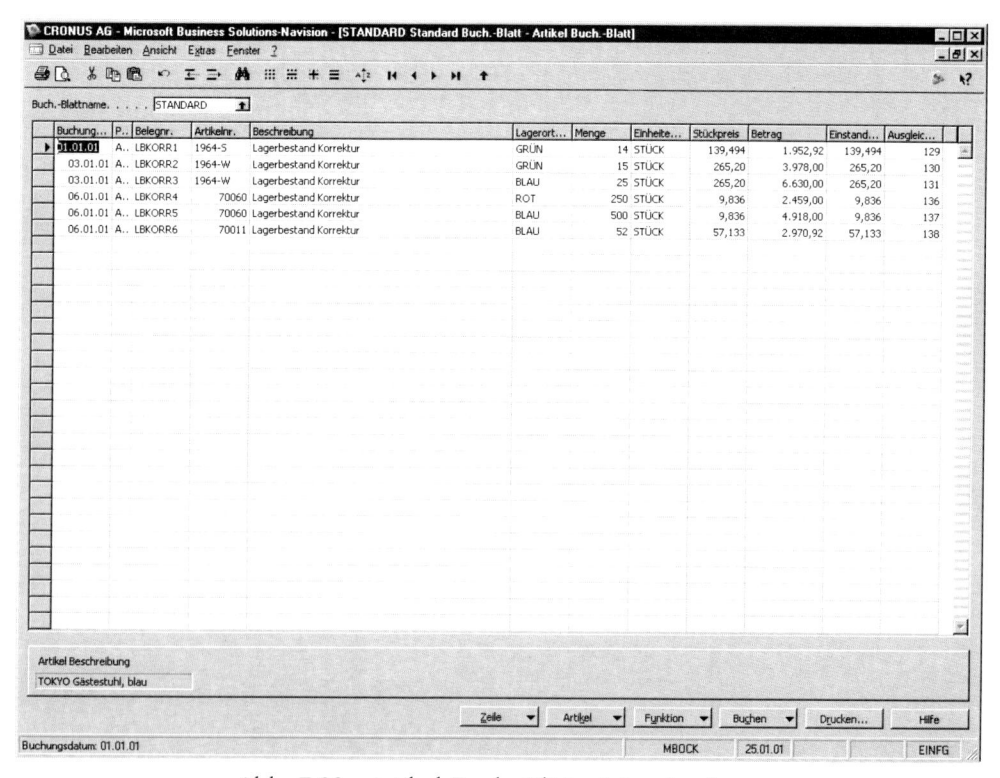

Abb. 7.23: „Artikel Buch.-Blätter" Ausdruck

Alles, was nun noch zu tun bleibt, ist, auf „F11" und „OK" zu klicken, um die Korrekturen zu buchen. Wir haben hier einen Bericht angelegt, der automatisch neue Datensätze erstellt und diese für uns in eine Tabelle stellt. Die angewandten Methoden können in allen Microsoft Navision-Tabellen zur Erstellung neuer Datensätze benutzt werden. Die meisten Tabellen haben einen weniger komplexen Aufbau als die „Artikel Buch.-Blätter"; wenn Sie also diesem Beispiel gut folgen konnten und die Vorgehensweise verinnerlicht haben, sollten Sie in der Lage sein, diese an allgemeinere Anwendungen innerhalb Microsoft Navision anzupassen.

Die Funktionen „MODIFY" und „DELETE" können dazu verwendet werden, entweder Informationen in einem Datensatz zu ändern oder diesen Datensatz komplett zu löschen. Diese Funktionen sind leicht anzuwenden und sehr leistungsstark. Man sollte Sie jedoch stets mit größter Sorgfalt verwenden, da sie nicht rückgängig zu machende Ergebnisse liefern können.

7 Einführung in die C/AL „Code"-Funktionen

Nehmen wir an, Sie möchten die Preise aller Artikel ändern. Sie können einen neuen Bericht erstellen, der die „Item"-Tabelle als ein „DataItem" enthält. Sie können folgenden Code innerhalb des Abschnitts „OnAfterGetRecord( )" des „C/AL Code Editor" eingeben:

```
//Erhöhen der Preise um 10%.
  Item."Unit Price" := Item."Unit Price" * 1.1;
  Item.MODIFY;
```

Wenn Sie diesen Bericht ausführen, erhöht Microsoft Navision automatisch jeden Artikelpreis um 10%.

Nehmen wir nun an, Sie möchten alle Artikel löschen, die „Gesperrt" sind. Dazu können Sie folgenden Code in den Bericht schreiben:

```
//Löschen der Artikel außer Gebrauch.
IF Item.Blocked = TRUE Then Item.DELETE;
```

Um diese Funktionen anzuwenden, schreiben Sie einfach die Bezeichnung des „DataItem" oder der „Record Global"-Variable, gefolgt von einem Punkt und dem entsprechenden Schlüsselwort.

Damit haben wir grundlegend die Zielsetzungen Ihres ERP-Systems abgedeckt, ebenso die Konzepte, auf denen das System aufbaut, sowie die Möglichkeiten, mit denen Sie Ihr Microsoft Navision zur Anpassung an die besonderen Bedürfnisse Ihres Unternehmens modifizieren können. Ihr Wissen kombiniert mit den Entwicklungswerkzeugen in Microsoft Navision ermöglicht Ihnen, Ihr ERP-System zu optimieren, was wiederum ein Schritt zur Optimierung Ihres gesamten Unternehmens ist.

Einführung in Dataports

Einigen der größten Herausforderungen begegnen wir, wenn wir versuchen zwei verschiedene Software zu integrieren; wenn wir zum Beispiel Microsoft Navision mit einer Versandsoftware integrieren wollen. Bisher haben wir uns auf die Datenverarbeitung innerhalb von Microsoft Navision konzentriert. Bei einer Integration bewegen wir Daten in Microsoft Navision hinein und aus Microsoft Navision heraus. Für diesen Vorgang benötigen wir eine neue Art von Objekt, einen „Dataport".

8.1 Einfacher Export aus Microsoft Navision

Befassen wir uns zunächst mit einem einfachen Export aus Microsoft Navision. Die Dataport-Objekte ermöglichen es Ihnen, Daten auf einfachem Wege aus Microsoft Navision zu exportieren und als Textdatei zu speichern.

Stellen Sie sich ein Szenario vor, in dem Sie eine Liste von Artikel aus der Tabelle „Sales Shipment Line" (*Verkaufslieferzeile*) exportieren. Diese Liste beinhaltet Daten, die von der Versandsoftware gelesen werden sollen. Um diese Aufgabe zu bewältigen, können Sie einen „Dataport" erstellen. Öffnen Sie die „Dataport"-Liste über:

T **Extras > Object Designer > Dataport**

Wählen Sie „New" und geben Sie „Sales Shipment Line" in die erste „DataItem"-Zeile ein.

8   Einführung in Dataports

```
┌─────────────────────────────────────────────────────────┐
│ ▦ Dataport 50000 Shipment Export - Dataport Designer  _□×│
├───┬─────────────────────────┬───────────────────────────┤
│   │ DataItem                │ Name                      │
│   │ Sales Shipment Line     │ <Sales Shipment Line>     │
│*▶ │                         │                           │
│   │                         │                           │
└───┴─────────────────────────┴───────────────────────────┘
                                    ← → ↑ ↓    Hilfe
```

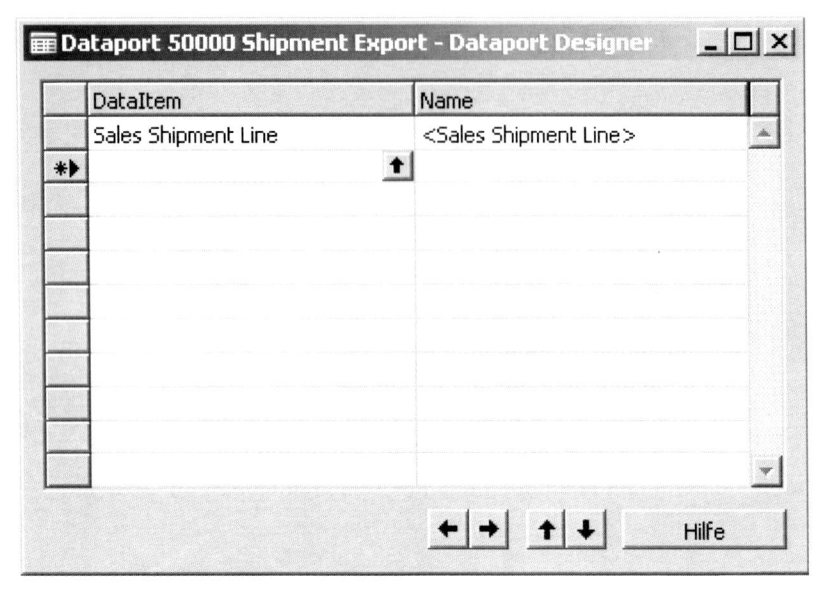

Abb. 8.1 Fenster Dataport Designer

Drücken Sie CTRL+S und speichern Sie Ihren „Dataport" als „Shipment Export".

Klicken Sie nun auf „Sales Shipment Line" und wählen Sie dann aus dem obersten Menü:

T Ansicht > Dataport Fields

Das folgende Fenster erscheint:

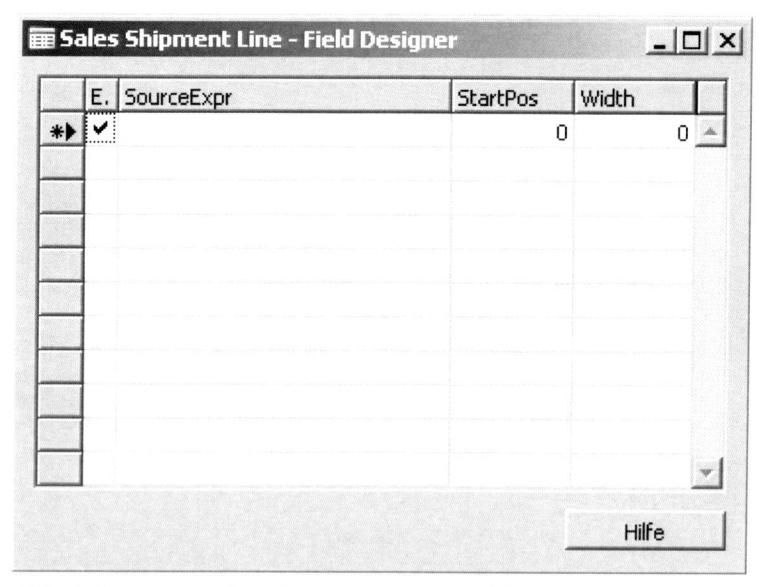

Abb. 8.2 Fenster Sales Shipment Line – Field Designer

Klicken Sie auf die Spalte „SourceExpr" und dann auf das daraufhin erscheinende Hilfefeld (oder drücken Sie F6 nach dem Klicken auf die Spalte). Das folgende Fenster erscheint:

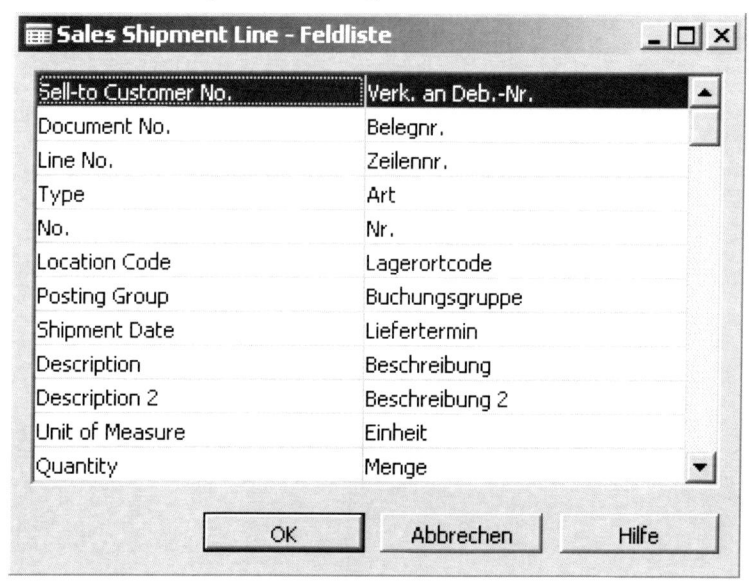

Abb. 8.3 Fenster Sales Shipment Line – Feldliste

8 Einführung in Dataports

Oben sehen Sie eine Liste aller innerhalb der Tabelle „Sales Shipment Line" vorhandenen Felder. Diese Felder stehen zur Verfügung, da diese Tabelle in das „DataItem" eingegeben wurde. Sie können jetzt auf jedes beliebige Feld doppelklicken, das Sie aus der Tabelle „Sales Shipment Line" exportieren möchten. Bei einem Doppelklick auf ein Feld wird dieses in die „Dataport"-Feldliste übernommen. Wiederholen Sie diesen Vorgang für alle gewünschten Felder.

Wählen Sie für dieses Beispiel die folgenden Felder aus: *Document No.*, *No.*, *Shipment Date*, *Unit of Measure*, *Quantity* und *Gross Weight*.

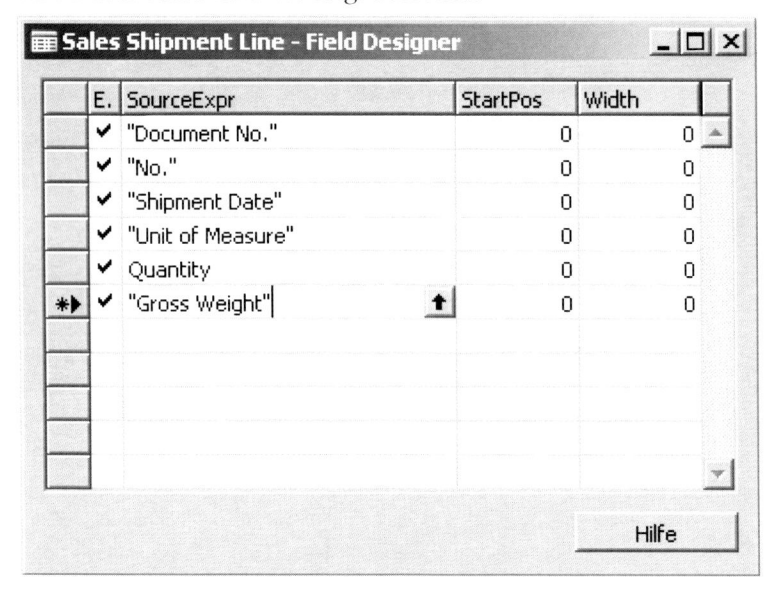

Ihr Fenster sollte nun wie folgt aussehen:

Abb. 8.4 Fenster Sales Shipment Line – Field Designer

Drücken Sie ESC, um zu Ihrem „DataItem"-Fenster zurückzukehren. Drücken Sie ein weiteres Mal ESC, um den „Dataport" zu speichern und zu schließen. Wählen Sie nun „Dataport 50000" und klicken Sie auf „Run". Das folgende Fenster erscheint:

8.1 Einfacher Export aus Microsoft Navision

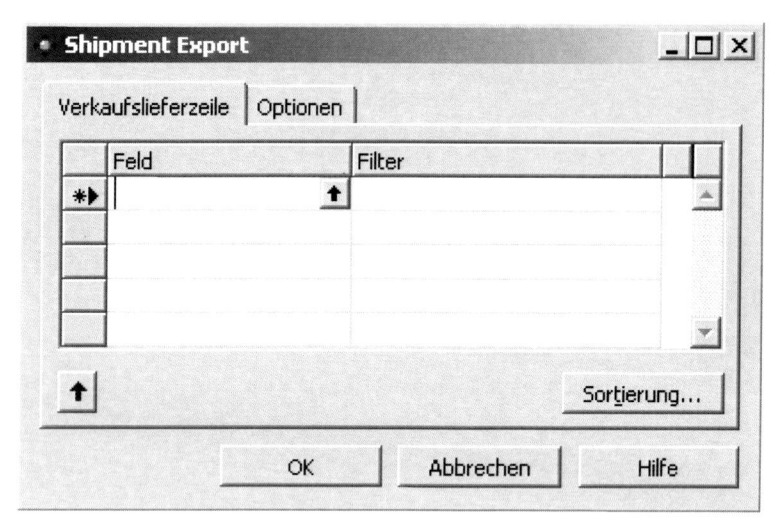

Abb. 8.5 Fenster Shipment Export

Dieses Fenster gleicht dem Microsoft Navision-Fenster der Berichtausführung. Der erste Reiter stellt das mit dem „Dataport" erstellte „DataItem" dar. Hier können Sie manuell Filter festlegen, um die Anzahl der zu exportierenden *Verkaufslieferzeile* einzugrenzen. Der Reiter *Optionen* sieht wie folgt aus:

Abb. 8.6 Shipment Export mit geöffnetem Reiter „Options"

8 Einführung in Dataports

Hier wählen Sie die Option „Exportieren". Geben Sie einen Dateinamen ein, unter dem Sie die Ausgabe speichern wollen und klicken Sie auf „OK". Suchen Sie als Nächstes die Datei an ihrem Speicherort. Die Datei sollte etwa wie folgt aussehen (der hier aufgeführte beispielhafte Inhalt wird sich so natürlich nicht in Ihrer Datenbank finden):

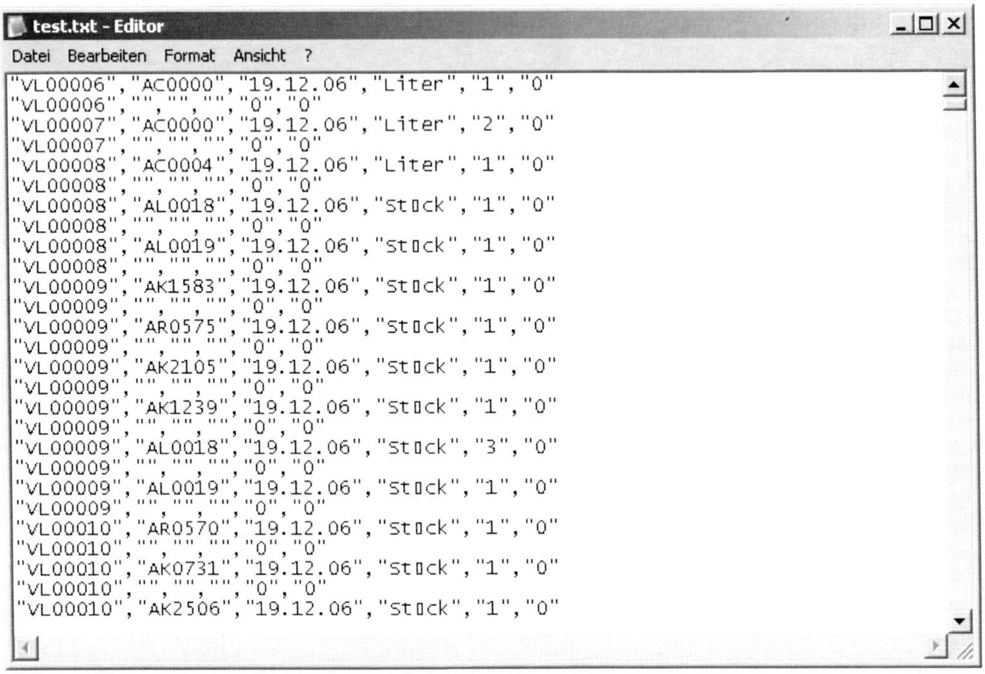

```
"VL00006","AC0000","19.12.06","Liter","1","0"
"VL00006","","","","0","0"
"VL00007","AC0000","19.12.06","Liter","2","0"
"VL00007","","","","0","0"
"VL00008","AC0004","19.12.06","Liter","1","0"
"VL00008","","","","0","0"
"VL00008","AL0018","19.12.06","Stück","1","0"
"VL00008","","","","0","0"
"VL00008","AL0019","19.12.06","Stück","1","0"
"VL00008","","","","0","0"
"VL00009","AK1583","19.12.06","Stück","1","0"
"VL00009","","","","0","0"
"VL00009","AR0575","19.12.06","Stück","1","0"
"VL00009","","","","0","0"
"VL00009","AK2105","19.12.06","Stück","1","0"
"VL00009","","","","0","0"
"VL00009","AK1239","19.12.06","Stück","1","0"
"VL00009","","","","0","0"
"VL00009","AL0018","19.12.06","Stück","3","0"
"VL00009","","","","0","0"
"VL00009","AL0019","19.12.06","Stück","1","0"
"VL00009","","","","0","0"
"VL00010","AR0570","19.12.06","Stück","1","0"
"VL00010","","","","0","0"
"VL00010","AK0731","19.12.06","Stück","1","0"
"VL00010","","","","0","0"
"VL00010","AK2506","19.12.06","Stück","1","0"
```

Abb. 8.7 Textdatei im Fenster Editor

In diesem Beispiel beginnt Belegnummer immer mit „VL" und Artikel immer mit „A". Beachten Sie, dass nicht alle Zeilen ein Artikel enthalten. Dies liegt daran, dass nicht alle Zeilen in Verkaufsaufträgen Artikel sind; manche sind einfach Textzeilen, andere können Finanzkonten usw. sein. Beachten Sie auch das Format dieser Ausgabe: Jede *Verkaufslieferzeile* ist eine neue Zeile und die Inhalte der einzelnen Felder sind mit Anführungsstrichen („") eingefasst. Die Felder sind durch Kommata (,) voneinander getrennt. Auf diese Bedingungen können Sie selbst Einfluss nehmen. Gehen Sie nun zu dem „Dataport" zurück und ändern Sie einige dieser formalen Bedingungen.

8.1 Einfacher Export aus Microsoft Navision

Filtern Sie zunächst „Sales Shipment Lines", die keine „Items" enthalten. Wählen Sie ein weiteres Mal „Dataport 50000" und klicken Sie dann auf die Schaltfläche „Design" im „Object Designer". Klicken Sie auf das „DataItem" und drücken Sie dann F9, wodurch das „C/AL Code"-Fenster für das „DataItem" „Sales Shipment Line" geöffnet wird. Mit der Funktion „SETFILTER" (siehe Kapitel 8) können Sie Zeilen filtern.

Schreiben Sie Folgendes in den Trigger „OnPreDataItem":

SETFILTER(„Sales Shipment Line".Type,' Item');

Dies sollte in Ihrem Fenster wie folgt aussehen:

```
Sales Shipment Line - C/AL Editor

Documentation()

Sales Shipment Line - OnPreDataItem()
SETFILTER("Sales Shipment Line".Type,'Item');

Sales Shipment Line - OnBeforeExportRecord()

Sales Shipment Line - OnAfterExportRecord()

Sales Shipment Line - OnBeforeImportRecord()

Sales Shipment Line - OnAfterImportRecord()

Sales Shipment Line - OnPostDataItem()
```

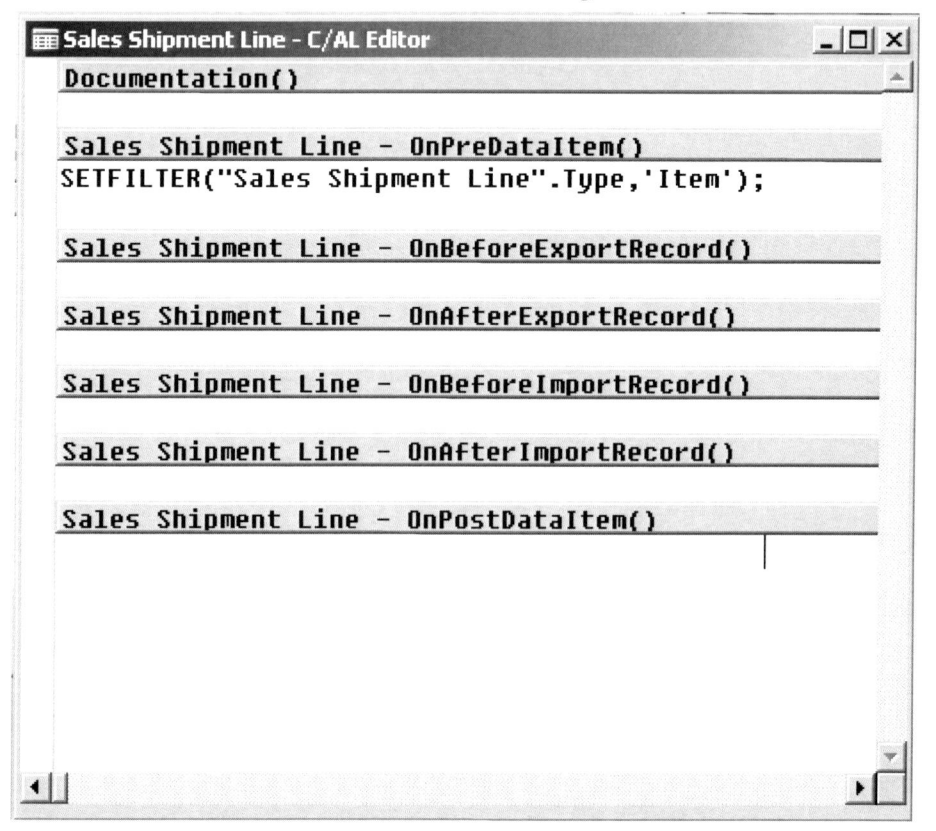

Abb. 8.8 Fenster Sales Shipment Line – C/AL Editor

8 Einführung in Dataports

Drücken Sie ESC, um den „C/AL Editor" zu schließen.

Ändern Sie als Nächstes das Format der von Ihnen erstellten Textdatei. Hierzu müssen Sie die Eigenschaften des „Dataport" ändern. Klicken in die erste Zeile unter dem „DataItem". Drücken Sie nun SHIFT+F4 oder gehen Sie im Menü über:

T Ansicht > Properties

Das folgende Fenster erscheint:

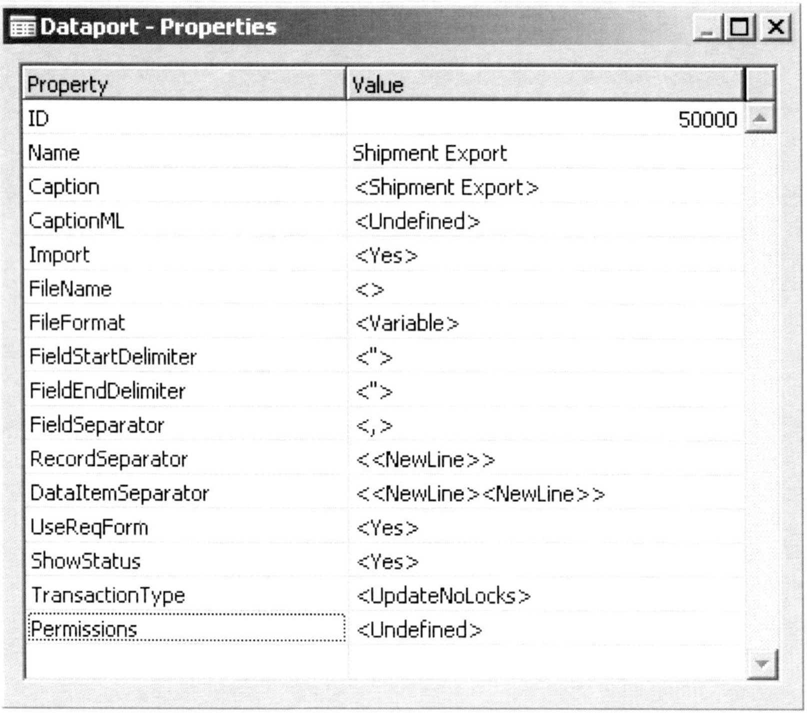

Property	Value
ID	50000
Name	Shipment Export
Caption	<Shipment Export>
CaptionML	<Undefined>
Import	<Yes>
FileName	<>
FileFormat	<Variable>
FieldStartDelimiter	<">
FieldEndDelimiter	<">
FieldSeparator	<,>
RecordSeparator	<<NewLine>>
DataItemSeparator	<<NewLine><NewLine>>
UseReqForm	<Yes>
ShowStatus	<Yes>
TransactionType	<UpdateNoLocks>
Permissions	<Undefined>

Abb. 8.9 Fenster Dataport - Properties

Oben sehen Sie die allgemeinen Eigenschaften für „Dataport". Hier müssen Sie nun einige Änderungen vornehmen. Zunächst benötigen Sie dieses Objekt für einen Export, also können Sie die Zeile „Import" in <No> umändern. Legen Sie nun den Ort und Namen der Datei fest, die der „Dataport" erstellen soll, indem Sie C:/test.txt in die Zeile „FileName" eingeben. Auf diese Weise kann der Nutzer den Dateinamen nicht selbst wählen. Ändern Sie als Nächstes das Format der ausgegebenen Textdatei und geben Sie „No" in der Zeile „UserRequestForm" ein. Damit entfällt das Optionenfenster, wenn der Nutzer den „Dataport" ausführt.

Sie sollten minimale Formatierung anstreben. Kommata (,) und Anführungsstriche („") können für Verwirrung sorgen, wenn diese Zeichen ebenfalls in den Feldern vorkommen, die Sie ausgeben. Stellen Sie sich vor, was passiert, wenn Sie einen Kunden mit dem Namen *Henry „Buddy" Smith* in einer durch Kommata abgegrenzten Datei exportieren wollen. Die Kommata und Anführungsstriche innerhalb des Kundennamens würden als Trennung zwischen zwei verschiedenen Feldern interpretiert werden und wahrscheinlich zu einer Anlegung von zwei Kunden führen, obwohl es sich hierbei nur um einen einzelnen handelt!

Geben Sie bei „FieldStartDelimiter" und „FieldEndDelimiter" jeweils „<None>" ein. Geben Sie in die Zeile „FieldSeparator" „<TAB>" ein. Hierdurch wird eine Textdatei mit der Benennung „Tab Delimited" erstellt. Dieses Format lässt sich problemlos in anderen Softwareprogrammen wie z. B. Microsoft Excel anwenden.

Ihr Fenster „Dataport – Properties" sollte nun wie folgt aussehen (Siehe Abb. 8.10):

Nehmen wir an, dass Sie dem Endanwender **keine** Optionen an die Hand geben möchten. Wenn Sie beispielsweise etwas in die Eigenschaft „FileName" eingeben, steht dem Endanwender nicht die Option offen, während der Laufzeit einen Dateinamen zu bestimmen. Um den Reiter „DataItem" zu entfernen, müssen Sie eine Vorgabesortierung und keine Standardfilter im „DataItem" „Sales Shipment Line" festlegen.

Drücken Sie ESC, um zu Ihrem „Dataport DataItem"-Fenster zurückzukehren. Klicken Sie nun auf „Sales Shipment Line" und drücken Sie dann SHIFT+F4 oder gehen Sie auf:

T Ansicht > Properties

Das folgende Fenster erscheint (Siehe Abb. 8.11):

8   Einführung in Dataports

Property	Value
ID	50000
Name	Shipment Export
Caption	<Shipment Export>
CaptionML	<Undefined>
Import	No
FileName	C:/test.txt
FileFormat	<Variable>
FieldStartDelimiter	<None>
FieldEndDelimiter	<None>
FieldSeparator	<TAB>
RecordSeparator	<<NewLine>>
DataItemSeparator	<<NewLine><NewLine>>
UseReqForm	No
ShowStatus	<Yes>
TransactionType	<UpdateNoLocks>
Permissions	<Undefined>

Abb. 8.10 Fenster Dataport - Properties

Property	Value
DataItemIndent	<0>
DataItemTable	Sales Shipment Line
DataItemVarName	<Sales Shipment Line>
DataItemTableView	<Undefined>
ReqFilterHeading	<>
ReqFilterHeadingML	<>
ReqFilterFields	<Undefined>
CalcFields	<Undefined>
DataItemLinkReference	<Undefined>
DataItemLink	<Undefined>
AutoSave	<Yes>
AutoUpdate	<Yes>
AutoReplace	<No>

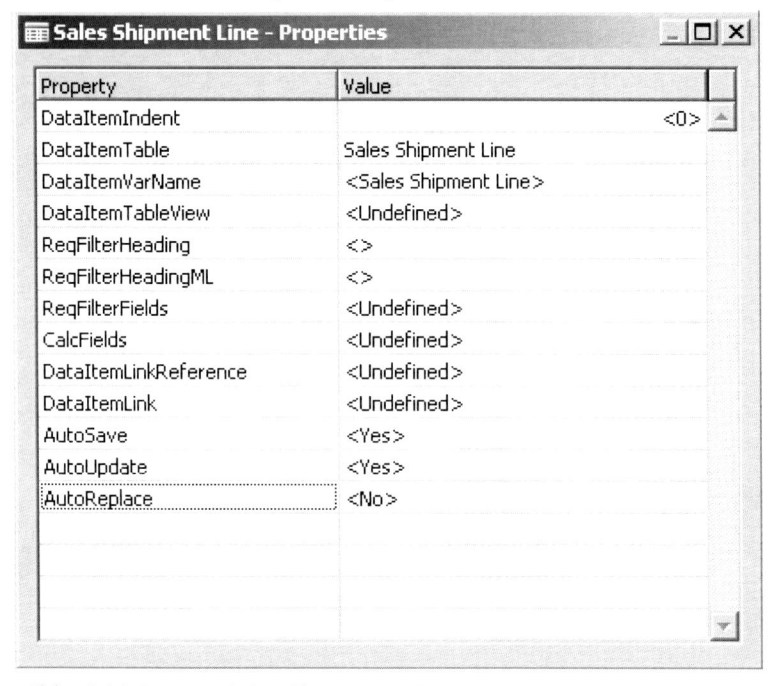

Abb. 8.11 Fenster Sales Shipment Line – Properties

8.1 Einfacher Export aus Microsoft Navision

Drücken Sie F6 in der Zeile „DataItemTableView" oder klicken Sie auf das Hilfefeld in der Zeile. Das folgende Fenster erscheint:

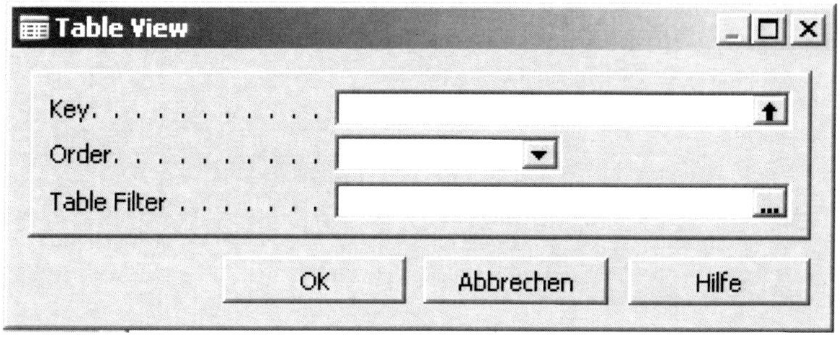

Abb. 8.12 Fenster Table View

Klicken Sie in das Feld „Key". Doppelklicken Sie als Nächstes auf den ersten Schlüssel in der aufgezeigten Liste. Drücken Sie auf „OK". Die „Properties" sollten nun wie folgt erscheinen:

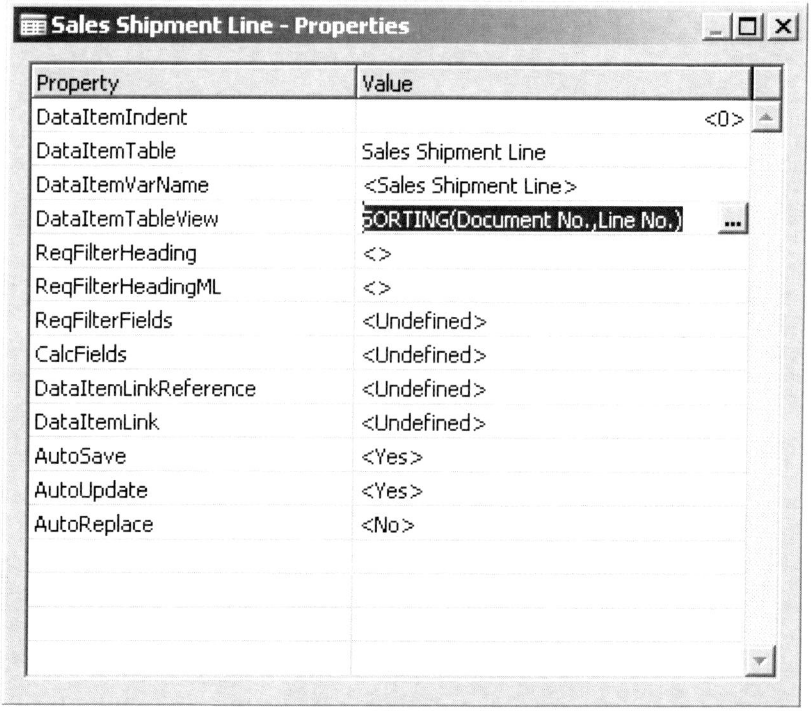

Property	Value
DataItemIndent	<0>
DataItemTable	Sales Shipment Line
DataItemVarName	<Sales Shipment Line>
DataItemTableView	SORTING(Document No.,Line No.)
ReqFilterHeading	<>
ReqFilterHeadingML	<>
ReqFilterFields	<Undefined>
CalcFields	<Undefined>
DataItemLinkReference	<Undefined>
DataItemLink	<Undefined>
AutoSave	<Yes>
AutoUpdate	<Yes>
AutoReplace	<No>

Abb. 8.13 Fenster Sales Shipment Line – Properties

8 Einführung in Dataports

Drücken Sie zweimal ESC. Speichern und starten Sie dann den „Dataport". Beim Starten werden Sie feststellen, dass Ihnen keine Optionen zur Verfügung stehen. Der „Dataport" startet nach zuvor in der Entwicklungsumgebung festgelegten Vorgaben.

Sehen Sie sich nun die von Ihnen erstellte Datei an. Suchen Sie in dem lokalen Datenträger C:/ auf Ihrem PC eine Datei mit der Bezeichnung „test.txt" und öffnen Sie sie. Das folgende Fenster sollte erscheinen:

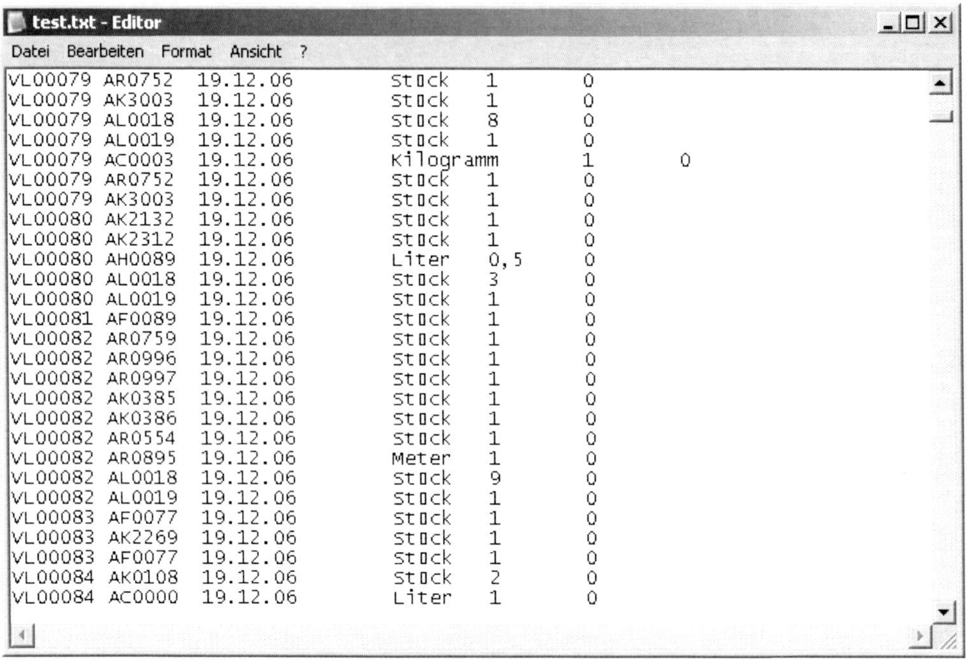

```
test.txt - Editor
Datei  Bearbeiten  Format  Ansicht  ?
VL00079  AR0752   19.12.06    Stück       1     0
VL00079  AK3003   19.12.06    Stück       1     0
VL00079  AL0018   19.12.06    Stück       8     0
VL00079  AL0019   19.12.06    Stück       1     0
VL00079  AC0003   19.12.06    Kilogramm   1     0
VL00079  AR0752   19.12.06    Stück       1     0
VL00079  AK3003   19.12.06    Stück       1     0
VL00080  AK2132   19.12.06    Stück       1     0
VL00080  AK2312   19.12.06    Stück       1     0
VL00080  AH0089   19.12.06    Liter       0,5   0
VL00080  AL0018   19.12.06    Stück       3     0
VL00080  AL0019   19.12.06    Stück       1     0
VL00081  AF0089   19.12.06    Stück       1     0
VL00082  AR0759   19.12.06    Stück       1     0
VL00082  AR0996   19.12.06    Stück       1     0
VL00082  AR0997   19.12.06    Stück       1     0
VL00082  AK0385   19.12.06    Stück       1     0
VL00082  AK0386   19.12.06    Stück       1     0
VL00082  AR0554   19.12.06    Stück       1     0
VL00082  AR0895   19.12.06    Meter       1     0
VL00082  AL0018   19.12.06    Stück       9     0
VL00082  AL0019   19.12.06    Stück       1     0
VL00083  AF0077   19.12.06    Stück       1     0
VL00083  AK2269   19.12.06    Stück       1     0
VL00083  AF0077   19.12.06    Stück       1     0
VL00084  AK0108   19.12.06    Stück       2     0
VL00084  AC0000   19.12.06    Liter       1     0
```

Abb. 8.14 Textdatei im Fenster Editor

Sie sehen in dieser Ausgabe, dass alle Zeilen ein „Item" enthalten und zwar in der zweiten Spalte und immer mit „A" beginnend. Die Anführungsstriche („") und Kommata (,) sind verschwunden und zur Abgrenzung der einzelnen Spalten wurden Tapstopps verwendet. Schließen Sie nun diese Datei.

8.1.2 Öffnen von Dateien in Microsoft Excel

Öffnen Sie Microsoft Excel und klicken Sie auf den Menüpunkt „Datei" und dann auf „Öffnen". In dem Excel-Fenster „Öffnen" müssen Sie den Dateityp in „Textdatei" umändern. Sie haben das folgende Fenster vor sich:

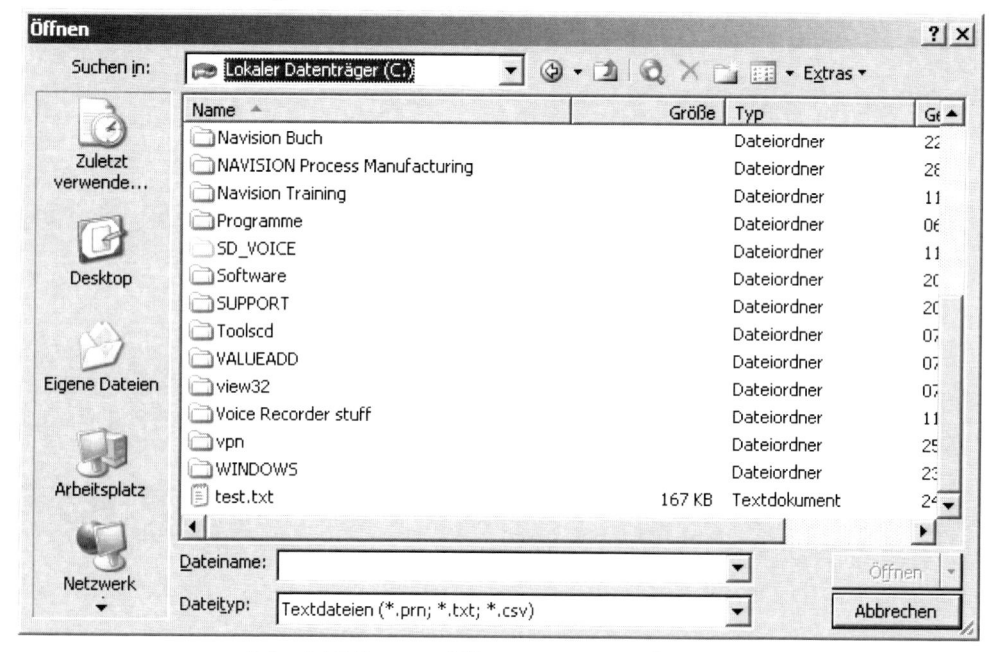

Abb. 8.15 Fenster Öffnen in Microsoft Excel

Doppelklicken Sie auf die Datei „test.txt". Das folgende Assistent-Fenster erscheint (Siehe Abb. 8.16):

Wählen Sie „Getrennt" und den „Dateiursprung" je nach Sprache der Datei. Klicken Sie auf „Weiter". Das folgende Fenster erscheint (Siehe Abb. 8.17):

8   Einführung in Dataports

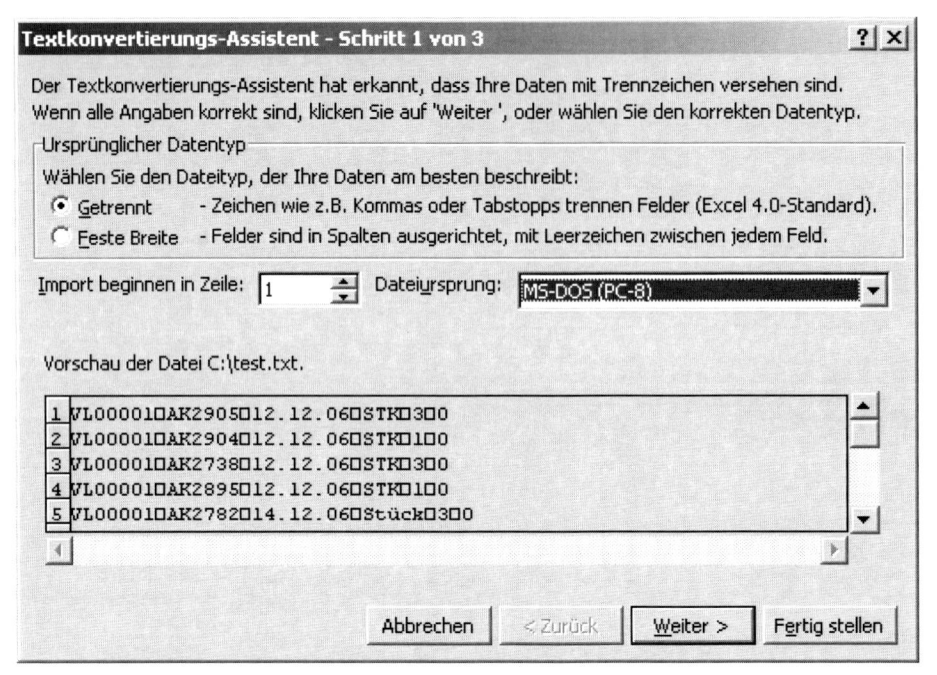

Abb. 8.16 Fenster Textkonvertierungs-Assistent- Schritt 1

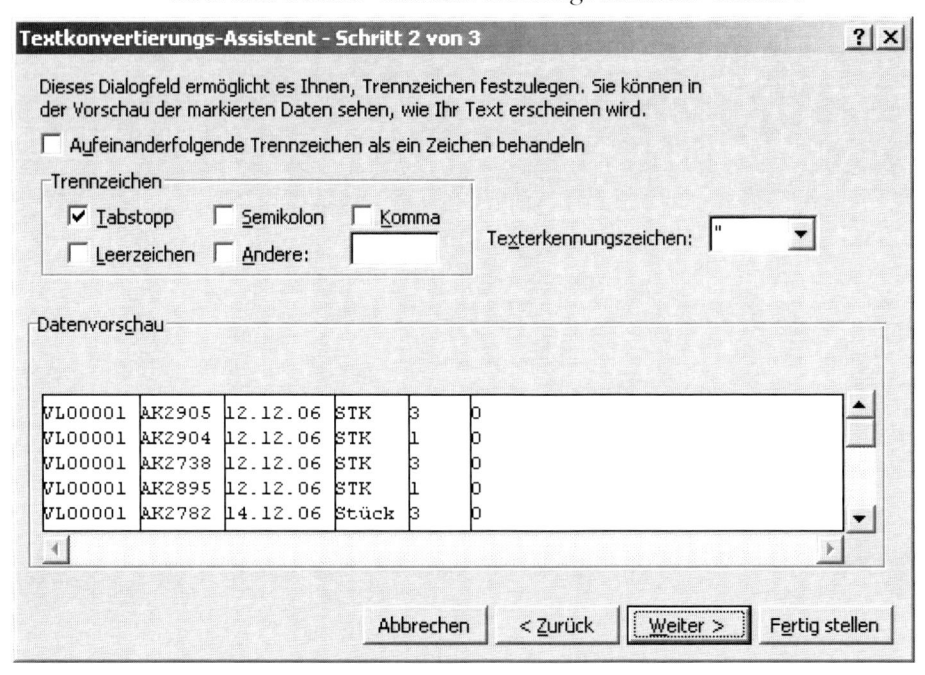

Abb. 8.17 Fenster Textkonvertierungs-Assistent- Schritt 2

8.1 Einfacher Export aus Microsoft Navision

Wählen Sie „Tapstopp" als Trennzeichen und klicken Sie auf „Weiter". Das folgende Fenster erscheint:

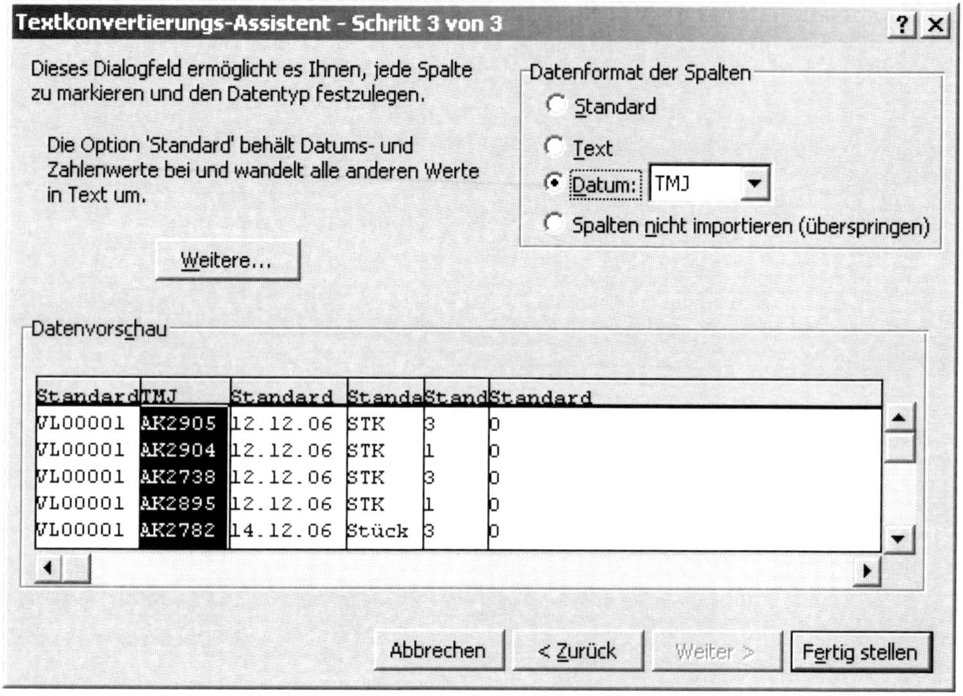

Abb. 8.18 Fenster Textkonvertierungs-Assistent-Schritt 3

Klicken Sie auf die Spalte, die das Datum enthält. Wählen Sie nun „Datum" als Option unter „Datenformat der Spalten". Hier wählen Sie das Datumsformat aus. In diesem Beispiel wurde das Format Tag, Monat, Jahr (TMJ) gewählt. Klicken Sie auf „Fertig stellen". Der Assistent wird geschlossen und Ihre Microsoft Navision-Daten erscheinen nun in Excel (siehe unten).

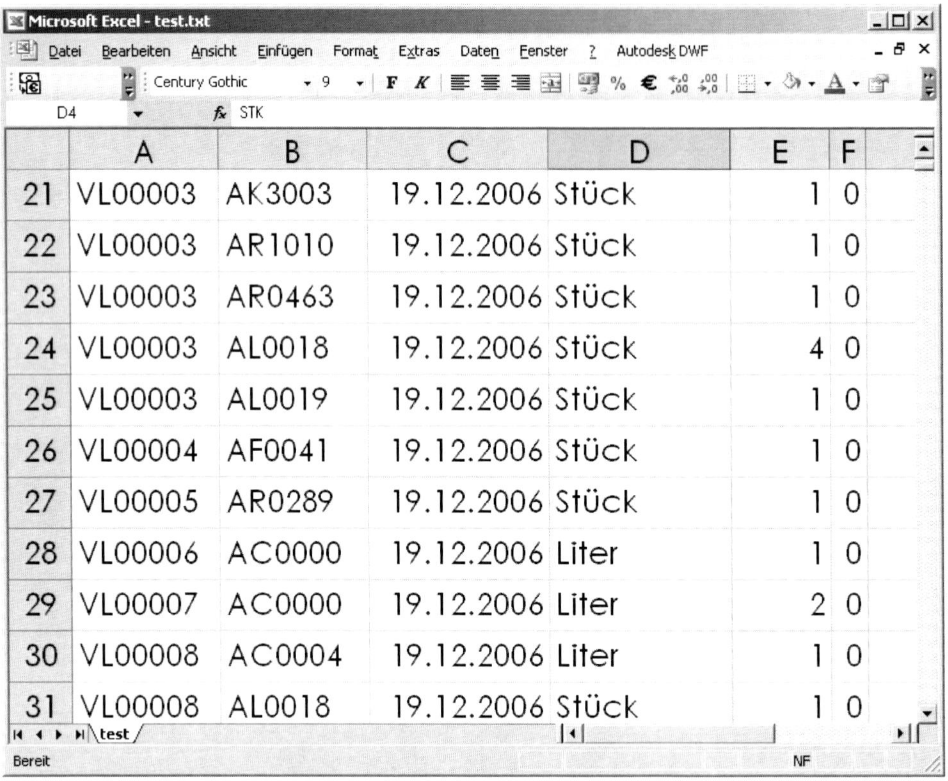

8   Einführung in Dataports

	A	B	C	D	E	F
21	VL00003	AK3003	19.12.2006	Stück	1	0
22	VL00003	AR1010	19.12.2006	Stück	1	0
23	VL00003	AR0463	19.12.2006	Stück	1	0
24	VL00003	AL0018	19.12.2006	Stück	4	0
25	VL00003	AL0019	19.12.2006	Stück	1	0
26	VL00004	AF0041	19.12.2006	Stück	1	0
27	VL00005	AR0289	19.12.2006	Stück	1	0
28	VL00006	AC0000	19.12.2006	Liter	1	0
29	VL00007	AC0000	19.12.2006	Liter	2	0
30	VL00008	AC0004	19.12.2006	Liter	1	0
31	VL00008	AL0018	19.12.2006	Stück	1	0

Abb. 8.19 Textdatei in Microsoft Excel

Damit ist die Beispielausführung eines einfachen Exports abgeschlossen.

8.2 Komplexer Export

Nehmen wir an, Sie möchten Informationen aus mehr als einer Tabelle in Ihrem „Dataport" exportieren. Oder nehmen wir an, dass der Export die Ergebnisse von Berechnungen enthalten soll. Dies stellt sich als nicht ganz so einfach heraus wie die direkte Eingabe von Feldern aus dem „DataItem" in die „Dataport"-Felder.

Um dieses Problem – und andere, die noch nicht genannt wurden - zu lösen, benötigen Sie „Global"-Variablen innerhalb des „Dataport".

Stellen Sie sich vor, für den Export des *Verkaufslieferzeile* sind noch weitere Anforderungen notwendig, wie z. B. die Lieferadresse des Kunden und das Gewicht des Verpackungsmaterials.

Öffnen Sie „Dataport 50000" und führen Sie diese notwendigen Änderungen durch. Klicken Sie auf das „DataItem" „Sales Shipment Line" und öffnen Sie dann das „Field Menu", indem Sie folgenden Pfad gehen:

Ansicht > Field Menu

Wenn Sie das „Field Menu" durchgehen, werden Sie feststellen, dass innerhalb der Tabelle keine Adressinformationen vorzufinden sind. Die Lieferadresse finden Sie vielmehr in der Tabelle „Sales Shipment Header". Über „Document No." (*Belegnummer*) können Sie diese beiden Tabellen miteinander verknüpfen.

Öffnen Sie jetzt die Tabelle Nr. 110 „Sales Shipment Header". Klicken Sie auf die Schaltfläche „Table" im „Object Designer". Suchen Sie Objekt 110 und klicken Sie dann auf „Design". Das folgende Fenster erscheint:

8   Einführung in Dataports

E.	Field No.	Field Name	Data Type	Length	Description
✓	2	Sell-to Customer No.	Code	20	
✓	3	No.	Code	20	
✓	4	Bill-to Customer No.	Code	20	
✓	5	Bill-to Name	Text	30	
✓	6	Bill-to Name 2	Text	30	
✓	7	Bill-to Address	Text	30	
✓	8	Bill-to Address 2	Text	30	
✓	9	Bill-to City	Text	30	
✓	10	Bill-to Contact	Text	30	
✓	11	Your Reference	Text	30	
✓	12	Ship-to Code	Code	10	
✓	13	Ship-to Name	Text	30	
✓	14	Ship-to Name 2	Text	30	
✓	15	Ship-to Address	Text	30	
✓	16	Ship-to Address 2	Text	30	
✓	17	Ship-to City	Text	30	
✓	18	Ship-to Contact	Text	30	
✓	19	Order Date	Date		
✓	20	Posting Date	Date		
✓	21	Shipment Date	Date		
✓	22	Posting Description	Text	50	
✓	23	Payment Terms Code	Code	10	

Abb. 8.20 Fenster Table 110 Sales Shipment Line – Table Designer

Die Informationen zur Lieferadresse finden Sie in der obigen Tabelle. Sehen Sie sich die Schlüsseleinstellungen für diese Tabelle an. Diese Informationen werden Sie benötigen, wenn Sie in Zukunft Verknüpfungen zu dieser Tabelle erstellen möchten.

Gehen Sie auf:

T Ansicht > Keys

Das folgende Fenster erscheint:

8.2 Komplexer Export

```
┌─────────────────────────────────────────────────────┐
│ ▦ Table 110 Sales Shipment Header - Keys    _ □ ×   │
├─────────────────────────────────────────────────────┤
│   │ Key                                             │
│   │ No.                                             │
│   │ Order No.                                       │
│   │ Bill-to Customer No.                            │
│   │ Sell-to Customer No.,External Document No.     │
│   │ Sell-to Customer No.,No.                       │
│ *▶│                                                 │
│   │                                                 │
│   │                                                 │
│   │                                                 │
│   │                                                 │
│   │                                                 │
│   │                                         Hilfe   │
└─────────────────────────────────────────────────────┘
```

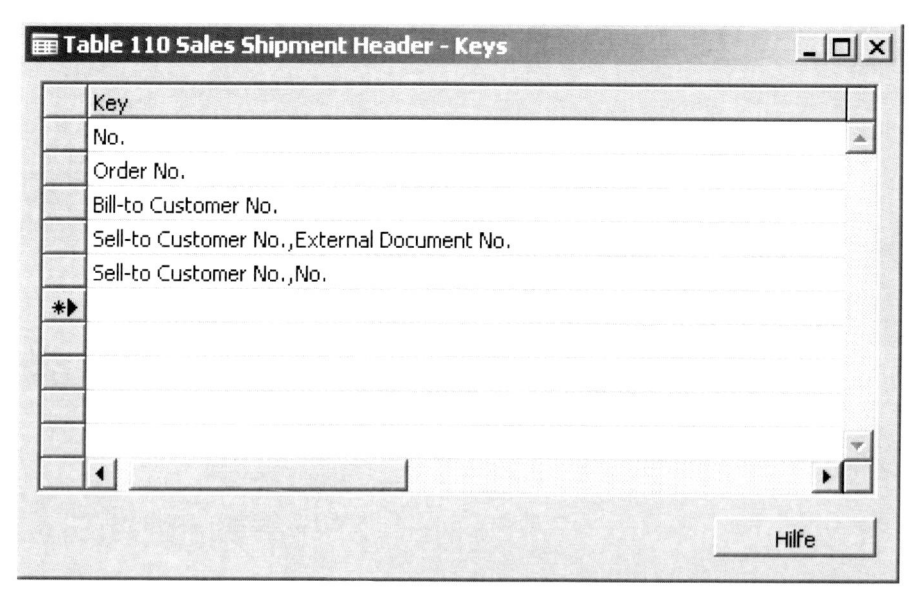

Abb. 8.21 Fenster Table 110 Sales Shipment Line – Keys

Kehren Sie zum „Dataport" zurück und öffnen Sie das Fenster der „Global"-Variablen über:

T Ansicht > C/AL Globals

Tippen Sie „ShipmentHeaderREC" in die Spalte „Name", wählen Sie in der Spalte „DataType" den Begriff „Record" und „Sales Shipment Header" in der Spalte „Subtype". Mit dieser „Global"-Variablen haben Sie eine Verknüpfung zu „Sales Shipment Header" erstellt.

Nun müssen Sie einige „Global"-Variablen erstellen, um Informationen zu speichern, die nicht direkt in der „DataItem"-Tabelle zu finden sind. Erstellen Sie die im folgenden Fenster gezeigten Variablen:

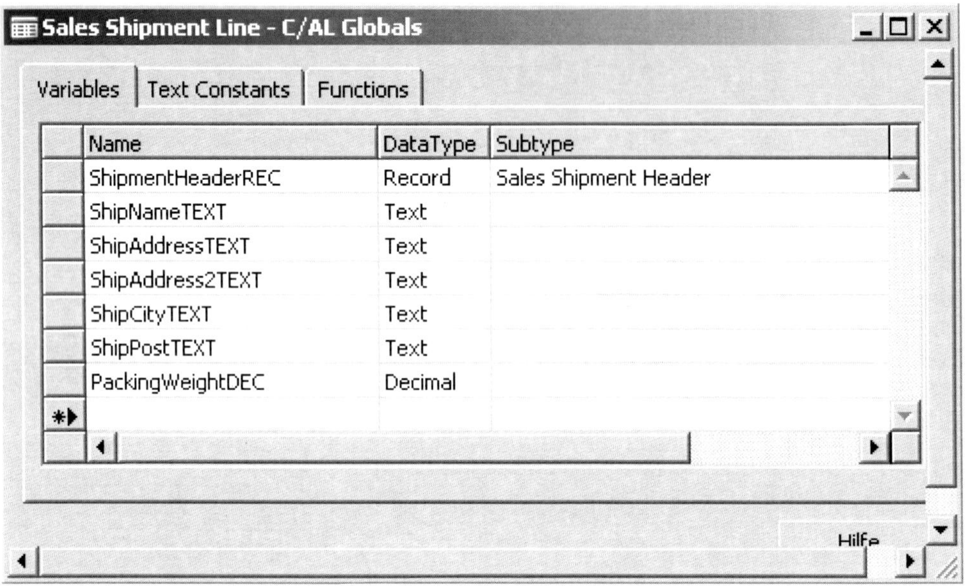
Sales Shipment Line - C/AL Globals
Variables
Text Constants
Functions
Name
DataType
Subtype
ShipmentHeaderREC
Record
Sales Shipment Header
ShipNameTEXT
Text
ShipAddressTEXT
Text
ShipAddress2TEXT
Text
ShipCityTEXT
Text
ShipPostTEXT
Text
PackingWeightDEC
Decimal

Abb. 8.22 Fenster Sales Shipment Line – C/AL Globals

Drücken Sie ESC und klicken Sie dann in Ihrem „Dataport" auf „DataItem". Drücken Sie als Nächstes F9, um in die C/AL-Bearbeitungsumgebung zu gelangen. Rufen Sie als Erstes die Tabelle „Sales Shipment Header" über die globale Variable „ShipmentHeaderREC" auf.

Nach Initialisierung der Berichtvariablen mit der „RESET"-Funktion müssen Sie einen Schlüssel in der Zieltabelle auswählen. Das Feld „No." muss der „Document No." in der Tabelle „Sales Shipment Line" entsprechen. Richten Sie nun diesen Schlüssel in der Variablen „ShipmentHeaderREC" ein. Legen Sie als Nächstes einen Filter auf das Feld „No." zu der „Document No." in der Tabelle „Sales Shipment Line" fest. Suchen Sie den Bericht abschließend in der mit der Zeile verbundenen Kopfzeile. Die oben beschriebenen Schritte öffnen, sortieren und verknüpfen das „DataItem" mit der „Global"-Variable. Dies ermöglicht es Ihnen, Informationen in Bezug auf eine „Sales Shipment Line" aus der Tabelle „Sales Shipment Line" abzurufen.

Nachdem Sie eine Verknüpfung hergestellt haben, müssen Sie diese Informationen nun erfassen und speichern. Speichern Sie

8.2 Komplexer Export

die Informationen aus dem „Sales Shipment Header"-Bericht in den anderen „Global"-Variablen.

Als Vorsichtsmaßnahme sollten Sie alle Werte in der „Global"-Variable nach jeder Verwendung löschen. Dies ist für den Fall notwendig, dass Microsoft Navision nicht in der Lage ist, eine Übereinstimmung in dem „Global"-Bericht ausfindig zu machen. Wird keine Übereinstimmung gefunden, werden die Werte aus der vorangegangen „Sales Shipment Line" in den darauf folgenden Bericht übertragen. Ein solches Ereignis ist recht unwahrscheinlich, da kaum Zeilen ohne Kopf existieren, es ist jedoch immer empfehlenswert, defensiv zu programmieren.

Unten sehen Sie den „C/AL Code", der zum Ausführen all dieser Aufgaben benötigt wird:

```
SETFILTER("Sales Shipment Line".Type,'Item');

Sales Shipment Line - OnBeforeExportRecord()
ShipmentHeaderREC.RESET;
ShipmentHeaderREC.setcurrentkey(ShipmentHeaderREC."No.");
ShipmentHeaderREC.setfilter(ShipmentHeaderREC."No.","Sales Shipment Line"."Document No.");
if ShipmentHeaderREC.find('-') then
  begin
    ShipNameTEXT := ShipmentHeaderREC."Ship-to Name";
    ShipAddressTEXT := ShipmentHeaderREC."Ship-to Address";
    ShipAddress2TEXT := ShipmentHeaderREC."Ship-to Address 2";
    ShipCityTEXT := ShipmentHeaderREC."Ship-to City";
    ShipPostTEXT := ShipmentHeaderREC."Ship-to Post Code";
  end else begin
    ShipNameTEXT := '';
    ShipAddressTEXT := '';
    ShipAddress2TEXT := '';
    ShipCityTEXT := '';
    ShipPostTEXT := '';
  end;

Sales Shipment Line - OnAfterExportRecord()

Sales Shipment Line - OnBeforeImportRecord()

Sales Shipment Line - OnAfterImportRecord()
```

Abb. 8.23 Fenster Sales Shipment Line – C/AL Editor

8 Einführung in Dataports

Wie Sie feststellen können, muss dieser Code in den Trigger „OnBeforeExportRecord()" gestellt werden. Auf diese Weise kann Microsoft Navision auf diese Informationen zugreifen, bevor es jede Zeile in die Export-Textdatei überträgt.

Kodieren Sie als Nächstes die Berechnung für das Gewicht des Verpackungsmaterials. Dieses wird ganz einfach durch Subtraktion des Bruttogewichts vom Nettogewicht für jede Zeile berechnet. Zur Durchführung können Sie den folgenden Code verwenden:

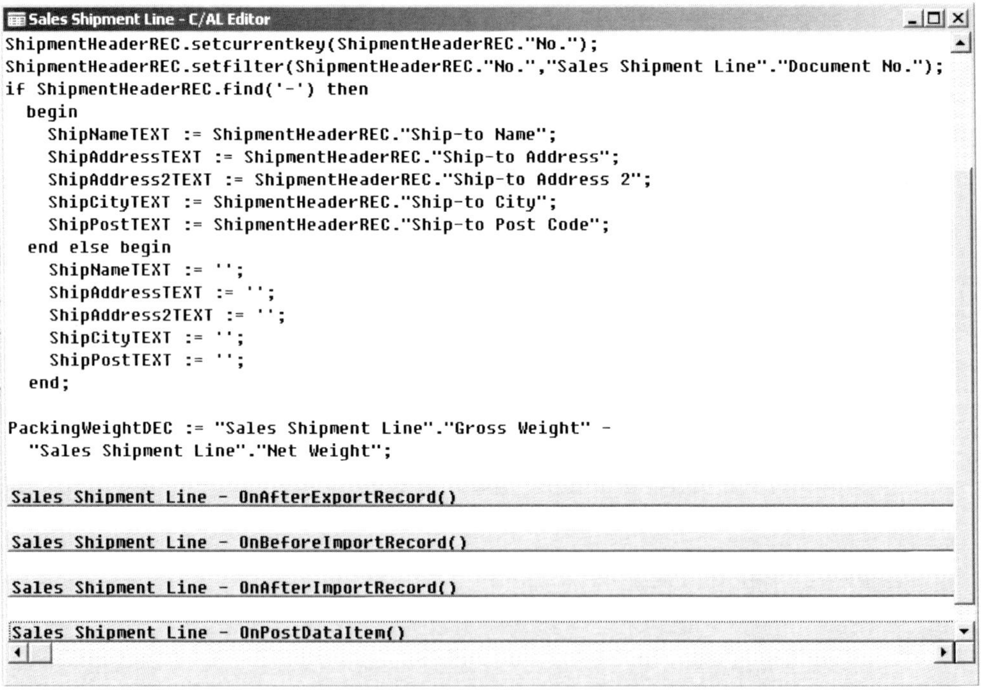

```
ShipmentHeaderREC.setcurrentkey(ShipmentHeaderREC."No.");
ShipmentHeaderREC.setfilter(ShipmentHeaderREC."No.","Sales Shipment Line"."Document No.");
if ShipmentHeaderREC.find('-') then
  begin
    ShipNameTEXT := ShipmentHeaderREC."Ship-to Name";
    ShipAddressTEXT := ShipmentHeaderREC."Ship-to Address";
    ShipAddress2TEXT := ShipmentHeaderREC."Ship-to Address 2";
    ShipCityTEXT := ShipmentHeaderREC."Ship-to City";
    ShipPostTEXT := ShipmentHeaderREC."Ship-to Post Code";
  end else begin
    ShipNameTEXT := '';
    ShipAddressTEXT := '';
    ShipAddress2TEXT := '';
    ShipCityTEXT := '';
    ShipPostTEXT := '';
  end;
PackingWeightDEC := "Sales Shipment Line"."Gross Weight" -
  "Sales Shipment Line"."Net Weight";

Sales Shipment Line - OnAfterExportRecord()

Sales Shipment Line - OnBeforeImportRecord()

Sales Shipment Line - OnAfterImportRecord()

Sales Shipment Line - OnPostDataItem()
```

Abb. 8.24 Fenster Sales Shipment Line – C/AL Editor

Nun bleibt nur noch, diese Variablen in die „Dataport"-Felder einzugeben. Drücken Sie ESC, um zu dem „DataItem" zurückzukehren. Gehen Sie im Menü über:

T Ansicht > Dataport Fields

8.2 Komplexer Export

Geben Sie die neuen Variablen nach untenstehender Vorgabe in das Fenster ein:

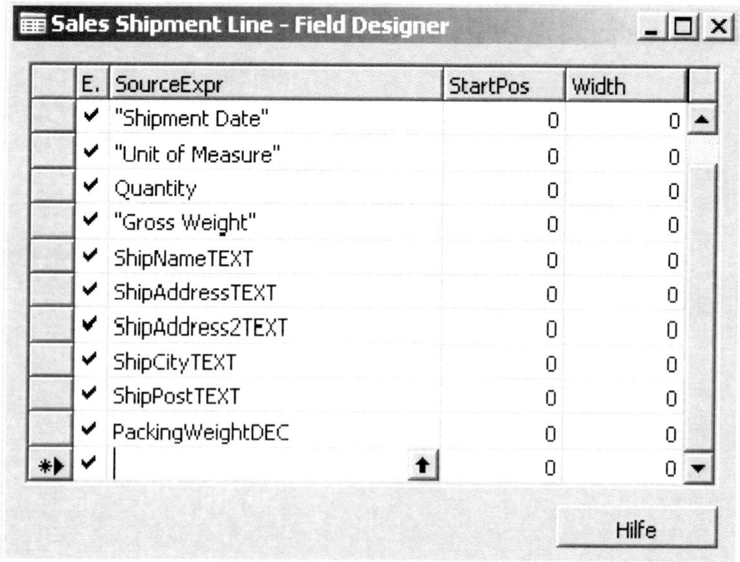

E.	SourceExpr	StartPos	Width
✓	"Shipment Date"	0	0
✓	"Unit of Measure"	0	0
✓	Quantity	0	0
✓	"Gross Weight"	0	0
✓	ShipNameTEXT	0	0
✓	ShipAddressTEXT	0	0
✓	ShipAddress2TEXT	0	0
✓	ShipCityTEXT	0	0
✓	ShipPostTEXT	0	0
✓	PackingWeightDEC	0	0
✓		0	0

Abb. 8.25 Fenster Sales Shipment Line – Field Designer

Schließen, speichern und starten Sie nun den „Dataport". Öffnen Sie die Textdatei nach oben beschriebenem Verfahren in Microsoft Excel. Sie sollten in Excel etwa das folgende Fenster vor sich haben (der Inhalt in Ihrer lokalen Datenbank wird sich natürlich von dem Inhalt in diesem Beispiel unterscheiden).

8   Einführung in Dataports

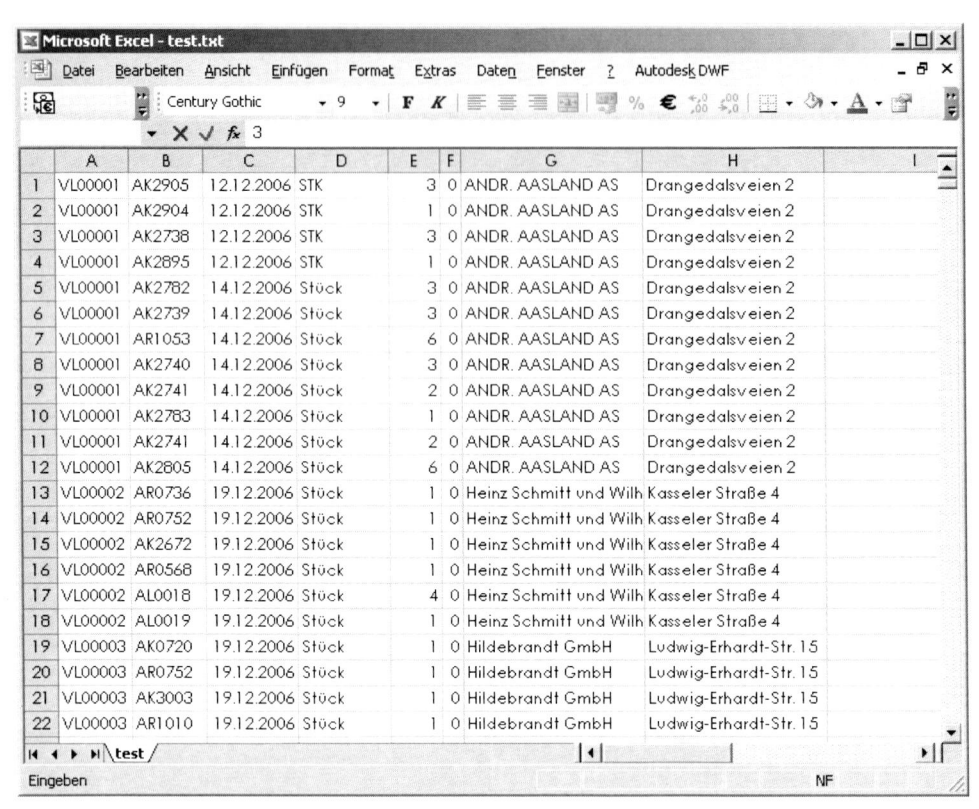

Abb. 8.26 Textdatei in Microsoft Excel

8.3 Erstellen eines Import-"Dataport"

Das Importieren von Daten in Microsoft Navision ist ein wenig komplizierter als das Exportieren von Daten. Ein Grund dafür ist, dass Informationen in Microsoft Navision normalerweise miteinander verknüpft sind, das heißt, der Inhalt einiger Felder kann von Informationen in anderen Felder oder sogar in anderen Tabellen abhängen. Wenn Informationen in derartige untereinander verbundene Felder eingebracht werden sollen, müssen Sie diese Verbindungen während des Importprozesses auslösen oder nachbilden. Wenn Sie zum Beispiel ein neues, in Liter definiertes „Item" importieren, folgt daraus nicht automatisch, dass „Liter" in der Tabelle „Item Unit of Measure" vorhanden ist. Sobald ein Nutzer versucht, dieses neue „Item" zu bearbeiten, tritt ein Fehler auf, da Microsoft Navision es nicht ermöglicht, ein „Item" zu verwenden, wenn dessen Grundeinheit nicht in der Tabelle „Item Unit of Measure" festgelegt ist.

Um dieses Problem zu umgehen, müssen Sie die Grundeinheit während des Imports validieren.

Bei dem Importversuch kann ein weiteres Problem auftreten: Bei jeder Importzeile müssen die Tabellen durchsucht werden, um Widersprüche zwischen Importinformationen und Informationen in der Zieltabelle zu vermeiden.

Im folgenden Beispiel zeigen wir Ihnen, wie alle diese Probleme zu bewältigen sind, indem wir ein Importtool erstellen, das neue Berichte in die „Item"-Tabelle einfügt.

Gehen Sie in den „Dataport"-Bereich „Object Designer" und klicken Sie auf „New". Hier fragen Sie nicht direkt die „Item"-Tabelle ab, sondern suchen vielmehr und fügen in diese ein, nachdem Sie Informationen aus einer externen Datei abgerufen haben. Aus diesem Grund dürfen wir die „Item"-Tabelle nicht als unser „DataItem" verwenden. Stattdessen müssen Sie ein besonderes „DataItem" verwenden: „Integer".

„Integer" ist eine temporäre Tabelle mit einer ganzen Zahl als Primärschlüssel. Bei der Verwendung von „Integer" kann Microsoft Navision eine Reihe von Befehlen solange in einer Schleife laufen lassen, wie es Ihren Anforderungen entspricht. Diese Schleife kann beendet werden, wenn eine bestimmte Anzahl von Iterationen ausgeführt wurde, oder sobald eine in der Entwicklungsumgebung festgelegte Bedingung gegeben ist.

Geben Sie „Integer" als „DataItem" des Import-"Dataport" ein. Drücken Sie als Nächstes SHIFT+F4. Gehen Sie auf das Menü und dann auf:

T Ansicht > Properties

8   Einführung in Dataports

Drücken Sie F6 in der „DataItemTableView". Drücken Sie F6 in dem Feld „Key". Der einzige zur Verfügung stehende Schlüssel ist „Number". Wählen Sie „Number" und kehren Sie zu dem Fenster „DataItem" zurück. Markieren Sie die leere Zeile direkt unterhalb von „Integer" und drücken Sie dann SHIFT+F4, um die allgemeinen „Dataport"-Eigenschaften zu öffnen. Übertragen Sie die im unteren Fenster gezeigten Werte:

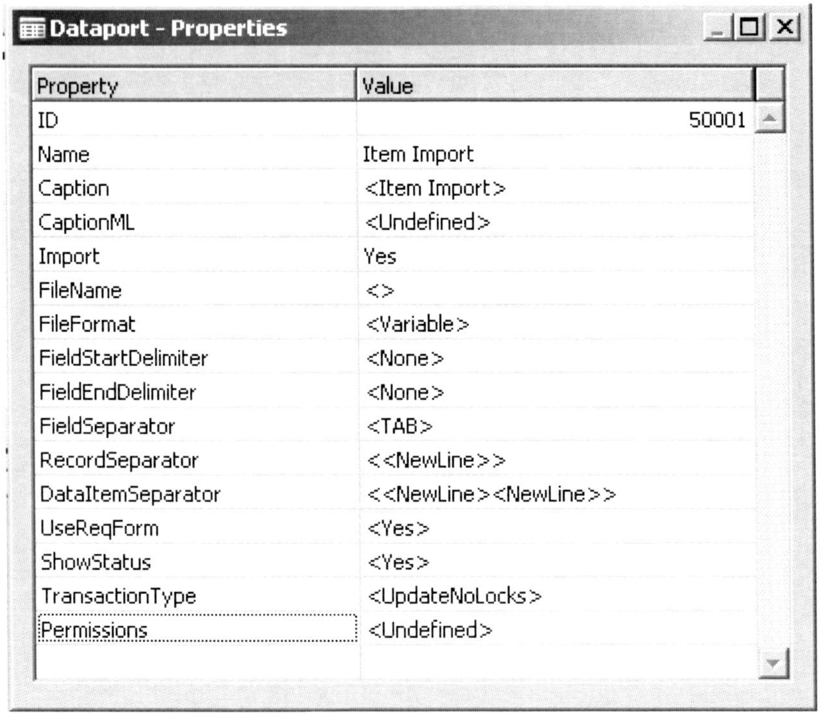

Property	Value
ID	50001
Name	Item Import
Caption	<Item Import>
CaptionML	<Undefined>
Import	Yes
FileName	<>
FileFormat	<Variable>
FieldStartDelimiter	<None>
FieldEndDelimiter	<None>
FieldSeparator	<TAB>
RecordSeparator	<<NewLine>>
DataItemSeparator	<<NewLine><NewLine>>
UseReqForm	<Yes>
ShowStatus	<Yes>
TransactionType	<UpdateNoLocks>
Permissions	<Undefined>

Abb. 8.27 Fenster Dataport - Properties

Beachten Sie, dass der „Value" nach der Eigenschaft „Import" „Yes" lautet und nicht der Standardbezeichnung „<Yes>" entspricht. Dieser kleine Unterschied ist von großer Bedeutung. Wenn „Yes" ohne spitze Klammern erscheint, verweigert der „Dataport" dem Nutzer beim Ausführen die Wahlmöglichkeit Export. Bleiben die Klammern, steht dem Endanwender beim Ausführen die Option Import/Export offen.

8.3 Erstellen eines Import-"Dataport"

Öffnen Sie die Eigenschaften des „DataItem" „Integer". Klicken Sie noch einmal auf das „DataItem" und drücken Sie dann SHIFT+ F4. Stellen Sie die Eigenschaften nach den folgenden Vorgaben ein:

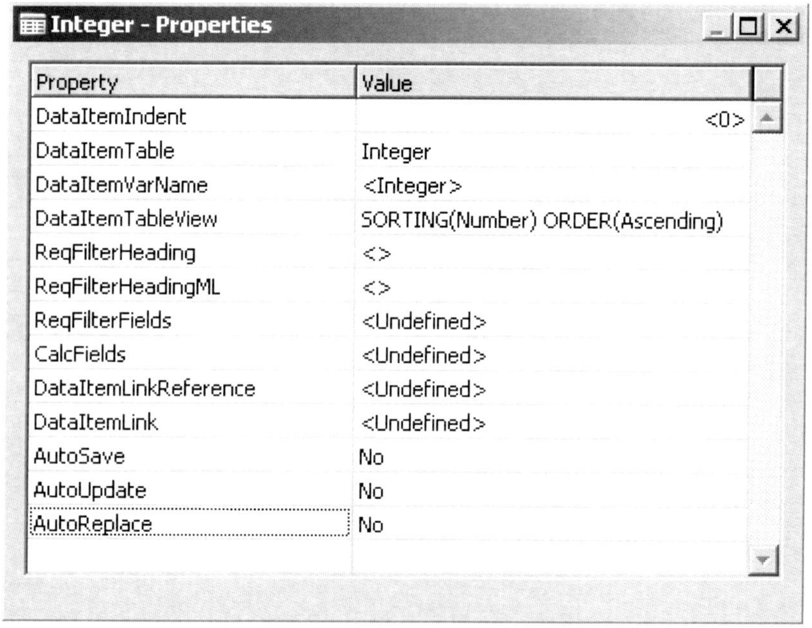

Property	Value
DataItemIndent	<0>
DataItemTable	Integer
DataItemVarName	<Integer>
DataItemTableView	SORTING(Number) ORDER(Ascending)
ReqFilterHeading	<>
ReqFilterHeadingML	<>
ReqFilterFields	<Undefined>
CalcFields	<Undefined>
DataItemLinkReference	<Undefined>
DataItemLink	<Undefined>
AutoSave	No
AutoUpdate	No
AutoReplace	No

Abb. 8.28 Fenster Integer - Properties

Beachten Sie, dass die Eigenschaften „AutoSave", „AutoUpdate" und „AutoReplace" alle auf „No" eingestellt sind. Diese Einstellungen sind Vorraussetzung für die Verwendung von „Integer" – einer temporären Tabelle – als Ihr „DataItem".

Sehen Sie sich nun die Importdatei an. Treffen Sie Ihre Vorbereitungen für dieses Beispiel in einer Arbeitsmappe in Microsoft Excel. Erstellen Sie eine Mappe nach untenstehender Vorgabe:

8 Einführung in Dataports

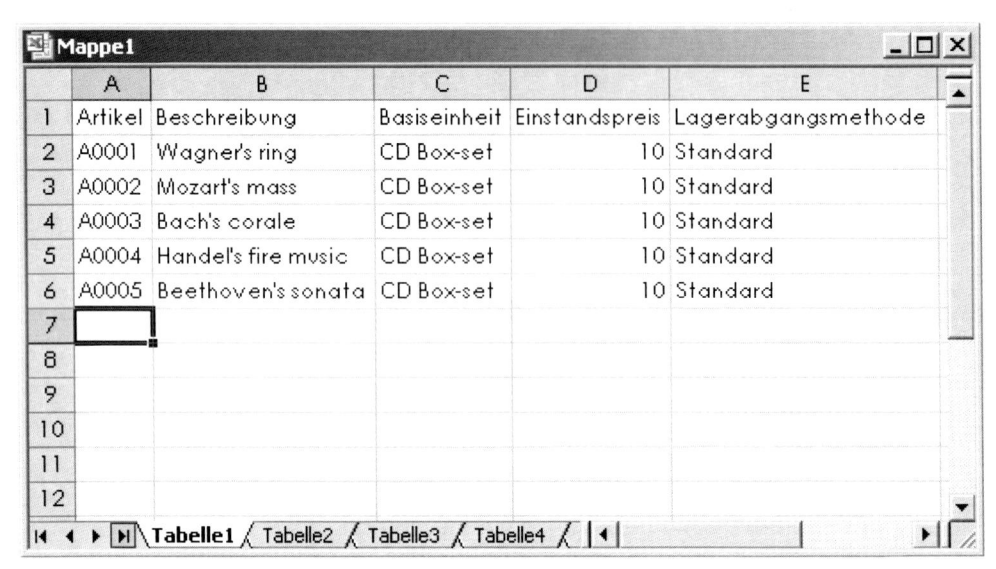

	A	B	C	D	E
1	Artikel	Beschreibung	Basiseinheit	Einstandspreis	Lagerabgangsmethode
2	A0001	Wagner's ring	CD Box-set	10	Standard
3	A0002	Mozart's mass	CD Box-set	10	Standard
4	A0003	Bach's corale	CD Box-set	10	Standard
5	A0004	Handel's fire music	CD Box-set	10	Standard
6	A0005	Beethoven's sonata	CD Box-set	10	Standard

Abb. 8.29 Importvorbereitungen in Microsoft Excel

Speichern Sie diese Microsoft Excel-Mappe als Text. Gehen Sie auf:

T Datei > Speichern

Ändern Sie den Datentyp in „Text (Tabs getrennt)" um. Speichern Sie die Datei auf Ihrem lokalen Datenträger C:/ unter der Bezeichnung „test.txt".

Kehren Sie nun zu dem „Dataport" zurück. Gehen Sie zu dem Fenster „C/AL Globals". Klicken Sie auf das „DataItem" „Integer" und wählen Sie dann über das Menü:

T Ansicht > C/AL Globals

Erstellen Sie die folgenden Variablen (Siehe Abb. 8.29):

Beachten Sie, dass alle Variablen mit Ausnahme von „ItemREC" den Datentyp „Text" aufweisen. Dies liegt daran, dass alle importierten Informationen zunächst als Text ausgeführt werden. Als zweiten Schritt müssen Sie die Importinformationen neu bewerten und mit „C/AL Code" den korrekten Microsoft-Datentyp zuweisen. Geben Sie diese Variablen nun in die „Dataport"-Felder des „DataItem" „Integer" ein.

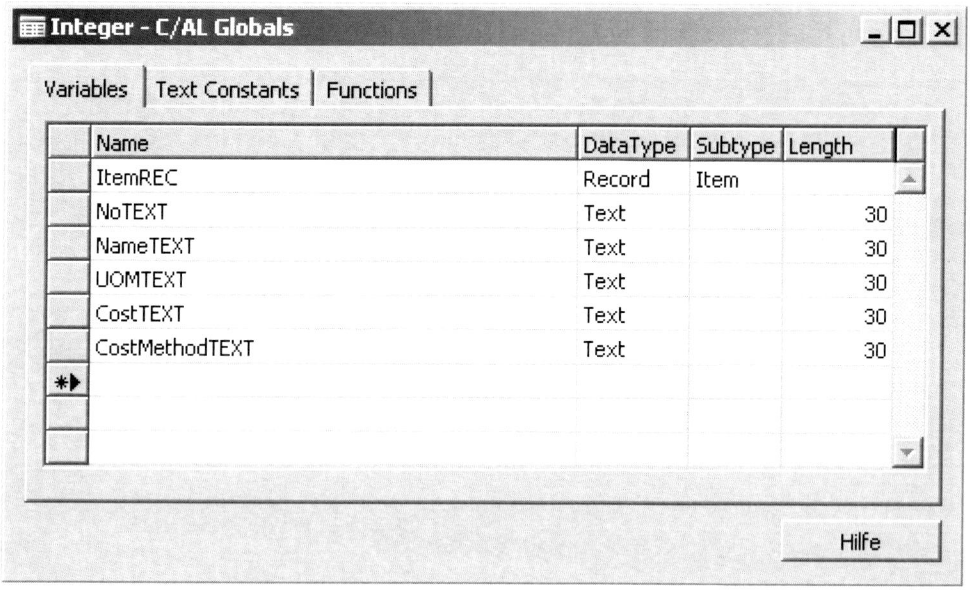

8.3 Erstellen eines Import-"Dataport"

Name	DataType	Subtype	Length
ItemREC	Record	Item	
NoTEXT	Text		30
NameTEXT	Text		30
UOMTEXT	Text		30
CostTEXT	Text		30
CostMethodTEXT	Text		30

Abb. 8.30 Fenster Integer – C/AL Globals

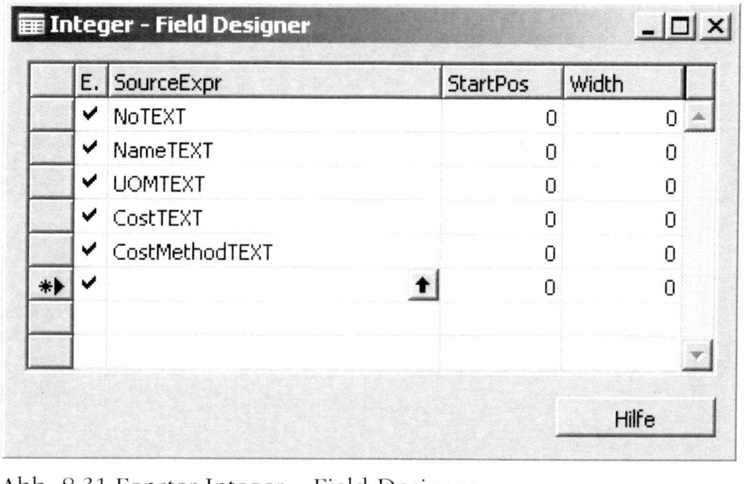

E.	SourceExpr	StartPos	Width
✓	NoTEXT	0	0
✓	NameTEXT	0	0
✓	UOMTEXT	0	0
✓	CostTEXT	0	0
✓	CostMethodTEXT	0	0

Abb. 8.31 Fenster Integer – Field Designer

Bedenken Sie, dass in der von Ihnen erstellten Microsoft Excel-Textdatei eine Kopfzeile existierte. Diese Zeile dürfen Sie NICHT in die „Item"-Tabelle importieren, ansonsten riskieren Sie einen Absturz des „Dataport". Erstellen Sie, um dies zu umgehen, eine „Integer"-Variable, die die Anzahl der Berichte zählt, die der „Da-

305

taport" abgerufen hat. Diese neue „Global"-Variable können Sie „i" nennen, wie unten geschehen:

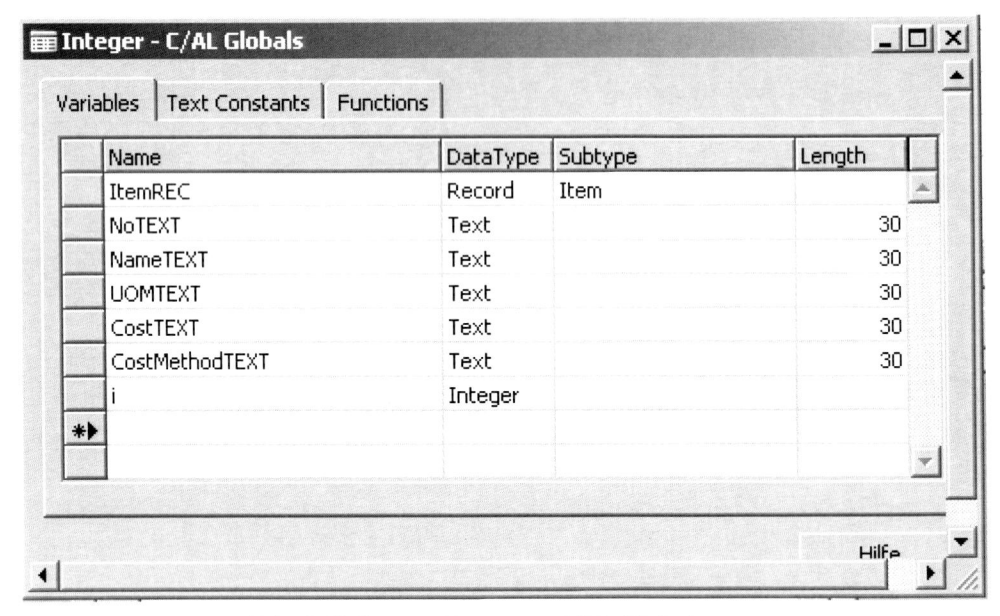

Name	DataType	Subtype	Length
ItemREC	Record	Item	
NoTEXT	Text		30
NameTEXT	Text		30
UOMTEXT	Text		30
CostTEXT	Text		30
CostMethodTEXT	Text		30
i	Integer		

Abb. 8.32 Fenster Integer – C/AL Globals

Öffnen Sie nun die „Item"-Tabelle und stellen Sie sicher, dass keine „Items" mit doppelter „Item No." existieren. Sind keine Duplikate vorhanden, können Sie mit der Erstellung des neuen „Item" beginnen. Betrachten Sie den folgenden Code:

8.3 Erstellen eines Import-"Dataport"

```
Integer - C/AL Editor                                    _ □ ×
Documentation()

Integer - OnPreDataItem()

Integer - OnBeforeExportRecord()

Integer - OnAfterExportRecord()

Integer - OnBeforeImportRecord()

Integer - OnAfterImportRecord()
i := i + 1;
IF i > 1 THEN
  BEGIN
    ItemREC.RESET;
    ItemREC.SETCURRENTKEY(ItemREC."No.");
    ItemREC.SETFILTER(ItemREC."No.",NoTEXT);
    IF NOT ItemREC.FIND('-') THEN
      BEGIN
```

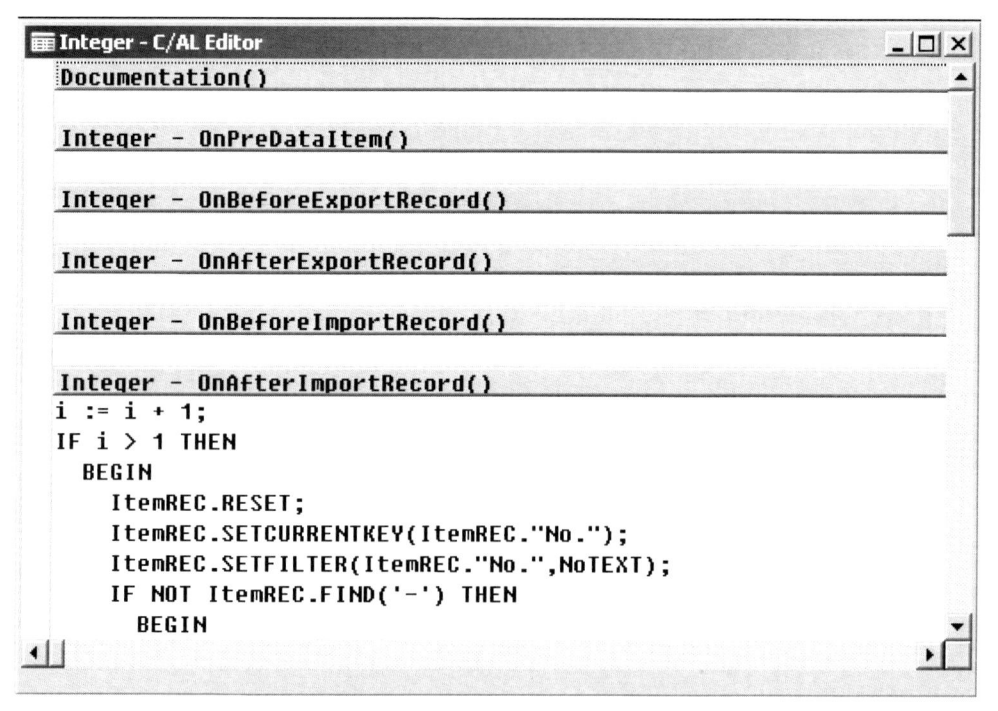

Abb. 8.33 Fenster Integer – C/AL Editor

Hier sehen Sie, dass der Wert von „i" jedes Mal um 1 zunimmt, wenn der Code ausgeführt wird. Sie können ebenfalls erkennen, dass „ItemREC" NICHT abgerufen wird, wenn „i" gleich 1 oder weniger ist. Die Kopfzeile der Textdatei ist der Import, und „i" entspricht 1 während des Imports. Mit dieser Methode vermeiden Sie die Interpolierung der „Item"-Tabelle mit dem Import der Textkopfzeile.

Um den Importtext in den korrekten Microsoft Navision-Datentyp umzuwandeln, benötigen Sie eine neue „C/AL Code"-Funktion: „EVALUATE".

Diese Funktion überträgt den Wert und wandelt den Datentyp einer Textvariablen in eine zweite Variable um. Manchmal lässt sich dies nicht durchführen. Wenn Sie mit dieser Funktion zum Beispiel ein Zeichen wie den Buchstaben „A" in ein Dezimalfeld übertragen wollen, wird dies nicht gelingen.

8 Einführung in Dataports

Führen Sie nun einen neuen „Item" ein und fügen Sie diesen in der „Item"-Tabelle ein. Sie sollten außerdem den Import „No-TEXT" mit der Funktion „EVALUATE" in das Feld „No." übertragen. Betrachten Sie den folgenden Code:

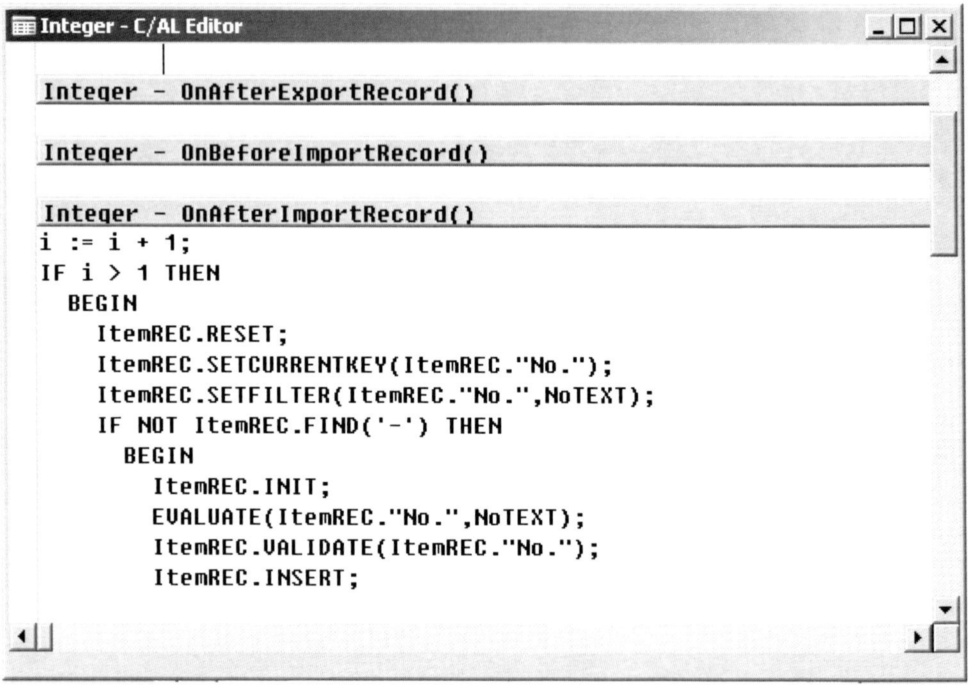

```
Integer - OnAfterExportRecord()

Integer - OnBeforeImportRecord()

Integer - OnAfterImportRecord()
i := i + 1;
IF i > 1 THEN
  BEGIN
    ItemREC.RESET;
    ItemREC.SETCURRENTKEY(ItemREC."No.");
    ItemREC.SETFILTER(ItemREC."No.",NoTEXT);
    IF NOT ItemREC.FIND('-') THEN
      BEGIN
        ItemREC.INIT;
        EVALUATE(ItemREC."No.",NoTEXT);
        ItemREC.VALIDATE(ItemREC."No.");
        ItemREC.INSERT;
```

Abb. 8.34 Fenster Integer – C/AL Editor

Hier können Sie sehen, wie „NoTEXT" in „ItemREC."No."" übertragen wird. Betrachten Sie noch einmal das vorherige Kapitel in Bezug auf andere „C/AL Code"-Funktionen wie „INSERT" und „VALIDATE". Auch wenn es nicht immer notwendig ist, neue Werte zu validieren, ist es sinnvoll, sich diesen Prozess zur guten Gewohnheit zu machen. Einzige Ausnahme zu dieser Regel ist, wenn Sie nicht wünschen, dass Microsoft Navision in dem Trigger „OnValidate" des Feldes irgendeinen „C/AL Code" ausführt.

Bei dem Versuch, eine Maßeinheit zu validieren, können Sie verhängnisvolle Fehler auslösen. Dies liegt daran, dass die Maßeinheit „CD Box-set" eventuell nicht in „Unit of Measure"-Tabellen vorhanden ist. Durch das Einrichten von Schlüsseln und

8.3 Erstellen eines Import-"Dataport"

Filtern sowie durch Suche und Eingabe können Sie den „Dataport" so intelligent gestalten, dass dieser mit solchen Eventualitäten umgehen kann.

Sie müssen neue „Global"-Variablen hinzufügen, die die Tabellen „Item Unit of Measure" und „Unit of Measure" aufrufen. Betrachten Sie die untenstehende Tabelle:

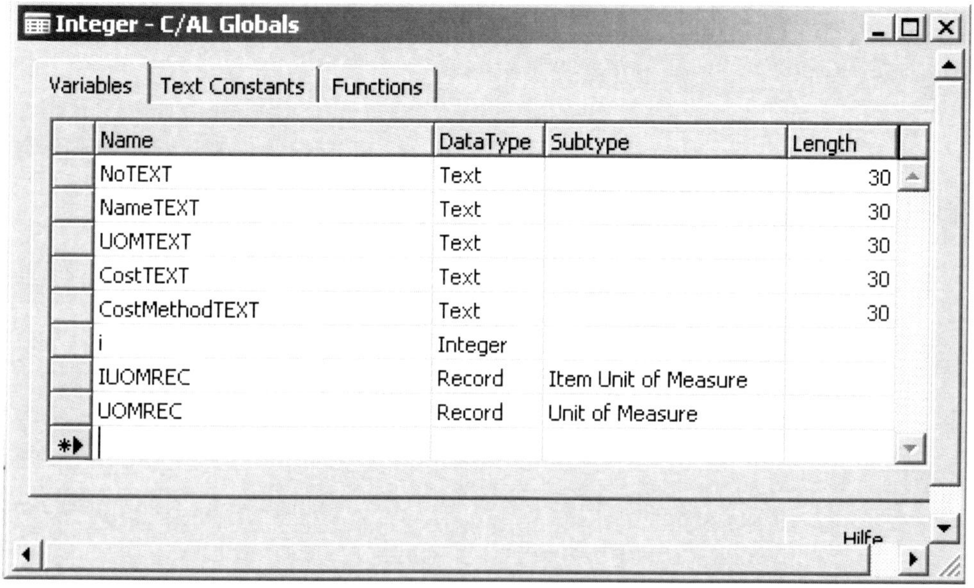

Name	DataType	Subtype	Length
NoTEXT	Text		30
NameTEXT	Text		30
UOMTEXT	Text		30
CostTEXT	Text		30
CostMethodTEXT	Text		30
i	Integer		
IUOMREC	Record	Item Unit of Measure	
UOMREC	Record	Unit of Measure	

Abb. 8.35 Fenster Integer – C/AL Globals

Sehen Sie sich nun den folgenden Code an, der mit „UOMREC" beginnt, um sich ein Beispiel vor Augen zu führen, wie diese Probleme bewältigt werden können.

Durch Wiederholung derselben Methoden für die Tabellen „Unit of Measure" und „Item Unit of Measure" verhindern Sie den Import einer Einheit in die „Item"-Tabelle, die nicht in den „Unit of Measure"-Tabellen definiert ist. Wichtiger noch, Sie umgehen damit potentielle Abstürze.

8 Einführung in Dataports

```
ItemREC.RESET;
ItemREC.SETCURRENTKEY(ItemREC."No.");
ItemREC.SETFILTER(ItemREC."No.",NoTEXT);
IF NOT ItemREC.FIND('-') THEN
  BEGIN
    ItemREC.INIT;
    EVALUATE(ItemREC."No.",NoTEXT);
    ItemREC.VALIDATE(ItemREC."No.");
    ItemREC.INSERT;

    UOMREC.RESET;
    UOMREC.SETCURRENTKEY(UOMREC.Code);
    UOMREC.SETFILTER(UOMREC.Code,UOMTEXT);
    IF NOT UOMREC.FIND('-') THEN
      BEGIN
        UOMREC.INIT;
        EVALUATE(UOMREC.Code,UOMTEXT);
        UOMREC.VALIDATE(UOMREC.Code);
        UOMREC.INSERT;
      END;

    IUOMREC.RESET;
    IUOMREC.SETCURRENTKEY(IUOMREC."Item No.",IUOMREC.Code);
    IUOMREC.SETFILTER(IUOMREC."Item No.",NoTEXT);
    IUOMREC.SETFILTER(IUOMREC.Code,UOMTEXT);
    IF NOT IUOMREC.FIND('-') THEN
      BEGIN
        IUOMREC.INIT;
        EVALUATE(IUOMREC."Item No.",NoTEXT);
        IUOMREC.VALIDATE(IUOMREC."Item No.");

        EVALUATE(IUOMREC.Code,UOMTEXT);
        IUOMREC.VALIDATE(IUOMREC.Code);
        IUOMREC.INSERT;
      END;

    EVALUATE(ItemREC."Base Unit of Measure",UOMTEXT);
    ItemREC.VALIDATE(ItemREC."Base Unit of Measure");
```

Abb. 8.36 Fenster Integer – C/AL Editor

8.3 Erstellen eines Import-"Dataport"

Beenden Sie Ihre Codierung mit „Name", „Cost", „Costing Method" und der abschließenden Anweisung „MODIFY", die alle an der Datenbank vorgenommenen Änderungen wirksam ausführt. Betrachten Sie das folgende Fenster:

```
        END;

    EVALUATE(ItemREC."Base Unit of Measure",UOMTEXT);
    ItemREC.VALIDATE(ItemREC."Base Unit of Measure");

    EVALUATE(ItemREC.Description,NameTEXT);
    ItemREC.VALIDATE(ItemREC.Description);

    EVALUATE(ItemREC."Costing Method",CostMethodTEXT);
    ItemREC.VALIDATE(ItemREC."Costing Method");

    EVALUATE(ItemREC."Unit Cost",CostTEXT);
    ItemREC.VALIDATE(ItemREC."Unit Cost");

    ItemREC.MODIFY;
  END;
END;

Integer - OnPostDataItem()
```

Abb. 8.37 Fenster Integer – C/AL Editor

Speichern und starten Sie nun den „Dataport". Suchen Sie die zuvor auf Ihrem lokalen Datenträger C:/ gespeicherte Textdatei „test.txt".

Lässt sich der „Dataport" ohne jeglichen Absturz ausführen, betrachten Sie die „Item Card". Suchen Sie nach „Wagner's ring". Wenn Sie diesen gefunden haben, haben Sie die Magie von „C/AL Code" und „Dataports" entdeckt!

Nun haben Sie die Zielsetzungen Ihres ERP-Systems abgedeckt, zusammen mit den Konzepten, auf denen es fußt. Machen Sie sich nun die leistungsstarken Entwicklungstools von Microsoft Navision zu Nutze, um Ihr Unternehmen zu optimieren.

Schlagwortverzeichnis

A

Abläufe 3, 4, 8, 30
ABS 253, 254
Absolutwertes 254
Abteilungen 2, 3, 4, 6
Aktive Sessions 18
Anpassung 1, 4, 8, 9, 10, 276
Anpassungsprozess 4
Application Builder 1
Arbeitsablauf 3
Artikelkarte 28, 30, 55, 56, 57, 58, 59, 90, 95, 103, 104, 108, 109, 110, 115, 143, 237, 242, 268
Artikelposten 53, 57, 59, 143, 144, 273
Auftragserfassung 8, 30
automatisieren 66, 222, 265
Automatisierung 57

B

BEGIN 227, 231, 232, 245, 260
Berechnete Daten 29, 30
Bericht & Schnittstellen Designer 1
Berichte 10, 17, 25, 26, 77, 97, 111, 114, 152, 220
Berichten 6, 10, 77, 92, 125, 134, 212, 225, 236, 238
Bewegungsdaten 5, 29, 30, 68
Bezügen 70
Bildschirmmasken 6
Body 166, 170, 178, 179, 183, 187, 195, 197, 198, 204, 215, 236, 262
Buchungsblätter 25, 270

C

C/AL Code 200, 202, 206, 208, 214, 215, 216, 221, 222, 223, 224, 225, 227, 230, 231, 234, 235, 238, 239, 240, 241, 242, 243, 251, 252, 253, 257, 258, 259, 264, 265, 266, 270, 271, 272, 274, 276
C/AL Editor 206, 207, 208, 214, 215, 216, 225, 226, 227, 239, 243, 247, 248, 259, 270, 274
C/AL Globals 212, 213, 225, 226, 238, 246, 260, 269
C/SIDE 82
CALCDATE 233, 255, 256
Calcfield 33
CALCFIELDS 257, 260
CalcFormula 128, 134
Command Box 97
Command Button 99, 100
Cronus 32, 40, 42, 43, 110

D

Data Type 91, 92, 104, 107, 124, 128, 202, 213, 238, 239, 247, 252, 264, 272
DataCaptionFields 95, 101
DataItem 112, 113, 153, 155, 156, 157, 158, 159, 160, 161, 163, 165, 166, 167, 170, 178, 179, 182, 183, 188, 189, 192, 196, 201, 202, 203, 205, 206, 208, 211, 212, 213, 214, 215, 216, 225, 228, 229, 234, 236, 237, 238, 239, 240, 241, 243, 245, 248, 257, 259, 260, 261, 269, 270, 271, 272, 273, 274, 276
DataItemTableView 157, 158, 166, 189, 269
DataPerCompany 94

Schlagwortverzeichnis

Dataport 212, 277, 278, 280, 281, 282, 283, 284, 285, 286, 288, 292, 293, 295, 296, 298, 299, 300, 301, 302, 304, 305, 309, 311
DataType 212, 213
Datenbank 13, 14, 15, 16, 17, 18, 20, 21, 23, 31, 32, 40, 43, 45, 64, 68, 73, 91, 94, 110, 134, 154, 161, 221, 256, 264
Datenerfassung 5, 64
Datenorganisation 66, 67, 68, 72, 77, 117, 141, 155
Datenpflege 5
Datenquellen 4
Datensicherung 18, 19, 20, 23
Datentyp 30, 91, 104, 213, 264
Datentypen 29, 30, 92
Datenübereinstimmung 67
Datumsfilter 36, 132, 258
Debitorenkarte 32, 46, 49, 50, 51, 122
Debitorenstamm 49
Debitorenübersicht 32, 40, 45, 46, 47, 48, 49, 50
DecimalPlaces 180, 181, 185, 186, 193, 195, 262
DELETE 275, 276
Desktop-Client 13
Documentation() 214
dokumentieren 63, 224, 227
DrillDownFormID 95, 101
Drop-down-Funktion 76

E

Ebenenhierarchie 77
Editable 82, 84, 87, 134
eindeutige Regelung 7
Eins-zu-mehreren 72, 73
Elterntabelle 72, 73, 153, 154, 155, 158, 159, 165, 189
Entwicklungskonzepte 61, 62, 65
Entwicklungsumgebung 10, 80, 83, 87, 125, 131, 221
Entwicklungswerkzeuge 8, 9, 21, 170, 276

ERP 1, 2, 3, 4, 5, 6, 7, 8, 9, 10, 11, 16, 25, 29, 61, 64, 67, 116, 276
ERP-Lösung 1, 2, 4, 5, 6, 8, 9
ERP-System 2, 5, 7, 276
ERROR 264, 265
Exponenten 253
externe Programmierer 6, 7, 17

F

falsche Informationen 5
Fehlermeldung 7, 91, 163, 182, 202, 244, 252, 253, 264, 265
Felder 10, 27, 28, 32, 47, 49, 70, 80, 85, 86, 87, 89, 92, 93, 95, 99, 104, 107, 108, 111, 113, 119, 125, 126, 130, 136, 142, 148, 154, 158, 159, 166, 170, 171, 178, 179, 183, 189, 201, 202, 203, 207, 208, 213, 222, 236, 239, 249, 250, 267, 269, 271
Feldfilter 27, 31
Filterbedingungen 39, 130, 244
Filtern 25, 27, 28, 31, 35, 40, 46, 60, 154, 241, 242, 243, 244, 245, 247, 257, 260, 265
Finanzbuchhaltung 4, 32, 77, 78, 79, 80, 82
FIND 223, 227, 228, 229, 231, 232, 233, 242, 243, 244, 245, 246, 247, 260, 265
FlowFields 32, 36, 49, 52, 117, 131, 142, 257
FlowFilter 10, 28, 31, 32, 33, 36, 38, 52, 53, 54, 55, 58, 131, 132, 257, 258, 260
Flussdaten 129
Footer 166, 167, 204, 206, 208, 215, 216, 217
Formular Designer 1, 81, 84, 96, 97
Formulare 6, 10, 77, 83, 85, 86, 92, 97, 117, 125, 134, 137, 225, 237, 238
Fremdschlüssel 73, 76, 131
Fremdtabelle 104, 117, 131

G

Geschäftsabläufe 9
Grafikwerkzeugen 25
GroupFooter 158, 166
GroupTotalFields 158, 165, 166
Grundlagenkenntnisse 62

H

Header 165, 166, 171, 172, 176, 179, 184, 195, 197, 215
Hintergrundstruktur 62

I

ID 94, 152
IF, THEN 223, 230, 231, 232, 245
Implikation 230, 244, 245
IncludeDataInDesc 94
Informationsdarstellung 80
INIT 270, 273
INSERT 273

K

Kindtabelle 72, 73, 154, 155, 159, 165, 189
Know-how 1, 6, 8, 9, 25, 62
Kompilieren 182, 187, 274
Komplexität 7, 8, 13, 25, 29, 62, 67, 77, 142, 206
Kontenplan 32, 33, 35, 36, 37, 78, 79, 80, 81, 82, 84, 132
Kundenauftrag 2, 44, 58, 59, 64, 68, 70, 74, 83
Kundenaufträgen 3

L

Lagerbestand 5, 30, 32, 52, 53, 55, 56, 57, 58, 59, 60, 63, 117, 131, 257, 258, 259, 260, 262, 265, 266, 269, 272, 273
Lizenzdatei 21, 22
Lizenzen 1
LOCKTABLE 270
Login 13, 14, 15, 20
LookupFormID 94, 95, 101

M

Mandant 16, 23
Mandanten 13, 14, 15, 16, 20
MESSAGE 244, 245, 247, 260, 264, 265
Microsoft Access 10
Microsoft Business Solutions 14, 20, 21, 90
Microsoft Excel 26, 27, 212
Microsoft Navision Business Solutions Center 63
Microsoft SQL 14, 15, 40
Microsoft SQL Server 15
Microsoft Visio 9
Microsoft-SQL-Datenbank 15
MODIFY 275, 276

O

Object Designer 87, 88, 89, 90, 91, 94, 95, 101, 102, 103, 128, 135, 152, 177, 188, 191, 225, 236, 251, 262, 268
OnAfterGetRecord 215, 225, 240, 243, 247, 264, 270, 276
OnPreDataItem() 207, 214
OnValidate 271, 272
Option 34, 51, 52, 78, 91, 92, 98, 99, 124, 125, 130, 131, 167, 246, 264, 266, 272
OptionCaptionML 125
OptionString 92, 125, 126
Out-of-the-box 10

P

PasteIsValid 95
Permissions 94
POWER 253
Praxis 4, 5, 6, 8, 13, 44, 57, 61, 72, 73, 76, 87, 89, 108, 118, 206, 221, 224
Primärschlüssel 72, 73, 74, 76, 89, 91, 93, 104, 105, 106, 117, 120, 122, 131, 136, 145, 146, 153, 154, 237, 239, 240, 243, 246, 247, 267, 270
Produktionsmodul 5
Programmentwicklungskonzepten 62
Programmiersprache 221, 224
PushAction 99, 100

R

Rechnungen 3, 126, 130, 131, 139
Record 212, 238, 239, 240, 241, 243, 246, 247, 257, 260, 270, 271, 272, 273, 276
relationales Tabellensystem 65, 72, 77
RemoteServerNo 94
REPEAT 233, 255
REPEAT, UNTIL 233
Report Designer 112, 152, 153, 155, 170, 187
ReqFilterFields 113
RESET 239, 240, 243, 247
Risiko 5, 17, 63
ROUND 254
Runden 254

S

Section Designer 164, 167, 168, 170, 171, 176, 177, 178, 182, 183, 186, 187, 194, 199, 200, 202, 203, 204, 208, 210, 211, 214, 215, 216, 217, 218, 236, 249, 250, 263
Sekundärschlüssel 73, 89
Server 13, 14, 17, 18, 22, 40, 94
Server/Client 13

SETCURRENTKEY 223, 240, 241, 243, 247
SETFILTER 223, 228, 229, 241, 242, 244, 247, 260, 283
Sortieren 25, 28, 40, 41, 44, 73, 74, 75, 76, 120, 154, 157, 222
Sortierfenster 73
Sortieroption 41, 73, 74, 93, 158
Sortiervorgang 3
SourceExpr 172, 173, 192, 193, 195, 198, 199, 200, 201, 208, 209, 210, 216, 217, 218, 225, 228, 238, 250, 262
SourceTable 82, 83, 86, 96, 103, 121, 124, 147, 237, 238, 267, 268
Stammbaum 72
Stammdaten 5, 29, 30, 91, 120
Stammdatentabelle 119, 120, 121, 122, 136
Stammvariable 70
Stückliste 5
Subform 98
Syntax 134, 161, 163, 221, 223, 224, 225, 227, 259, 264, 265, 272
Syntaxfehler 163, 182, 224, 248
Systemanpassungen 6

T

Tabelle 6, 7, 27, 28, 31, 32, 33, 34, 49, 51, 53, 57, 64, 65, 66, 67, 68, 70, 72, 73, 74, 78, 80, 82, 83, 84, 85, 86, 87, 89, 90, 91, 92, 93, 94, 95, 96, 97, 98, 99, 101, 102, 103, 104, 105, 106, 107, 108, 112, 113, 117, 119, 120, 121, 122, 123, 124, 125, 127, 128, 129, 130, 131, 132, 135, 136, 138, 142, 143, 144, 146, 150, 152, 153, 154, 155, 156, 157, 158, 159, 161, 164, 165, 166, 167, 168, 170, 179, 196, 212, 216, 227, 228, 229, 231, 232, 233, 234, 236, 237, 238, 239, 240, 241, 242, 243, 244, 245, 246, 247, 258, 259, 260, 264, 265, 266, 267, 268, 270, 271, 272, 274, 275, 276
Tabellen Designer 1, 93, 105
Tabellenansichten 10, 77, 80, 83, 85, 86

Tabellenansichtsformular 32
Tabellenfilter 28, 31, 32, 33, 34, 38, 42, 46, 47, 54, 129, 130, 133, 144, 154, 189, 190, 241, 242, 269
Tabellenhierarchie 67
Tabellenrelationen 61, 64, 67, 105, 106, 117, 126
Tabellenverknüpfungen 64, 120, 236
Table Relations 106
Table.Field 107
Testdatenbank 16, 23, 28, 221, 257
Testversion 9, 10, 15, 16, 17
Text Box 98, 171, 172, 173, 179, 180, 181, 184, 185, 187, 192, 195, 196, 197, 198, 200, 201, 204, 208, 209, 210, 213, 216, 217, 225, 228, 238, 249, 262
Tool Box 97, 99
TotalFields 158, 203, 206
TransFooter 166
TransHeader 165, 166

U

UNTIL 233, 234, 255

V

VALIDATE 271, 272, 273
Verbesserungsprozess 1, 9
Verkaufsauftrag 50, 52
Verkaufszeilen 51, 64, 76, 78, 98
Verknüpfung 2, 4, 67, 72, 103, 117, 129, 131, 146, 158, 237, 238, 260, 269
Verknüpfungen 9, 25, 52, 67, 68, 272
Versand 8, 21, 118

Z

Zoom 49, 50, 60, 74, 75, 76, 80, 123, 143, 145, 146
ZUP-Datei 15

IT erfolgreich gestalten

Patrick Theobald
Profikurs ABAP®
Konkrete, praxisorientierte Lösungen - Tipps, Tricks
und jede Menge Erfahrung
2., erw. Aufl. 2007. XII, 316 S. mit 196 Abb. mit Online Service.
Br. EUR 49,90   ISBN 978-3-8348-0143-2

Andreas Luszczak
Grundkurs Microsoft Dynamics AX
Die Business-Lösung von Microsoft für mittelständische Unternehmen: Axapta Grundlagen und neue Funktionen in Version 4.0
2007. XIV, 297 S. mit 165 Abb. mit Online Service.
Br. EUR 32,90   ISBN 978-3-8348-0252-1

Gottfried Wolmeringer/Thorsten Klein
Profikurs Eclipse 3
Mit Eclipse 3.2 und Plugins professionell Java-Anwendungen entwickeln - Von UML bis JUnit
2., verb. u. erw. Aufl. 2006. XIV, 218 S. mit 81 Abb. mit Online-Service.
Br. EUR 29,90   ISBN 978-3-8348-0007-7

Volker Gruhn / Vincent Wolff-Marting / André Köhler / Christian Haase / Torsten Kresse
Elektronische Signaturen in modernen Geschäftsprozessen
Schlanke und effiziente Prozesse mit der eigenhändigen elektronischen Unterschrift realisieren
2007. X, 170 S. mit 25 Abb. Br. EUR 34,90   ISBN 978-3-8348-0268-2

VIEWEG+TEUBNER
Abraham-Lincoln-Straße 46
65189 Wiesbaden
Fax 0611.7878-400
www.viewegteubner.de

Stand Januar 2008.
Änderungen vorbehalten.
Erhältlich im Buchhandel oder im Verlag.

Mit Sicherheit

Bernhard C. Witt
IT-Sicherheit kompakt und verständlich
Eine praxisorientierte Einführung
2006. XI, 205 S. mit 80 Abb. u. Online-Service. Br. EUR 22,90
ISBN 978-3-8348-0140-1

Heinrich Kersten / Jürgen Reuter / Klaus-Werner Schröder
IT-Sicherheitsmanagement nach ISO 27001 und Grundschutz
Der Weg zur Zertifizierung
2008. XIV, 267 S. mit 2 Abb. (Edition <kes>) Br. EUR 49,90
ISBN 978-3-8348-0178-4

Klaus-Rainer Müller
IT-Sicherheit mit System
Sicherheitspyramide - Sicherheits-, Kontinuitäts- und Risikomanagement - Normen und Practices - SOA und Softwareentwicklung
3., erw. u. akt. Aufl. 2008. XXVI, 506 S. mit 38 Abb. mit Online-Service. Geb. EUR 74,90
ISBN 978-3-8348-00368-9

Norbert Pohlmann / Helmut Reimer (Hrsg.)
Trusted Computing
Ein Weg zu neuen IT-Sicherheitsarchitekturen
2008. VIII, 252 S. mit 49 Abb. Br. EUR 34,90
ISBN 978-3-8348-0309-2

VIEWEG+TEUBNER
Abraham-Lincoln-Straße 46
65189 Wiesbaden
Fax 0611.7878-400
www.viewegteubner.de

Stand Januar 2008.
Änderungen vorbehalten.
Erhältlich im Buchhandel oder im Verlag.

Strategie und Realisierung

Markus Deutsch / Hans-Werner Grotemeyer / Volker Schipmann
IT für Unternehmensgründer
Ein Leitfaden für die sichere und zukunftsorientierte Einführung
von IT in neuen Unternehmen
2007. IX, 229 S. mit 25 Abb. u. Online-Service. Br. EUR 29,90

ISBN 978-3-528-05918-7

Unternehmensabläufe darstellen - Datenstrukturen modellieren - Abschätzungen für den Businessplan - Pflichtenhefte erstellen - Auswahl geeigneter Systeme - Schnittstellen integrieren - Umsetzung vorbereiten und durchführen

Ralf Buchsein / Frank Victor / Holger Günther / Volker Machmeier
IT-Management mit ITIL® V3
Strategien, Kennzahlen, Umsetzung
2007. X, 304 S. mit 77 Abb. mit Online-Service. (Edition CIO)

Br. EUR 34,90   ISBN 978-3-8348-0270-5

IT Service Management für Praktiker - ITIL® 2, ITIL® V3, COBIT, ISO 20000 - IT-Prozessmanagement - IT-Kennzahlen - IT Balanced Scorecard - Kontroll- und Steuerungsmechanismen - Einführungsstrategien - Praxisbeispiele

Jürgen Hofmann / Werner Schmidt (Hrsg.)
Masterkurs IT-Management
Das Wissen für die erfolgreiche Praxis - Grundlagen und beispielhafte
Umsetzung - Für Studenten und Praktiker
Unter Mitarbeit von Renninger, Wolfgang / Toufar, Oliver
2007. XII, 327 S. mit 105 Abb. Br. EUR 29,90   ISBN 978-3-528-05881-4

IT-Strategie - IT-Organisation und -Personal - IT-Controlling - Management von Anwendungssystemen - IT-Sicherheitsmanagement - IT-Recht - IT-Governance

VIEWEG+ TEUBNER

Abraham-Lincoln-Straße 46
65189 Wiesbaden
Fax 0611.7878-400
www.viewegteubner.de

Stand Januar 2008.
Änderungen vorbehalten.
Erhältlich im Buchhandel oder im Verlag.